Holger Haase

Aufstieg in den Abgrund

Holger Haase

Aufstieg in den Abgrund

Carola Neher – Bühnenstar
zwischen Berliner Bohème
und Stalins Kerkern

Osburg Verlag

Erste Auflage 2022

www.osburgverlag.de

Lektorat: Ulrich Steinmetzger, Halle
Umschlaggestaltung: Judith Hilgenstöhler, Hamburg
Satz: Hans-Jürgen Paasch, Oeste
Druck und Bindung: CPI books GmbH, Leck
Printed in Germany
ISBN 978-3-95510-292-0

Für Petra

Wladimir, Zentralgefängnis

20. Dezember 1939

Es stinkt. Da hilft selbst der Deckel auf dem Kübel für die Notdurft nichts. Alles in Sowjetrussland ist kaputt und verfallen, aber ausgerechnet das vergitterte Milchglasfenster über dem verdreckten Holzeimer lässt keinen Luftzug durch. Also hält sich der Gestank hartnäckig in diesem hinteren Teil der Zelle, zwischen der Außenwand zum Hof und den Pritschen in der Mitte. Und doch zieht sich Carola gern hierher zurück, wenn die anderen Frauen vorn an der Tür flüsternd ein Schwätzchen abhalten. Vier Russinnen sind mit ihr hier eingesperrt und Marta, eine junge Polin, die bei der Kommunistischen Internationale gearbeitet hat. Verständigungsprobleme haben die fünf nicht, sie plaudern miteinander, als wären sie gemeinsam in einem Moskauer Hinterhof aufgewachsen. Carola, die anfangs versucht hat, den Gesprächen zu folgen, gab das schnell wieder auf. Sie wird mit dieser Sprache nicht warm. Zum Glück spricht Marta ebenso gut Deutsch wie Russisch und übersetzt, wenn nötig.

Carola schließt die Augen, um sich zu konzentrieren. Auf ihre tägliche Rechenaufgabe: Zehn Jahre Haft. Macht, die Schalttage 1940 und 1944 eingerechnet, 3652 Tage Gefängnis. Von denen sie 1243 abgesessen hat. Rest 2409. Keine 80 Monate mehr.

Ein Flüstern holt sie zurück: »He, Schauspielerin.«

Marta, verurteilt zu acht Jahren Lagerhaft wegen Unterstützung einer terroristischen Vereinigung, kommt über den Fußboden zu ihr gekrochen. Aufrecht zu laufen ist ihr nicht möglich, denn der schmale Zellengang wird in

Brusthöhe von dicken Bohlen überspannt, die quer über zwei an den Seitenwänden heruntergeklappten Pritschen liegen. Ein schwebendes Nachtlager für drei Gefangene, die anderen schlafen auf dem Boden darunter. So bringt das NKWD, das sowjetische Innenministerium, in jeder Zwei-Mann-Zelle des alten zaristischen Zuchthauses gleich sechs Häftlinge unter.

»Schauspielerin, hast du nicht Lust auf ein wenig Gymnastik?«

Carola muss lächeln. Sport zu treiben ist, wie lautes Reden oder aufrechtes Stehen, streng verboten. Darum hat sie mit ihren Mithäftlingen eine Verabredung: Sie singt ihnen leise etwas vor und als Gegenleistung setzen sich die fünf vorn auf die Bohlen über dem Gang. So verhindern sie, dass eine Wärterin beim Blick durch den Türspion Carola entdeckt, wenn die hinten Liegestütze und Kniebeuge macht.

»Na sicher! Wonach ist euch heute?«

»Nina wünscht sich etwas Russisches, was zum Träumen.«

»Gut, so ein Lied habe ich mal bei Radio Moskau gesungen.«

Während Marta zurückkriecht, lächelt Carola hinüber zu den Russinnen. Leise und schwermütig stimmt sie »dorogoi dlinnoju« an. Ein Liedchen aus den Zwanzigern, das von der Fahrt einer mit Glöckchen behangenen Troika auf dem Weg des Lebens handelt:

»Jechali na troike s bubenzami, a wdali melkali ogonki.
Ech, kogda bui mne …«

Das Geräusch eines in das Schloss geschobenen Schlüssels unterbricht ihren Gesang. Quietschend schwingt die Zellentür auf:

»Karoline Iosefowna Chenschke. Ko mne!«

Carola kriecht nach vorn und steht vor der Aufseherin auf. Sie streicht ihre Gefängniskleidung glatt, einen graublauen Rock mit braunen Quer- und eine gleichfarbige Bluse mit Längsstreifen. Mit fester Stimme macht sie Meldung: »Karoline Josefowna Henschke. Arestant Nomer pjatch dewjat sjem wosjem tri. Sozialnui Opasnui Element. Desjat let!« Häftling Nummer 59783. Sozial gefährliches Element. Zehn Jahre.

Die Schließerin hört gar nicht hin. Sie weist nach draußen: »U stenui! Ruki nasad.« Wie befohlen stellt Carola sich mit den Händen auf dem Rücken vor die mit hellgrüner Ölfarbe gestrichene Wand des Gefängnisflures. »Dalsche, na sprawa!«, bellt es hinter ihr, nachdem die Aufseherin die Zellentür wieder abgeschlossen hat.

Carola wendet sich nach rechts und läuft den Gang hinunter bis zu den Waschräumen. Hier wartet ein kaum zwanzig Jahre altes Mädchen in Wärter-Uniform, das mühsam ein Grinsen unterdrückt. Es hält einen Kleiderstapel in den Händen. »Stoi!«

Befehlsgemäß bleibt Carola stehen, den Blick starr nach vorn gerichtet. Die mürrische Aufseherin nimmt dem Mädchen den Kleiderstapel ab, drückt ihn der Gefangenen in die Hände und fordert sie mit einer Kopfbewegung auf, in den Waschraum zu treten. »Umuiwatch i pereodewatch! Buistro!« Wie angewiesen wäscht sich Carola hastig, entledigt sich ihrer Häftlingsuniform und zieht die frischen Sachen an, die das Mädchen mitgebracht hat: eine marineblaue Flanellbluse mit roten Aufschlägen, einen dunklen Rock sowie eine mit Watte gefütterte, halblange Jacke aus grauem, glänzendem Stoff und eine gleichfarbige Ohrenklappenmütze, alles fabrikneu. Als sie fertig ist, rafft die

Schließerin die alte, braun gestreifte Häftlingskluft zusammen und verlässt grußlos den Waschraum. Zurück bleiben das junge Mädchen in NKWD-Uniform und Carola, die ihre neue Bewacherin fragend ansieht. Die verbirgt ihre Aufregung nicht länger: »Wir fahren nach Moskau! Ich war noch nie in Moskau!«, sprudelt es auf Russisch aus ihr hervor.

Carola ist verblüfft. »Moskau?«

»Ja! Vielleicht überprüfen sie deinen Fall?«

Moskau
20. Dezember 1939

Die Halle des Bahnhofs ist riesig und voller Menschen, viele sind offenbar auf der Suche nach Zuflucht vor der schneidenden Kälte. Carola, ihre junge Aufpasserin sowie der sie seit Wladimir begleitende Soldat mit seinem Gewehr auf dem Rücken bahnen sich einen Weg durch die graue Masse der Herumstehenden.

Der Rotarmist, kaum älter als das NKWD-Mädchen, hatte sie an dem Gefängniswagen erwartet, der sie zum Bahnhof brachte. Von diesem Augenblick an hatten die beiden Begleiter kein Wort mit ihr gewechselt, sondern lieber miteinander getuschelt und sich verlegen wie Primaner angegrinst. Carola war es nur recht. Obwohl Gangfenster und Tür des für sie drei reservierten und abgeschlossenen Zugabteils mit dicken Gardinen verhängt waren, genoss sie die Fahrt. Nicht in einem Güterwagen brachte man sie in die rund 200 Kilometer entfernte Hauptstadt, sondern mit einem normalen Schnellzug! Neue Sträflingsuniform, Einzelbewachung, Transport in einem D-Zug – warum gab man sich solche Mühe? Wie kam dieses Mädchen darauf, dass man womöglich ihren Fall überprüft? In keinem der NKWD-Zuchthäuser hatte sie je davon gehört, dass ein Urteil des Obersten Militärgerichts geprüft, gar aufgehoben worden war. Hat Stalin ein Machtwort gesprochen und lässt Ungerechtigkeiten korrigieren?

Sie versuchte zunächst, die aufkeimende Hoffnung zu unterdrücken, aber die wurde stärker mit jedem Kilometer, den sie sich Moskau näherten. Und ist jetzt riesig, angesichts der vielen Menschen, die in nichts als ihrem Alltag gefangen sind.

Auf dem Platz vor dem Bahnhofsgebäude wartet ein geschlossener Kastenwagen des NKWD auf die Troika aus Häftling, Aufpasserin und Bewacher. Der junge Soldat steigt hinter Carola über eine kurze Eisenleiter in den fensterlosen Aufbau des Lkw und sperrt sie in einen der drei dort eingebauten, raumhohen Spinde mit Sitzbrett und kleinem Guckloch zum Gang. Dann fläzt er sich auf eine schmale Bank neben der Tür und zündet sich eine Papirossa an. *Herzegowina Flor*, Stalins Lieblingsmarke, wie Carola im Zug auffiel. Das Mädchen nimmt im Führerhaus Platz.

Die Fahrt zieht sich hin. Der junge Rotarmist hat schon die dritte Zigarette geraucht, da verlangsamt der Kastenwagen seine Geschwindigkeit. Ein Metalltor öffnet sich, ihr Fahrzeug rollt hindurch und stoppt dann endgültig. Der Soldat holt die Gefangene aus ihrem Holzverschlag und lässt sie aussteigen. Carola erkennt sofort, wohin man sie gebracht hat: in die Butyrka. In dieser ehemals zaristischen Festung mitten in Moskau fällte das Militärkollegium das Urteil gegen sie, hier saß sie die erste Zeit ihrer Gefängnisstrafe ab. Wie bei ihrer Einlieferung vor dreieinhalb Jahren führt man sie zunächst in eine riesige Eingangshalle, wo sie an einem Tisch stehend wartet, bis die Aufnahmeformalitäten erledigt sind. Das NKWD-Mädchen, froh, seinen Auftrag erfüllt zu haben, eilt zurück ins schneebedeckte Moskau. Sich von Carola zu verabschieden traut sie sich nicht. Die wiederum wird einige Augenblicke später von einer Schließerin abgeholt. Und gleich nach der ersten Eisentür, die hinter ihnen zufällt, vernimmt sie ein wohlbekanntes Geräusch: Regelmäßig schlägt die Aufseherin den Vierkant-Schlüssel zum Öffnen der Zellen gegen ihr Koppelschloss. Eine Warnung für entgegenkommende Wärter: Wer vom Wachpersonal das metallische Schlagen vor sich hört, befiehlt seinem Gefangenen, sich mit dem Gesicht zur Wand des Ganges zu stellen, bis der andere Insasse vorbeigelaufen ist. Niemand soll berichten können, wen er zufällig in der Butyrka traf.

Der Weg kommt Carola vertraut vor: Ihr Marsch endet im gleichen Trakt der Haftanstalt, in den man sie schon 1936 gebracht hatte. Damals hatte man in ihrer Zelle mehr als hundert Häftlinge zusammengepfercht. Der ganze Raum war mit Brettern ausgelegt, auf dem Boden und über die doppelstöckigen Holzpritschen hinweg drängten sich die wegen der drückenden Sommerhitze halbnackten Frauen. Des Nachts reichte der Platz kaum, um auf der Seite zu schlafen, es war nicht möglich, sich umzudrehen, ohne die Nachbarinnen zu wecken … Sie spürt, wie ihr der Mief von einst wieder in die Nase steigt. Eine Mischung aus Ausdünstungen von Gefangenen, die nicht mehr auf Körperhygiene achten, dem Gestank der Klo-Kübel und der verbrauchten Luft in der düsteren Zelle. Erneut hört sie das Summen, das vom Flüstern der vielen Häftlinge rührt, die nicht laut sprechen dürfen, sieht sie hungernde Frauen mit schlaffen Brüsten, die sich über andere Insassen schieben, weil es verboten ist, sich aufzurichten. Erinnerungen, die sie in den Gefängnissen von Jaroslawl und Wladimir verdrängt hatte. Droht ihr erneut dieses unwürdige Elend?

Unvermittelt verstummt das rhythmische Schlagen des Vierkants, da die Wärterin vor einer Zellentür stehen bleibt. »U stenui« befiehlt sie, und Carola stellt sich an die Wand gegenüber. Sie hört, wie die Tür aufgeschlossen und geöffnet wird.

»Moshesch wchoditch.« Du *kannst* eintreten? Irritiert betritt Carola die Zelle. Und bleibt wie angewurzelt stehen. Was sie im fahlen Nachtlicht sieht, ist ungeheuerlich. Derselbe Raum, in dem sich 1936 über einhundert Frauen drängten, ist gefüllt mit zwei Dutzend Betten, ausgerichtet in vier langen Reihen. Einige von ihnen, die unbelegten, sind mit Laken bezogen, auf denen Decken liegen. Und Kopfkissen!

In der Mitte des Raumes regt sich etwas. Eine Frau schlägt die Bettdecke zurück, setzt sich auf, erhebt sich und schlurft aufrecht, ohne Angst vor Bestrafung, auf die an der Tür stehende Carola zu. Sie trägt ein weißes Männerhemd im Kosaken-Stil über einer langen Unterhose. »Bist du Deutsche?« Die Frau versucht erst gar nicht, russisch zu reden. Ihre Stimme kommt Carola bekannt vor.

»Karoline Henschke, sozial gefährliches Element, zehn Jahre.« Wie gewohnt leiert sie ihre Meldung herunter. »Ja, bin ich.«

»Habe ich mir gedacht. Sind wir alle hier. Woher kommst du?«

»Aus dem Zentralgefängnis Wladimirow.«

»Aus der Wladimirowka. So, so. Ich bin die Starosta, die Zellenälteste, von Zelle 31. Nenn mich Zenzl. Sagen alle hier.«

»Zenzl? Zenzl Mühsam?« Jetzt tritt Carola näher, schaut der Frau prüfend ins Gesicht. »Du bist es!« Freudig umarmt sie die überrumpelte Ältere. »Ich dachte, ich sehe dich nie wieder.«

Die Starosta löst sich irritiert aus der innigen Umarmung, kneift ihre kurzsichtigen Augen leicht zusammen und sieht der Neuen aufmerksam ins Gesicht. Ein Lächeln: »Carola Neher! Hast deinen Prozess überlebt. Fein. Aber wieso nennst du dich denn Karoline Henschke?«

»Das NKWD führt mich unter meinem Taufnamen und dem Nachnamen meines ersten Mannes.«

»So, so. Machen sie gern. Erschwert Nachforschungen. Komm, ich zeig dir dein Bett. Morgen ist genug Zeit zum Erzählen.«

Zenzl Mühsam wendet sich zum Gang zwischen den Pritschen, aber Carola hält sie am Ärmel fest. »Warte. Eines muss ich sofort wissen: Warum sind wir hier?«

»Man hat dir nichts gesagt? Die Russen prüfen unsere Ausweisung. Jetzt, wo sich der Hitler und der Stalin so gut verstehen, liefern sie sich erst einmal ihre Feinde aus.«

Gefängnis Butyrka
21. Dezember 1939

Nach kurzem Schlaf wacht Carola auf. Sie kommt immer einige Minuten vor drei Uhr zu sich – der Zeit, in der man in den Zuchthäusern des NKWD die Gefangenen weckt, damit sie rechtzeitig ihre Arbeitslager und Werkstätten erreichen. Auf den Ruf der Wärterin wartend, grübelt sie, wie schon vor dem Einschlafen, über das von Zenzl Gehörte. Ausweisung? Sollte sie doch das Glück haben, dem sowjetrussischen Wahnsinn zu entkommen? Sie erinnert sich, wie sie vor einigen Wochen von dem nie für möglich gehaltenen Pakt zwischen Hitler und Stalin erfahren hatte.

Die Gefangenen, sonst völlig von jeglicher Information aus der Außenwelt abgeschnitten, fanden nach dem Waschgang die abgerissene Titelseite der Parteizeitung Prawda vom 29. September 1939 in ihrer Zelle. Erstaunt hatte sich Carola die dreispaltige Titelzeile übersetzt: »Deutsch-sowjetischer Vertrag über die Freundschaft und Grenze zwischen der UdSSR und Deutschland«. Ein kurzes Abkommen war das, mit nur fünf Artikeln, die festschrieben, dass man eine Linie durch das sich auflösende Polen gezogen habe und diese ab sofort die direkte Grenze von Sowjetunion und Deutschem Reich bilde. Carola sieht noch das verzweifelte Gesicht von Marta vor sich: Die beiden mächtigen Nachbarn hatten ihre Heimat von der politischen Landkarte radiert. Von einem Häftlingsaustausch stand in dem Zeitungsartikel nichts.

Ausweisung. Das kann ja nur bedeuten: zurück ins Reich. Welches Los drohte einer Volksfeindin wie ihr dort? Und Georg? Weisen sie den ebenfalls aus? Sie dreht sich von rechts nach links, gräbt ihr Gesicht ins Kissen. Da hebt ihre Nachbarin den Kopf: »He, Neue! Schlaf weiter! Hier ist Nachtruhe bis um sechs!«

Die restliche Zeit dämmert sie vor sich hin, fällt in einen bildlosen Traum, aus dem sie der Weckruf einer Aufseherin holt. Aber während sie mit Marta und den Russinnen umgehend an der Tür der Zelle gestanden hätte, um in den Waschsaal geführt zu werden, haben hier alle die Ruhe weg. Einige Frauen spazieren in ihrer Männer-Unterwäsche zu den Bettnachbarinnen und wünschen »Guten Morgen«. Andere bleiben sogar liegen. Nach einer halben Stunde erst sammeln sich die Frauen auf Zenzls Aufforderung hin vor der Zellentür. Kurze Zeit später führt eine Wärterin die Gefangenen mit dem typischen Begleittakt des Vierkantschlüssels zum Waschraum, wo sie schwatzend herumtrödeln, von keiner Aufseherin angetrieben oder ermahnt.

Verwundert beobachtet Carola die lockere, gelöste Stimmung unter den Inhaftierten. Leider kennt sie niemanden von früher. Bis auf Zenzl, aber die wirtschaftet nach ihrer Rückkehr in die Zelle am Schrank mit den Essnäpfen. Also hört sie still den Gesprächen der anderen zu. Die drehen sich fast nur um die bevorstehende Ausweisung aus der Sowjetunion. Die Chance, dem NKWD und seinen unmenschlichen Straflagern zu entgehen, versetzt die Frauen in Hochstimmung. Nur einige wenige von ihnen sorgen sich darum, wie Deutschland sie, die Feinde Hitlers, aufnehmen wird. Deren Bedenken werden schnell beiseite gewischt. Sicher schicke man sie gleich weiter, ins neutrale Schweden oder in die Schweiz. Schlimmstenfalls lässt man sie ihre sowjetische Strafe in deutscher Haft absitzen.

Zenzl Mühsam hält sich aus diesen Diskussionen heraus. Nur als eine Frau sagt, in Deutschland müsse sie sicher nicht Misshandlung, Krankheiten und einen solch elenden Hunger erleben wie in ihrem Gulag-Lager in der kasachischen Steppe, scheint sie etwas erwidern zu wollen, lässt es aber. Die Debatte wird kurz darauf ohnehin unterbrochen. Die Zellenälteste nimmt das Frühstück in Empfang und gibt es an die Frauen aus. Carola stellt sich hinten an. Sie ist die Neue. Zenzl, von der sie eine glänzende Zinkschüssel erhält, schmunzelt über ihr erstauntes Gesicht: »Hier bekommst du keinen alten Blechnapf, wie in der Wladimirowka. Sozial gefährliche Elemente aus Deutschland verwöhnt das NKWD neuerdings mit Brot, Butter, zwei Eiern und echt chinesischem Tee.« Sie reicht Carola die Ration. »Brauchst nichts davon aufzuheben. Das gibts jeden Tag.«

Kurz nach neun Uhr, die Sonne lässt die Eiskristalle an dem Milchglasfenster soeben rot aufstrahlen, wird die Zellentür geöffnet. Eine Wärterin tritt ein: »Karoline Iosefowna Chenschke!« Carola erhebt sich, antwortet »Da!« und geht vor. Zenzl hält sie auf: »Keine Angst. Begrüßung der Neuen. Versuch, als Carola Neher auf die Liste zu kommen. Karoline Henschke kennt draußen ja niemand.« Die Schließerin führt die Gefangene in einen ihr bis dahin unbekannten Teil der Butyrka. Vor einer offenen Zellentür befiehlt sie Carola, sich zur Wand zu drehen. Dort starrt sie auf ein großes, rotes Transparent mit einer Losung in Russisch:

Bereinige dein Gewissen – vergiss nicht, dass früher oder später das Verbrechen aufgeklärt wird

Sie hört, wie die Aufseherin in der Zelle Meldung macht. Eine Männerstimme antwortet, dann kommt die Schließerin wieder heraus und fasst sie an die rechte Schulter. Als Carola sich umdreht, reckt die Wärterin ihr Kinn in Richtung Tür: Reingehen!

Die Zelle ist frisch getüncht, das strahlende Weiß blendet im hellen Licht einer Glühlampe, die von der Decke baumelt. Die Pritschen an den Wänden sind abmontiert, links steht stattdessen ein hoher Akten-Schrank, über dessen Ecke ein Uniformmantel hängt. Der hintere Teil der Zelle wird von einem schlichten Schreibtisch eingenommen, auf dem ein kleiner Aktenstapel liegt, gekrönt von einer Militärmütze. In der Mitte der Schreibplatte sieht sie nebeneinander einen Stempel-Halter mit zwei Stempeln und eine Schreib-Garnitur aus Tintenfass, Kalender und Stift-Ablage sowie rechts davon eine eingeschaltete Bürolampe. Hinter dem Tisch sitzt auf einem hölzernen

Bürostuhl mit breiten Armlehnen ein Mann in Gymnastjorka, der üblichen Militärbluse. Die Rangabzeichen an den Kragen-Enden, zwei rot emaillierte Stecker, kennt Carola mittlerweile. Es ist ein Leutnant. Der Offizier liest in einer Akte, beachtet sie gar nicht.

Sie betrachtet ihn. Gut aussehend. Groß und von sportlicher Figur. Etwa ihr Alter. Die kurzen schwarzen Haare sind gewellt, das schmale Gesicht ist glatt rasiert. Seine Haut scheint bleich, aber das kann an dem künstlichen Licht liegen. Plötzlich ruckt der Kopf des Mannes hoch. Mit leicht zusammengekniffenen Lidern fixieren seine wässrig blauen Augen ihren Blick. Sie hält stand. Nach ein paar Sekunden schaut er langsam tiefer, auf Bluse und Rock ihrer Gefängnisuniform. Die ist ihm offenbar neu. »Ihr Name?«, fragt er mit sachlicher Strenge. Sie erkennt den leicht schwäbischen Dialekt der Wolgadeutschen. Ein kurzes Zögern, dann befolgt sie Zenzls Rat: »Carola Neher. Häftling Nummer 59783. Sozial gefährliches Element. Zehn Jahre.«

»Geboren?«

»Am 2. November 1900 in München, Deutschland.«

»Familienstand?«

»Verheiratet, ein Kind. Zuletzt wohnhaft in Moskau …«

Der Mann hebt die rechte Hand, bedeutet ihr zu schweigen. »Danach habe ich nicht gefragt. Sie antworten nur auf meine Fragen.« Er beugt sich nach vorn, kneift erneut die Augen leicht zusammen und starrt ihr ins Gesicht. »Oder wollen Sie die gar nicht beantworten? Weil Sie denken, dass Sie bald hier raus sind? Und sich vorher einen Spaß mit dem NKWD erlauben können?« Carola versucht erschrocken, zu widersprechen. Doch der Offizier weist sie erneut zurecht: »Sie reden nur, wenn ich Sie dazu auffordere! Und tischen Sie mir nicht eine Lüge nach der anderen auf.

Sagen Sie gefälligst die Wahrheit!« Er springt hinter seinem Schreibtisch auf, kommt zu ihr und stellt sich direkt vor sie. Carola schaut dem einen halben Kopf größeren Mann mit aufkommender Panik ins Gesicht. »Ich habe Ihnen drei Fragen gestellt«, fährt er mit scharfer Stimme fort. »Sie haben sie alle falsch beantwortet.«

Carolas Verwirrung steigt. Sie hat doch nicht gelogen! In ihren Augen sieht der NKWD-Mann den Schrecken, den seine weiteren Worte auslösen. »Sie sagen, Sie heißen Carola Neher. Laut Akte ist Ihr Name Karoline Henschke. Sie geben an, 1900 geboren zu sein. In Ihrem Pass steht 1905. Sie erzählen, sie seien verheiratet. Dabei sind Sie Witwe. Ihr Mann starb 1928. Selbst Ihr angeblich zweiter Ehemann ist ja ebenfalls tot.« Er beobachtet gespannt ihre Reaktion, ohne den Schock zu genießen, den seine Worte auslösen. »Das wussten Sie nicht? Anatol Becker, den Sie vorgeblich in Berlin heirateten, wurde wegen Vorbereitung eines Attentats auf den Genossen Stalin im Mai 1937 zum Tode verurteilt und hingerichtet.«

Der NKWD-Mann löst sich von Carola, kehrt an den Schreibtisch zurück, setzt sich. Er betrachtet die kurz vor dem Zusammenbruch stehende Gefangene, spricht unbeeindruckt weiter. »Sie haben drei Sätze gesagt. Dreimal waren es Lügen. Das ergibt so keinen Sinn. Es liegt in unser beider Interesse, ehrlich zu sein. Fangen wir am besten noch einmal an. Ich bin Leutnant Grigori Michailowitsch Kusnezow. Sie reden mich nicht mit Genosse Leutnant an, sondern als Herr Leutnant. Denn ihre angebliche Mitgliedschaft in der Kommunistischen Partei entlarvte das Militärgericht ja ebenfalls als Lüge.« Der NKWD-Mann wartet, ob Carola widerspricht. Die hält sich indes an seine Aufforderung, solange zu schweigen, bis sie gefragt wird.

»Warum, meinen Sie, hat man Sie aus Wladimirow in die Butyrka gebracht? Sie dürfen antworten.«

»Weil ich ausgewiesen werden soll?«

»Weil Sie ausgewiesen werden *könnten*. Sie verstehen den Unterschied? Infolge des Freundschaftsvertrags mit Deutschland haben wir Hitlers Botschafter von der Schulenburg eine Liste deutscher Häftlinge übermittelt, deren Ausweisung geprüft wird. Auf der steht auch der Name Karoline Henschke.« Der NKWD-Leutnant beobachtet die Wirkung seiner Worte bei Carola. Die hat sich wieder in der Gewalt, regt sich nicht. »Meine Aufgabe«, setzt der Offizier daraufhin fort, »ist es, herauszufinden, ob Sie eine Fehlgeleitete sind, die ehrlich bereut, dass sie ihrem Geliebten geholfen hat oder ob Sie genau die Feindin des Volkes sind, für die wir Sie halten.« Kusnezow nimmt einen Bleistift aus der Ablage und klopft damit zweimal auf die vor ihm liegende Akte. »Um es klar zu sagen: Es geht nicht darum, Ihr Urteil zu revidieren. Sie haben einen trotzkistischen Terroristen und seine Bande unterstützt. Sie sind deshalb im Namen des sowjetischen Volkes zu einer angemessenen Strafe verurteilt worden. Aber ich versuche zu verstehen, warum Sie zur Verbrecherin wurden. Was waren Ihre Beweggründe: Liebe? Hass? Verblendung?« Der NKWD-Offizier beugt sich erneut nach vorn, legt den Bleistift zurück in die Schreibgarnitur. Jetzt nimmt er einen der beiden Stempel aus dem daneben stehenden Gestell, hält ihn in Richtung Carola. »Schauen Sie. Dieser Stempel ist neu. Er wurde extra für meine Untersuchungen angefertigt. Auf ihm steht ›wuiszuilka‹ – Ausweisung.« Er hängt ihn wieder in die Halterung, nimmt dafür das Gegenstück in die Hand. »Und dieser hier ist oft benutzt und abgegriffen. Er trägt die Aufschrift ›sakonscheno‹ – Fall abgeschlossen. Wenn wir fertig sind, werde ich einen dieser beiden Stempel auf das Deckblatt Ihrer Akte drücken. Ist es der neue, übergibt man Sie an Deutschland. Ist es der abgenutzte, verbüßen Sie den Rest ihrer Strafe bei uns. Welchen Weg auch immer Sie bevorzugen: Sie beschreiten ihn nur, wenn sie offen und ehrlich sind. Neuer oder alter Stempel – es liegt an Ihnen.«

Carola ist wie erstarrt. Und was heißt das? Die Frage laut zu stellen, wagt sie nicht. Kusnezow scheint ihre Gedanken zu lesen. »Das bedeutet, dass ich in unseren nächsten Gesprächen herauszufinden versuche, wieso Sie zur Verbrecherin an der Sowjetunion wurden. Das interessiert mich ernsthaft. Wie wird ein Mädchen aus niedrigen Verhältnissen innerhalb kürzester Zeit zunächst zum Liebling der Bourgeoisie, um dann in langen Champagnernächten an der Seite von führenden Männern des Deutschen Reiches zum Kommunismus zu finden? Vor allem: Hat sie zu ihm gefunden oder spielte sie uns das nur vor, um ihren Geliebten bei seiner Agententätigkeit zu unterstützen?« Der Leutnant nimmt die vor ihm liegende Akte, schlägt sie auf. »Ich habe hier den Lebenslauf, den Sie im Juli 1936 in der NKWD-Zentrale in der Lubjanka niedergeschrieben haben. Den gehe ich demnächst Punkt für Punkt mit Ihnen durch. Um mir ein Bild zu machen – von ihrer Karriere und den Gründen, sie für ein Exil in der Sowjetunion aufzugeben. Auf dieser Basis werde ich über die Ausweisung entscheiden. Dazu brauche ich, wie gesagt, ehrliche Antworten. Neuer oder alter Stempel. Es liegt an Ihnen.« Ohne eine Reaktion abzuwarten, klappt der Leutnant die Akte zu: »Deschurnaja!« Im Gang scharrt ein Stuhl, dann öffnet die Aufseherin die Zellentür. Kusnezow befiehlt ihr mit einer Kopfbewegung, die Gefangene wegzuführen.

*

»Na Kindchen, so schlimm?« Zenzl Mühsam setzt sich zu Carola. Die war eben an ihr vorbei zum Bett gelaufen und hatte sich bäuchlings darauf geworfen. Das Zucken ihres Körpers verrät den Weinkrampf, der sie schüttelt. Die Zellenälteste bedeutet den anderen, sie allein zu lassen, und legt behutsam ihre Hand auf die Schulter der Verzweifelten. »Magst reden?«

Carola hebt ihr verweintes Gesicht aus dem Kissen. »Ach Zenzl. Sie haben mir eben gesagt, dass mein Mann tot ist. Über drei Jahre schon! Hingerichtet, wegen trotzkistischer Aktivitäten.« Erneut schluchzt sie, fängt sich aber. Sie dreht sich auf den Rücken, schaut der Älteren in die Augen, froh, ihre Verzweiflung loszuwerden. »Weißt du, der Anatol liebte die Sowjetunion. Das Land, in dem Arbeiter und Bauern eine neue Gesellschaft aufbauen. Er war ein so glühender Kommunist! Und der soll ein Attentat auf seinen geliebten Führer Stalin geplant haben? Was ist das für ein Wahnsinn, in dem wir leben?«

»Das mit deinem Mann tut mir leid.« Zenzl sucht nach tröstenden Worten. »Weißt du, wenn Tyrannen an die Macht kommen, treibt sie die Angst, dass sie ihre Herrschaft wieder verlieren könnten. Da vernichten geliebte Führer ihres Volkes gern einmal die eigenen Parteigenossen. Das ist bei Stalin wie bei Hitler. Wo der eine seinen Trotzki hat, da hat der andere seinen Röhm. Und unversehens warten Zuchthaus, Lager und Tod nicht auf den Klassenfeind, sondern auf die einstigen Gefährten.« Die Zellenälteste strafft sich, versucht, Carola abzulenken. »Mich wundert, dass dir dein Vernehmer das mit Anatol gesagt hat. Die meisten Frauen hier wissen nichts über das Schicksal ihrer verhafteten Männer. Wer hat denn das Verhör geführt?«

»Ein Leutnant Kusnezow.«

»Kusnezow? So, so. Sagt mir nichts. Aber die haben viele Neue hier. Ist dir sicher schon aufgefallen. Aufseher, Wachen, Offiziere – lauter junge Leute. Es geht das Gerücht, dass die Säuberungen selbst das NKWD erfasst haben. Und dass frei gewordene Positionen aus den Reihen von Komsomol und Roter Armee aufgefüllt werden. Da passiert schon einmal der eine oder andere Anfängerfehler.« Zenzl überlegt kurz. »Hat er gesagt, was sie mit uns vorhaben?« Carola schüttelt leicht den Kopf.

»Er sagte, was er mit mir vorhat. Befragen will er mich. Zu meinem bisherigen Leben und warum ich nach Moskau kam. Um herauszubekommen, ob ich von den Trotzkisten verführt wurde. In dem Fall genehmigt er die Ausweisung. Oder ob ich eine überzeugte Feindin der Sowjetunion sei. Dann bleibe ich hier.« Sie schluckt, richtet ihren Oberkörper auf, die Hände nach hinten gestützt, und schaut die Zellenälteste fragend an: »Sag, Zenzl, wo hat unsereins es besser: beim Hitler oder bei Stalin?«

Gefängnis Butyrka
22. Dezember 1939

Klack, klack, klack. Rhythmisch schlägt der Vierkant gegen das Koppelschloss der jungen Wärterin. Ein Mädchen mit rundem, bäuerlichem Gesicht und den in typisch russischer Manier zum Haarkranz geflochtenen Zöpfen. Vielleicht eine von diesen Neuen, von denen Zenzl gesprochen hatte, die sich das NKWD vom Komsomol holte, dem Kommunistischen Jugendverband.

Klack, klack, klack.

Zenzl. Sie hatte Carola gestern gemahnt, sich von dem Leutnant nicht einschüchtern zu lassen: »Sag ihm die Wahrheit, wo du dich ihrer nicht zu schämen brauchst, aber erzähl nur, was notwendig ist.« Und sie hatte einen Ratschlag: »Halte diesen Kusnezow hin. Schmück deine Erinnerungen aus. Jeder Tag, den du hier mit den Annehmlichkeiten eines Sonderhäftlings verbringst, ist ein Tag weniger, den du in einem deutschen oder sibirischen Lager leiden wirst. Erzähl dem Mann, der dein Leben in der Hand hat, Geschichten, die ihn fesseln. Dieses Mädchen in Tausendundeiner Nacht entging so dem sicheren Tod.«

Klack, klack, klack. »Stoi!« Wie befohlen bleibt Carola stehen. »Na stenui, ruki nasad!« Gehorsam dreht sie sich, die Hände auf dem Rücken, zur Wand mit dem Transparent.

Bereinige dein Gewissen.

Sie hört die eifrige Meldung der Schließerin: »Karoline Iosefowna Chenschke!« Und Kusnezows Antwort: »Ko mne.« Zu mir. Von dem NKWD-Mädchen dazu aufgefordert, tritt Carola ein, bleibt in der Mitte der Zelle stehen. Die Tür hinter ihr wird geschlossen.

Wie am Tag zuvor beachtet Kusnezow sie zunächst nicht, studiert wieder eine Akte. Doch diesmal löst er sich schon nach kurzer Zeit von dem Schriftstück und schaut interessiert auf Carola, als sähe er ihre für die Butyrka ungewöhnliche Häftlingskleidung aus Rock und Bluse das erste Mal. Dann gibt er sich einen Ruck. »Bürgerin Henschke«, stellt er überflüssigerweise fest. Er beugt sich nach vorn über die aufgeschlagene Akte und liest vor: »Geboren am 2. November 1900 in München.« Er schaut auf Carola. »Warum in ihrem Pass 1905 steht, klären wir später. Laut Lebenslauf sind Sie das Kind eines Musikers und einer Wirtin.« Der Leutnant lehnt sich zurück. »Berufe, die einen vor allem abends fordern. Blieben Sie in Ihrer Kindheit oft allein?«

»Na ja.« Carola versteht den Zweck dieser Frage nicht. Sie streicht sich mit der Hand über die Haare, gewinnt so etwas Zeit. »Meine Eltern, Josef und Karolina Neher, hatten sich in Mutters Weinstube kennengelernt. Vater war damals einer ihrer Stammgäste. Er kam oft mit seinen Kollegen vom Keim'schen Orchester vorbei. Das Keim'sche Orchester, wissen Sie, das war der Vorläufer der Münchner Philharmoniker ...« Carola unterbricht sich. Was erzählt sie da? Kusnezow zeigt keine Reaktion. Beantworte seine Frage, mahnt sie sich. »Für meine Mutter war es schon die zweite Ehe. Ihr erster Mann ist früh verstorben. Von dem brachte sie zwei Kinder mit, den Emil und die Maria. Die achteten anfangs auf uns Jüngere. Ich bekam ja später noch einen Bruder, den Joseph, und eine Schwester, die Martha. Nein, allein war ich nie. Wir Kinder schon.« Der NKWD-Leutnant nimmt einen Stift aus der Ablage, schreibt etwas auf einen Zettel. Er bedeutet ihr, weiterzureden. »Als Emil und Maria größer wurden, halfen sie in der Weinstube. Ab da passte ich auf die Kleinen auf.« Carola verstummt. Mehr fällt ihr zum Alleinsein nicht ein.

»Waren sie eine glückliche Familie?«

»Glücklich? Ich weiß nicht. Die Mutter schuftete meist in der Gaststube, und der Vater war oft unterwegs. Da blieben wir Kinder auf uns gestellt, allein in der Wohnung über der Schankstube. Das sind die Augenblicke, die ich vor mir sehe, wenn ich an die Kindheit zurückdenke. Wie ich am Klavier sitze, den Kleinen etwas vorspiele, und Emil und Maria kommen dazu und lauschen. Wissen Sie, für das Piano hatte ich Talent. Die Anfänge brachte mir der

Vater bei. Damals träumte ich davon, mit ihm gemeinsam zu spielen. Vierhändig. Leider hatte er schnell erkannt, dass mir die Musik das Schönste war. Wir haben uns zuweilen heftig gestritten, vor allem, wenn er betrunken oder grob gegen die Kleinen war. Zur Buße verbot er mir oft das Klavier. Für mich die schlimmste Strafe, sie schmerzte mehr als seine Schläge. Es gab auf der anderen Seite Tage, da war er über seine eigene Härte erschrocken. Da hat er mir unter Tränen gesagt, dass ich ihm das Liebste sei und um Verzeihung für seinen Jähzorn gebeten.«

Kusnezow beugt sich vor. »Und? Hat die kleine Karoline dem Mann verziehen, der ihr so oft das Schönste auf der Welt verbat?« Carola zögert. Wie darauf antworten? Ihr fällt Zenzl ein: Mach es wie Scheherazade. Sie deutet auf einen Stuhl an der Wand. »Darf ich mich setzen? Und Ihnen eine Erinnerung erzählen?«

München
Sommer 1908

Und jetzt? Verheult und außer Atem steht Karoline im Flur. Unentschlossen schaut sie auf die Tür zur Gaststube rechts, dann auf die Holztreppe zum Kinderzimmer links. Sie muss es der Mutter sagen, hat aber Angst, dass der Vater sie sieht. Der sitzt oft schon nachmittags in der Weinstube, weil er die Weine aus Mutters Heimat, der Pfalz, so mag. »Das sind die besten«, sagt er immer. Manchmal, wenn er mit den Musikern vom Orchester feiert, ruft er: »Wo ein Pfälzer ist, da ist auch ein Trester!« Und alle freuen sich. Nur die Mutter nicht.

Diesmal ist es egal, welcher Stimmung der Vater ist. Ihn wird die Wut packen. Weil sie, bald acht Jahre alt, nicht einmal auf ihre Schwester aufpassen kann. Er wird sie schlagen, obwohl sie sich doch so bemüht hatte, es ihm recht zu machen. Er war ja schon nach dem Mittag zornig auf sie, als sie am Klavier neue Tonfolgen ausprobierte. Manchmal hört er gern zu, wenn sie übt, aber heute nicht. Angeblafft hat er sie, dass sie lieber die Martha ausfahren soll. Die Mutter half ihr schnell, die Schwester in den Kinderwagen zu setzen, das schafft sie ja noch nicht allein.

Als sie später die Kleine an der Mauer vom Schloss Nymphenburg entlang schob, war ihr der Auftrag des Vaters sogar recht. Die Leute freuten sich, sie beide zu sehen, und lobten sie, weil sie schon groß genug war, um die Martha auszufahren. Doch dann kam sie auf den Einfall, Blumen für die Mutter zu pflücken. Ganz kurz nur hat sie den Wagen der Schwester auf dem Weg stehen lassen, hat ihr sogar extra gesagt, dass sie gleich wiederkommt. Aber die Martha hörte nicht, setzte sich auf um zu schauen, was die Karoline macht, und fiel prompt aus dem Kinderwagen. Direkt vor einen Radfahrer, der seine liebe Mühe hatte zu bremsen. Der warf sein Fahrrad ins Gras und hob die weinende Martha auf. Oh, was hat der Mann mit ihr geschimpft, obwohl sie gleich angerannt kam! Und weil der Herr so wütend war und die Kleine so schrie, hat sie Angst bekommen und dem Fremden zugerufen, er solle die Martha bitte nach Hause bringen. Zur Pfälzischen Weinstube, in die Hirschgartenallee 33. Und dann war sie fortgelaufen.

Jetzt, vor der Tür zum Gastraum, ist ihr der Radfahrer egal, diesmal fürchtet sie sich vor den traurigen Augen der Mutter und mehr noch vor den zornigen Schlägen des Vaters. Es setzt oft Prügel, wenn er wütend ist. Den Joseph verdrosch er einmal so, dass die Latte zerbrach, die er auf ihn niedersausen ließ. Nein, sie wird es den Eltern jetzt nicht sagen, da wartet sie lieber, bis der Fremde die Martha bringt und alles gut ausgegangen ist.

Vorsichtig schleicht Karoline über die Holztreppe nach oben und öffnet sanft die Tür zum Kinderzimmer. Joseph sitzt auf dem Boden und spielt mit seinen Zinnsoldaten. Schnell zieht sie den von außen steckenden Schlüssel aus dem Türschloss, steckt ihn von innen wieder ein und schließt ab. »Du Joseph«, sagt sie zu ihrem verwundert aufblickenden Bruder. »Wir müssen heute früh zu Bett. Ich hab was Schlimmes gemacht und will nicht, dass mich der Vater haut. Wenn wir schlafen, dann wartet er vielleicht bis morgen mit der Strafe. Und da ist seine Wut womöglich vorbei.«

»Ja gut«, antwortet der Joseph. »Und die Martha? Wo ist die?«

Sie schaut zum Bettchen ihrer Schwester. »Die kommt bald.«

*

»Karoline Katharina Neher!« Das Gebrüll des Vaters lässt das ganze Haus erzittern. Gleich darauf stürzt er die Treppe hoch zum Zimmer der Geschwister. Sein Zorn ist unbändig: »Komm her!« Als er merkt, dass die Kammer abgeschlossen ist, steigert sich die Wut zur Raserei. »Macht sofort auf, ihr Bälger!« Wild fliegen seine Fäuste gegen die Tür, hämmern immer wieder in tobsüchtiger Folge an das Pressholz. »Wenn Ihr nicht bald aufmacht, bringe ich euch um!« Zitternd vor Furcht hört Karoline den Angetrunkenen wüten. Dem bei ihr unter der Bettdecke Schutz suchenden Joseph flüstert sie zu: »Und wenn er mich umbringt: Ich öffne ihm nicht!« Da gibt die Füllung der Tür dem Wirbel der Fäuste des Tobenden nach. Das Holz zersplittert, der Vater greift zum Schlüssel, dreht ihn und stürzt in das Zimmer. Sie hören, wie er schwer atmet. Zwei, drei Schritte, schon steht er vor dem Bett der Kinder und reißt ihnen die Decke weg. Das Erste, was Karoline sieht, sind seine verletzten Hände, in denen überall Holzsplitter stecken. »Du!«, keucht er, und der Bart, der aussieht wie der vom Kaiser Wilhelm auf dem Foto hinter dem Tresen, zittert. Seine Augen sind weit aufgerissen. Gleich wird er ihr Schlimmes antun. Heilige Mutter Gottes, fleht sie lautlos, hilf! Und sie half.

Als der Vater mit hochrotem Gesicht die Siebenjährige packt, um sie aus dem Bett zu zerren, zuckt er auf einmal heftig zusammen. Er lässt sie wieder fallen und richtet sich kurz kerzengerade auf. Dann kippt er langsam nach hinten, schlägt auf den Rücken und bleibt wie tot liegen. Fassungslos und voller Entsetzen starren die beiden Geschwister auf den reglosen Körper. »Er verstellt sich bloß«, flüstert Karoline ihrem Bruder zu. Der krabbelt mutig aus dem Bett und rüttelt den Vater vorsichtig an der Schulter. Nichts. Joseph dreht sich zur älteren Schwester um: »Hol die Mutter! Ich glaub, er stirbt!« Die aber, unfähig, sich zu bewegen, starrt nur auf den leblosen Körper, der vor ihr auf dem Teppich liegt. Und als ihr Bruder losrennt, um Hilfe zu holen, flüstert sie: »Das will ich ja. Dass er endlich stirbt.«

Gefängnis Butyrka
22. Dezember 1939

Die Gefangene ist verstummt, verharrt in ihrer Erinnerung. Leutnant Kusnezow nutzt den Augenblick, um sie aufmerksam zu betrachten. Ihr Gesicht strahlt eine verblassende Anmut aus. Wie sie dort gedankenverloren in der neuen Häftlingsuniform auf dem Stuhl sitzt, mit durchgedrücktem Rücken, die Hände im Schoß gefaltet, die Beine leicht zur Seite geneigt, erscheint sie selbstbewusst und verletzlich zugleich. Eine ungewöhnliche Frau. Genau deshalb steht sie auf der Liste für die Deutschen.

Er räuspert sich. Die Gefangene schreckt aus ihren Gedanken auf, schaut ihn irritiert an. Kusnezow lehnt sich zurück. »Er starb aber nicht«, stellt er sachlich fest.

»Nein. Er hatte damals nur den ersten seiner Herzanfälle.« Die Henschke schließt kurz die Augen und versetzt sich zurück in die Zeit vor dem Krieg. »Sein liebstes Kind sei ich, sagte er oft. Warum schikaniert, quält und schlägt einer die, die er liebt?«

Kusnezow ist klar, dass sie diese Frage stellt, ohne eine Antwort zu erwarten. Er wüsste auch keine. Sein Vater hat ihn nie geschlagen. Das gehörte sich nicht für einen Bolschewik. Sein Sohn war ihm Genosse, nicht Spiegel eigener Schwäche. Der NKWD-Offizier verschränkt die Arme vor der Brust. »Und nach diesem Vorfall? Änderte er sich?«

»Ja. Freilich nicht zum Besseren. Der Vater musste kürzer treten, verlor die Anstellung beim Orchester. Er fand zwar eine neue Beschäftigung, wurde Chorleiter der Kirchenkapelle im nahen Schloss Nymphenburg, aber er haderte mit dem ihm fade gewordenen Leben und seiner angegriffenen Gesundheit und ertränkte sein Selbstmitleid in Wein und Schnaps. Sein Jähzorn richtete sich aus geringstem Grund gegen die Mutter oder uns Kinder.« Die Henschke unterbricht sich, redet dann leise weiter. »Es dauerte zehn lange Jahre, bis er uns endlich in Ruhe ließ. Ich werde nie vergessen, wie er starb. So nah wie in diesem Augenblick waren wir uns in seinem ganzen Leben nicht.«

München
22. Oktober 1918

»Karoline!« Aufgelöst steht die Mutter in der Tür des Jungmädchen-Zimmers.

Beunruhigt sieht die 17-Jährige von ihrem Buch auf. »Ist etwas mit Vater?« Ein lauter Schluchzer genügt ihr als Antwort: Er stirbt.

Keine Überraschung. Der von den Schlaganfällen ohnehin schon geschwächte Körper des knapp über Fünfzigjährigen verfiel in letzter Zeit rapide. »Ein Geschwulst in der Speiseröhre«, hatte der Arzt festgestellt. »Nicht heilbar.« Karoline fand, dass der Vater sich die Krankheit durch den Suff und das Rauchen billigen Tabaks selbst zuzuschreiben hatte. Und doch war sie stets von Neuem geschockt vom raschen körperlichen Verfall dieses Mannes, der ihr früher wie ein Hüne vorgekommen war. Er litt an brennenden Schmerzen, wenn er etwas aß oder trank, und war deshalb bis auf die Knochen abgemagert.

»Und warum bist du dann nicht bei ihm?«, fragt sie die Mutter.

»Weil er mich rausschickte. Nach dir hat er verlangt.«

Karoline legt das Buch zur Seite. »Gut. Ich gehe zu ihm.«

Kaum hat die Mutter die Tür geschlossen, hebt sie die Matratze des Bettes an und holt ihre Pistole hervor. Die hatte sie im vorigen Sommer einem sturzbetrunkenen Offizier gestohlen, der an der Schlossmauer seinen Rausch ausschlief. Die Waffe war damals ihre Rettung, denn sie nahm ihr die Angst. Mit der geladenen 08 unter dem Bund ihrer Schürze läuft Karoline hinüber in den Salon, wo der Vater auf dem Sofa liegt. Von der Tür her schaut sie ihn an. Das eingefallene Gesicht kündet von der Schwere seiner

Krankheit. Er atmet keuchend, jedes Schlucken bereitet ihm unerträgliche Schmerzen.

»Karoline«, flüstert er. »Setz dich zu mir.«

Sie holt einen Stuhl vom Esstisch und setzt sich so, dass sie ihm ins Gesicht schaut. Der Pistolenlauf drückt in ihren Unterleib.

»Du bist mein liebstes Kind. Das ist die Wahrheit.«

»Und warum hast du mir das nie gezeigt?«

Der Vater röchelt. Er vermag ihre zornige Frage nicht zu beantworten. Karoline begreift, dass sie ihm in diesem Augenblick endlich all ihre Wut über seine Demütigungen zeigen kann. »Weißt du, dass ich seit Monaten mit einer geladenen Pistole unter der Schürze zu dir komme?« Sie schlägt auf die Waffe in ihrem Schoß. »Weil ich Angst vor dir habe. Schon immer, mein ganzes Leben lang.« Sie beugt sich nach vorn und fixiert seinen Blick mit ihren Augen. »Mir graute vor deinem Zorn. Den Ohrfeigen beim kleinsten Fehler. Den Gertenschlägen auf die Finger, sobald ich eine Taste nicht sauber traf. Und zuletzt vor deinem starren Blick, wenn ich im Unterhemd an der Waschschüssel stand. Erst die Waffe nahm mir die Furcht. Hättest du Hand an mich gelegt, ich hätte dich erschossen.«

Trotzig schaut sie auf den Sterbenden. In seinen Augen sieht sie die Verwirrung, die ihre Worte in ihm wecken. Er schluckt mühevoll, sammelt Kraft für eine Antwort. Sie fällt ihm schwer. »Ich habe euch streng erzogen, stimmt. Zu eurem Besten. Zu bereuen bleibt mir nur, dass ich deiner Mutter Kummer bereitete. Weil ich das Geld lieber in Wirtshäusern ließ. Und bei anderen Weibern. Aber sie ist zäh. Sie hat es verwunden.« Pause. »Weißt du, mein Leben war nicht nur Schnaps und Frauengeschichten und diese Wut auf all das, was schief lief.« Er wendet sein Gesicht der Siebzehnjährigen zu. »Ich war begabt. Kapellmeister Strauss und der Generalmusikdirektor Mottl von der Hofoper haben mich einen genialen Musiker genannt. Alle beide!« Er schluckt schwer. »Und du hast meine Begabung geerbt. Ich war bemüht, dein Talent zu entwickeln und habe dir das Klavierspiel beigebracht. Doch du hast dieses Geschenk nicht geachtet.« Röcheln. »Hast dir nichts sagen lassen.« Diesmal dauert die Pause länger. »Im Grunde wie ich in deinem Alter.«

Und dann erzählt er ihr von seinem Leben. Spricht stockend von der Kindheit im strengen schwäbischen Elternhaus. Von dem heißen Wunsch, Musiker zu werden, den er auf Druck des Vaters zurückstellte, um auf Lehramt zu studieren. Wie er, endlich unabhängig, sich doch noch zum Berufsmusiker ausbilden ließ. Er berichtet von dem Eindruck, den er jungen Damen in München machte, als er im Keim'schen Orchester spielte. »Ich war damals ein schmucker Kerl, sie drehten sich alle nach mir um. Aber in nur eine habe ich mich verguckt. In deine Mutter. Eine junge Witwe mit Kindern – na und? Geheiratet hab ich sie und ein Jahr später kamst du zur Welt, dann Joseph und die Martha.« Der Sterbende hält inne, keucht und röchelt. Fasziniert und angewidert starrt sie auf den Mann, der ihr das Leben so verleidete, das sie ihm doch verdankt. Nach einer Weile setzt der Vater seine Rückschau fort. Erinnert sich, wie Musikerkollegen auf ihn herabsahen, weil er infolge des Schlaganfalls nur Chordirektor war. Gewurmt habe ihn das. Er versichert, dass er nur das Beste für die Familie gewollt habe, sein Jähzorn, sein Schlag bei den Weibern und der verfluchte Alkohol aber häufig das Gegenteil bewirkten. Und schließt damit, dass es nach den elenden Kriegsjahren, dem Verfall seines Körpers und der

Entfremdung von Frau und Kindern nichts mehr gäbe, was ihn auf dieser Erde hielte.

Karoline, die sich die Beichte ihres Vaters still anhört, kommen die Tränen. Wegen seiner gescheiterten Träume, aber auch, weil er aus Zorn über sein armes Leben das ihre mit ständiger Angst beschwert hatte. Das würde ihr nicht mehr passieren: klein gehalten zu werden von einem, der nicht zurechtkommt in der Welt. In einem plötzlichen Aufwall von Mitleid und Selbstmitleid kniet sie sich vor das Bett des Todkranken und legt ihren Kopf neben den seinen auf das Kissen. Sie wird seine Fehler nicht wiederholen. Nein, Karoline Neher endet sicher nicht so wie dieser Mann hier, der auf der Welt keine Lücke hinterlässt.

Die mitfühlende Geste der Tochter gibt dem Vater letzte Kraft. »Schlag meine Decke zurück und hilf mir auf«, bittet er. Karoline erfüllt ihm den Wunsch. »Führ mich zum Klavier.« Von ihr gestützt, schlurft er hinüber zum Schemel vor dem Piano und lässt sich darauf fallen. »Setz dich zu mir.« Sie gehorcht. Er schlägt einige Tasten an, sie erkennt die Tonfolge und legt ihre Hände auf die Klaviatur. Sie spielen sein Lieblingsstück, Beethovens As-Dur-Sonate. Vierhändig.

Sie sind mitten im Ersten Satz, kurz vor dem Wechsel ins leggiero, da fällt Josef Neher unvermittelt seitlich vom Schemel. Er liegt reglos vor Karoline, so wie damals, nachdem er die Tür des Kinderzimmers eingeschlagen hatte. Zutiefst verschreckt von all dem, was sie in der letzten Stunde erlebte, schreit sie nach dem Bruder. Der kommt hereingestürzt, kniet sich neben seine Schwester, die ihrem Vater die Augen schließt und ihm einen Abschiedskuss auf die Stirn gibt. Beide starren auf das Gesicht des Toten. Sie haben es zu seinen Lebzeiten nie so zufrieden gesehen.

*

Klack, klack, klack. Mechanisch folgt sie dem rhythmischen Geräusch, das die junge Schließerin mit dem bäuerlich-runden Gesicht durch das Schlagen des Vierkants an ihr Koppelschloss verursacht. Carolas Gedanken sind bei der Vernehmung, die sie hinter sich hat. War das überhaupt ein Verhör? Kusnezow hatte kaum Fragen gestellt, sie nur erzählen lassen. Warum war ihm ihr Verhältnis zum Vater, zu ihrer Familie so wichtig? Er wolle sich einen Eindruck verschaffen von ihr, hatte er gesagt. Aber solch ein Aufwand, nur um zu entscheiden, ob ihre Ausweisung der Weltrevolution schadet?

Das Klacken hat aufgehört. Die junge Aufseherin steckt den Vierkant ins Zellenschloss und öffnet die Tür. »Bitte serr«, sagt sie mit hörbar russischem Akzent. Über ihr Gesicht gleitet ein Kinderlächeln, so stolz ist sie auf das Gelernte. »Danke«, antwortet Carola überrascht und geht hinein. Gleich am ersten Bett steht die Zellenälteste. »Und? Was hast du dem Leutnant erzählt?«

»Geschichten, Zenzl. Geschichten.«

Gefängnis Butyrka
23. Dezember 1939

Mitten in der Nacht wacht Carola auf. Diesmal ist es nicht die innere Uhr, die sie aus ihrem leichten Schlummer geholt hat. Vom Gang ertönen Geräusche. Ein Vierkant öffnet die Zellentür. Herein kommen drei Frauen in der typischen Butyrka-Uniform der weiblichen Sonderhäftlinge: weiße Männer-Unterwäsche. Die Tür schlägt wieder zu. Scheu verharrt das Trio im fahlen Licht. Carola hört

Zenzl seufzen und ihre Bettdecke zurückschlagen, dann sieht sie die Zellenälteste auf die Neuen zugehen. »Seid Ihr Deutsche?« Ihre Standardfrage.

»Ja«, antwortet eine.

»So, so, sind wir alle hier. Von wo haben sie euch gebracht?«

»Aus Sibirien. Karaganda, um jenauer zu sein.«

Carola horcht auf. Diese Stimme, dieser Akzent. War das möglich? Sie zieht die Bettdecke zur Seite, steht auf und nähert sich der Gruppe an der Zellentür. Von dort plappert es weiter. »Zwei Wochen lang haben die uns durch Russland gegondelt. Aber hier wurden wir wenigstens unsere Lumpen und die Flöhe und die Läuse los.« Carola ist bei den Neuen angekommen und stellt sich neben Zenzl, von der sie einen überraschten Blick erntet.

»Emma? Emma Lopper?«, fragt sie flüsternd.

»Carola! Ick werd verrückt!« Eine der drei Frauen, von ehemals rundlicher Gestalt, mit kurz geschorenem, schwarzem Haar, fliegt auf sie zu, umarmt sie fest und schwenkt sie dabei hin und her. »Komm an meinen Busen, du alte Socke. Mensch, dass wir uns nochmal sehen. Ick krieg mich nicht ein. Wie geht es dir? Wat machst du denn hier? Und vor allem: Wat machen *wir* hier?«

»Ach Emma.« Carola schießen Tränen in die Augen. »Was bin ich froh, deine Stimme zu hören!« Sie wendet sich Zenzl zu. »Das ist Emma Lopper. Wir haben uns in Moskau angefreundet.«

»Die Emma musst du mir nicht vorstellen, Carola. Ich kenne sie von der Roten Hilfe.«

»Zenzl Mühsam! Das gibt es doch nicht! Und ick hab dir nicht erkannt! Das ist ja ein Ding, dass wir uns hier alle treffen!«

»Freut mich ebenfalls, dass du lebst, Emma. Wir reden später.« Sie wendet sich den anderen beiden Neuankömmlingen zu. »Ich bin die Zenzl. Die Zellenälteste hier. Ihr drei seid scheinbar die Letzten, die zu uns kommen. Mehr freie Betten gibt es nicht. Carola zeigt sie euch. Gib der Emma die Liege neben dir. Warum man uns in der Butyrka sammelt? Stalin und Hitler tauschen in aller Freundschaft ihre Feinde aus. Und wir zählen wohl dazu.«

*

Gegen sechs Uhr schaltet die Aufsicht die Tagesbeleuchtung ein und brüllt auf Russisch »Aufstehen!« in die Zelle. Carola schlägt die Decke zurück, setzt sich auf die Bettkante. Dann erhebt sie sich und treibt in Unterwäsche ein wenig Gymnastik. Sport ohne Angst vor Bestrafung. Sie genießt es.

»Na Madl, trainierst für die Wahl zum Fräulein Butyrka?« Zenzl Mühsam schlurft langsam auf Carola zu. Die grauen Haare hat sie wie immer zu einem Kranz um ihren Kopf gebunden, das zu weite weiße Unterhemd hängt der altersgebeugten Frau fast bis zu den Knien.

Carola lässt sich nicht beirren, führt die hochgereckten Arme hinunter, bis die Fingerspitzen die Zehen berühren, und richtet sich wieder auf. Die Hände in die Taille gestützt, dehnt sie sich zweimal nach rechts und links. Dann hält sie inne. »Guten Morgen, Zenzl. Du wirst lachen, ich nahm sogar an der Wahl der ersten Miss Germany teil. 1927 war das. Aber nur als Zuschauerin – sonst wäre die Blumenkrone im Sportpalast kaum dem Fräulein Kwandt aufgesetzt worden. Der fehlte damals echte Konkurrenz.«

Zenzl setzt sich auf Carolas Bett. »Du warst bei so einer Fleischbeschau?«

»Ja, als Staffage vom Brecht. Für die *Nacht der Frauen*, so nannten die das damals, waren wir zwei genau die richtige Besetzung. Ganz Berlin traf sich dort.«

»Ganz Berlin. So, so«, grummelt Zenzl. »Apropos. Wie hast du denn die kesse Emma kennengelernt?«

»Wir wohnten in Moskau im selben Haus, Krasnoprudnaja 36, und sahen uns öfter im Flur. Ich hatte damals viele Probleme mit meinem Mann und dem Elend um uns herum, da wurde die Emma schnell zum Kummerkasten. Und woher kennst du sie?«

»Von der Internationalen Roten Hilfe. Die wollten ja den Nachlass von meinem Erich veröffentlichen. Emma hatte den Auftrag, ihn mit aufzubereiten. Das Mädel gefiel mir. Hat offen seine Meinung gesagt, die Denunzianten dann brühwarm dem NKWD hinterbrachten.«

»Anschwärzer bei der Roten Hilfe? Na Zenzl, du betreibst doch nicht wieder konterrevolutionäre Propaganda?« Feixend schlägt Emma im Bett nebenan die Decke zurück und setzt sich auf die Kante. »Kinder, wat hab ick schlecht geschlafen! Den Kopf auf 'nem Kissen, den Hintern auf 'ner Matratze, 'ne Bettdecke bis an den Hals – an so 'nen Komfort musste dir erst mal gewöhnen!«

»Daran gewöhnst du dich schnell wieder.« Zenzl Mühsam erhebt sich. »Ich würd ja gern bleiben, aber die Aufsicht bringt uns gleich zum Waschraum. Da wecke ich lieber die Langschläfer.«

»Waschraum. Schon bei dem Wort kriege ick unanständige Gefühle.« Emma plappert in aufgelöster Stimmung weiter. »Das kannste dir nicht vorstellen, Carola, so ein Straflager in der kasachischen Steppe. Arschkalt in der

Nacht, sauheiß am Tag. Morgens bis abends krauchste durch riesige Felder mit lauter Sonnenblumen. Und hackst wie bekloppt Unkraut in Staub und Hitze. Denn wie viel Brot sie dir geben, hängt davon ab, wie viele Meter du schaffst. Wasser gibts in 'ner Tonne, die teilste dir mit Ochsen, die draus saufen, mit Kerlen, die ihren Kopp reinstecken, und mit Frauen, die in der Plörre heimlich ihre Unterwäsche waschen. Und hier? Gibts 'nen Waschraum!«

»Ja, verrückt.« Carola lächelt. »Zenzl meint, wir sollen den Status der Sonderhäftlinge genießen. Egal, ob sie uns zurück in die Lager schicken oder zu den Deutschen – wenn wir diese Zelle hier verlassen, ist es mit dem angenehmen Leben vorbei.«

»Die verfrachten uns echt heim ins Reich? Ick fürchte ja, da ist mein Ruf leider nicht so doll.«

»Der in Sowjetrussland scheint nicht besser zu sein.«

»Stimmt. Spioniert sollen wir haben, bei der Roten Hilfe. Gleich für fünfzehn ausländische Mächte! Die konnten nicht mal sagen, für welche genau. Die ganze Abteilung haben sie verhaftet. Ick hatte Glück. Acht Jahre Lager. Andere wurden erschossen.« Emma schaut Carola traurig an. »Die beschuldigen uns, wie sie wollen, verurteilen uns, wie sie wollen, legen uns um, wie sie wollen. Im Knast bei Stalin oder Hitler – das ist heute doch egal.«

»Sieht nicht jeder so, Emma. Zenzl meint, die acht Jahre Arbeitslager, zu der die Russen sie verurteilten, hält sie aus. Die Mörder in den KZs der Nazis nicht. Schau mal, es gibt hier einen Leutnant Kusnezow, der entscheidet, ob ich ins Reich ausgewiesen werde oder in Sowjetrussland gefangen bleibe. Ich habe keine Ahnung, was davon weniger schrecklich ist. In Russland wie in Deutschland gelte ich als Verräterin, ist mir die Rückkehr in mein früheres

Leben versperrt. Dazu die Sorge um Georg: Verlasse ich das Sowjetland, gibt es kaum Hoffnung, ihn je wiederzusehen. Bleibe ich, scheint sie genauso gering.«

»Ach ja, der Schorsch. Das vergisst man immer so schnell, wie viele von uns Mütter sind, denen sie die Kinder weggenommen haben. Haste was von ihm gehört?«

Carola schüttelt den Kopf. »Seit anderthalb Jahren nicht.«

»Und Anatol?«

»Hingerichtet. Schon 1937. Hab ich erst gestern erfahren.«

»Das tut mir leid. Aber dann scheint doch Deutschland die bessere Lösung für dich? Anatol ist tot. Und wat deinen Sohn angeht: Wie ick die Brüder kenne, erziehen sie den zum vorbildlichen Jungbolschewiken, der seine Verrätereltern hasst. Du musst diesen Kusnezow dazu bringen, dass er dich abschiebt. Das mit Hitler geht vorbei. Bei Stalin bin ick mir nicht so sicher.«

Nachdenklich schaut Carola die Freundin an. Vermutlich hatte sie recht. Ihre Aussicht, Georg zurückzubekommen, womöglich mithilfe einflussreicher Freunde, ist im Ausland sicher höher als in der Sowjetunion. Sie umarmt die Gefährtin, drückt sie fest an sich. »Danke«, flüstert sie ihr ins Ohr. »Genauso mache ich es.«

»Ist ja schon mal was. Und wie genau willste das anstellen?«

»Zenzl sagt, ich solle Kusnezow aus meinem Leben erzählen. Geschichten, die ihm Lust machen, mehr über mich zu erfahren.«

»Und wat bringt es, wenn er so 'nen Drang verspürt?«

»Zeit. Und weitere Gelegenheiten, ihm zu beweisen, dass ich unpolitisch bin und somit keine Gefahr darstelle.«

»Doller Plan. Wie alt ist er denn, der Kusnezow?«

»Etwas jünger als ich.«

»Und wie sieht er aus?«

»Schlank, sportlich, schwarze, gewellte Haare. Ein Wolgadeutscher. Angenehme Erscheinung. Frauentyp. Warum?«

»Weil du Spezialistin für Kerle bist, die was zu sagen haben. Du bist Schauspielerin, Carola. Spiel dem Genossen Leutnant die Rolle deines Lebens vor. Unter der Uniform ist der auch nur ein Mann. Zeig ihm wat für 'ne Klassefrau du bist. Mach ihn besoffen mit Geschichten, die die Fantasie von jedem Kerl anregen: erster Kuss, Verführung auf der Parkbank oder so. Umgarn ihn, bis er dir zuliebe tut, was in seiner Macht steht. Und dich ausweist.«

*

»Stoj!«. Befehlsgemäß bleibt Carola stehen, dreht sich nach links zur Wand und starrt auf das Transparent.

Bereinige dein Gewissen – vergiss nicht, dass früher oder später das Verbrechen aufgeklärt wird

Hinter ihr ertönt die Meldung der jungen Schließerin: »Karoline Iosefowna Chenschke«. Dann Kusnezows Bariton: »Ko mne!« Ohne die Aufforderung dazu abzuwarten, dreht sie sich um und betritt, wie befohlen, die Büro-Zelle. Hinter ihr fällt die Tür ins Schloss.

Der NKWD-Offizier sitzt an seinem Schreibtisch und liest in einer Akte. Er schaut kurz hoch und weist auf den Stuhl an der Zellenwand: »Setzen Sie sich.« Carola nimmt auf der vorderen Kante Platz, mit durchgedrücktem Rücken, den ganzen Körper gespannt. Sie zieht mit beiden Händen ihren leicht hochgerutschten Rock wieder nach vorn. »Die Rolle deines Lebens«, wiederholt sie für sich im Stillen.

Kusnezow räuspert sich, schaut ihr ins Gesicht. »Sie haben gestern vom schwierigen Verhältnis zu Ihrem Vater erzählt. Wie der Sie mit Liebe und zugleich mit Hass bedacht hat. Das ist nichts Besonderes, denke ich. Ungewöhnlich ist für mich eher, dass aus der Tochter eines Musikers und einer Wirtin eine der größten Schauspielerinnen des Deutschen Reiches wurde. Ihr Vater hatte Ihnen offenbar seine musikalische Begabung weitergegeben – warum landeten Sie dann beim Theater statt im Konzertsaal?«

»Das ergab sich so. Ich wollte berühmt werden. Ob als Pianistin, Schauspielerin oder Tänzerin, das war mir egal.« Sie setzt eine Pause, schaut Kusnezow an. Naiv und treuherzig. Der Blick eines jungen, unschuldigen Mädchens.

»Der Vater hielt das für Hirngespinste. Einem Sohn, der in seine Fußstapfen tritt, hätte er sicher eine künstlerische Karriere zugetraut. Mir nicht. Obwohl er mein Talent am Klavier genau erkannte, verhinderte er eine Ausbildung in dieser Richtung. Das sei nichts Solides für eine Frau, meinte er. Ich besuchte deshalb die Handelsschule Riemerschmid – die erste kaufmännische Schule für Mädchen in Deutschland. Das Lernen fiel mir leicht, zum Abschluss bestand ich problemlos die Aufnahmeprüfung für ein Lehrerseminar. Das hätte mir gefallen, eine solide musikalische Ausbildung gehörte zum Studium, das damit nur ein nützlicher Umweg auf meinem Weg zur Bühne sein würde. Da verkündet mir der Vater aus heiterem Himmel, ich solle stattdessen eine Stelle in einer Bank annehmen. Weil er gelesen hatte, dass die Geldhäuser, wegen des Männermangels im Krieg, erstmals Frauen einstellen. Was haben wir uns gestritten! Jeden Abend kamen nach den ersten Gläsern Wein dieselben Sprüche: Warum ich der Familie weitere Jahre auf der Tasche liegen wolle, wenn die in diesem ewigen Krieg blanke Not litt? Wieso ich nicht lieber dort lernte, wo man dafür sogar bezahlte? Ich verstand es ja. Das Geld war knapp: In der Weinstube blieben die Gäste aus, die Männer bekämpften den Feind, die Frauen den Hunger. Aber ich gab gehörig Kontra. Erklärte ihm zornig, ich hätte nicht an der Handelsschule um glänzende Noten gekämpft, um ihm Wein und Trester zu zahlen. Niemals würde ich mich ihm zuliebe auf eine langweilige Banklehre einlassen.« Carola setzt eine Pause und schaut Kusnezow direkt in die Augen. Dann spricht sie weiter: »Ein schwerer Irrtum. Dank Tilly Blättermann.«

München
27. Mai 1917

Raus, raus, raus! Unschicklich drängt Karoline an anderen Kirchgängern vorbei zum Ausgang der Kapelle von Schloss Nymphenburg. Keine Minute wird sie von diesem strahlend blauen Sonntag versäumen. Denn die Familie hat ihr frei gegeben: Alle vier Geschwister helfen später der Mutter, den erhofften Ansturm der Pfingstausflügler im Garten der Weinstube zu bewältigen. Karoline hingegen soll den Tag genießen, bevor sie nächste Woche ihre Stelle bei der Bayerischen Filiale der Deutschen Bank antritt. Und ihre Schulfreundin Tilly Blättermann darf sie begleiten. Der Pfingstgottesdienst war für den Vater als Organist und Chordirektor der Schlosskapelle einer der wichtigsten Auftritte des Jahres und für sie eine unabwendbare Pflicht. Doch die ist absolviert.

Die Mädchen haben sich herausgeputzt, beide tragen ihre Sonntagskleider mit einem kurzen Jäckchen darüber. Leider in Grau, denn das ist patriotisches Gebot im vierten

Kriegsjahr. Aber das Selbstgeschneiderte hat seinen Vorteil: Weil es an Stoff fehlt, gilt es nicht mehr als unschicklich, dass der Saum schon über dem Knöchel endet. Dem Vater gefällt das gar nicht. Doch beim Flanieren wird es den Freundinnen sicher bewundernde Blicke einbringen. Zumal der schlichte Schnitt die Taille ihrer im Rübenwinter gertenschlank gehungerten Mädchenkörper betont.

»Da seid ihr ja, Kinder!« Die Mutter und die Geschwister haben es endlich aus der Schlosskapelle heraus geschafft. »Ich denke, ihr braucht nicht auf uns zu warten. Der Vater ist im Gespräch mit einem Herrn vom Schloss. Zu Mittag esst ihr bei euch, Tilly?«

»Ja, Frau Neher. Die Eltern lassen mich erst nachmittags in die Stadt. Und kurz vor dem Abendbrot erwarten sie uns zurück.«

»Das ist angemessen. Gut, dann habt Spaß. Karoline, du bist die Ältere, vergiss das nicht. Mach mir keine Schande.«

Tilly wohnt nur zwei Straßen weiter. Die beiden Mädchen lassen sich Zeit, schlendern nebeneinander her. Es ist eine ungewöhnliche Freundschaft, die sie verbindet. Schon allein wegen des Altersunterschiedes von über zwei Jahren. Kennengelernt hatten sie sich auf dem gemeinsamen Weg zur Handelsschule beim Warten auf die Straßenbahn. Schnell hatte sich herausgestellt, dass sie beide dieselbe Leidenschaft teilen: die Liebe zur Bühne.

»Und, freust du dich inzwischen auf die Bank?« Tilly drückt das schlechte Gewissen, weil sie die Freundin ermuntert hatte, dem Vater nachzugeben und die ungeliebte Lehre aufzunehmen.

»Nicht auf die Bank, aber auf deren Geld.«

Karoline hatte sich vor einigen Wochen bei Tilly über die endlosen Streitereien zu Hause beklagt. »Lass das doch mit dem Lehramt und geh wie verlangt an den Bankschalter«, hatte die Freundin daraufhin vorgeschlagen. »Schau mal, da verdienst du eigenes Geld. Damit ist es egal, was der Vater sagt. Klavier- und Ballettunterricht oder Schauspielstunden kannst du dann ja selbst zahlen! Du musst nur etwas von deinem Lohn dafür abzwacken.« Was für ein schlauer Rat. Der Vater war zufrieden, dass er die Oberhand behielt, die Mutter, dass der Streit aus der Welt war, und sie selbst kam ihrem Traum von der Bühne ein Stück näher.

»Du, sag mal«, Karoline bleibt stehen und sieht die Gefährtin an. »Was hältst du davon, nachher bei dir zu Hause ein Vorsprechen beim Theater zu üben?«

»Oh ja. Ich bringe *Durch Zärtlichkeit und Schmeicheln* und du unterstützt mich am Klavier. Und dann bist du so begeistert von meiner Stimme, dass du mir auf der Stelle ein Engagement an die Bayerische Staatsoper bietest!«

Nicht einmal eine Viertelstunde später sitzt Karoline mit durchgedrücktem Rücken, erhobenem Kopf und anmutig gestreckten Fingern am Pianino in Tillys Zimmer, vor sich die Partitur von Mozarts Singspiel »Entführung aus dem Serail«. Dann gibt sie das Zeichen zum Beginn: »Wohlan, mein Fräulein, zeigt, dass ihr dem Opernhaus am Max-Joseph-Platz würdig seid«. Woraufhin Tilly innig die lang geprobte Arie der Zofe singt. »Merveilleux, junge Dame, exzellent«, spielt Karoline nach dem Verklingen des letzten Tons die Rolle des Operndirektors weiter. »Leicht, beweglich, zart, wie es von einer Soubrette erwartet wird. Chapeau! Liebes Fräulein, ihr seid engagiert!«

»Danke, Herr Direktor«, entgegnet Tilly mit übertriebenem Augenaufschlag und macht einen Knicks. »Ich bin sicher, Ihr Publikum gerät bei meinen Auftritten völlig aus dem Häuschen!«

»Ach Karoline«, setzt sie sich dann neben die Freundin auf den Klavierhocker, fasst sie um die Taille und lehnt den Kopf an deren Schulter. »Ich stelle mir das herrlich vor. Wie die Damen durch ihre Operngläser die elegante Robe und die raffinierte Frisur studieren, mit denen ich im Bühnenlicht stehe. Und wie die Herren mir nach der Vorstellung am Ausgang ihre Visitenkarten aufdrängen.«

»Halleluja«, lacht Karoline und spielt das Leitmotiv aus Händels Messias an. Dann lässt sie die Finger auf den Tasten ruhen. »Ich beneide dich so darum, dass du genau weißt, wie du dein Publikum begeisterst. Bei mir ist das längst nicht entschieden. Klar, ich liebe das Klavier. Aber hier beschränkt sich die Eleganz der Künstlerin auf die Sitzhaltung und das anmutige Spiel der Finger. Im Vergleich dazu bietet der Tanz doch weit mehr. Wie herrlich, dem Publikum mit zarten Bewegungen des Körpers Freude, Trauer, Verführung darzubieten! Und das Schauspiel? Was muss es für ein Glück sein, allabendlich von Menschen bejubelt zu werden, die du mal zu Tränen des Leids und mal zu denen der Freude gerührt hast! Aber das Lachen der Geschwister, wenn ich einen betrunkenen Gast der Weinstube nachäffe, ist letztlich ja kein Beweis für das nötige Talent in der darstellenden Kunst. Die scheint mir die schwierigste.«

»Tja, so rate ich Ihnen, beim Vorspielen nicht auf eine griechische Tragödie zu setzen«, nimmt Tilly ihr Spiel wieder auf.

»Danke für die Warnung. Dann werde ich Sie eben mit einem Tanz von meinem künstlerischen Talent überzeugen.«

»Ein hehres Unterfangen. Ich darf Sie am Piano begleiten?«

»Oh ja. Improvisieren Sie bitte einen langsamen Walzer.«

Karoline erhebt sich, streift Schuhe und Strümpfe ab, lässt ihr Kleid auf den Boden gleiten und nimmt in der Mitte des Raumes Aufstellung: Die nackten Füße im rechten Winkel voneinander, die Arme locker herunterhängend, den schmächtigen, nur vom Unterkleid bedeckten Körper kerzengerade.

Tilly, die inzwischen ihren Platz am Klavier eingenommen hat, spielt den ersten Akkord. Karoline stellt sich auf Spitze, reißt das linke Bein durchgedrückt in die Höhe, hebt die Hände über ihren Kopf, bis sich ihre Fingerspitzen am Scheitelpunkt berühren. Sie fällt in die Ausgangsposition zurück, verharrt einen Augenblick, macht dann kurze Sprünge durch das Zimmer. Kniet sich nieder, verschränkt die Arme vor der Brust und weitet sie wieder, als wolle sie die Welt umarmen. Gleich darauf streichelt sie mit dem Handrücken eingebildete Gräser einer Wiese, pflückt mit eleganter, ausladender Handbewegung eine Blume. Riecht daran, macht zwei Sprünge bis zum Sofa. Dort stellt sie sich auf Spitze, dreht sich mit tippelnden Schritten, schaut dabei prüfend nach rechts und links, ob sie jemand beobachtet, und lässt sich schließlich im Schneidersitz nieder. Als Tilly das Grundmotiv der kleinen Melodie ein weiteres Mal aufnimmt, streckt sie die Beine vor und stützt den Oberkörper nach hinten mit den Armen ab. In einer einzigen gleitenden Bewegung krümmt sie sich zur Brücke, um gleich darauf langsam mit dem Rücken auf die Dielen zu sinken. Jetzt zieht sie ein Bein an, dann das andere, und bewegt sie, die Füße immer am Boden, in gegensätzliche Richtung. Das hochgerutschte Unterkleid enthüllt deutlich, wie die Schenkel aneinanderreiben. Dazu rekelt sie den Oberkörper hin und her. Tilly beobachtet fasziniert die lasziven Windungen der 16-Jährigen, aber sie spielt weiter. Karoline setzt sich mit angezogenen Beinen auf, schaut erschrocken um sich, ob jemand sie gesehen hat. Dann erhebt sie sich grazil und springt erneut anmutig durch das Zimmer. Sie ist wieder das junge Mädchen, das Blumen pflückt. Tilly lässt den Walzer mit einem Schlusstakt ausklingen, starrt die zufrieden lächelnde Freundin an und fragt entgeistert: »Was ist denn das für eine Art von Ballett?«

»Das ist modern«, antwortet Karoline lachend. »Das habe ich bei Clotilde von Derp gesehen, einer Tänzerin in unserer Tanzschule in Schwabing.«

»Und was genau stellte das dar?«

»Den Kampf zwischen Keuschheit und Verlangen, der in jedem jungen Mädchen wohnt – kam das nicht zum Ausdruck?«

»Doch, schon«, entgegnet Tilly. »Es war nur so … körperlich.«

»Aber das ist ja das Wesen dieses Kampfes!«

Karoline zieht das Unterkleid wieder herunter und nimmt ihre abgelegten Sachen vom Boden. Zeit für ein neues Abenteuer. »Ich würde doch zu gern sehen, ob sich bei den jungen Herren in der Maximilianstraße der gleiche Eindruck schinden lässt!«

*

Arm in Arm promenieren die beiden Freundinnen kurze Zeit später auf ihrem Weg in Richtung Frauenkirche über den Lenbachplatz. »Schau mal, Tilly, bald arbeite ich dort drüben.« Karoline weist auf das riesige Barockgebäude der Bayerischen Filiale der Deutschen Bank an der Nordseite des Platzes.

»Ich beneide dich«, zieht Tilly daraufhin einen Schmollmund. »Dein eigenes Geld verdienen, unabhängig sein. Ganz zu schweigen von den jungen Bankbeamten, die dir bald den Hof machen werden! Und ich muss weiter zu dieser blöden Handelsschule.«

»Was soll ich mit einem Mann von der Bank«, lacht Karoline. »Das lässt sich doch leicht denken, was der von einem Fräulein begehrt. Erst ihre Hand, dann ihren Körper und am Ende Kinder und Küche ein Leben lang. Meinst du, so einer ließe unsereins auf die Bühne? Nein, Tilly, ich bin zur Künstlerin geboren und nicht zur Ehefrau. Jetzt, wo der Vater nichts mehr vorschreiben kann, suche ich doch nicht gleich neue Gefangenschaft. Der Mann, der mich erobert, der räumt mir Hindernisse fort und nicht in den Weg. Den finde ich vor dem Bankschalter und nicht dahinter!«

»Aber gegen ein wenig Spaß hätte ich nichts«, fügt sie leise hinzu, als sie ein entgegenkommender junger Soldat frech taxiert.

Gefängnis Butyrka
23. Dezember 1939

»Hat diese Tilly denn ihren Traum später verwirklicht?«, reißt Kusnezow die verstummte Carola aus ihren Erinnerungen.

»Was?«

»Die Blättermann. Wurde sie eine große Opernsängerin?«

»Als ich zuletzt von ihr hörte, hatte sie ein festes Engagement am Badischen Staatstheater in Karlsruhe. Nicht Paris oder Wien, aber immerhin. Wir haben uns leider zerstritten. Wegen eines Liebhabers, der für kurze Zeit von ihr zu mir überlief.«

Carola schweigt wieder. Sie wagt es nicht, Kusnezow um einen Schluck Wasser zu bitten. Der NKWD-Leutnant sagt ebenfalls nichts. Er mustert die vor ihm sitzende Gefangene aufmerksam und nachdenklich. Sie kennt diesen Blick. So haben sie viele Männer angesehen.

*

Die Zellentür hat sich kaum geschlossen, da stürmt Emma schon auf Carola zu: »Erzähl! Frisst er dir jetzt aus der Hand?« Sie lächelt leise. »Das nicht. Aber ich glaube, der Herr Leutnant träumt heute Nacht davon, wie ich tanze …«

»Seid ihr verrückt geworden?«

Zenzl Mühsam, die vor dem Schrank mit dem Kochgeschirr gleich neben der Zellentür gestanden hatte, dreht sich zu den Freundinnen um. Sie stemmt die Hände in ihre Hüften und schaut erst Emma, dann Carola in die Augen. »Habe ich recht verstanden? Du willst Kusnezow verführen?«

»Na ja, verführen ist nicht das richtige Wort«, windet sie sich.

»Wat? Das ist genau das richtige Wort.« Emma ist empört. »Schau mal, Zenzl. Carola will ihr altes Leben zurück. Dazu muss sie raus aus Sowjetrussland. Wofür sie Stempel und Unterschrift von dem Kusnezow braucht. Also macht sie sich den gewogen. Und wie gelingt ihr das am besten? Indem sie ihn bezirzt.«

»Das ist euer Plan?«

»Das ist unser Plan.«

»Dann hört mal zu. Ich habe im KZ Oranienburg SA- und SS-Leute erlebt und hier oft genug NKWD-Offiziere. Wenn Männer eine Uniform tragen, werden sie Tiere. Für die gilt nur ein Gesetz: Fressen oder gefressen werden.« Zenzl schaut Carola an: »Hast du je gehört, dass eine Gazelle eine Hyäne verführt?« Als die nicht antwortet und selbst Emma betroffen schweigt, setzt sie inständig nach: »Täusch dich nicht in Kusnezow. Hier, in der Butyrka, bestimmst nicht du die Regeln, sondern er. Er ist ein Offizier des NKWD. Unterschätze ihn nicht. Vergiss nicht, dass auch er unter Druck steht. Er darf keinen Zweifel an seiner Treue gegenüber der Partei aufkommen lassen. Denkst du, einer wie er stellt die Interessen einer Gefangenen über die seiner Genossen? Kinder, wacht auf!«

Carola weiß darauf nichts zu antworten. Sie schaut hilfesuchend zur Seite: »Emma?«

»Also ick hab noch keinen Mann erlebt, den es kalt lässt, wenn ihn 'ne klasse Frau an die richtigen Stellen packt.«

Zenzl seufzt. »Wie kann man nur so blauäugig sein, bei all der Erfahrung die Ihr inzwischen mit den bolschewistischen Methoden habt? Ich trau den Brüdern nicht. Der Kusnezow hat was mit dir vor, Carola. Hast du mal darüber nachgedacht, warum nur du zu solch seltsamen Verhören geholt wirst, während sie uns in Ruhe lassen? Wieso sich der NKWD für belanglose Einzelheiten in deinem Leben interessiert, wo du doch längst verurteilt wurdest?«

Carola schaut überrascht auf Zenzl, dann fragend auf Emma.

»Das stimmt«, gibt die zu. »Solange ick in Haft bin, hat kein Leutnant wissen wollen, wie ick meine Unschuld verlor.«

»Er hat was vor«, setzt Zenzl ihren Gedankengang fort. »Und das bringt dich unter Umständen eher ans Ziel, als euer Verführungsplan. Wart ab, bis er die Katze aus dem Sack lässt. Bis dahin erzähl die Geschichten, die er hören will. Mach ihm dabei gern schöne Augen. Aber vergiss nie: Er ist der Jäger!«

Gefängnis Butyrka
24. Dezember 1939

Die Stimmung in der Zelle 31 ist an diesem vierten Adventssonntag ausgesprochen gelöst. Einige Frauen, darunter Carola, halten sich mit Gymnastik fit. Andere bessern auf ihren Liegen ihre Unterwäsche aus. An zusammengeschobenen Bettgestellen bastelt eine dritte Gruppe an einer Dekoration für den Heiligen Abend.

Ein wenig außer Atem setzt sich Carola zu Emma und der Weihnachtsrunde. »Na, was treibt ihr hier?«

»Tja, wir machen uns das heute 'n bisschen gemütlich. Die einen besticken Handtücher mit Schneeflocken und so, andere füllen ihre Essnäpfe mit Brotkrümeln und Eiern. Das sind unsere Naschereien. Ja, und ick bin mit dem schicken Weihnachtsstern aus Brot fertig und fang jetzt an, aus dem restlichen Teig Buchstaben für den Spruch des Tages zu formen. Hilfste mir?«

»Aber gern! Wie lautet denn die heutige Losung?«

»Kommste nie drauf. Ick knete Frohes und du Fest.«

Anstatt anzufangen, schaut Emma ernst auf Carola, dann auf die ihr gegenüber sitzende Roberta Gropper, eine frühere Reichstagsabgeordnete der KPD. »Ist es nicht komisch, dass hier kein Schwein interessiert, was wir so treiben? Vor drei Wochen war ick noch in 'nem Arbeitslager in der Steppe und hab mit den anderen auf den Feldern von so 'ner riesigen Sonnenblumen-Gärtnerei Schnee geschippt. Der wurde da aufgetürmt, damit bei der Schmelze im Frühjahr möglichst viel Wasser in den Boden kommt. War dem Wind natürlich egal. Haste deine Norm erfüllt, gab es 600 Gramm Brot. Wenn nicht, nur die Hälfte. Oder nix, je nachdem. Wer verhungerte, landete in der Grube. Kalk drüber, fertig. Kamste nach Sonnenuntergang wieder ins Lager, biste nur noch auf die blanken Bretter gefallen und hast gepennt. Da waren dir die Läuse und Flöhe so was von egal. Und hier? Hier hocken wir auf bezogenen Betten und plaudern gemütlich. Dreimal am Tag gibts was zu futtern. Und nächstes Jahr um die Zeit sitzen wir womöglich unterm geschmückten Tannenbaum. Das ist doch irre.«

Roberta Gropper durchbricht als Erste das am Tisch eingetretene Schweigen: »Weshalb hatten sie dich verurteilt?«

»Acht Jahre wegen Spionage und konterrevolutionärer Propaganda. Ick! Spion! Kannste dir nicht ausdenken, so was.«

Roberta Gropper schaut zu Carola. »Du hast ähnliche Erlebnisse hinter dir?«

»Klar. Ich war zwar nicht im Lager, sondern im Zuchthaus. Aber da haben sie auch so ihre Methoden. Dunkelzelle, Schlafentzug, abgestellte Heizungen, gekürzte Ration wegen nicht erfüllter Norm – das ganze Programm. Kennt sicher jede von uns.«

»Und wenn ihr aus der Sowjetunion ausgewiesen werdet, in Deutschland, der Schweiz oder Schweden landet, berichtet ihr dann über eure Erlebnisse hier?«

Emma empört schon die Frage. »Na, das walte Hugo! Das kannste ja wohl nicht verschweigen, wie die hier mit ihre Bürger und selbst mit den eigenen Genossen umgehen!«

»Ihr müsst darüber sogar schweigen!« Roberta Gropper ist verzweifelt. »Nehmt den Arbeitern nicht den Glauben an ein besseres Leben im Sozialismus! Sie brauchen ihn, um in Deutschlands finsterster Zeit nicht die Hoffnung zu verlieren! Wisst ihr, ich habe mich in den zwei Jahren Untersuchungshaft immer wieder gefragt, warum ich das Vertrauen der Partei verlor, worin meine persönliche

Schuld liegt. Ich habe keine Antwort. Hier geschieht eine Ungerechtigkeit, und wüsste der Genosse Stalin von ihr, er würde sie sofort beenden. Aber klagt ihr sie vom Ausland aus an, dann stört ihr nicht nur den dringend notwendigen Selbstreinigungsprozess der Partei. Ihr nehmt den Proletariern zugleich die letzte Hoffnung, die ihnen angesichts der Hitler, Mussolini und Franco bleibt. Das Vertrauen auf ein mächtiges Bollwerk gegen die Faschisten. Auf eine Sowjetunion, in der Arbeiter, Bauern und schöpferische Intelligenz gemeinsam eine neue Zukunft aufbauen!«

»Also ehrlich Roberta, hörste dir eigentlich selber zu? Selbstreinigungsprozess der Partei? Läuft doch schon: Wer was sagt, wird verhaftet, verurteilt und erschossen. Die Werktätigen errichten gemeinsam den Sozialismus? Träum weiter! Die Bauern sind wegen der Kollektivierung von ihrem Land vertrieben, die Intelligenz ist mundtot gemacht und die Arbeiter haben Angst, dass sie die Nächsten sind. Nee, vergiss es. Ick halte meine Klappe nicht, bloß weil ihr Kommunisten die falschen Götzen anbetet, mit der Partei und ihren Führern. Oder Carola? Wie siehst du das?«

Die Angesprochene lässt die Hände sinken mit den Brotkrumen, auf denen sie herumknetet, und schaut ihre beiden Mitgefangenen nacheinander an. »Ich weiß nicht. Mein einziger Wunsch ist es, hier wieder wegzukommen. Ich hatte von der Sowjetunion völlig falsche Vorstellungen. War sicher, dass hier glückliche Menschen leben, die gemeinsam einer großen Idee folgen. Was für ein Irrtum! Selbst unter den Genossen fand ich nur Neid und Misstrauen. Wieso bestimmen irgendwelche Gremien der Partei, wo ein Künstler auftreten darf und wo nicht? Freie Kunst ist bei einer Führung, die ihrem Volk misstraut, nicht möglich.« Sie schaut auf die ehemalige kommunistische Reichstagsabgeordnete. »Um deine Frage zu beantworten, Roberta: Ich werde nach einer Ausweisung die Sowjetunion nicht an den Pranger stellen. Ich lebte ein zufriedenes Leben bis zu dem Augenblick, an dem ich mich politisierte. Im Kampf der Klassen bin ich dann nur zwischen die Fronten geraten. Ihn zu führen ist nicht meine Sache. Die Aufklärung der Arbeiter über die wahren Zustände in Sowjetrussland müssen Leute übernehmen, die ihre Sprache sprechen. Menschen wie Emma.«

Roberta Gropper setzt zu einer Antwort an, da quietscht vorn die Zellentür. Eine Schließerin tritt in die Zelle: »Karoline Iosefowna Chenschke!« Carola erhebt sich: »Da!«

*

Klack, klack, klack. Die Uniformierte, die sie heute zum Verhör führt, ist nicht so blutjung wie ihre Genossin mit dem runden Gesicht, aber sicher ebenfalls keine dreißig. Carola registriert das eher nebenbei, ihr schwirrt Zenzls Rat vom Vorabend durch den Kopf: Unterschätze Kusnezow nicht. Er ist der Jäger. Klack, klack, stopp. Vor der offenen Tür der Verhörzelle dreht sie sich ohne Aufforderung zur Wand mit der Losung. Sie hört, wie drinnen die Aufseherin Meldung erstattet. Auf das »Zu mir!« des NKWD-Offiziers hin, wartet sie das Zeichen der Wärterin gar nicht erst ab, sondern betritt gleich den Verhörraum.

»Gefangene Henschke. Ein wenig spät heute. Ich hoffe, das hat den Tagesablauf in der Zelle nicht durcheinandergebracht?«

Carola ist von der Höflichkeit irritiert. »Das ist Ihr Vorrecht« antwortet sie vorsichtig. »Wir bereiteten den Weihnachtsabend vor.«

»Richtig, in Deutschland ist ja Weihnachten«, stellt Kusnezow nach einem kurzen Blick auf den Kalender der Schreibtischgarnitur fest. »Wir feiern das schon lange nicht mehr.«

»Aber früher haben Sie das gefeiert?« Carola ist selbst erschrocken über die Gedankenlosigkeit, dem Vernehmer eine Frage zu stellen. Die war ihr so herausgerutscht.

Kusnezow scheint das nicht zu stören. »Ja, vor der Revolution. Bei uns in Jekaterinenstadt hielten die Wolgadeutschen zur Zarenzeit an den alten Traditionen fest. In meiner Familie legte vor allem die Mutter Wert auf diesen Brauch.«

»Ihre Eltern leben nicht mehr?«

»Wie kommen Sie darauf?«

»Sie haben vergessen, dass heute Weihnachten ist.«

»Ja, sie sind tot. Gaben ihr Leben für die Revolution.«

Kusnezow scheint das Thema unangenehm zu sein. Er beugt sich vor und öffnet ihre Akte. Er ist wieder der vernehmende Offizier. »Sie haben mir beim letzten Mal erzählt, wie sie mit ihrer Freundin den Mädchentraum vom Erfolg auf der großen Bühne teilten. Eine nette Geschichte. Sie führt indes am Thema vorbei. Das lautet ja: Wie schaffte es eine kleine Gastwirtstochter in die Reihe der größten Mimen Deutschlands. Obwohl ihre Begabung für Klavier oder Tanz sprach. Was führte Sie letztlich zur Schauspielerei?«

»Ein lieber Freund, der mein wahres Talent erkannte. Der es nach Kräften förderte, ohne je eine Gegenleistung zu verlangen.« Carola zögert. Emma folgen? Zenzl? Dann spricht sie aus, was ihr durch den Kopf schoss, als der NKWD-Leutnant seine Frage stellte: »Und dem ich gerade deshalb alles gab, was ein junges Mädchen zu geben vermag.«

München
November 1918

Karoline eilt von der Straßenbahnhaltestelle am Hauptbahnhof zu ihrem Arbeitsplatz in dem riesigen Bankgebäude am Lenbachplatz. Der Leiter der Kupons-Abteilung, ihr Vorgesetzter, hat sie seit Anfang der Woche an die Schalterhalle ausgeliehen. Angesichts der drohenden Kriegsniederlage und der überall im Reich entstehenden Arbeiter- und Soldatenräte, so hatte er ihr erklärt, grassiert die Angst, dass die Banken von einem Tag auf den anderen schließen könnten. Viele Kunden versuchten deshalb, schnell ihre Ersparnisse abzuheben. Um eine Panik zu vermeiden, müsse man daher alle Plätze besetzen. Es dürfe erst gar nicht das Gerücht aufkommen, die Bank verzögere die Auszahlung der Gelder. Die Filialleitung beorderte die hübsche Aushilfskraft dann zur Staffage an den wenig besuchten Schalter für den Devisenumtausch.

Wie immer betritt Karoline die Filiale durch den Personaleingang in der Ottostraße. Zielstrebig eilt sie zunächst zum Währungsbüro. »Guten Morgen, Käthe«, wendet sie sich dort an eine ihrer wenigen Kolleginnen. Die junge Angestellte hält täglich die aktuellen Kurstabellen für sie bereit. »Was ist denn heute los? So viele Menschen und Uniformen in der Stadt, ich habe sogar Bewaffnete patrouillieren gesehen.«

»Hast du es nicht mitbekommen? Der König Ludwig ist geflohen. Prompt haben die Roten eine Republik ausgerufen. Oder wie sie es jetzt nennen, den Freistaat Bayern. Ihre Soldaten haben den Hauptbahnhof besetzt und ein paar Gebäude der Regierung. All das, ohne dass ein einziger Schuss gefallen wär!«

»Da schau her. Und was ist mit uns? Schließt nun die Bank?«

Käthe zuckt mit den Schultern. »Wir arbeiten weiter. So lange wie möglich, hat der Chef gesagt.« Sie legt ein Blatt mit Zahlenkolonnen auf die Barriere zwischen Vorraum und ihrem Schreibtisch. »Der ist sauer! Weil die Sozis den Acht-Stunden-Tag einführen wollen. Wer denn dann die Arbeit erledigt, fragt er.«

»Na wir. Wer sonst?« Schulterzuckend nimmt Karoline die Devisentabelle von der Brüstung. Sie verabschiedet sich von Käthe mit einem Kopfnicken und läuft zum Schalter in der großen Publikumshalle. Sorgfältig überträgt sie die An- und Verkaufskurse für Englisches Pfund, Schweizer Franken, französischen Franc und all die anderen Währungen auf kleine Pappkarten, die sie in die dafür vorgesehenen Fächer einer Tafel an ihrem Schalter schiebt. Kurz darauf kommt der Leiter des Währungsbüros, vergleicht die Zahlen mit Käthes Tabelle und nickt: Alles korrekt.

Pünktlich mit der Öffnung der Haupthalle strömen Hunderte von Kunden in die Bank, um Geld abzuheben. Schnell bilden sich lange Schlangen. Nur vor Karolines Kasse nicht. Sie setzt dennoch das verlangte Lächeln auf. Und spielt, zum Zeitvertreib, den Wartenden Rollen vor: die Beschäftigte, die Gelangweilte, die Neugierige. Auf einmal kommt ein junger Mann, kaum älter als sie selbst, auf ihren Schalter zu. Angenehmes Äußeres, mittlere Größe, sportliche Figur. Ein lässig gebundener Seidenschal verleiht ihm die Aura des angehenden Künstlers. »Guten Tag, mein Fräulein«, spricht er sie mit kräftiger Stimme an. »Mich schickt der Herr Direktor Falckenberg, um für unser Haus tschechische Kronen umzutauschen.«

»Otto Falckenberg?«, fragt Karoline. »Der vom Theater?«

»Gewiss, von den Kammerspielen in der Augustenstraße.«

Einer von der Bühne! Vor ihrem Schalter! Mit einem Schlag ist vergessen, was ihr die Vorgesetzten über die notwendige Distanz zum Kunden beigebracht haben. »Ich liebe das Theater! Sind Sie sein Sekretär?«, flötet sie.

»Aber nein. Gestatten: Julius Gellner. Schauspieleleve.«

Ein Künstler! Kein Buchhalter, der hier in der Bank aufkreuzt, sondern ein leibhaftiger Darsteller! Oder wenigstens ein künftiger. Einer, dem es gelungen war, eine Ausbildung am Theater zu ergattern. Karoline schaltet auf offenes Flirten um. »Oh, ein Schauspielschüler«, plappert sie aufgeregt und mit kokettem Augenaufschlag. »Da erleben Sie ja alles mit. Wie der Regisseur die Akteure führt und wie die sich in ihre Rollen einarbeiten. Da würde ich am liebsten mehr erfahren!«

Zum Glück versteht der Eleve ihre Anspielung. »Oh, wenn das so ist«, greift er freudig ihr Angebot auf, »erzähle ich Ihnen gern ein wenig vom Leben am Theater. Hätten Sie Lust, mich am Sonntag auf einen Spaziergang in den Englischen Garten zu begleiten? Wir könnten uns ja gegen drei Uhr hier vor der Bank treffen?«

»Gern. Aber um sechs«, gibt sie sich sittsam, »muss ich heim.« Erst jetzt drückt sie den verdeckten Klingelknopf, um den Leiter des Währungsbüros heranzurufen. Einer Frau die Tresorschlüssel anzuvertrauen, war der Filialleitung dann doch zu weit gegangen.

*

Der Sonntag ist grau wie Karolines Kleid unter dem Mantel. Wenigstens regnet es nicht. Aufgeregt nähert sie sich der Bank, vor der Herr Gellner auf sie wartet. Mit einem verlegenen Lächeln beobachtet er, wie sie über den Lenbach-Platz auf ihn zukommt, begrüßt sie artig mit Handschlag und angedeutetem Diener. Er trägt einen schlichten dunklen Straßenanzug, offenbar aus einem älteren Stück aufgearbeitet, der dank seiner sportlichen Figur passabel sitzt. Dazu einen unpassend wirkenden, offenen Soldatenmantel ohne militärische Aufnäher. »Den habe ich mir aus dem Fundus geborgt«, lacht Julius Gellner ungeniert, als er Karolines verwunderten Blick bemerkt. Geschickt lenkt er ab: »Seit zwei Tagen freue ich mich auf diesen Augenblick. Vor allem, da mir in der Aufregung glatt Ihr Name entfallen ist! Könnten Sie mir bitte auf die Sprünge helfen?« Beide wissen, dass sie ihm den in der Bank gar nicht gesagt hatte.

»Sie haben die Ehre mit Fräulein Karoline Neher«, nimmt sie seinen förmlichen Ton lächelnd auf. Dann wird sie ernst: »Da Sie so offen waren, möchte ich ebenfalls etwas zu meiner Garderobe erklären. Ich hätte sie gern frei gewählt, aber der Vater starb vor Kurzem und der Respekt gebietet dunkle Töne.« Sie übertreibt maßlos: Außer dem, was sie trägt, Sonntagskleid, Stiefeletten und Mantel, besitzt sie ja nur einen schwarzen Rock, eine Bluse sowie ein weiteres Paar Schuhe. Mehr war Frauen zur Kriegszeit laut Anordnung der Reichsbekleidungsstelle gar nicht gestattet.

»Das tut mir leid. Und ich lade zur Promenade in den Park.«

»Wofür ich Ihnen dankbar bin. Das wird mich ablenken.«

Karoline lächelt in sich hinein. Zeit, die Initiative zu übernehmen. »Lassen Sie uns von etwas anderem sprechen«, hakt sie sich ungeniert an seinem rechten Arm ein. »Berichten Sie mir von Ihren aufregenden Studien an den Kammerspielen!« Sie haben inzwischen das Odeon erreicht, das Konzerthaus gegenüber dem Königlichen Hofgarten. »Ja wissen Sie, Fräulein Neher, auch am Theater bricht eine neue Zeit an. Seitdem der Herr Falckenberg bei uns das Sagen hat, feiern wir große Erfolge mit völlig neuartigen Inszenierungen, vor allem moderner Autoren. Momentan proben wir zum Beispiel ein Stück von dem Schweden August Strindberg. Es heißt *Fräulein Julie*. In dem Spiel kommen nur drei Personen vor, die Handlung verdichtet sich auf eine einzige Nacht. Und doch werden darin solch grundlegende Themen wie Macht und Ohnmacht, Standesgrenzen, Liebe und Lust erschöpfend abgehandelt.«

Karoline ist beeindruckt. Dieser Julius Gellner lebt in einer Welt, die sie erst zu erobern gedenkt. Sie rückt näher an ihn. »Ist Ihnen kalt?« Er sieht sie besorgt von der Seite an.

»Nein, überhaupt nicht. Ich will mir nur kein Wort entgehen lassen, wenn Sie vom Theater sprechen. Wie ich Sie um Ihre Ausbildung an den Kammerspielen beneide! Mir geben zwar die Herren Basil und Stieler gelegentlich Unterricht …«, zufrieden registriert sie Gellners überraschten Blick, als sie die beiden bekannten Schauspieler erwähnt, »und bei Frances Metz erlerne ich einmal die Woche neue Ausdrucksformen des Tanzes. Für intensivere Studien reicht der Lohn bei der Bank aber leider nicht.« Karoline bleibt stehen, schaut ihren Begleiter an. Effektvoll lässt sie so die letzten Worte zwischen ihnen schweben.

Zum Glück reagiert er genau so, wie sie es erhofft hat: »Aber Fräulein Neher«, sprudelt es aus ihm vor. »Dann lerne ich für uns beide! Und gebe weiter, was man mich in den Kammerspielen lehrt. So kommen Sie kostenlos in den Genuss eines lebendigen Unterrichts!«

»Oh, dazu sind Sie bereit?« Sie belohnt ihn mit dem Augenaufschlag, den sie mit Tilly so oft vor dem Spiegel geübt hat. »Wissen Sie, da kommt mir direkt eine Idee: Warum bringen Sie nicht das Textbüchlein zu diesem Stück des Herrn Strindberg mit und wir erarbeiten gemeinsam den Text? Bei nur drei Personen lässt sich der dritte Part ja leicht mitlesen!«

»Ein ausgezeichneter Vorschlag! So haben wir beide etwas davon – ich erfülle den Auftrag des Direktors, den Strindberg zu studieren, und Sie erfahren von mir, wie sich die Darsteller im Theater in Szene setzen. Wann fangen wir damit an?«

»Wie wäre es mit morgen? Nach Schließung der Bank?«

*

Jeden Nachmittag wartet der Schauspieleleve Julius Gellner am Haupteingang der Bank auf seine schöne Mitschülerin. Zumeist schlendern sie hinüber in den Englischen Garten oder eilen, wenn der Novemberwind allzu scharf weht, in die Wartehalle des Hauptbahnhofs. Dort lesen und diskutieren sie die Rollen des adligen Fräuleins Julie und ihres Dieners Jean. Nur zwei Wochen nach ihrer ersten Begegnung macht Karoline ihrem neuen Gefährten einen heiklen Vorschlag: »Sagen Sie, Herr Gellner, inzwischen ist es doch arg kalt draußen. Wissen Sie nicht ein warmes Plätzchen, eines, wo wir die Rollen nicht nur studieren, sondern zudem anspielen können?«

»Die Idee klingt reizvoll. Aber das Theater kommt hierfür nicht infrage«, druckst der herum. »Ich bin ja nur Eleve. Und die einzige andere Möglichkeit, die mir einfällt, verbietet sich von selbst.«

»Warum das denn? Wenn Sie eine Idee haben: heraus damit!«

»Nun, ich dachte an mein angemietetes Zimmer in der Gabelsberger. Das ist nicht so furchtbar weit weg von hier.«

»Eine glänzende Alternative! Was spräche denn dagegen?«

»Der Anstand, denke ich. Witwe Maiwald, die Wirtin, vermietet ihr Zimmer zumeist an Theaterleute und ist es gewohnt, dass dort deklamiert und geprobt wird. Allerdings hat sie etwas gegen unangemeldeten Damenbesuch.«

»Nun, ohne Anmeldung käme ich ja nicht. Zudem könnten wir ihr ehrlich versichern, dass sich unsere gemeinsame Leidenschaft auf das Theaterspiel beschränkt.«

*

Das Zimmer von Julius Gellner ist Teil einer großen Wohnung in der zweiten Etage eines Mietshauses mit klassizistischer Fassade. Das Geräusch des sich im Schloss drehenden Schlüssels lockt umgehend die Witwe in den Flur.

»So a junges Ding, da schau her!«, ruft sie überrascht.

»Grüß Gott, Frau Maiwald, es freut mich, Sie kennenzulernen«, gibt Karoline so schüchtern wie möglich zurück. »Der Herr Gellner hat berichtet, dass Sie eine große Freundin der Bühne sind und wir Eleven dank Ihrer Großzügigkeit hier ein wenig für ein neues Stück üben dürfen. Seien Sie versichert«, spielt sie gleich ihren, wie sie hofft, entscheidenden Trumpf aus, »dass ich nie länger als bis neunzehn Uhr bleiben werde – die Mutter und die Geschwister erwarten mich des Abends. Gerade jetzt, da der Vater starb, werde ich sie keinesfalls in Sorge lassen.«

»Der Herr Papa ist tot?«, brummelt die Witwe. »Das tut mir leid. Na, da übt mal. Aber dass mir nix verrückt oder zerschlagen wird!«

Die Sorge der Maiwald ist überflüssig, stellt Karoline kurz darauf für sich fest. Bei Julius Gellner gibt es kaum etwas zum Ruinieren. Das Bett ist ordentlich aufgeschüttelt und mit einer Überdecke zugedeckt und bis auf ein Textbüchlein auf dem Nachttisch liegt nichts herum. Die restliche Einrichtung besteht aus einem Schrank sowie einem runden Tischlein mit zwei Stühlen. Neben der Tür strahlt ein Kanonenofen Wärme aus. Obwohl doch Kohlen so knapp sind. Karoline legt den Mantel ab und wirft ihn auf die Bettdecke. »Nun denn«, lächelt sie den verliebt dreinschauenden Julius Gellner an, »lassen Sie uns spielen!«

»Gern«, erwidert der. »Ich schlage vor, wir lesen die Stelle, an der Fräulein Julie und ihr Diener Jean zurück in die Küche kommen.« Er übergibt ihr das Textbüchlein vom Nachttisch und holt ein weiteres aus dessen Schublade. Er blättert, findet die richtige Seite und zitiert die Anweisung Strindbergs: »Beide machen in der Tür kehrt. Jean hält die Hand vor das eine Auge.«

Karoline hat die Stelle schnell gefunden und übernimmt ihren Part: »Lassen Sie mich sehen, was Ihnen ins Auge gekommen ist.«

»O nichts! Nur ein Stäubchen – das ist gleich wieder gut.«

»Es war der Ärmel meines Kleides«, sie hebt ihren rechten Arm, »der Sie kratzte; setzen Sie sich nun …«

»Nein, nein«, unterbricht sie Julius Gellner, »die Bewegung ist zu viel. Die Leute wissen doch, wo am Kleid der Ärmel sitzt.«

»Also gut. Nicht übertreiben.« Karoline liest die Stelle erneut: »Es war der Ärmel meines Kleides, der Sie kratzte; setzen Sie sich nun, dann werde ich Ihnen helfen.«

Gemäß der Anweisung Strindbergs nimmt sie Gellner an den Arm und zwingt ihn auf den Stuhl. Jetzt stellt sie sich hinter ihn, beugt seinen Kopf zu sich und versucht, mit einem eingebildeten Taschentuch das vermeintliche Staubkorn herauszubekommen.

»Sitzen Sie jetzt ganz still«, liest sie weiter. Julius hebt zur Abwehr die Hand, sie schlägt gemäß der Regieanweisung darauf. »So! Will er gehorchen! Ich glaube, der große, starke Mensch zittert.« Wie von Strindberg vorgesehen, befühlt Karoline den Bizeps ihres Mitspielers. Zufrieden registriert sie, dass der die Berührung genießt. »Mit solchen Oberarmen«, fährt sie im Text fort. »Fräulein Julie«, erhebt ihr Partner warnend die Stimme.

»Ja, Monsieur Jean.«

»Attention, Je ne suis qu'un homme!«

»Was bedeutet das?«, lässt Karoline ihr Textbüchlein sinken.

»Wörtlich übersetzt: Achtung, ich bin nur ein Mann«, antwortet Julius Gellner. »Der Diener warnt die Herrin, dass der Standesunterschied zwischen ihnen auf dem Spiel steht, wenn sie seine niederen Instinkte weckt. Er sagt das auf Französisch, um zu zeigen, dass er kein einfältiger Lakai ist, sondern weltgewandt.«

»Warum weist er Fräulein Julie nicht unumwunden zurück?«

»Das steht ihm nicht zu. Sie ist nun einmal seine Herrschaft. Doch ich denke, daran hat er zudem gar kein Interesse, da ihr törichtes Spiel ihm die Aussicht eröffnet, den Spieß umzudrehen. Julie bringt sich selbst an einen Punkt, an dem ihr der adelige Stand nicht mehr hilft, weil ab da seine Regeln gelten, die des Mannes. Das ist das Wesen des Konflikts: Wer begehrt wird, erhält Macht über den Begehrenden. Und ist versucht, sie auszunutzen.«

»Na dann«, nimmt Karoline das Textheft wieder hoch, »versuchen wir, das genau so zu spielen. Am besten Sie sagen noch einmal Ihren französischen Satz.«

»Attention. Je ne suis qu'un homme!«

»Will er still sitzen!« Karoline macht eine wegwerfende Handbewegung und liest weiter. »Sieh da! Nun ist es fort! Küss er meine Hand und dank er mir.«

Julius Gellner steht von seinem Stuhl auf. »Fräulein Julie! Hören Sie mich an! Wollen Sie mich anhören?«

Karoline legt ihr Textbüchlein beiseite. Sie weiß, was zu sagen ist. »Erst die Hand küssen!«

»Hören Sie mich an.«

»Erst die Hand küssen!«

»Ja, aber Sie müssen die Verantwortung übernehmen.«

»Die übernehme ich. Sie dürfen mich jetzt küssen.«

Karoline weiß, dass sie von der Vorlage abweicht. Sie hätte fragen müssen: »Wofür?« Irritiert blickt Julius Gellner sie an. Er forscht in ihren Augen, nimmt zögernd ihre rechte Hand, beugt sich herab und berührt mit seinen Lippen deren Rücken.

Karoline fasst ihm unter das Kinn und zieht sein Gesicht dicht vor ihres. »Herr Gellner.« Ein Lächeln überdeckt ihr Premierenfieber.

»Ich sprach nicht von meiner Hand. Sondern von mir.«

Gefängnis Butyrka
24. Dezember 1939

»Dieser Julius Gellner hat Sie mit seiner Begeisterung für das Theater angesteckt und sie verdrehten ihm den Kopf. Gut. Aber der brachte Sie zur Bühne? Er war doch eher ein kleines Licht?«

»Sein Einfluss an den Kammerspielen war gering, das stimmt. Aber er erkannte das Talent in dem hübschen, unerfahrenen Ding, um das er sich vernarrt bemühte. Meine Theaterkarriere fand ihr Fundament in seiner selbstlosen Verliebtheit. Sein Glaube an mich hat sich letztlich für uns beide ausgezahlt.« Carola überlegt, wie sie am besten fortfährt. Dann strafft sie sich: Erzähl Kusnezow was Schönes. Ist doch Weihnachten. »Wissen Sie, im Frühjahr 1919 herrschte in München einige Wochen eine Räteregierung aus Kommunisten oder Anarchisten, ich kenne mich da nicht so aus. Die wurde Anfang Mai von bayerischen Freikorps-Verbänden und aus Berlin entsandten Truppen der Wehrmacht angegriffen.«

München
2. Mai 1919

Hoffentlich ist er zu Hause. Ungeduldig dreht Karoline die Klingel unter dem Namensschild »Maiwald«. Kurz darauf hört sie ein Schlurfen auf dem Flur. Vorsichtig wird die Tür geöffnet, die Witwe lugt durch den Spalt. »Ah, das Fräulein Neher!«, stellt sie fest. »Was machen Sie denn hier am Vormittag?«

»Grüß Gott. Ist der Herr Gellner da?«, ruft Karoline aufgeregt, ohne auf ihre Frage einzugehen.

»Nein, der ist schon zum Theater. Was gibts denn?«

»Ach bitte, darf ich hier auf ihn warten? Die ganze Stadt ist in Aufruhr, es wird geschossen, Reichswehr kontra Regierung oder Freischärler gegen Rote, ich weiß nicht. Die Bank ist geschlossen und uns hat man heimgeschickt«, sprudelt es aus ihr heraus. »Dabei ist ungewiss, ob die Tram überhaupt fährt. Die Straßen sind wie leergefegt. Ich habe große Angst, allein da draußen.« Bettelnd sieht sie die Witwe an, die nur kurz mit sich ringt. »Ja mei«, seufzt sie. »Kommen Sie rein. Ich denke mal, dass der Herr Gellner nichts dagegen hat. Mein Gott, was sind das für Zeiten!« Dann fällt ihr etwas ein. »Bei uns hier im Viertel ist Ruhe?«

»Ja. Die Kämpfe toben derzeit vor allem in den Vororten. Das sagte jedenfalls der Direktor, als er uns nach Hause schickte. Er hat gemeint, es gibt Gerüchte, die Freikorps erschießen bei ihrer Jagd auf die Roten sogar gänzlich Unbeteiligte. Wir sollten deshalb möglichst einen Unterschlupf in der Gegend suchen.«

»Na, dann werde ich mal nach meiner Schwester in der Theresienstraße sehen. Ich bleibe heute lieber bei ihr. Hier haben Sie einen Wohnungsschlüssel. Lassen Sie niemanden rein und schließen Sie ab, wenn Sie die Wohnung ohne den Herrn Gellner verlassen. Wer weiß, ob der es sobald hierher schafft. Für junge Mannsbilder ist es da draußen jetzt sicher recht gefährlich.« Als sie Karolines erschrockenen Blick sieht, versucht sie, sie zu beruhigen: »Dem passiert schon nichts. Das ist ein schlauer Bub.«

Kurze Zeit später ist die 18-Jährige allein in der Wohnung. Sie betritt Julius Gellners Zimmer. Bevor sie den Mantel ablegt, nimmt sie das »›Fräulein Julie«-Textbüchlein aus dessen Tasche und setzt sich an den Tisch. Im Gegensatz zu ihren nachmittäglichen Besuchen ist der Raum ungeheizt, schon nach kurzer Zeit wird ihr kalt. Sie zieht den Mantel wieder an und versucht, erneut zu lesen. Sehnsuchtsvoll fällt ihr Blick auf das Wärme verheißende Federbett. Was wohl der Herr Gellner sagen würde, wenn er sie darin vorfände? Aber es ist ja nicht einmal sicher, ob der kommt. Bei den vielen Bewaffneten traut sich doch keiner auf die Straße. Kurz entschlossen zieht Karoline den

Mantel erneut aus und wirft ihn über die Lehne eines der beiden Stühle. Dann streift sie ihr Kleid ab, legt es sorgfältig auf die Sitzfläche und schlüpft in ihrem Unterkleid unter die Daunendecke. Fest eingemummelt wird ihr langsam warm. Was für ein Tag!

Es dürften an die zwei Stunden vergangen sein, da hört sie, wie sich in der Wohnungstür ein Schlüssel dreht. Witwe Maiwald oder ihr Untermieter? Egal. Es ist zu spät, um aus dem Bett zu schlüpfen und sich wieder anzuziehen. Schritte kommen direkt auf das Zimmer zu, die Klinke wird heruntergedrückt.

Julius Gellner entdeckt zunächst die Kleidung auf dem Stuhl und dann seine Probenpartnerin unter der Daunendecke. »Oh Gott, Fräulein Neher!«, stößt er überrascht aus, bevor er sich schnell umdreht – zum einen, um Karoline nicht in Verlegenheit zu bringen, zum anderen um das Zimmer abzuschließen. »Wenn die Witwe sie so sieht! Was machen Sie denn hier? In meinem Bett?«

»Frau Maiwald wird mich nicht sehen, die ist zu ihrer Schwester in die Theresienstraße geeilt und bleibt dort. Es tut mir leid, dass ich Sie so überrasche. Wissen Sie, die Bank ist heute wegen der Schießereien geschlossen, und der Direktor riet, sich möglichst nahebei in Sicherheit zu bringen. Und da fiel mir nichts Besseres ein, als zu Ihnen zu eilen. Aber hier war es so kalt, und da hatte ich den Einfall, mich ein wenig unter der Bettdecke aufzuwärmen.« Sie beginnt, an Julius Gellners Verlegenheit Spaß zu finden. »Sie sind mir doch nicht böse?«

»Nein, durchaus nicht, ich war nur so überrascht«, windet der sich, den Blick starr in Richtung Zimmertür gerichtet.

»Nun genieren sie sich nicht so und drehen Sie sich um. Ich bin ja bekleidet unter der Bettdecke, und das Einzige, was sie erspähen könnten, ist meine zerzauste Frisur. Kommen Sie schon her und berichten Sie: Was ist los in der Stadt?«

Zaghaft dreht sich der Schauspieleleve um, aber dann sprudelt es nur so aus ihm hervor: »Stellen Sie sich vor, München ist von Freischärlern umzingelt, die drängen mit Gewalt die Rote Armee der Räterepublik zurück. Man redet von Dutzenden, gar Hunderten von Toten. Die Gerüchte überschlagen sich. Es heißt, die Reichswehr eile herbei, um beim Sturz der Kommunisten zu helfen. Die Läden haben geschlossen und unser Theater ebenso!«

Mit einer Spur zu weit aufgerissenen Augen hört Carola zu. »Und Sie wagen sich durch das Blutbad, um zu mir zu eilen?«

»Ich hatte doch gar keine Ahnung, dass Sie hier sind«, wendet Julius Gellner unklug ein, aber Karoline ist jetzt in ihrem Element.

»Grundgütiger, Sie zittern ja vor Aufregung über das Geschehen. Oder ist es die Kälte im Zimmer? Kommen Sie mit unter die Bettdecke, hier ist es angenehm warm. Es ist nichts dabei. Wie gesagt, ich bin durchaus bekleidet.« Zum Beweis lupft sie das Deckbett an, sodass er sie in ihrem Unterkleid sieht.

Die Versuchung ist zu groß für den Schauspielschüler. »Wenn Sie meinen …«, bleibt seine Abwehr nur zaghaft. Langsam legt er Mantel und Anzugjacke ab. »Aber Sie müssen die Verantwortung übernehmen«, zitiert Gellner nervös lächelnd den Diener Jean.

Karoline ist sich ihrer Sache sicher: »Die übernehme ich.« Und als er sich in Unterhose und Hemd unbeholfen zu ihr legt und nicht weiß, wohin mit sich und seinen Händen, da fügt sie, nervös, und entschlossen, hinzu: »Sie dürfen mich jetzt küssen.«

Später liegt Julius Gellner glücklich im Bett, seine Freundin schmiegt sich unter der Daunendecke zufrieden an ihn. Das Körperliche an der Liebe, die Umarmungen und Küsse, waren ihr bisher nicht so wichtig erschienen, aber was sie soeben zum ersten Mal erlebte, hat ihr gefallen. Voll Zartgefühl legt sie ihre Hand an die Wange des Mannes neben ihr, dreht sein Gesicht dem ihren zu, schaut ihm in die Augen und meint dann mit belegter Stimme: »Eigentlich können wir uns doch jetzt duzen!«

Gefängnis Butyrka
24. Dezember 1939

»Stopp!« Kusnezow holt Carola aus ihren Erinnerungen. »Das sind Geschichten aus dem Mädchentagebuch. Warum berichten Sie mir das? Mit Ihrer Karriere hat das doch nichts zu tun!«

»Ich erzähle Ihnen das, weil Weihnachten ist.« Ihre Antwort kommt spontan, und Carola ist darüber selbst erschrocken. »Ich meine«, schiebt sie hastig nach, »in Zelle 31 bereiten sie den Heiligen Abend vor, und das hat mich ein wenig sentimental gestimmt. Ich habe nicht so sachlich berichtet, wie sich das gegenüber einem NKWD-Offizier gehört. Entschuldigen Sie.« Carola gibt sich zerknirscht. Dabei ist ihr nicht entgangen, dass Kusnezow sie ihre Geschichte bis zum Ende erzählen ließ. »Aber mit der Karriere hat das schon zu tun. Denn Julius Gellner danke ich mein erstes Engagement an einem Theater, für das ich in einer dramatischen Aktion die Mutter verließ.«

Kusnezow seufzt: »Eine weitere Geschichte?«

»Eine, die die Presse in Deutschland immer gern hörte.«

»Und die Sie demnach schon oft erzählt haben. Dann fallen Ihnen die Einzelheiten morgen sicher genauso ein. Deschurnaja!« Im Gang scharrt ein Stuhl, die Zellentür wird geöffnet. Die Schließerin, nach der der Leutnant gerufen hatte, wartet draußen auf Carola. Die schaut zu Kusnezow, aber der macht sich bereits Notizen.

*

Als die Gefangene die Zelle verlassen hat, legt der NKWD-Mann seinen Bleistift wieder weg und hört auf das sich entfernende, metallische »Klack, klack, klack« im Gang. Er sinnt der Erzählung der Henschke nach.

Seltsamer Zufall. Karoline Neher landete im Bett des Julius Gellner, weil in Münchens Straßen genau der Mann mit seiner Arbeiterarmee gegen die Konterrevolution kämpfte, der später dafür sorgte, dass Grigori Kusnezow zum NKWD und die Henschke vor ein Militärgericht kam. Wie das Schicksal doch so seine Fäden spinnt. Der Leutnant atmet tief ein und langsam wieder aus. Konzentrier dich, Gennadi. Er nimmt ein kleines Notizheft aus der linken Brusttasche, blättert darin bis zur Seite, auf der rechts oben »Henschke, Karoline« steht. Er überfliegt die Notizen, die er nach früheren Gesprächen eingetragen hatte:

»Hassliebe zum Vater. Enge Beziehung zum Bruder. Mutter ohne Einfluss.«

»Hohe Auffassungsgabe, lernt leicht.«

»Viele Talente. Musik, Tanz, Schauspiel. Zielstrebig.«

»Unpolitisch. Eigensüchtig. Frühe Orientierung auf Karriere.«

»Ist sich ihrer Anziehungskraft bewusst. Setzt sie gezielt ein.«

Er nimmt den Bleistift erneut auf und ergänzt die Liste: »Rationales Verhältnis zur Liebe. Ergreift Initiative, behält die Kontrolle. Bürgerliche Moral kein Hemmnis.«

Dann schließt er das Heft, verstaut es wieder in der Hemdtasche. Der NKWD-Leutnant lehnt sich zurück, stützt die Ellenbogen auf die Lehnen des Stuhls, verschränkt die Hände ineinander und schlägt sie sanft gegen das Kinn. »Ich denke, das wird was mit uns«, murmelt er zufrieden.

Gefängnis Butyrka
25. Dezember 1939

»Aufwachen!« Zenzl Mühsam trägt den Ruf der Aufseherin, die sie eben weckte, in die Zelle. »Hoch mit euch, Kinder!«

»Fünf Minuten noch! Ist doch egal, wann wir aufstehen.«

»Ist es nicht, meine liebe Emma. Nicht, solange ich Zellenälteste bin. Das würde den Russen so passen: Euch aufpäppeln und träge machen, damit die Faschisten nachher staunen, wie gut die Bolschewiken ihre Häftlinge behandeln.«

»Hast ja recht, Zenzl.« Carola setzt sich auf, reckt sich und streckt die Arme weit zur Seite. »Komm, Emma, Frühsport!«

»Och Mensch. Bloß eine Minute!«

Zenzl tritt zu Carola, die inzwischen aufgestanden ist. »Wie läufts denn bei Kusnezow? Ist er dir schon verfallen?«

»Du machst dich lustig über uns. Aber keine Angst, ich denke an deine Warnung. Weißt du, das ist komisch. Vernehmungen, wie ich sie von der Lubjanka kenne, sind das nicht. Er lässt mich erzählen, aus der Kindheit, der Jugend: immer schön an meinem schriftlichen Lebenslauf aus den

Akten entlang. Ab und an macht er sich Notizen. Und wenn ich was ausschmücke, bremst er. Weil ihn nur zu interessieren scheint, wie ich nach oben gelangte in den Olymp der wichtigen Leuten in Kultur und Politik, wie er das nennt.«

»So etwas will er hören? Keine Fragen zu Trotzkisten und Konterrevolutionären unter euch Künstlern? Oder wenigsten nach dem Gerede hier bei uns in der Zelle? Ich sag dir, der führt was im Schilde. Ist doch unnormal, dass sich ein NKWD-Mann so ausführlich mit nur einer von uns beschäftigt!«

»Finde ick nicht, Zenzl.« Emma setzt sich endlich in ihrem Bett auf. »Der ist Deutscher, wenn auch einer von der Wolga. Da kann es doch sein, dass er Carola schon mal gesehen hat, bei einem Liederabend in Moskau oder in ihrem Dreigroschenfilm. Pass auf, das ist bloß ein verrückter Verehrer, der extra zum NKWD ging, um sich im Zuchthaus ungestört mit ihr treffen zu können.«

»So, so. Ihr nehmt mich ebenso wenig ernst. Sei's drum. Macht euren Sport. In einer halben Stunde gehts zum Waschraum.«

»Zur Morgentoilette komm ick mit, aber ihre Figur erhalten soll Carola mal allein. Das ist mir zu anstrengend.« Emma wirft sich zurück auf ihr Bett. »Weck mich, wenn du damit fertig bist.«

Anderthalb Stunden später, die Frauen haben soeben ihr Frühstück beendet, ertönt das metallische Klirren eines Vierkants im Schloss der Zellentür. »Dein Leutnant hat es jeden Tag eiliger, dich zu sehen«, brummelt Zenzl. Carola zwinkert ihr zu und erhebt sich, als eine rundliche Schließerin eintritt und »Emma Lopper« ruft. Sie schaut überrascht zur Freundin und setzt sich wieder. »Alter vor Schönheit«, grinst die und erhebt sich.

*

Die Essensausgabe verläuft in aller Ruhe. Es gibt keinen Grund zu drängeln, die Rationen sind ausreichend bemessen. Carola holt sich ihren Zinknapf und einen Löffel aus dem Regal und stellt sich ans Ende der kurzen Schlange. Vorn teilt Zenzl die Portionen aus: Borschtsch aus Kohl mit einer Scheibe Fleisch darin. Zum Nachtisch gibt es Apfelkompott oder Kissel, eine russische Mehlspeise, die Roter Grütze ähnelt. Carola reicht Zenzl gerade ihr Essgeschirr, als die Zellentür geöffnet wird. Emma huscht wieder herein. »Und?«, fragt Carola gespannt.

»Alles gut. Hab den Kusnezow kennengelernt. Ick glaub, ick bin nicht sein Typ. Erzähl ick dir gleich.« Emma lässt sich ihren Napf füllen und setzt sich zu Carola. »Also, wie ick reinkomme, hat er mich zuerst gar nicht beachtet. Studiert lieber so 'ne Akte. Wat solls Emma, sage ick mir, du hast Zeit. Irgendwann hat er mitgekriegt, dass ick da rumstehe, und hat mir befragt. Wieso ein Sozialdemokrat wie ick zu den Kommunisten auswandert. Wat meine Aufgabe bei die Rote Hilfe war. Wo ick in Moskau gewohnt habe und mit wem. An die Stelle hat er direkt nach dir gefragt. Ob ick dich da getroffen hab. Und wie unser Verhältnis war. Ganz normal, sag ick, unsereins quatscht eben miteinander, wenn man sich übern Weg läuft. Ob wir das hier auch machen. Ja, sage ick, das Freizeitangebot ist ja in die Butyrka nicht so dolle. Worüber denn. Na, alles Mögliche. Über die Zuchthäuser und Lager zum Beispiel, die wir kennenlernen durften. Und wohin man uns wohl ausweist. An die Stelle hab ick 'ne lange Pause gemacht und ihn treuherzig angeguckt, aber er hat nicht reagiert. Und lieber nach Sachen gefragt, wo die Antworten schon in seinen Akten stehen. Ick schwöre, der hat mich nur wegen dir geholt. Erfahren hat er nix.«

»Worüber auch?« Carola schiebt ihre leere Zinkschüssel weg und nimmt sich den Napf mit Apfelkompott vor. In diesem Moment wird die Zellentür erneut geöffnet: »Karoline Chenschke!«

Emma grinst. »Der Leutnant hat nach mir scheinbar Lust auf was Hübscheres. Ick kümmer mir um dein Geschirr und das Kompott. Solidarität liegt mir im Blut.«

»Dank dir.« Carola erhebt sich. »Da!«, ruft sie in Richtung Tür.

*

Kusnezow unterlässt diesmal sein Spiel mit dem angeblichen Beschäftigtsein. Entspannt zurückgelehnt weist er mit der Linken auf den Stuhl an der Zellenwand. »Sie versprachen mir die Geschichte Ihres Karrierestarts. Die kleine Karoline betritt erstmals die große Bühne. Bitte, ich höre.«

Carola setzt sich auf den Rand des Stuhls. Den Rücken durchgedrückt, die Beine parallel, leicht nach links angewinkelt, die Hände im Schoß, den Kopf erhoben. Ihre Erzählhaltung.

»Zum Theater gelangt man in Deutschland meist vom Büro des Direktors aus. Die große Herausforderung besteht darin, dessen Aufmerksamkeit zu gewinnen …«

München
Sommer 1919

»Liebste Karoline, etwas Wunderbares ist passiert!« Aufgeregt stürmt Julius Gellner an einem herrlichen Julitag auf die Freundin zu. Er umfasst sie an den Hüften, wirbelt sie einmal im Kreis herum und küsst sie auf die Wange. Dann wird ihm klar, dass er bei den anderen Bankangestellten, die aus dem Personaleingang strömen, Aufmerksamkeit erregt. Schnell lässt er sie wieder los. »Ich bin so glücklich, und du sollst die Erste sein, die es erfährt: Ich habe ein Engagement! Der Schöne Otto, also der Direktor Falckenberg, hat mich heute zu sich gerufen und mir einen Vertrag angeboten. Im Fach des jugendlichen Liebhabers. Ich habe gleich akzeptiert. Stell dir vor, ich bleibe beim Theater!«

»Und ich bei der Bank«, seufzt Karoline.

»Aber nein, das Schönste kommt ja erst! Da sich der Herr Direktor nach meinen Lebensumständen erkundigte, erzählte ich ihm von dir und deinem großen Talent für die Bühne. Ich erklärte ihm, dass du glänzend in die Kammerspiele passen würdest.«

»Das hast du gewagt? Hattest du nicht Angst, dass er sein Angebot zurückzieht, wenn er erfährt, dass der jugendliche Liebhaber«, sie legt ein wenig Spott in ihre Stimme, »für die Damen im Publikum nicht uneingeschränkt zur Verfügung steht?«

»Aber nein, Karoline«, lacht er sie an. »Mir ist doch klar, dass die Auswahl an jungen Schauspielern nach dem Krieg nicht allzu groß ist. Da habe ich einen Vorteil. Bei den Schauspielerinnen sieht das leider anders aus. Der Direktor konterte meinen Vorstoß mit der Bemerkung, er habe genug schöne Beine unter Vertrag. Aber er versprach, sich beim Theateragenten Frankfurter für ein Vorsprechen zu verwenden. Bestätige sich dein Talent auf einer anderen Bühne, stünde dir der Weg an die Kammerspiele offen. Ach, Karoline«, umarmt und küsst sie der euphorische Julius vor allen Leuten auf die Wange, »ist das Leben nicht herrlich?«

*

An einem lauen Spätsommertag im September 1919 eilt Karoline von der Bankfiliale in die Kammerspiele. Endlich ist der Tag da, an dem Carla Neher die Bühne betritt. Carla mit einem C am Anfang. Den Namen hatte sie sich am Vortag ausgedacht. Geheimnisvoll, aber in die moderne Zeit passend. Kurz. Einprägsam. Goldrichtig für den Programmzettel. Selbstbewusst setzt sie ihre Schritte. Sie kann etwas, und das wird sie diesem Kommissionsrat Frankfurter beim Vorsprechen zeigen. Nur: Mit welcher ihrer Fähigkeiten würde sie am ehesten beeindrucken? Am Klavier ist sie virtuos, im Tanz eine Augenweide, lediglich bei der Schauspielerei nagt an ihr ein Rest von Zweifel. Julius hatte sie deswegen gescholten. Bei Anfängern komme es auf das Talent an, nicht auf die Meisterschaft, hatte er gesagt. Und mit ihr einen Monolog von diesem Frank Wedekind einstudiert, mit dessen Stücken die Kammerspiele so große Erfolge feiern. Den ganzen Weg über wägt sie ihre Aussichten ab. Erst am Theatereingang in der Augustenstraße fällt die Entscheidung. Dieser Künstleragent wird staunen!

Das Büro von Direktor Falckenberg ist geräumig und sonnendurchflutet. Der schöne Otto selbst ist nicht da, hinter seinem Schreibtisch sitzt der Geheime Kommissionsrat Eugen Frankfurter – der Mann, der die großen Häuser mit Talenten versorgt und auf dessen Urteil die Intendanten vertrauen. Mit wachen Augen schaut der rundliche Mittfünfziger auf die 18-Jährige in der Kriegskrinoline ihrer älteren Schwester Maria, lässt sie lange an der Tür stehen, um in Ruhe ihr Gesicht und ihren Körper zu mustern. In einem Sessel rechts sitzt ein Herr in engkariertem Zweireiher, der Carla ebenfalls ungeniert betrachtet, aber hier wohl nur die zweite Geige spielt. Dank seiner hochgewachsenen Gestalt, aristokratischen Gesichtszügen und modischen Details, wie der karierten Fliege und dem weißen Einstecktuch, macht er einen kultivierten Eindruck. Vorgestellt wird er ihr nicht. Am Flügel links hält sich ein Pianist bereit.

Carla lässt sich lächelnd den Blick des Kommissionsrates gefallen. Wenn sich schon regelmäßig Männer auf der Straße nach ihr umsehen, warum sollte ausgerechnet der Theateragent etwas auszusetzen finden?

Mit einem Ruck reißt sich Frankfurter von ihrem Anblick los. »Das Fräulein Neher«, stellt er fest. »Direktor Falckenberg meint, wir sollten mal prüfen, ob sich bei Ihnen ein Talent verbirgt. Einer seiner jungen Darsteller hätte sie empfohlen.« Er kneift leicht die Augen zusammen, fixiert ihren Blick: »Haben sie was mit dem?«

»Mit dem Herrn Direktor?«, fragt Carla mit gespielter Naivität.

»Nein, mit dem Schauspieler natürlich«, grummelt Frankfurter. Der Mann im Sessel hüstelt, um ein Schmunzeln zu verbergen.

»Wir teilen die Liebe zum Theater.«

»Ach, die Liebe zum Theater ist es, die sie teilen«, wiederholt der Agent mit leicht ironischem Unterton. »Na, Fräulein, dann zeigen Sie uns doch mal, ob Sie solch Zutrauen in Ihr Talent rechtfertigen. Überzeugen Sie uns von Ihrer Bühnenreife.«

Carla zögert keine Sekunde. Sie wendet sich entschlossen nach rechts und fragt den Mann am Flügel: »Sie gestatten?« Kaum ist der aufgestanden, setzt sie sich mit durchgedrücktem Rücken auf den Schemel. Sie spielt Chopin – sauber, wie immer. Dann blättert sie ihre mitgebrachten Noten um und bittet den Pianisten, das nächste Stück vom Blatt zu spielen. Schnell schreitet sie in ihren schon vor dem Vorsprechen geschnürten Ballettschuhen in die Mitte des Büros. Dort stellt sie sich auf Spitze und tanzt in ihrer weiten Kriegskrinoline fehlerfrei einen Ausschnitt aus dem Frühlingsstimmenwalzer von Strauß. Leichtfüßig eilt sie zurück vor den Schreibtisch, sammelt sich und rezitiert den Monolog der Wendla Bergmann aus Wedekinds »Frühlings Erwachen«. Spielen, tanzen, sprechen – sie hat alle ihre Talente gezeigt. Jetzt steht sie nervös vor dem gefürchteten Theateragenten und wartet auf sein Urteil.

Der guckt nur zu dem Herrn im Sessel links von ihm: »Und?« Der Hagere holt ein Silberetui aus der Innentasche seines Jacketts, öffnet es, nimmt sich eine Zigarette, zündet sie an und stößt langsam eine blaue Rauchwolke aus. Er sieht ihr nach, dann wendet er seinen Blick prüfend auf Carlas Gesicht. Sie erwidert ihn selbstbewusst. Endlich räuspert er sich und meint: »Das Schauspielerische ist das Schwächste. Ich nehme sie trotzdem. Aber erst für die Spielzeit 20/21.« Kommissionsrat Frankfurter grinst, nickt und wendet sich Carla zu: »Ach ja, ich vergaß, vorzustellen: Direktor Waag vom Städtischen Schauspiel in Baden-Baden. Er sucht neue Gesichter für sein Kurtheater.«

München
1. Oktober 1920

»Karoline!« Erschrocken schaut Katharina Neher auf ihre Tochter, die im Mantel und mit einem kleinen Koffer in der Hand in der Tür zur Weinstube steht.

»Ich heiße jetzt Carola, Mutter. Ich will mich nur von dir verabschieden. Bei Josef und Martha war ich schon.«

»Carola? Ich denke Carla? Und verabschieden? Nach Baden-Baden? Du kannst doch nicht allein und ohne Geld in eine fremde Stadt ziehen. Du hast ja nicht einmal eine Unterkunft!«

»Mutter, diesen Streit hatten wir schon. Ich kann. Mir ist zum heutigen Tag ein Engagement am Kurtheater versprochen, die Bezahlung wird für ein Zimmer reichen. Und was meinen Namen betrifft, da habe ich mich schlicht umentschieden: Carola klingt eleganter und weltläufiger als Carla.« Die 19-Jährige umarmt ihre Mutter, flüstert ihr ein »Leb wohl!« ins Ohr. Sie drückt sie fest, dann dreht sie sich um und öffnet die Haustür.

Die Wirtin löst sich aus ihrer Erstarrung, wirft sich ein Tuch über die Schulter und eilt ihr hinterher. »Karoline! Carla … So warte doch! Und wenn das Theater dir keinen Vorschuss gibt? Wo bleibst du heute Nacht?«

Carola beschleunigt ihren Schritt. »Ich hab mir etwas von den Trinkgeldern der Gäste gespart«, ruft sie nach hinten, ohne der hinterherlaufenden Mutter die Chance zum Aufholen zu geben. »Das reicht für einige Tage in einer Pension.«

»Aber die Bank war so zufrieden! Fleiß und Eifer haben sie dir im Zeugnis attestiert! Da hättest du eine sichere Anstellung!«

Carola bleibt stehen und wendet sich empört an die sie jetzt einholende Mutter. »Die Bank habe ich nicht umsonst verlassen, nachdem feststand, dass ich ein Engagement erhalte. Du weißt genau, warum. Weil das kein Leben für mich ist: Fräulein Neher bringen Sie mir doch mal die Akten, Fräulein Neher, brühen Sie uns einen Kaffee, Fräulein Neher, wo bleiben Sie denn. Und das so lange, bis sich endlich einer erbarmt und mich heiratet. Und das zu Hause weitergeht: Frau, was ist mit dem Essen, Frau, beruhige die Kinder, Frau, komm ins Bett. Ich lasse mir mein Leben nicht aus Vaters Grab bestimmen. Ich gehöre auf die Bühne!« Sie wendet sich in Richtung Ludwig-Ferdinand-Brücke, eilt über sie und biegt in die Südliche Auffahrtsallee ein.

»Aber der Julius. Was sagt der denn dazu? Der kann doch nicht weg aus München!« Die Mutter bleibt ihr auf den Fersen. »Der versteht meine Leidenschaft fürs Theater. Und wünscht mir Erfolg. Da mach dir mal keine Sorgen!« Döllinger Straße. Die Mutter lässt sich nicht abschütteln. »Und die Gastwirtschaft? Du warst mir nach deiner Bankzeit so eine Hilfe!«

»Josef und Martha stehen dir zur Seite, haben sie versichert.«

Sie erreichen die Notburga. Die Mutter hält kaum Schritt. Da ertönt in ihrem Rücken vom Volksgarten her das typische Quietschen einer Straßenbahn, die durch eine Kurve rumpelt. »Oh Engel vom Himmel«, jubelt Carola innerlich. Als die Bahn vorbei ruckelt, springt sie auf das hintere Trittbrett. Jetzt kann sie keiner mehr aufhalten, am Hauptbahnhof wartet ja schon der Zug ins Badische. Sie steigt die Stufe zum Perron hoch und stellt sich ans Gitter. Dort sieht sie, wie ihre winkende Mutter immer kleiner wird.

*

Angekommen. Carola lässt sich, von ihren Gefühlen überwältigt, auf einer Bank in der Halle des Stadtbahnhofes von Baden-Baden nieder. Sie hat es gewagt und ist der Enge der Pfälzischen Weinstube entflohen, um am Theater ihr Publikum zu finden und zu begeistern. Aufgewühlt schaut sie sich um: Welch eine Pracht! Durch die große, gläserne

Eingangstür und die hohen Oberlichter der Halle fällt das Licht auf bunte Fußbodenfliesen. Die Wände zieren klassizistische Säulen und Bögen, in denen sich allegorische Gemälde und hellblau und golden schimmernde Blumenmuster finden. Alles erinnert an eine reich ausgestattete Therme im alten Rom. Hier verkehrt die feine Gesellschaft. Das merkt man sofort. Sie atmet tief durch, greift sich ihren braunen Pappkoffer, erhebt sich und schlendert zu einem Bahnbeamten, der hinter dem riesigen holzgetäfelten Fahrkartenschalter steht. »Entschuldigen Sie bitte, können Sie mir sagen, wie ich zum Theater komme?«

»Aber gern, Fräulein. Fahren Sie mit der Tram bis zur Station Leopoldsplatz und fragen Sie nach dem Weg zum Goetheplatz. Sind nur ein paar Schritte.«

»Mit der Straßenbahn? Ja mit welcher Linie und in welche Richtung denn?« Der Bahnbeamte lächelt nachsichtig. »Ach wissen Sie, hier gibt es nur eine einzige Linie. Aber auf dem Schild sollte schon Lichtental stehen.«

*

»Na, mein Fräulein, wo wollen Sie denn hin?« Der rundliche Mann in der Pförtnerloge versucht, seinem gemütlichen Gesicht einen strengen Ausdruck zu geben. »Guten Tag«, antwortet Carola, beeindruckt von den riesigen Ausmaßen des Theatergebäudes, das sie soeben durch den Seiteneingang betreten hat. »Ich möchte zum Intendanten!«

»Zum Herrn Waag? Und wen darf ich anmelden?«

»Fräulein Carola Neher aus München, bitte. Ich bin als Schauspielerin engagiert.«

»Ach, ein neues Talent? Na, hübsch genug sind Sie ja, den Herren im Publikum wirds gefallen.« Vertraulich zwinkert ihr der Pförtner zu. Dann erklärt er den Weg zum Büro des Intendanten.

»Das Fräulein Neher aus München!«, begrüßt sie Hans Waag kurze Zeit später. Mit einer Handbewegung fordert er sie auf, sich in einen der beiden schweren Ledersessel zu setzen, die in einer Ecke seines Büros aufgestellt sind, mit einem kleinen runden Tisch dazwischen. Er selbst lässt sich in den anderen fallen. »Willkommen! Ich fürchtete schon, Sie treffen nicht rechtzeitig ein.«

»Mir wurde gesagt, es reicht, wenn ich mich im Laufe des heutigen Tages melde?«

»Korrekt. Dennoch hoffte ich, Sie kommen dieser Pflicht bis zum Beginn unserer Probe nach. Nicht zu Unrecht, wie sich glücklicherweise zeigt. Jetzt sind Sie da und wir können loslegen.«

»Loslegen?«

»Genau. Wir geben heute Abend *Pension Schöller*. Ein köstlicher Schwank. Und da ist uns eine Darstellerin ausgefallen. Wir haben zwar ein wenig umdisponiert, aber mir fehlte bis zu diesem Augenblick eine Friederike. Das übernehmen jetzt Sie.«

Gleich heute der erste Auftritt! In Carola mischen sich Vorfreude und Panik. »Oh. Ohne Probe? Wann ist denn Vorstellungsbeginn?«

»In drei Stunden. Kommen Sie, wir gehen auf die Bühne, und ich stelle Sie den anderen vor. Genauere Anweisungen für das Stück erhalten Sie nachher vom Herrn Schaeferlein, unserem Regisseur. Ihr Köfferchen lassen Sie erst einmal hier stehen.«

Ohne eine Antwort abzuwarten, wuchtet er sich aus dem Ledersessel, geht zur Tür und öffnet sie für Carola. Sie eilen durch das Haus bis zu einer kleinen Treppe. »Der Aufgang in den Theaterhimmel«, grinst Waag und nimmt zwei Stufen auf einmal. Carola, die Mühe hat, dem drahtigen Theaterchef zu folgen, rennt fast auf die erleuchtete Bühne und bleibt dort neben dem Intendanten stehen. Staunend betrachtet sie den von einem Kronleuchter erhellten Zuschauerraum. Ein Dutzend Reihen roter Sessel, hinter denen sich ein mit goldenen Verzierungen geschmückter Balkon mit weiteren Sitzreihen erhebt. Darüber zwei Ränge mit Einzellogen, die im ausladenden Bogen das hintere Parkett überspannen. Anstelle schlichter Säulen tragen nackte Frauen-Figuren, offenbar Göttinnen, die mit Allegorien verzierte Kuppel.

»Eindrucksvoll, nicht wahr?«, raunt ihr Waag zu. Dann wendet er sich an eine Gruppe von Leuten, die in der zweiten und dritten Reihe des Parketts diskutiert hatten, aber beim Eintreffen des Intendanten und seiner Begleitung verstummt waren: »Herr Schaeferlein, das hier ist das Fräulein Neher aus München. Sie übernimmt heute Abend den Part der Friederike. Sagen Sie ihr doch bitte, wann sie wo auf- und abzugehen hat. Das Stückchen Text im zweiten Akt lässt sich ja notfalls improvisieren.« Und zu Carola gewandt fügt er leise raunend hinzu: »Machen Sie dem Publikum eine gute Figur. Mehr wird gar nicht erwartet. Über ihre Anstellung sprechen wir morgen. Ach so: Das Theater stellt Ihnen für eine Woche ein Zimmer bei einer Wirtin in der Stadt. Lassen Sie sich die Adresse vom Inspizienten geben. Toi, toi, toi«.

Ein paar Stunden später verneigt sich Carola, selig über ihre gelungene Premiere, zusammen mit den Kollegen vor dem Publikum. Die Rolle des umschwärmten Fräuleins war zum Glück anspruchslos, und die wenigen Sätze bei ihrem Auftritt im 2. Akt hatte sie ohne zu Stocken aufgesagt. Texte auswendig zu lernen war schon an der Schule eine ihrer Stärken gewesen. Den meisten Beifall aus dem gut besetzten Saal heimst der Darsteller des Gutsbesitzers Klapproth ein, der die Pension Schöller für eine Irrenanstalt hält und deren Gäste für Bekloppte. Völlig zu Recht bejubelt wird auch der Kollege, der den Eugen Rümpel gab. Nicht ein einziges Mal hatte der in seiner Rolle als angehender Schauspieler, der kein »L« sprechen kann, seinen Sprachfehler vergessen. »Geh in ein Knoster, Ophenia!« – herrlich. Bei ihr schwillt der fast schon verebbende Applaus noch einmal kurz an. Wie vom Intendanten vermutet, hat sie wohl einige der Herren im Publikum beeindruckt. Welch ein Debüt! Heute Morgen noch die kleine Karoline im Schankraum der Mutter und schon am Abend Carola Neher auf der Bühne. Ihr Traum wird endlich wahr.

Gefängnis Butyrka
25. Dezember 1939

»Ich wusste, Sie schaffen es!« Kusnezows ironischer Unterton ist unüberhörbar.

»Was meinen Sie?«

»Na ja, ich war sicher, dass Sie mir früher oder später Ihre kleinen Geheimnisse enthüllen. Und jetzt haben sie das erste von ihnen gelöst: Warum alle Welt Sie Carola nennt, wo doch in Ihrem Pass Karoline steht. Geklärt!«

»Aber Sie hätten mich ja nur fragen brauchen …«

»Um eine Antwort zu erhalten, bei der unklar ist, ob sie der Wahrheit entspricht? Nein. So, im Umfeld Ihrer Geschichte, ist das alles doch glaubwürdiger. Da nehme ich Ihnen die Carola als Bruch mit Ihrem bis dahin geführten Leben ab.« Der NKWD-Leutnant lächelt sie schmallippig an. »Für mich bleiben Sie natürlich die Bürgerin Karoline Henschke. Wie es in Ihrem Urteil steht. Und um ihre weiteren Geheimnisse kümmern wir uns später.« Kusnezow schließt demonstrativ die vor ihm liegende Akte, schaut zur geschlossenen Zellentür und ruft die Diensthabende: »Deschurnaja!«

Auf dem Flur entsteht Bewegung. Carola erhebt sich, guckt zu dem Offizier, der, zurückgelehnt in seinen Stuhl, ihren Abgang beobachtet. »Bis morgen?«, fragt sie zögernd.

»Wir werden sehen.«

Eine Antwort. Vielleicht bekommt sie doch einen Draht zu ihm.

*

Gennadi Kusnezow hat das Notizbuch aus der linken Brusttasche seiner Gymnastjorka genommen, es liegt unaufgeschlagen vor ihm auf dem Tisch. Den rechten Unterarm quer auf die Schreibtischplatte gelegt, die linke Faust gegen Kinn und Mund gestützt, denkt er über das heutige Gespräch mit der Henschke nach. Auf irgendeine Art schafft es diese Frau, ihn zu fesseln. Nicht mit ihrem Äußeren, das lebt im Schatten einer Vergangenheit, die viele Jahre zurückliegt. Es ist ihre innere Kraft, die ihn beeindruckt. Wie er ordnet sie ihr Leben einem höheren Ziel unter. Wenn das auch in ihrem Fall ein recht eigensüchtiges ist: Karriere und Ruhm, die ihr wichtiger sind, als ihre Familie oder etwa ihr Liebhaber, dieser Julius Gellner. Er nimmt seinen Bleistift von der Ablage, schlägt das Notizbuch auf der Seite »Henschke, Karoline« auf und ergänzt die bisherigen Einträge: »Zielstrebig. Setzt Verstand über Gefühlsduselei. Flexibel. Stellt sich mutig plötzlichen Herausforderungen.«

Dann legt er den Bleistift sorgfältig wieder ab, schlägt das Heft zu und verstaut es zufrieden im Uniformhemd. Er kommt voran.

Gefängnis Butyrka
26. Dezember 1939

»Die Bürgerin Henschke.« Kusnezow gibt sich an diesem zweiten Weihnachtsfeiertag aufgeräumt, lächelt sie sogar an. Seine Fröhlichkeit irritiert sie. Der Leutnant nimmt ihre Akte vom Schreibtisch. »Wo waren wir beide zuletzt?« Er öffnet die Mappe, liest etwas auf dem obersten Blatt. »Ach ja, in Baden-Baden. Sie hatten den Sprung auf eine Provinzbühne gewagt. Ein Kurtheater. Ein Außenstehender wie ich würde das als Sackgasse betrachten: schwer wieder rauszukommen. Und doch haben Sie es geschafft. Wie?«

»Na ja, weniger mit darstellerischem Handwerk. Damit war es zu jener Zeit nicht weit her. Aber in Baden-Baden lernte ich etwas unvorstellbar Wichtiges für meine spätere Karriere.«

»Und das wäre?«

»Um Erfolg zu haben, errege Aufsehen nicht nur auf der Bühne, sondern vor allem außerhalb des Theaters. Wenn du in der Stadt Gesprächsthema bist, strömen die Menschen von selbst ins Haus, um von Parkett und Loge aus den Skandal ungeniert zu begaffen. Genaugenommen ist diese Erkenntnis das ganze Geheimnis meiner erfolgreichen Karriere. Ich verdanke sie einer jungen Französin. Mathilde war Meisterin im Erregen von Aufmerksamkeit.«

Kusnezow lächelt leise: »Eine neue Geschichte! Fein.« Er deutet auf den leeren Stuhl an der Wand: »Bitte.«

Baden-Baden
Oktober 1920

Carolas Bühnenleben ist in den ersten Tagen von steter Arbeit erfüllt. Die Schauspieltruppe des Stadttheaters besteht keine zwei Jahre – entsprechend klein ist das Repertoire. Ein Umstand, den Intendant Waag schnell zu ändern gedenkt. Und so probt das von ihm zusammengestellte Ensemble unablässig neue Stücke. Da sie zunächst nur »auf Anstellung« beschäftigt wird, erhält Carola eher unbedeutende Nebenrollen. Nichts, womit sie sich in den Vordergrund spielen könnte. Aber sie nutzt die Proben, um die Kollegen zu beobachten. Studiert, wie sie Gestik und Mimik einsetzen, um ihren Figuren eine persönliche Note zu geben. Die Schauspielkunst, so wird ihr klar, fußt auf solidem Handwerk. Das lässt sich lernen. Der Rest ist eigener Stil. Den wird sie finden.

Oft verlässt sie das Theater in den Pausen, um auf der prächtigen Baumallee am Ufer des Flüsschens Oos zu flanieren. Sie bewundert die Eleganz der Kurgäste, beobachtet fasziniert, wie reife Herren mit jungen Eroberungen protzen und eitle Gecken schmuckstarrende Damen jenseits der Lebensmitte hofieren.

An einem der letzten, sonnigen Oktobertage bummelt sie zum Auftakt eines solchen Spazierganges durch die Kolonnaden neben dem Theater. Als sie in das Fenster eines Modegeschäftes schaut, sagt eine Frau hinter ihr: »Ist der burgunderrote Mantel nicht herrlich? Der weite Schnitt, die Aufschläge an den Ärmeln und vor allem dieser Kragen! Das ist ja schon ein Cape! Stellen Sie sich den mal in Kombination mit braunen Schnürstiefelchen mit Louis-Quinze-Absätzen vor!« Carola dreht ihren Kopf und wirft einen Blick auf die inzwischen neben sie getretene Unbekannte: Eine schlanke junge Dame, Mitte zwanzig, mit schmalem Gesicht und hochgestecktem schwarzem Haar. Sie trägt einen goldfarbenen Kasack – eine überlange Bluse, die die moderne Frau zum Sport oder für die Freizeit wählt. Er ist mit dunkelblauem Kragen und gleichfarbenen Taschen drapiert. Ein Gürtel betont die schmale Taille. Ihr blauer Rock endet skandalös kurz in Höhe der Waden. »Ja, ein herrliches Unikat«, bestätigt sie, verunsichert ob der direkten Ansprache durch eine Fremde. »Obgleich er sicher nicht jede Frau kleidet.«

»Das ist doch bei Ihnen kein Problem. Wer sich auf der Bühne so anmutig bewegt, wird ihm an der Oos kaum Schande machen.«

»Sie kennen mich vom Theater?«

»Gewiss doch: Ich habe Sie in diesem Schwank gesehen, in dem einem Gutsbesitzer eingeredet wird, die Gäste einer Pension seien in Wahrheit alles Irre. Sie spielten die Nichte des Inhabers.«

»Das stimmt«, freut sich Carola über ihre Popularität. »Mein Debüt hier. Ich war am selben Tag erst aus München angereist.«

»Oh, wie aufregend, darüber muss ich mehr erfahren. Gestatten Sie mir, mich vorzustellen: Mein Name ist Mathilde de Bonningues-lès-Calais. Sagen Sie schlicht Mathilde. Ich bin mit meinem Bruder hier. Darf ich Sie zu einem Kaffee einladen?«

»Eine Französin! Gern. Bis zur nächsten Probe ist noch Zeit. Ich heiße Carola Neher. Wieso sprechen Sie so gut Deutsch?«

»Wir lebten als Kinder bei der Großmutter im Elsass. Und das war nach der Niederlage 1871 Teil des Reiches, bevor es jetzt zurück an Frankreich fiel. Französisch sprachen wir nur zu Hause.«

Wenig später sitzen die beiden Frauen im Garten einer kleinen Confiserie und beobachten die vorbei flanierenden Kurgäste. Carola gefällt die junge Französin von Anfang an. Ihr selbstsicheres Auftreten, die elegante Kleidung, die sportliche Figur und das gewinnende Lächeln hinterlassen Eindruck. Nicht nur bei ihr, wie sie an den verstohlenen Blicken der Besucher des Cafés bemerkt. Mathilde de Bonningues-lès-Calais achtet gar nicht darauf. »Und? Worin unterscheidet sich München von Baden-Baden? Was fiel Ihnen sofort auf? Es ist die Mode, stimmts?«

Carola überlegt einen Augenblick. »Die Mode? Sicher, die auch. Der wesentliche Unterschied scheint mir tiefer. Schon bei meiner Ankunft am Stadtbahnhof hatte ich das Gefühl, hier hat es den Krieg gar nicht gegeben. Wissen Sie, in München haben die Leute in der Notzeit doch arg gehungert. Und kaum regte sich leise Hoffnung, dass es wieder besser wird, da zettelten zuerst die Roten eine Revolution an und dann die Freikorps eine Gegenrevolte. Jetzt, wo alles überstanden ist, sollte die Stadt zum normalen Leben zurückkehren, doch ihre Bewohner schleichen nur grau durch die Straßen. Und hier? Hier wird flaniert, als würde gleich Prinz Max von Baden in seinem Landauer die Lichtentaler Allee entlanggefahren kommen. Sie haben recht: Die Kleider der Frauen sind hier eleganter, die Herren stolzieren würdig mit dem Gehstock umher. Manchmal schäme ich mich des billigen Fähnchens, das doch in München mein Sonntagskleid war, und denke: Kein Grund, Carola, das ist eben eine andere Welt. Aber es wächst die Sorge, dass die mir immer verschlossen bleiben wird.«

»Oh, die ist unnötig.« Mathilde de Bonningues-lès-Calais lächelt und beugt sich über den Kaffeetisch vertraulich zu ihr herüber. »Sie sind jung. Ihre Schönheit wird von einem geheimnisvollen inneren Reiz unterstrichen. Die Männer um uns herum schauen nicht grundlos nach Ihnen. Und damit haben Sie schon alles, was eine Frau in Baden-Baden braucht.« Die Französin lehnt sich auf ihrem Gartenstuhl zurück. »Nutzen Sie diese Vorteile. Gewinnen Sie die Aufmerksamkeit der feinen Gesellschaft, indem Sie ihr Mittelpunkt werden. Sorgen Sie dafür, dass die Leute nicht wegen der Stücke ins Theater strömen, sondern Ihretwegen. Dann öffnet sich diese Welt, die heute so aussichtslos verschlossen scheint, morgen von selbst.«

Carola bleibt skeptisch. »Solange man mich nicht in Hauptrollen besetzt, fehlt es doch schlicht an Chancen, die Menschen so zu bezaubern. In der stummen Nebenrolle aus dem belanglosen Schwank wird das nie gelingen.«

»Ich glaube, da irren Sie sich. Es gibt andere Wege. Vor allem in Städtchen wie diesem, wo sich mehr Geld und Titel finden als kultivierte, junge Damen, denen man beides aufdrängen könnte. Kommen Sie morgen Nachmittag in Brenners Hotel und fragen Sie nach mir. Ich habe da so eine Idee.«

*

Wie so oft in Baden-Baden fühlt sich Carola unbehaglich, als sie am nächsten Tag durch die von einem Pagen geöffnete Tür in die Empfangshalle von Brenners Hotel tritt. Man hatte ihr erzählt, dass vor dem Krieg Reichskanzler und Fürsten, Künstler und Großindustrielle, Könige und Maharadscha exotischer Länder in der Nobelherberge abgestiegen waren, aber mit solch einer Eleganz hatte sie nicht gerechnet. Dicke Teppiche dämpfen den Schall der Schritte, kostbare Möbel, auf denen edle Uhren und Vasen stehen, sorgen für eine gehobene Atmosphäre. Erneut wird ihr vor Augen geführt, dass sie mit ihrem schlichten grauen Kleid, den abgelaufenen Schuhen und dem unscheinbaren Hütchen nicht in die elegante Badener Welt passt. »Mein Name ist Neher. Fräulein de Bonningues-lès-Calais erwartet mich«, teilt sie dem Portier an der Rezeption mit. »Ja sicher, Sie wurden angekündigt. Unser Hotelpage wird sie führen.«

»Da sind Sie ja! Kommen Sie, ich bin so gespannt, was Sie sagen!« Mathilde de Bonningues-lès-Calais begrüßt Carola mit einem strahlenden Lächeln. Diesmal trägt sie ein mit zarten Spitzengarnituren verziertes, hellrotes Sommerkleid im Tunikastil. Die Französin fasst Carola an der Hand und zieht sie ins Hotelzimmer, das, mit einem schmalen Schreibtisch und einer Sitzgarnitur aus Tischlein und zwei Stühlen ausgestattet, einen zweckmäßigen Eindruck macht. Die Türen des Schrankes neben dem Bett stehen offen, auf der Überdecke liegt ein Berg Kleider. »Ich sagte gestern zu Ihnen, dass man kein Theater braucht, um Aufmerksamkeit auf sich zu ziehen. Damit, meine Liebe«, sie zeigt auf den Kleiderstapel, »fangen wir jetzt an.« Carola versteht nicht. »Mit Ihrer Garderobe?«

»Genau. Sie werden sich jetzt ein paar hübsche Röcke und Blusen und die dazugehörigen Schuhe und Hüte heraussuchen und sie anprobieren. Und wenn sie Ihnen gefallen, sind es Ihre.«

»Ich fürchte, das geht nicht«, stammelt Carola und fügt leise hinzu: »Solchen Luxus kann ich mir nicht leisten.«

»Noch nicht«, entgegnet die Französin aufgekratzt. »Seien Sie unbesorgt, wenn Sie diese Kleider tragen, ändert sich das schnell. Ich gebe sie Ihnen auf langen Kredit, den Sie mir zurückzahlen, sobald Sie Erfolg haben – ob auf der Bühne oder im Leben.« Mathilde de Bonningues-lès-Calais geht hinüber zu dem Tischlein, auf dem ein silberner Kühler steht. Sie füllt zwei bereitgestellte, hochstielige Gläser mit Sekt und greift nach den Kelchen. »Ich habe das Gefühl, das wir beide uns recht ähnlich sind und enge Freundinnen werden könnten. Aber unter seinesgleichen siezt man sich nicht. Auf uns, Carola.« Sie reicht ihrer Besucherin das Glas. Die erhebt es: »Auf uns, Mathilde.«

»Fein. Und jetzt schauen wir mal, ob uns die Sachen auf dem Bett nicht sogar noch ein wenig ähnlicher erscheinen lassen.« Mathilde tritt einen Schritt zurück und mustert Carola gespielt streng von oben bis unten, lässt sie sich einmal vor ihr drehen. »Zuerst legen wir den Frauentyp fest, den du künftig verkörperst. Feuriges Zigeunermädchen, männerverschlingender Vampir, verträumte Unnahbare?« Sie nimmt einen Schluck Sekt, überlegt. Dann huscht ein Lächeln über ihr Gesicht. »Nein. Dir steht am besten die moderne sportliche Frau. Selbstbewusst, freien Geistes, unabhängig. Da musst du dich nicht verstellen. Die Figur hast du schon, Auftreten und Gesichtsausdrücke üben wir. Na, was sagst du?«

Carola, die kaum zum Nachdenken kommt, sieht ihre neue Freundin mit großen Augen an. »Wie machst du das? Wie weißt du, was zu mir passt? Wie kannst du dir das leisten und vor allem: Glaubst du ehrlich, du könntest ein normales Münchner Mädchen zu einem Teil der feinen Gesellschaft Baden-Badens formen?«

Mathilde lacht. »Kein Problem, meine Liebe. Schau mal, zum Glück verfügen wir beide über ein natürliches Kapital: unser Aussehen. Wenn wir Schönheit und Anmut klug herausstreichen, dann braucht es gar kein eigenes Geld – die Männer werden uns mit Kleidern, Schmuck und Galanterien überhäufen. Du wirst staunen, was sich damit alles erreichen lässt! Das Zimmer hier zum Beispiel, das bezahlt das Hotel. Schau mich nicht so groß an, das ist so! Weißt du, diesem noblen Haus fehlen seit dem Krieg die edlen Gäste. Kurt und Alfred, die Erben des alten Brenner, versuchen, sie mit verlockenden Angeboten zurückzuholen. Und haben einigen jungen Leuten, auf denen das Auge der vornehmen Damen und Herren mit Wohlgefallen ruhen dürfte, bis auf Weiteres kostenlose Logis in vorerst nicht benötigten Zimmern eingeräumt. Unter der Bedingung, dass sie äußerst …«, Mathilde sucht nach dem passenden Wort, »… zuvorkommend mit den bessergestellten Gästen verkehren.« Die Französin stutzt. »Sagtest du nicht, dass du in einer eher schlichten Pension wohnst? Ich spreche mit den beiden. Sie quartieren dich sicher ebenfalls gern ein. Zumal sie mich baten, nach geeigneten Mädchen Ausschau zu halten.« Mathilde lächelt ihre neue Freundin unschuldig an. »Jetzt lass uns endlich die passende Garderobe hierfür aussuchen.«

*

Das Leben ändert sich in den darauffolgenden Wochen für Carola. Behutsam von der neuen Freundin geführt, feiert sie erste gesellschaftliche Erfolge. Die Männer beeindruckt sie mit jugendlicher Frische und gespielter Kühle, die Frauen mit selbstsicherem Auftreten und modischer Eleganz. Als sie mit Mathildes Bruder Hervé einen Tanzwettbewerb im Kurhaus gewinnt, bitten sie zahlreiche Damen um privaten Unterricht. Das verschafft ihr weitere einflussreiche Kontakte.

Auf Mathildes Rat hin lässt sie sich mit diesem und jenem Gast aus Brenners Hotel beim vertrauten Promenieren auf der Lichtentaler Allee sehen. Das, sowie geschickt gestreute Bemerkungen bei ihren Tanzschülerinnen, führt zu Getuschel über einen angeblich lockeren Lebenswandel. Darüber hinaus gibt Carola Anlass zu immer neuen Gerüchten. Man erzählt sich, sie galoppiere regelmäßig bei Sonnenaufgang auf dem Pferd eines Gönners die Oos entlang, spiele Tennis mit Männern und bewege sich auf Tanzfesten entfesselt zu den wilden Rhythmen amerikanischer Hottentotten-Musik – allein, ohne Partner! Sie bleibt im Gespräch, und Mathilde hilft ihr kräftig dabei. Nach nicht allzu langer Zeit profitieren sie gegenseitig von ihrer Freundschaft. Die beiden Schönheiten sind Mittelpunkt großer Bälle und intimer Feste. Junge Herren reißen sich darum, sie auszuführen, ältere, ihnen teure Geschenke zu überreichen.

Entgegen Carolas Hoffnung bringt ihr die ganze gesellschaftliche Aufmerksamkeit jedoch nicht den erhofften Karriereschwung. Zwei Jahre nach ihrer Ankunft in Baden-Baden spielt sie am Theater der Stadt noch immer keine große Rolle. In ihrem Ärger darüber erinnert sie sich eines alten Freundes.

München

Oktober 1922

Julius Gellner traut seinen Augen kaum, als er Carola durch die gläserne Tür des Cafés eintreten sieht. Welche Eleganz! Sie trägt einen bordeauxroten wadenlangen Mantel mit großem grauen Kragen, dessen breiter Gürtel ihre schlanke sportliche Figur betont. Ein im gleichen Farbton gehaltener

Ballonhut unterstreicht die Wirkung. Als sie den Mantel ablegt, kommt eine mit Seidenstickereien verzierte goldene Satinbluse zum Vorschein, auf der Taille gerafft von einem schmalen Gürtel. Dazu trägt sie einen weit geschnittenen marineblauen Plisseerock. »Mein Gott, Carola«, entfährt es dem jungen Schauspieler, »du wirst immer schöner!« Er springt auf und gibt ihr zur Begrüßung einen flüchtigen Kuss auf die Wange.

»Guten Tag, lieber Julius. Nett, dass du das sagst. Im Übrigen bin ich genauso hübsch wie zuvor, nur dass dies jetzt durch meine Garderobe ein wenig betont wird.«

»Ähm. Ja. Sicher. Verzeih. Was darf ich dir bestellen?«

»Einen Einspänner bitte. Das Leben in Baden-Baden bekommt mir, das ist wahr. Ich schrieb dir ja, dass ich dort eine Freundin gefunden habe. Sie ist die perfekte Ergänzung zu dir. Du zeigtest mir, worauf es auf der Bühne ankommt, Mathilde lehrt mich, was wichtig ist, um sich außerhalb des Theaters zu bewähren.« Carola lacht auf. »Sie brachte mir sogar bei, wie eine Dame spuckt. Einen halben Nachmittag haben wir an der Oos geübt!«

»Und sonst?«, bohrt Julius vorsichtig nach. »Diese Garderobe leistet du dir doch nicht allein von deiner Gage?«

Carola schweigt, während der Kellner ihr das Einspännerglas auf das Tischchen stellt. Dann nimmt sie ihren leichten Plauderton wieder auf. »Ach weißt du, eine Frau braucht sich um die Erfüllung ihrer Wünsche kaum zu sorgen, wenn sie Braut eines reichen russischen Fürsten und Freundin eines eleganten Franzosen ist.«

»Du … bist mit einem Russen verlobt?« Julius sieht sie skeptisch an. »Warum hast du mir das nicht geschrieben?«

»Wieso sollte ich dir wegen des Arrangements mit Sergej schreiben? Ich berichte dir doch lieber persönlich davon.«

»Du hast dich an einen wohlhabenden Flüchtling verkauft!« Julius Gellner hat sichtbar Zweifel an der Geschichte, dennoch schwingt gekränkte Eitelkeit in seiner Entrüstung mit.

»Ach Julius. Verkauft.« Carola sinnt kurz über das Wort nach. »Verlobung, was heißt denn das? Dass der Mann der Frau die Ehe verspricht, ohne dieses Versprechen halten zu müssen. Wenn Sergej gemeint haben sollte, er könne mich mit einem teuren Brillantring kaufen, dann habe ich ihm diese Idee schnell wieder ausgetrieben.« Ein Lächeln huscht über ihr Gesicht. »Eines Tages habe ich mich von ihm mit dem Franzosen erwischen lassen und was tat er? Nichts. Stand bedeppert da – so voller Takt, sanft und rücksichtsvoll, dass ich anfing, ihn für seine Gutmütigkeit zu hassen. Ich beschimpfte ihn. Wollte eine Reaktion provozieren: böse Worte, einen Wutausbruch. Irgendetwas, das hilft, ihm den Laufpass zu geben. Doch er lächelte nur vor sich hin. Bleich, aber verzeihend. Da schmiss ich ihm die Kleider vor die Füße, die er mir gekauft hatte, und er stand in dem Haufen aus Mänteln, Röcken, Blusen und Spitzenwäsche und grinste nur traurig. Also zog ich zuletzt seinen Verlobungsring vom Finger und warf ihm den ins Gesicht. Wir waren tagelang Stadtgespräch!«

»Dann bist du nicht mehr verlobt?«

»Nein, und mit dem Franzosen ist es ebenso aus.« Carola setzt eine Pause. »So wie mit dir.« Sie schaut dem nicht allzu überraschten Julius lächelnd ins Gesicht: »Ein gemeinsames Leben, dafür sind wir doch beide nicht geschaffen. Trotzdem werden wir für immer fest verbunden bleiben. Denn wir teilen eine andere intensive Art von Liebe: Die zum Theater!« Sie nimmt einen Schluck von ihrem Mokka mit Schlagsahne.

Julius bleibt gefasst: »Ich denke, du hast recht. Das mit uns wäre nicht gutgegangen. Du liebst Sport, durchtanzte Nächte und deine Unabhängigkeit. Ich dagegen lebe nahezu im Theater, inszeniere Stücke und gebe jungen Eleven Schauspielunterricht.«

»Eleven?« Carola sieht ihn spöttisch an.

Julius muss lachen. »Na gut. Vor allem Elevinnen. Aber da läuft nichts, außer dass ich eben gern mit jungen Talenten zusammenarbeite.« Er schaut auf Carola, die ihm das nicht abnimmt, seufzt gekünstelt und wechselt das Thema: »Sprechen wir von unserer übriggebliebenen Liebe: der Bühne. Sammelst du denn im Badischen auf diesem Gebiet ebenso viele neue Erfahrungen?«

Carola kann sich ob seines Seitenhiebs ein Grinsen nicht verkneifen, wird aber gleich wieder ernst. Deswegen ist sie ja hier.

»Ausprobieren treibt uns voran, lieber Julius. Im Leben wie auf der Bühne. Leider bietet mir das Kurtheater hierzu nicht allzu viele Möglichkeiten. Sicher, wir bringen ständig neue Stücke heraus. Weit über zwei Dutzend, seit ich dort bin. Doch meine Partien erlauben mir nicht, zu zeigen, wozu ich fähig bin.«

»Was geben sie dir denn für Rollen?«

»Mein Vertrag verpflichtet mich auf Töchter, Kammerfrauen und Edelknaben. Alles Chargen mit wenig Text. Ich stehe meist nur auf der Bühne, damit die Herren in den Rängen etwas anzustarren haben. Meine einzige Kritik bekam ich bisher zur Rolle der Franziska im *Fuhrmann Henschel* von Hauptmann. Einen ›extravaganten Backfisch‹ hätte ich gegeben, hieß es da. Mehr fiel dem Herrn Redakteur zu meiner Leistung nicht ein. Wie soll ich denn die Herzen der Zuschauer erobern, wenn man mir nur kurze Auftritte in Schwänken zugesteht! Es ist vor allem unser Repertoire, das mich an der Karriere hindert. Wohlfeile Stücke für Kurgäste, die lediglich Amüsement und Ablenkung erwarten.« Carola schaut ihren alten Freund eindringlich an. »Julius, ich muss zurück nach München. Am besten zu euch an die Kammerspiele. Hier findet modernes Theater statt, widmet man sich den Themen der Gegenwart. Und die wiederum brauchen eine neue Art von Schauspielerin: dem Geist unserer Zeit angemessen, kühl, selbstbewusst, unabhängig. Schau mich an. Findest du nicht, dass ich genau diesem Typus entspreche?«

»Auf meine Meinung kommt es da weniger an.«

»Bitte, Julius. Du bist bei den Kammerspielen als Schauspieler und Kollege anerkannt, Falckenberg hält große Stücke auf dich. Eine Empfehlung von dir könnte mir enorm weiterhelfen.«

»Hm. Womöglich ergibt sich auf anderem Weg eine Gelegenheit. Der Schöne Otto hat angeboten, mich ab der nächsten Saison als Spielleiter zu beschäftigen. Da könnte ich dich in Gastrollen besetzen. So hast du einen Fuß in der Tür.«

Carola lächelt Julius dankbar an. Das ist mehr, als sie erhofft hatte. »Das freut mich. Für dich und für uns! Was hältst du davon, wenn du mir beim Spaziergang von der neuen Aufgabe erzählst?«

Nachdem Julius gezahlt und ihr in den Mantel geholfen hat, dreht sie den Kopf in seine Richtung und fragt mit einem Lächeln: »Sag mal, jetzt wo es zwischen uns aus ist – hast du nicht Lust, mir bei der Gelegenheit deine neue Wohnung zu zeigen?«

Gefängnis Butyrka
26. Dezember 1939

Es ist still in der Zelle. Carola wartet auf eine Reaktion des NKWD-Offiziers, aber der hängt seinen Gedanken nach. Ob er sich vorzustellen versucht, wie sie damals aussah? Elegant, verführerisch. Wenn sie so durch seinen Kopf geistert, würde er nicht nur die unscheinbare Gefangene Henschke vor Augen haben, wenn er zwischen seinen beiden Stempeln entscheidet. Endlich beugt sich der Leutnant nach vorn.

»Erstaunlich, wie gefasst Ihre Verehrer es hinnahmen, von Ihnen abserviert zu werden.«

»Na ja, nicht alle. Da gab es in München …«

Kusnezow hebt die Hand. »Stopp. Das reicht vorerst. Zumal ich gern noch eine andere Sache ansprechen würde: Heute ist der 26. Dezember. Der Geburtstag Ihres Sohnes. Er wird Fünf.« Carola öffnet erschrocken den Mund, ihre Augen weiten sich und werden feucht. Sie fängt an, nervös ihre bis dahin im Schoß ruhenden Hände zu kneten. Der NKWD-Mann redet gleichmütig weiter. »Ich habe in Ihrem Dossier eine Anfrage gefunden, die Sie vor einiger Zeit an die Leitung seines Kinderheimes gestellt haben.« Er entnimmt der vor ihm liegenden Akte ein Blatt, lehnt sich in den Bürostuhl zurück und liest laut:

»*Unterzeichnete ist die Mutter des deutschen Jungen Georg Anatoljewitsch Becker, geboren 1934 in Moskau, der sich in Ihrem Kinderheim befindet. Ich bitte Sie, mir folgende Fragen zu beantworten: Wie geht es meinem Sohn? Ist er gesund? Wie groß ist er, was wiegt er? Wie entwickelt er sich? Ist es möglich, mir ein Foto von ihm zu schicken? Ist er musikalisch? Malt er? Wenn ja, ob Sie mir zudem eine Zeichnung von ihm senden? Ich warte ungeduldig auf Ihre*

Antwort und danke Ihnen für all das Gute, das Sie meinem geliebten Kind tun!«[1]

Der Leutnant legt das Blatt zurück auf die geöffnete Akte. »Haben Sie einen Antwortbrief erhalten?«

Carola wischt hastig eine Träne von ihrer Wange. »Nein.«

»Na, dann hat in der Wladimirowka wohl jemand entschieden, dass der Ihnen nicht zusteht«, kommentiert Kusnezow ungerührt. Er entnimmt der Akte einen braunen Briefumschlag. »Die Leiterin des Kinderheims hat Ihre Fragen beantwortet.« Der Leutnant dreht den Umschlag scheinbar unschlüssig in den Händen. Dann gibt er sich einen Ruck. »Heute ist der Geburtstag Ihres Jungen. Deshalb werde ich Ihnen den Brief auszuhändigen. Zeitweise. Da er Teil Ihrer Akte ist, gehört er dorthin zurück. Aber ich denke, eine Schauspielerin hat kein Problem damit, den Inhalt auswendig zu lernen. Bringen Sie ihn mit, wenn man Sie das nächste Mal zu mir führt.« Er beugt sich vor und legt den Brief auf die Schreibtischkante. »Das wäre alles für heute. Deschurnaja!«

Carola ist wie betäubt. Mechanisch steht sie auf und nimmt den Brief an sich. »Danke«, flüstert sie.

Der NKWD-Offizier sieht gar nicht hoch. Er ist mit dem Wiedereinheften der Anfrage beschäftigt, die sie an das Kinderheim geschickt hatte. Mit der rechten Hand macht er eine leichte Bewegung von unten nach oben, ihr bedeutend, dass alles gesagt sei. Sie dreht sich um, läuft zur Zellentür.

»Gefangene Henschke!«

---

1 Der Brief befindet sich im Archiv der Menschenrechtsorganisation MEMORIAL in Moskau. Hier in Auszügen zitiert nach: »Carola Neher – gefeiert auf der Bühne, gestorben im Gulag«, Lukas-Verlag Berlin 2016, S. 322.

Carola bleibt in der Tür stehen, ohne sich umzublicken. »Das Foto können Sie behalten«, hört sie Kusnezow sagen. Sie will sich umdrehen, aber die Aufseherin fasst sie an den Arm und holt sie in den Gang. Benommen läuft Carola vor ihr her in Richtung Zelle. Im Umschlag ist ein Bild von Georg! Aufgeregt beschleunigt sie ihre Schritte. Den Brief öffnen! Ihn lesen! Eine Mitgefangene in Jaroslawl hatte ihr einmal ein Schreiben vorgelesen, das sie auf eine ähnliche Anfrage erhielt: »Sorgen Sie sich nicht um Ihr Kind, es hat hier die beste Erzieherin der Welt – die Sowjetmacht.« Hoffentlich antwortete man ihr nicht ebenso herzlos.

»Stopp!« Sie haben Zelle 31 erreicht. Die Wärterin schließt auf, und Carola stürzt hinein. Auf einem Bett vorn links sitzt Emma, gleich neben der Zellentür steht Zenzl. Beide schauen zu Carola, sehen, dass sie völlig aufgelöst ist. Jetzt, wo sie sich nicht mehr zusammenreißen muss, strömen ihr Tränen übers Gesicht. Zenzl Mühsam tritt heran, umarmt sie. Emmas Stimme dringt an ihr Ohr: »Wat ist denn los? Hat er dir gedroht? Oder geschlagen?« Carola löst sich aus Zenzls Armen. Sie lächelt. »Aber nein. Einen Brief gab er mir. Aus dem Kinderheim vom Georg.« Sie zeigt den beiden den Umschlag. »Ein Foto ist da drin, sagt er. Ich darf es behalten!«

»Du hast noch nicht reingeschaut?«, wundert sich Zenzl.

»Wann denn? Er gab ihn mir erst zum Schluss. Auswendig soll ich den Brief lernen, da er zurück in die Akte gehört.«

»Sag ick ja, der Leutnant steht auf dir! Willste beim Aufmachen alleine sein?«

»Ich glaube, offen ist er bereits.« Carola lacht glücklich. »Aber könnt ihr ihn mit mir zusammen lesen? Ich habe Angst, dass er Schlimmes enthält.«

Die drei setzen sich auf ein Bett. Emma und Zenzl umrahmen die aufgelöste Carola, die nervös eine kleine

Fotografie und ein gefaltetes Stück Papier aus dem Umschlag holt. Hinter einem Schleier von Tränen sieht sie zum ersten Mal nach dreieinhalb Jahren wieder ihr Kind. »Wie groß er schon ist! Gekämmt haben sie ihn und ihm einen Teddy in den Arm gedrückt. Aber er guckt so ernst. Und schmal im Gesicht ist er. Ob er hungert?«

»Das ist normal. Irgendwann verlieren sie ihre Pausbäckchen.«

»Ja, sicher.« Carola strahlt Emma an. »Willst du mal sehen?« Ohne eine Antwort abzuwarten, reicht sie ihr das Foto. Voller Wärme betrachtet Emma das Bildnis des Geburtstagskindes. Es ist ein Porträt, das den Fünfjährigen mit freiem Oberkörper ab Brusthöhe zeigt. »Deine braunen Augen hat er! Und Schiss vor dem Fotografen mit seinem Apparat. Deswegen kiekt er so ernst!«

»Braune Augen? Zeig mal!« Die kleine Fotografie wandert zu Zenzl Mühsam. »Pah. Braune Augen«, brummelt die daraufhin. »Das ist eine Schwarz-Weiß-Aufnahme, Emma! Aber süß ist er!« Sie gibt Carola das Foto zurück: »Zeit für den Brief!«. Die nickt und nimmt das Papier aus ihrem Schoß, faltet es auseinander, schaut einen Augenblick darauf und reicht es Emma: »Mir verschwimmt alles vor Tränen. Außerdem sprichst du besser Russisch als Zenzl und ich zusammen. Bitte lies vor.«

»Na klar.« Emma nimmt den Brief und übersetzt ihn flüssig: »An die Mutter des Georg Becker. Ick kann Ihnen auf ihre Anfrage hin berichten, dass uns das Kind Freude macht. Es ist aufgeweckt und an vielem interessiert. Gesundheitlich geht es ihm gut. Georg ist jetzt einen Meter und acht Zentimeter groß und sein Gewicht beträgt 17 Kilogramm. Normal für einen Jungen in seinem Alter. Er liebt Musik. Wann immer er die Möglichkeit findet, entlockt er der Flöte Töne. Und er mag es, zu singen. Genauso gern verkleidet er sich und spielt mit anderen Kindern Märchen und Geschichten nach. Nur das Zeichnen liegt ihm nicht. Machen Sie sich um Georg keine Sorgen. Ludmilla Konika, Leiterin des Kinderheimes Miljuschino.«

Emma lässt den Brief sinken. »Ein künftiger Künstler!«

»Ja«, flüstert Carola. »Ich würde ihn so gern spielen sehen. Nicht zu fassen: Er feiert heute seinen fünften Geburtstag!«

»Falls die ihm verraten, dass er Geburtstag hat.« Zenzl kann es nicht lassen. Vorsichtig äußert sie einen weiteren Zweifel. »Der Brief ist ja freundlich geschrieben, da kann man nichts sagen, aber er verschweigt einiges. Zum Beispiel ob das Kind nach seinen Eltern fragt. Und was die ihm darauf antworten.«

»Also mal ehrlich, Zenzl. Du vergisst, wo wir hier sind. Denkste die Leiterin eines staatlichen Kinderheims schreibt ins Zuchthaus, dass sie ein Kind zur Liebe zu seiner konterrevolutionären Mutter und zum wegen Terrorismus erschossenen Vater erzieht? Dann kann sie sich ja gleich selbst fürs Arbeitslager anmelden!«

»Hast ja recht, Emma.« Zenzl wirft einen besorgten Blick auf die völlig aufgelöste Carola. »Aber eine Frage bleibt: Warum rückt Kusnezow diesen Brief jetzt raus? Der war ja schon in den Akten verschwunden. Erzählt mir nicht, der sei ein Menschenfreund. Dann wäre er kein Offizier beim NKWD.«

Carola schaut die Zellenälteste verunsichert an. »Ich weiß es nicht. Womöglich will mir zeigen, dass er nicht so ist, wie die NKWD-Verhörer, die mich in der Lubjanka quälten. Dass ich darauf vertrauen kann, fair von ihm behandelt zu werden.«

»Der steht auf dir!«, bietet Emma eine weitere Deutung an. »Du siehst in deine Frauenuniform schick aus, hast was zu erzählen und so eine ganz eigene Art – da versucht er, galant zu sein. Und weil es mit Blumen oder Konfekt so von Vernehmer zu Häftling blöd ist, gibt er dir etwas, worüber du dich viel mehr freust.«

»Ach Emma. Manchmal frage ich mich, woher du dein Weltbild hast.« Zenzl kann sich den Spott in der Stimme nicht verkneifen. Dann wendet sie sich mit ernstem Gesichtsausdruck an Carola.

»Weißt du, mein Erich hat immer gesagt, wenn dir dein Feind Gutes tut, frag dich, welchen Zweck er damit verfolgt. Mitleid? Vertrauen? Liebe?« Zenzl wirft Emma einen belustigten Seitenblick zu. »Keine Motive, nach denen ein Offizier des NKWD handelt. Was immer er vorhat, der Brief passt dem Leutnant offenbar in den Kram. Wenn er das Gespräch auf den Jungen lenkt, dann wäre ich an deiner Stelle lieber auf der Hut.«

Gefängnis Butyrka
27. Dezember 1939

Als Carola am nächsten Morgen die Verhörzelle betritt, sitzt Kusnezow, wie immer in einer Akte lesend, hinter seinem Schreibtisch. Sie tritt vor und legt den Brief aus dem Kinderheim auf die Kante. Vorschriftsmäßig macht sie wieder einen Schritt zurück. Der Leutnant sieht auf und nimmt den Umschlag. »Sie haben sich das Schreiben eingeprägt?«

»Jedes Wort.«

»Na, dann kann es ja wieder da hin, wo es hingehört.« Der NKWD-Offizier durchblättert die vor ihm liegende Akte und legt das Schriftstück hinein. Er lehnt sich zurück und schaut Carola an. »Ich glaube, um Ihren Jungen müssen Sie sich keine Sorgen machen. So wie die Genossin hier schreibt, geht es ihm gut.« Kusnezow gibt sich einen Ruck, rutscht auf seinem Stuhl nach vorn, stützt sich mit den Unterarmen auf die Schreibplatte. »Wissen Sie, die Erziehung in einem bolschewistischen Kinderheim ist nicht die schlechteste. Ich war selbst in einem.«

Carola blickt ihn ob der privaten Bemerkung überrascht an. »Darf ich dem Herrn Leutnant eine Frage stellen?« Kusnezow erhebt leicht die linke Hand: einverstanden. »Was war mit Ihrer Mutter, Ihrem Vater? Sie hatten erwähnt, dass sie sich gern an gemeinsame Weihnachtsfeste erinnern.«

»Ja, es waren liebevolle Eltern. Sie starben im Kampf für die junge Sowjetmacht.« Der Leutnant hatte bei den letzten Worten den Blick von ihr gewandt, schaut ins Leere. Carola rührt sich nicht. Dann sieht er sie wieder an, spricht weiter: »Lenin hatte nach 1917 schnell erkannt, wie wichtig wir Wolgadeutschen für die Versorgung der Proletarier in den großen Städten wie Moskau und Sankt Petersburg waren. Aber die Kulaken versteckten ihr Getreide. Vater suchte damals im Auftrag der Partei nach den Vorräten der Bauern. Im März 1921 war er mit meiner Mutter und anderen Genossen in dem Gebiet um Marxstadt unterwegs, als dort ein Aufstand unter der deutschen Landbevölkerung ausbrach. Der Mob stürmte die Speicher und stahl das für die Städte requirierte Korn, das Vieh in den Dörfern wurde abgeschlachtet oder in die Steppe getrieben. Vom Aufruhr angelockte Weißgardisten nahmen die Gruppe um meine Eltern gefangen, als sie versuchten, zurück nach Marxstadt zu gelangen. Man hat sie bei lebendigem Leib unter das Eis der Wolga gedrückt, wo sie elendig ertranken. Ihre Leichen wiesen Spuren brutaler Folter auf.« Kusnezow schweigt erneut und Carola traut sich nicht, die Stille mit einem hilflosen »das tut mir leid« zu durchbrechen. Dann sieht der Leutnant die vor ihm stehende Gefangene an. »Ich war damals 15 Jahre alt. Nach diesem widerwärtigen Mord schämte ich mich meiner irregeleiteten Landsleute und beschloss, die Eltern und ihre Gefährten zu rächen, indem ich ihr Werk fortführe und der Sache der Bolschewiki diene. Nachdem ich zwei Jahre von guten Genossen in einem Waisenheim betreut wurde, änderte ich den Vornamen Gregor in Grigori und den Namen Schmied in die russische Entsprechung Kusnezow. Dann meldete ich mich zur Roten Armee, diente dort im wolgadeutschen Bataillon. Dessen Kommandeur …« Der NKWD-Mann zögert kurz, wägt die nächsten Worte ab, »… ein Kommunist, der schon in Deutschland die Räterepublik mit der Waffe in der Hand verteidigt hatte, nahm sich meiner an. Nachdem wir an der Westfront die äußeren Feinde der Revolution besiegt hatten, ging ich auf seinen Rat hin zum NKWD. Seither entlarve und bekämpfe ich unsere Gegner im Innern.«

Carola wagt nicht, etwas zu sagen. War sie in den Augen dieses Mannes nicht ebenso eine Feindin des Volkes? Der NKWD-Offizier lehnt sich zurück, schaut ihr ins Gesicht. »Vielleicht wird aus Ihrem Georg ja ein guter Sowjetbürger. Mit den richtigen Lehrern findet er schon Halt und seinen Weg.«

Wie erstarrt nimmt Carola die zuletzt gesprochenen Worte des Leutnants wahr. Hatte er ihr soeben erklärt, dass sie ihren Sohn auf jeden Fall im Land behalten, egal was mit ihr geschieht?

Unvermittelt entsteht draußen auf dem Gang Unruhe. Sie hört ein paar scharfe Worte eines Mannes, offenbar an die wartende Aufseherin gerichtet, dann wird quietschend die schwere Zellentür geöffnet. Ein NKWD-Offizier kommt herein, ebenfalls ein Leutnant. Er schaut kurz auf die vor dem Schreibtisch stehende Gefangene, geht an ihr vorbei zu Kusnezow, der sich von seinem Stuhl erhoben hat. Der Fremde tritt an den Vernehmer heran, flüstert ihm etwas ins Ohr. Kusnezow sieht ihn überrascht an, nickt, schaut auf Carola. »Wir müssen unser Gespräch unterbrechen.« Er nimmt die Schirmmütze vom Schreibtisch, setzt sie auf und verlässt mit dem anderen NKWD-Mann die Zelle. Dafür tritt die Aufseherin ein.

»Das ging heute aber schnell«, begrüßt Emma kurz darauf die zurückgekehrte Freundin. Dann sieht sie deren feuchte Augen. »Sag bloß, der Kusnezow hat dir schon wieder glücklich gemacht?«

Trotz ihrer Sorgen lächelt Carola. Aber nur kurz. »Im Gegenteil, er hat mir damit gedroht, dass ich Georg verliere.«

Emma überlegt, dann zieht ein Grinsen über ihr Gesicht. »Wenn er droht, heißt das, dass er was von dir will. Sonst bräuchte er ja nicht drohen. Das wiederum bedeutet, dass bei Georg nichts entschieden ist. Dass er was drehen könnte.«

In Carola weckt dieser Schluss neue Hoffnung. »Mensch Emma, wenn du recht hast … Bleibt nur eine Frage.«

»Und die wäre?«

»Was genau will er von mir?«

Gefängnis Butyrka
28. Dezember 1939

Kusnezow gibt an diesem Donnerstagmorgen ein weiteres Mal den beschäftigen NKWD-Mann. Sitzt über eine Akte gebeugt, blickt gar nicht auf, als Carola von der jungen

Wärterin mit dem bäuerlich-rundlichen Gesicht in die Verhörzelle geschickt wird. Inzwischen kennt sie diese Marotte: den schwer Beschäftigten zu mimen, der durch die lästige Einvernahme der Gefangenen beim Studium der Akten gestört wird. Es ist die angestrengte Haltung, die ihn verrät. Ein Schauspieler erkennt den Schauspieler.

Unvermittelt hebt der Leutnant seinen Kopf und schaut sie direkt an. »Die Gefangene Henschke«, stellt er überflüssigerweise fest. »Wo waren wir? Ach ja, Baden-Baden. Sie lernen, etwas darzustellen. Im Theater und in der Gesellschaft. Aber die Bühne der Kurstadt ist Ihnen zu klein. Sie streben zurück nach München.« Kein Wort zum gestrigen Abbruch ihres Gesprächs. »Jetzt haben wir schon fast 1923, und die mit Kleinstrollen beschäftigte Tochter eines mittelmäßigen Musikers träumt weiter davon, Stern am Himmel des deutschen Theaters zu werden. Fünf Jahre später sind Sie das. Kommen Sie zum Punkt. Was war so wichtig an Ihrer Rückkehr nach München? Laut Lebenslauf dauerte dieses Intermezzo doch nicht einmal sechs Monate?«

»In dieser Zeit lernte ich zwei Männer kennen, denen ich unendlich viel verdanke. Auf der Bühne wie im Leben.«

München
10. Februar 1923

An die Brüstung der Galerie gelehnt, schaut Carola amüsiert auf die unter ihr wogende Menge Vergnügungssüchtiger im Festsaal des Schwabinger Brauhauses am Feilitzschplatz. Der Faschingsball der Kammerspiele trägt in diesem Jahr das Motto »Dummes Zeug wird hier getrieben«. Diesen Spruch mit Leben zu erfüllen, hat sich die unbeschwerte Gemeinschaft aus Künstlern, Theaterleuten und Bohemiens da unten fest vorgenommen. Sie gehört noch nicht so recht dazu, aber das wird sich bald ändern, hat sie doch endlich ihr erstes Engagement an den Münchner Kammerspielen erhalten.

Der Weg in die Augustenstraße war steiniger als erwartet. Direktor Falckenberg sperrte sich zunächst gegen Carolas Anstellung. Er meinte, ihm sei aus Baden-Baden nichts über eine bemerkenswerte schauspielerische Leistung der Freundin seines Spielleiters zu Ohren gekommen. Zum Glück gelang es ihr, den stellvertretenden Theaterdirektor Rudolf Frank zu beeindrucken, indem sie ihm eine selbstbewusste Bewerbung schrieb und Fotos beilegte. Wie Julius ihr später erzählte, gab in der Debatte um ihren Vertrag die Bemerkung Franks den Ausschlag, hübsche Beine seien bei einem jungen Mädchen doch auch eine Art von Talent. Falckenberg nahm das wörtlich und besetzte sie zur Saisoneröffnung 1923 in einer stummen Hosenrolle. Ihr war es recht. Hauptsache, zurück nach München.

»Na, lieber Bajazzo, das ist etwas anderes als der Winterball der einsamen Herzen im Kurhaus von Baden-Baden, oder?«

Carola hat sich ihre Verkleidung in einem Verleih geborgt: den italienischen Clown mit seinem weiten, silbrigen Gewand und den großen Knöpfen. Obwohl der Schnitt des Kostüms alles andere als körperbetont ist, macht sie darin eine entzückende Figur – dank ihrer langen Beine. Dazu hat sie sich das Gesicht weiß sowie Wangen und Lippen knallrot geschminkt.

»Mein lieber Dionysos, Sie haben keine Ahnung. Der Winterball wird nicht im Kurhaus abgehalten, sondern im Grandhotel. Und einsam ist dort niemand: weil die eine

Hälfte der Gesellschaft sich das leisten kann und die andere eben nicht.«

»Julius!«, lacht sie den alten Freund an. »Du wagst dich ja in einem wahrhaft göttlichen Kostüm auf dieses Fest. Welche deiner Seiten wirst du heute ausleben: die Trunksucht oder die Liebe?«

»Ehrlich gesagt lockt mich eine hochbegabte Elevin …« Er unterbricht sich, als der Bajazzo mit dem Zeigefinger droht. »Eine fast so wie du begabte Schauspielschülerin, mit der ich verabredet bin, um in der feiernden Menge unauffällig einige Varianten des modernen Ausdruckstanzes zu üben.«

»So, so, der Gott des Weines wagt sich unters Volk, nur um ein unschuldiges Mädchen zunächst in Erregung und dann in himmlisches Verzücken zu versetzen. Kenne ich die Maid?«

»Sie heißt Maria. Vielleicht hast du sie bei den Proben für dein neues Stück gesehen. Sie sitzt manchmal im Parkett und schaut euch zu, wenn ihr diese Wedekind-Pantomime probt, die *Kaiserin von Neufundland.* Schafft Ihr die Premiere Ende des Monats?«

»Oh, ich glaube, das wird ein großer Erfolg. Die Idee von Tilly Wedekind, das Ganze wie im Kino mit einer extra komponierten Musik zu unterlegen, finde ich grandios. Die Noten von diesem Friedrich Hollaender verstärken die Dramatik auf der Bühne noch. Und alle knien sich so rein. Nimm nur die Szene, in der ich als Graf Giba, das ist der Page der wahnsinnigen Kaiserin, von ihrer Majestät erstochen werde. Die Blandine Ebinger spielt das so lebendig, dass ich jedes Mal Angst habe, sie tut mir etwas an.«

»Dann sorge nur dafür, dass sie nicht mit einem echten Dolch auftaucht!«, lacht Julius. »Ich bin sicher, nach deiner

Premiere an den Kammerspielen spricht ganz München vom schönsten Theatertod der Saison. Apropos Stadtgespräch. Da kommt einer, über den man ebenfalls redet. Du bist doch an Leuten interessiert, die dich voranbringen könnten. Ich werde euch einander vorstellen. Aber Vorsicht: Er ist frisch verheiratet.«

Julius winkt einem jungen, hageren Mann zu, den er auf der Galerie entdeckt hat. Der trägt, völlig aus dem Faschingsrahmen fallend, einen am Körper schlotternden, braunen Straßenanzug sowie auf dem Kopf eine graue Ballon-Mütze. An einen Pfeiler gelehnt, zieht er genüsslich an einer Zigarre.

»Herr Brecht, kommen Sie mal bitte?«

Der Angesprochene sieht zunächst unmutig in Richtung des Rufers, dann entdeckt er die junge Frau an dessen Seite. Er nimmt einen weiteren Zug, stößt einen Schwall Rauch aus und schlendert betont lässig zu den beiden Theaterleuten.

»Carola, darf ich dir Bert Brecht vorstellen? Er feierte vergangene Saison mit seinem Stück *Trommeln in der Nacht* eine grandiose Uraufführung an den Kammerspielen, die selbst die Berliner Presse bejubelte. Wurden Sie dafür nicht sogar als das hoffnungsvollste Dramatikertalent geehrt, Herr Brecht?«

»Mit dem Kleist-Preis«, bestätigt der unwillig. Und fragt mit taxierendem Blick auf Carola: »Wer ist denn ihre Partnerin?«

»Wir sind keine Partner mehr«, antwortet die, bevor Julius es kann. »Mein Name ist Carola Neher. Ich spielte bis vor Kurzem in Baden-Baden und bin frisch an den Kammerspielen engagiert.«

»Wie Herr Brecht«, ergänzt Julius Gellner. »Er ist seit Herbst bei uns Dramaturg und Regisseur. Aber ich muss euch jetzt allein lassen. Ich sehe eine andere Verpflichtung auf mich zukommen.«

»Den Ausdruckstanz?«

»In seiner schönsten Form«, lacht Julius und eilt zur Treppe.

Carola wendet sich dem jungen Dramatiker im Straßenanzug zu. »Ein ungewöhnliches Kostüm, Herr Brecht. Was stellt es dar?«

»Ich bin das Neue Theater.«

Carola kichert. »Oh! Kann ich eine Rolle bei Ihnen spielen?«

»Genau dieses Angebot ging mir soeben durch den Kopf.«

»Wir reden hoffentlich von der Bühne und nicht vom Leben!«

»Kann man die beiden denn voneinander trennen? Nein, ich habe gänzlich anderes im Sinn: Den Film.«

»Filmtheater! Und in welcher Rolle sehen Sie mich da?«

»Keine Ahnung. Der Karl und ich, wir denken im Augenblick darüber nach, worum es in unserem Filmprojekt überhaupt gehen soll. Ich bevorzuge eher Anarchistisches. Etwas, das die Bürger erschreckt. Egal. Wichtig ist, auszutesten, welche Möglichkeiten diese neue Kunstform dem kreativen Geist eröffnet.«

»Der Karl? Wer ist denn der Karl?«

»Karl Valentin. Er gibt oft nach den Abendaufführungen eine gesonderte Nachtvorstellung in den Kammerspielen. Gemeinsam mit der Liesl Karlstadt. Manchmal stehe ich mit ihnen auf der Bühne, um dem Bildungsbürger den Nonsens vorzusetzen, der sonst die kleinen Leute in den Volkstheatern toben lässt. Und siehe da: Selbst das seriöse Publikum liebt den derben Spaß.«

»Deutschlands Dramatikerhoffnung übt sich in Kleinkunst? Das würde ich ja gern einmal erleben. Wann ist denn die nächste Gelegenheit, mich von ihrem Talent zu überzeugen?«

»Na, bei unserem Faschingsauftritt hier, in gut zwei Stunden. Und dann gern auch danach.« Brecht grinst sie schief an.

»Enttäuschen Sie mich nicht!«

Kurz nach Mitternacht geht es im großen Festsaal der Schwabinger Brauerei hoch her, Nymphen und Edelmänner prosten sich zu, Mönche und Haremsdamen genießen die Kussfreiheit, Feen und Piraten tanzen wild zum Dixieland-Jazz des Orchesters. Da springt Direktor Falckenberg auf die Bühne, angetan im Kostüm eines spanischen Granden. Carola bahnt sich einen Weg nach vorn zum Podium. Der Schöne Otto brüllt gegen den Lärm an: »Freunde, Trinker, Mannsleute beiderlei Geschlechts, leiht mir euer Ohr!« Mit lautem Gejohle würdigt die Menge das abgewandelte, klassische Zitat des Direktors. »Was wäre der Faschingsball der Kammerspiele ohne sein Narrenstück! Begrüßt mit mir das Königspaar des Nonsens, Karl Valentin und Liesl Karlstadt, freundlicherweise assistiert von dem Mann, der mit *Trommeln in der Nacht* das dichterische Antlitz Deutschlands veränderte, Bertolt Brecht!«

Kaum hat Falckenberg seinen Platz wieder geräumt, schleppen der Dramatiker und eine kleine, rundliche, als Möbelpacker verkleidete Frau ein großes Stehpult auf die Mitte der Bühne. Ihnen nähert sich von der anderen Seite her ein spindeldürrer, langer Mann mit roten Haaren und riesiger Nase. Wie sich herausstellt, ist das der Büroangestellte Dürr, der seinen neuen Schreibtisch erwartet, aber von den beiden Möbelträgern besagtes Stehpult angeliefert bekommt. Alles Beschweren hilft nichts: Brecht streitet eine falsche Lieferung ab und droht Prügel an und Liesl Karstadt verlangt obendrein ein Trinkgeld für die ganze Plackerei. Letztlich steht Karl Valentin allein auf der Bühne mit dem unpassenden neuen Bürostück und versucht, es zum Schreibtisch umzufunktionieren. Zuerst sägt er die Beine ab. Aber er übertreibt in seiner Wut, sodass aus dem riesigen Stehpult ein zu niedriges Sitzpult wird. Dann entschließt er sich, zum Ausgleich den Bürostuhl ebenfalls zu stutzen. Mit derben bayrischen Sprüchen, Gefluche und voller Wut auf die Möbelpacker rückt er ihm zu Leibe. Aber er bekommt die Beine nie gleich lang, kürzt immer wieder eins nach dem anderen – bis der schlaksige Angestellte letztlich auf dem Boden landet. Das Publikum biegt sich vor Lachen bei diesem verzweifelten Kampf des dürren Grantlers gegen die Tücke des Objekts. Carola ist hellauf begeistert von dem mit unglaublicher Präzision veranstalteten Chaos, das doch erst durch den Wunsch nach Ordnung entsteht.

»Na, was sagen Sie?« Brecht hat sich zu Carola durchgedrängt und den Rest des Stückes hinter ihr stehend verfolgt. Jetzt spricht er ihr ins Ohr. »Und? Bin ich zum Schauspieler geboren?«

Sie dreht sich um und lächelt den jungen Mann an: »Ich denke, der Dramatiker liegt Ihnen eher. Aber was ist nun mit der Filmrolle, die sie mir vorhin anboten?«

»Wie gesagt: Ich werde Sie ins Auge fassen!«

»Da wären Sie aber der Erste. Normalerweise sind Männer an anderen Partien von mir interessiert!«

Brecht stutzt kurz, lacht dann laut auf: »Einverstanden, ich baue Sie in den Film ein. Versprochen. Aber jetzt werde ich dieses ausschweifende Fest verlassen. Ich bin zwar beseelt vom Rausch der Kunst, doch voll Schauder vor berauschten Künstlern.«

»Oh. Mir ergeht es genauso. Darf ich Sie ein wenig auf Ihrem Weg begleiten und Sie erzählen mir von Ihrem neuen Theater?«

Brecht schaut ihr schelmisch in die Augen. »Die Blandine Ebinger hat mich eben noch vor Ihnen gewarnt. Sie haben den Ruf einer Männer dahinraffenden Sirene.«

Carola erwidert seinen Blick, ohne mit der Wimper zu zucken. »Gegen solchen Gesang sind Sie doch immun. Sie sind ja frisch verheiratet, wie man hört.«

»So ist es. Ich käme deshalb in schwere Erklärungsnot, wenn ich mit Ihnen vor meiner Haustür auftauche.«

»Was sollte ich denn dort? Bringen Sie mich lieber zum Hotel.«

28. Februar 1923

Knapp drei Wochen später haben die Theaterleute erneut Grund zur Ausgelassenheit: Sie feiern die Premiere der »Kaiserin von Neufundland«. Direktor Falckenberg hat sich entschlossen, die Einnahmen des Theaters so schnell wie möglich wieder auszugeben, da das Geld inzwischen fast täglich an Wert verliert. Er mietete kurzerhand die nahe der Kammerspiele gelegene Gaststätte »Malkasten« an, wo jetzt Schauspieler, Regie, Direktion und Freunde des Theaters bei Spatenbier und Wein den erfolgreichen Start in die Saison feiern.

Carola ist zufrieden an diesem Abend. Sie hat für ihren Grafen Giba anschwellenden Applaus geerntet. Für eine stumme Rolle! Ihr ist klar, dass der Beifall weniger ihrer Spielkunst galt als ihrer erotischen Ausstrahlung. Hosenrollen, weiß sie seit Baden-Baden, geben ihr eine geheimnisvolle, androgyne Aura. Doch wenn sie schon pantomimisch Eindruck hinterlässt, wie begeistert würden die Leute erst sein, sobald sie Bedeutsames spielte!

»Na Carola, du hast den Bronnen kennengelernt?« Brecht taucht unvermittelt vor ihrem Tisch in einer Ecke des Gastraums auf. Er setzt sich auf den leeren Holzstuhl neben ihr und legt seine qualmende Zigarre auf einem kleinen Aschbecher ab, den er mitgebracht hat. Dann sieht er sich um und bestellt mit hochgerecktem Daumen beim vorbeieilenden Kellner ein Bier.

Wie schwatzhaft die Münchner Szene doch ist! Carola wundert es kaum, dass Bert vom Treffen mit dem jungen Theaterautor im Englischen Garten erfahren hat. »Ja. Er kam anstelle von Lion Feuchtwanger. Den wollte ich um eine Sprechrolle angehen. Immerhin ist er künstlerischer Berater der Kammerspiele.«

»Und mit Arnolt Bronnen und mir befreundet. Er hat uns von eurer Verabredung am Chinesischen Turm erzählt. Um seine Frau Marta nicht zu verärgern, verlangte er, dass einer von uns seine Stelle einnimmt. Wie sagte er? Du seiest so eine kleine, nette Hur, die nicht einmal ihren Kaffee zu zahlen vermag. Da mir deine Talente bekannt sind, ließ ich Arnolt den Vortritt.«

»Er hat mich eine kleine, nette Hure genannt? Der Dreckskerl!«

Brecht grinst. »Seit wann stört dich solch billiger Affront? Erzähl lieber, wie es mit dem Bronnen war.«

»Der bezahlte den Kaffee, den ich mir nicht leisten konnte«, giftet Carola, die schlagartig ihre gute Laune verloren hat.

»Na na, Contenance! Dann lass uns von was anderem reden. Zum Beispiel deiner Kammerspielpremiere heute. Zufrieden?«

»Sehr sogar!« Carola nimmt den Themenwechsel dankbar auf. »Das Publikum applaudierte nicht nur dem Stück, sondern auch mir. Wie es aussieht, habe ich Eindruck hinterlassen.«

»Das hast du. Sogar bei mir. An dir haftet etwas Besonderes. Bevor du morgen den Unsinn der Rezensenten in den Zeitungen liest: Willst du meine persönliche Premierenkritik hören?«

»Na, wenn du sie so einläutest: Gern doch!«

»Dein Auftreten ist naiv und raffiniert zugleich. Eine Frau, die einen Mann spielt und in Männerkleidung kaltschnäuzig die Herren im Publikum mit ihrer kühlen, berechnenden Erotik bezirzt. Was du da heute gegeben hast, das war die neue Sachlichkeit der Verführung. Das ist nicht mehr die fromme Unschuld der Vorkriegszeit, die auf den Richtigen wartet. Das ist die moderne, kühl sich selbst als Maßstab genügende Frau. Eines Weibes, das sich, seines neuen Wertes bewusst, aus den Trümmern einer überlebten Männerwelt erhebt. Großartig.«

»Was denkst du, wie ich die Herren im Publikum erst in einer Sprechrolle begeistern würde!« Carola ist geschmeichelt, aber von Brecht erhofft sie sich mehr. »Apropos beeindrucken: Wie sieht es denn aus mit der versprochenen Rolle in eurem Film?«

»Die Rahmenhandlung steht. Ihr Schauspieler improvisiert.«

»Und was ist das Thema?«

»Absurdes Theater, das sich in einem Frisiersalon abspielt. Ein Friseur, den Part übernimmt der Karl Valentin, richtet unabsichtlich ein mächtiges Chaos an. Gemeinsam mit seiner Frisiermamsell, die spielt dann die Blandine Ebinger, verunstaltet er seine Kunden, einen Professor und dessen Geliebte. Zuerst wird er aber versuchen, der Liesl Karlstadt eine Riesenwarze mit dem Hammer und einem Meißel aus dem Gesicht zu entfernen. Das wird urkomisch, sage ich dir. Du kennst doch den Karl – wenn dieser schlaksige Unglücksrabe die kleine, runde Lisl am Frisierstuhl bearbeitet: herrlich!«

»Und welchen Part hast du mir zugedacht?«

»Du spielst eine Bekannte des Professors, die er zufällig in einem Café trifft, in das er nach der Tortur aus dem Frisiersalon flüchtet. Er versucht vergeblich, seine verunstaltete Frisur vor dir zu verbergen und du lachst dich kaputt über ihn.«

»Darin siehst du mein Talent? In einer Nebenrolle ohne Text?«

»Carola, das ist Kino! Es gibt im Film keine Sprechrolle! Die Herausforderung ist, dein Lachen im Kopf des Kinobesuchers laut werden zu lassen. Das ist es ja: Wir probieren aus, welche neuen Ausdrucksformen uns der Film eröffnet, und dafür müsst ihr Darsteller improvisieren. Der Financier des Streifens erwartet nichts von uns, diese Chance nutzen wir!«

»Wer ist denn euer Geldgeber?«

»Irgendein Fabrikant oder Schieber, der gleich einen ganzen Film kauft, nur damit sein untalentierter Bruder im Kino zu sehen ist. Den setzen wir als wartenden Kunden in den Salon.«

»Dann könnt ihr mich sogar bezahlen?«

»Das nicht. Nach Abzug der Kosten für Kamera, Licht, Miete des Drehorts und so weiter bleibt kaum etwas über. Aber dir winkt eine grandiose Erfahrung. Kino ist im Kommen. Lichtspielpaläste schießen überall aus dem Boden, und das Publikum strömt in Scharen hinein. Unser Streifen wird womöglich in Dutzenden Kopien in

München, Berlin, Hamburg laufen – das ist, als würdest du in all diesen Städten gleichzeitig spielen, vor Leuten, die niemals im Theater waren und nie eines betreten werden.«

»Überredet. Ich bin dabei. Wann und wo wird gedreht?«

»Wir haben einen Speicher in der Amalienstraße gemietet, Nummer 73, für das ganze kommende Wochenende. Es reicht, wenn du Sonnabend gegen Mittag erscheinst. Glaub mir, das wird ein Riesenspaß. Am besten, du ziehst deinen Straßenmantel an und einen schicken Hut. Statt dem Zuschauer im Theater gilt es diesmal, der Kamera zu gefallen.«

»Kein Problem. Mir ist egal, wer von beiden mich anstarrt.«

16. Juli 1923

Einige Monate später kommt Carola an einem spiel-, aber nicht probenfreien Montag nachmittags aus den Theaterräumen in die Eingangshalle der Kammerspiele. Dort wartet ein schlanker Mann von Mitte vierzig im hellen Straßenanzug auf sie. Er lüftet seinen Hut, als er sie sieht, und überreicht ihr mit einem angedeuteten Diener einen Strauß Sommerblumen. »Danke, liebe Carola, dass ich dich zur Premiere deines Films begleiten darf. Ehrlich gesagt bin ich deswegen ein wenig aufgeregt. Wo genau findet sie denn statt?«

»Ach Wolferl, das ist nett. Mach dir nicht immer solche Umstände, du hast mir doch schon so viele Aufmerksamkeiten zukommen lassen. Der Karl Valentin lädt in sein Filmatelier am Platzl ein. Premiere ist ein wenig zu hoch gegriffen. Die *Mysterien eines Frisiersalons* werden nur ein paar Kollegen gezeigt.«

»Fräulein Neher!«, schallt es in diesem Moment quer durch das Foyer. Carola und ihr Verehrer drehen sich um und sehen einen hageren Mann mit schütterem Haar und runder Brille, Ende dreißig, auf sie zu eilen. »Sie besuchen doch sicher die Vorstellung bei dem Valentin. Gestatten Sie mir, dass ich mich anschließe?«

»Aber gern. Wenn ich Sie einander bekannt machen darf? Wolferl, das ist Rudolf Frank, unser stellvertretender Theaterleiter und Oberregisseur. Herr Frank, das ist der Kunsthändler Dr. Hofmann, ein sehr aufmerksamer Freund von mir. Wir werden den Weg zu Fuß zurücklegen. Wenn Ihnen das nichts ausmacht?«

Zu dritt verlassen sie die Kammerspiele. Ohne auf ihre Begleitung zu warten, wendet sich Carola nach links. Der verliebte Kunsthändler trottet zusammen mit dem Oberregisseur hinterher. So hat sie sich diesen Nachmittag nicht vorgestellt. Rudolf Frank gegenüber freundlich zu sein fällt ihr immer schwerer. Vor allem seit man ihr steckte, wie der bei Kollegen über ihr angeblich unbedarftes Spiel auf der Bühne sowie ihre wechselnden Herrenbekanntschaften lästert. Und das Wolferl nervt sie mit seiner grenzenlosen Ergebenheit ohnehin.

Carola läuft langsamer, lässt die Männer zu sich aufschließen. Deren Gespräch dreht sich um sie: »Ich finde es bemerkenswert, wie Fräulein Neher sich die Tricks und Kniffe ihrer Kolleginnen annimmt«, hört sie Frank sagen. »Wir haben kürzlich Wedekinds Marquis von Keith uraufgeführt, da spielt sie den Hermann Casimir. Waren Sie bei der Premiere?« Der Kunsthändler verneint. »Tja, da hat man doch schon deutlich gemerkt, wie sie von all den erfahrenen Schauspielern um sich herum lernt und deren Tricks übernimmt.«

Carola dreht sich um und antwortet im Rückwärtsgehen: »Ja wissen Sie, Herr Frank, das hat mich schon überrascht. Im Grunde spielen die nie eine spezielle Rolle, sondern immer sich!« Sie lässt ihre Begleiter aufholen und hakt sich bei ihrem Verehrer ein. Nach ein paar Schritten zeigt sie auf ein Fenster im zweiten Stock eines Hauses und ruft: »Da schau mal Wolferl, da oben habe ich letzte Nacht toll geschlafen!«

Frank begreift zuerst und versucht, den Kunsthändler abzulenken, bevor dem klar wird, welche Ungeheuerlichkeit ihm da soeben an den Kopf geworfen wurde. »Sagen Sie, Herr Dr. Hofmann, wo haben Sie denn Ihren Laden?«

Doch Carola, die in ihrem fliederfarbenen Kleidchen mit zipfeligem Saum knapp über den Knöcheln mädchenhaft unschuldig gekleidet ist, lässt sich nicht aufhalten. »Wir hatten einen wunderschönen Abend. Zunächst besuchten wir das ›Akropolis‹ in der Barer Straße. Da sind wir erst gar nicht losgekommen, so gemütlich war das. Die Flasche Wein kostete zwar zwanzigtausend, aber weiß man, ob es nächste Woche nicht schon vierzigtausend sind? Also gönnten wir uns eine zweite und kamen im Anschluss hierher, in die Heßstraße …«

Der Kunsthändler begreift endlich, worauf die Geschichte hinausläuft. Wortlos löst er Carolas Hand aus seiner Armbeuge, nickt Frank traurig zum Abschied zu, dreht sich um und verlässt die beiden. »Aber Wolferl«, ruft Carola ihm nach. »Was hast du denn?« Als keine Reaktion von dem Davoneilenden kommt, zuckt sie nur mit den Schultern und wendet sich an Rudolf Frank: »Na, wir beide lassen uns den Spaß heute nicht verderben, oder?« Sie ergreift den linken Arm des stellvertretenden Theaterdirektors und hängt sich jetzt bei ihm ein. »Sagen Sie mal

Herr Frank, stimmt es, dass ein Mitglied der Direktion empört die Loge verließ, als es mich in Eichendorffs *Die Freier* sah? Das haben Sie Kollegen berichtet. Angeblich soll er dabei ausgerufen haben, dass er das Theater nicht mehr betrete, solange *diese Person* auf der Bühne stehe. Wer hat sich denn dermaßen über mich geärgert?«

Rudolf Frank ist die Situation unangenehm, aber er traut sich nicht, Carola von seinem Arm zu lösen. »Mir ist gar nicht bewusst, so etwas gesagt zu haben. Und wenn, dann sicher nicht in so drastischen Worten. Es ist Ihnen ja bekannt, dass Ihr Talent in der Direktion kritisch bewertet wird. Ich persönlich sehe da eher die Fortschritte.«

»Nicht nur Sie, mein lieber Herr Frank.« Carola spielt ihren Trumpf aus. »Sie wissen sicher, dass Julius Gellner die Regie an den Kammerspielen Nürnberg übernimmt. Die beiden dortigen Intendanten, die Herren Meyer und Wagner, boten mir auf seine Empfehlung hin eine Festanstellung für die Spielzeit 1923/24 an. Ich sagte zu. Damit sind wir doch alle glücklich, oder? Der Julius, ich, Sie – und unser armes Direktionsmitglied, das endlich wieder sein Theater betreten kann.«

Gefängnis Butyrka
28. Dezember 1939

»Dieser Film damals – wurde der ein Erfolg?« Kusnezow macht nicht den Eindruck, als würde ihn diese Frage ernsthaft bewegen.

»Nein. Aber das lag an juristischen Streitereien. Es hieß, Brecht hätte die Handlung aus einem amerikanischen Slapstick entnommen. Der Streifen wurde nicht weiter gezeigt.«

Der Leutnant nimmt einen Bleistift und dreht ihn zwischen den Fingern. »Eines begreife ich nicht. Auf die Frage, wieso München so wichtig für ihre Karriere war, erzählen Sie mir, wie Sie einen Verehrer loswurden. Was hat das eine mit dem anderen zu tun?«

Sei vorsichtiger, mahnt sich Carola. Den Leutnant dazu zu bringen, statt der Gefangenen die Frau in ihr zu sehen, bleibt eine Herausforderung.

»Das Besondere ist, dass es in aller Öffentlichkeit geschah. In diesem Fall vor dem Oberregisseur Frank. Ein Mann, der nichts für sich behält, der den Theaterklatsch liebt. Wie in Baden-Baden bemühte ich mich auch in München um eine Bekanntheit über das Theater hinaus. Mit solchen Geschichten erreichte ich sie – selbst wenn die inszeniert waren.«

»Die Trennung auf offener Straße war nicht Resultat einer Laune, sondern wohldurchdacht?« Kusnezow ist fassungslos.

»Darauf kommt es nicht an.«

»Ach so? Worauf kommt es denn an?«

»Dass die Geschichte weitererzählt wird.«

»Für Sie waren ständig neue Affären, die Sie der Öffentlichkeit präsentierten, im Wesen nur Reklame in eigener Sache?«

»Affären.« Carola lässt das Wort kurz im Raum schweben. »Wissen Sie, die Zeiten waren hart, die Inflation drückte. Die Natur hatte mir einen reizvollen Körper und ein angenehmes Gesicht geschenkt – warum nicht beides einsetzen, um im Leben zu bestehen? Männer suchten meine Nähe, und ich gab sie ihnen. Wenn sie mir langweilig wurden, blieben sie eben zurück. Wichtig war, dass ich das Spiel bestimmte. Und ich spielte nie falsch.«

Kusnezow ist das Thema unangenehm. Viele der Genossinnen, die ihn ein Stück seines Weges begleiteten, hatten zwar über ein gesundes bolschewistisches Selbstbewusstsein verfügt. Aber dass sie ihn mit einem Fingerschnippen aus dem Bett stoßen könnten, wäre ihm nie in den Sinn gekommen. »Sie verdankten Julius Gellner also den Ruf nach Nürnberg«, wechselt er das Thema. »War das eine bedeutende Bühne?«

»Eher nicht. Aber die erste, an der ich Hauptrollen bekam.«

Nürnberg
28. September 1923

Als Julius Gellner die kleine schmuddelige Kneipe im Burgviertel betritt, entdeckt er Carola sofort an einem der schlichten Holztische des Gastraumes. Sie löffelt lustlos eine Suppe zum Mittag. Rechts neben dem Teller steht ein leeres Weinbrand-Glas, links liegt eine aufgeschlagene Zeitung. Julius erkennt die Schlagzeile sofort, er hat die Premieren-Kritik zu dem von ihm inszenierten Strindberg-Stück »Kameraden« schon am Morgen gelesen.

»Guten Tag, Carola. Was gibt es so Dringendes, dass du mich hierher bestellst? Der Pförtner sagte, es sei wichtig.« Julius nimmt sich einen Stuhl und setzt sich an den Tisch.

»Ist es, mein Lieber, ist es. Ich nehme an, dir ist das Machwerk dieses Kritikers von der Nürnberger bekannt. Er lobt ja deine darstellerische Leistung ungemein. Dieser Herr stellt in seinem Artikel eine Frage, die ich berechtigt finde: warum der Regisseur Julius Gellner dermaßen hinter dem Schauspieler zurückbleibt.« Carola schiebt den Teller von sich weg, nimmt die Zeitung und liest laut vor:

»Er konnte aber auch nicht ganz das geben, was er vielleicht zu geben gehabt hätte, da seine Partnerin Carola Neher leider völlig versagte. Ein keifendes, kleines Weibchen stand auf der Bühne, von der tiefen Geistigkeit des Dialogs schwang nichts mit.«[2]

Carola wirft die Zeitung mit großer Geste angewidert auf den Tisch, beugt sich vor und schaut ihrem alten Freund in die Augen.

»Sag mal Julius, bin ich ein keifendes, kleines Weibchen?«

»Nein, natürlich nicht, Carola …«

»Also habe ich ein keifendes, kleines Weibchen gespielt. Und warum? Weil mir die Regie das so gesagt hat. Weil du mir das so gesagt hast. Du bringst ein Stück auf die Bühne, das sich über das Streben der Frau nach Gleichheit lustig macht. Das besetzt du mit dir und mir als streitendem Ehepaar und sorgst dann dafür, dass sich das Publikum auf die Seite des Mannes schlägt, indem du mich ein humorloses, ewig zeterndes Weib spielen lässt. Hast du dir so unsere Zusammenarbeit vorgestellt? Denkst du, das sind die Rollen, die mein schauspielerisches Talent fördern?« Ihren Gegenüber wütend anblitzend greift Carola nach dem Weinbrandglas, bemerkt, dass es leer ist, und stellt es zurück. »Julius, seit fast fünf Jahren erzählst du mir, ich hätte das Vermögen und die Begabung, eine herausragende Schauspielerin zu werden. Und jetzt, wo wir das gemeinsam beweisen können, arbeitest du mit billigen Tricks, um dich auf der Bühne nach vorn zu schieben. Lass mich endlich zeigen, was in mir steckt!«

---

2 Tita Gaehme: Dem Traum folgen. Das Leben der Schauspielerin Carola Neher und ihre Liebe zu Klabund. Dittrich-Verlag Köln. 1996. S. 31.

»Bist du fertig?« Julius lächelt ein wenig amüsiert. »Mir ist klar, dass ich mit den *Kameraden* keine Meisterleistung abgeliefert habe. Aber ich verspreche dir, in meinem nächsten Stück wirst du alle in den Bann schlagen. Als Hauptakteur.«

»Eine Hauptrolle? Für mich?« Carolas Zorn ist im Nu verraucht. »Na komm, sag, was darf ich spielen?«

»Ich inszeniere Carl Sternheims jüngstes Werk, *Manon Lescaut*. Es wurde erst voriges Jahr veröffentlicht. Und du gibst die Titelheldin. Hast du schon bezahlt?«

»Ja, bei der Bestellung. Sonst hätte sich die Rechnung längst verdoppelt, so wie die Preise galoppieren.«

»Ich weiß. Auf dem Markt haben sie heute früh Eier zum Stückpreis von zwei Milliarden Mark verkauft. Also gut, dann lass uns gehen. Wir haben zu proben. In vierzehn Tagen ist Premiere.«

9. November 1923

Carola arbeitet in diesen Nürnberger Tagen bis zur Erschöpfung. Sie hat soeben ihren 23. Geburtstag gefeiert, aber wenn sie in den Spiegel schaut, sieht sie eine Frau um die vierzig. Ihre schlanke Knabenfigur wirkt ausgezehrt, aus dem früher leicht rundlichen Gesicht treten die Backenknochen hervor, die Haare, flüchtig gekämmt, sind außer Form. Sie ist ausgelaugt und müde, selbst um ihren unschicklichen Ruf zu wahren, fehlen ihr Zeit und Energie. Aber harte Arbeit und Disziplin zahlen sich aus. Die »Manon Lescaut« hat großen Erfolg, in der Zeitung war zu lesen, dass sie daran mit ihrer »ordinären Spielweise« wesentlichen Anteil hatte. Erstmals steht sie nicht nur hübsch auf der Bühne herum, sondern darf agieren, sprechen, ihrer

Rolle eine eigene Note geben. Das, so weiß sie genau, wird ihr auch mit ihrer nächsten Hauptrolle gelingen, der Lydia Link in dem Schauspiel *Traumulus* – einer Schauspielerin von lockerer Moral, die einen Gymnasiasten vom Weg der Tugend abbringt. Verführung liegt ihr. Intensiv übt sie an dem neuen Stück. Stichworte, Gesten, Bewegungsabläufe, das Spiel mit den Kollegen.

Umso erstaunter ist Carola, als sie am Nachmittag in den Theatersaal kommt und niemand sich um die angesetzte Probe zu kümmern scheint. Stattdessen sitzen Schauspieler, Regie und Theatermitarbeiter in den ersten Reihen des Parketts und auf dem Bühnenrand und diskutieren. »Was ist denn los?«, raunt sie dem Kollegen zu, der in dem Stück den Professor ihres Gymnasiasten spielt. »Ja hast du es nicht gehört? General Ludendorff hat in München geputscht und die Regierung des Freistaats festgesetzt. Zusammen mit diesem Hakenkreuzler Hitler hat er zudem die Berliner Reichsregierung für abgesetzt erklärt. Mit einem Marsch auf die Hauptstadt sollen die bayerischen Verbände der Wehrmacht eine neue Nationalregierung einsetzen. Doch den Putschisten sind einige Minister des Landeskabinetts entwischt. Die rufen von Regensburg aus die Bayern zum Widerstand auf.«

»Freunde, Kollegen!« Der Darsteller des Gymnasiasten kommt auf die Bühne gestürmt. »Neue fernmündliche Nachrichten aus der Hauptpost! Das Restkabinett hat allen regierungstreuen Einheiten Schießbefehl gegen die Putschisten erteilt. Es gibt Berichte über blutige Kämpfe in München, die Polizei trieb einen Aufmarsch der Hakenkreuzler auseinander. Tote und Verwundete auf beiden Seiten. Ludendorff verschanzt sich in einer Kaserne, Hitler ist auf der Flucht. Und Berlin hat die Reichswehr in Bewegung gesetzt, um in Bayern wieder die Ordnung herstellen!«

»Gott sei Dank.« Julius Gellner stellt sich zu Carola. »Dieser Judenhasser Hitler an der Macht, der Gedanke ist unerträglich!«

»Judenhasser? Woher weißt du das?«

»Ich habe ihn mal im Zirkus Krone gehört. Übel, wie der gegen Juden und Bolschewisten hetzt. Dir sagt der Name Hitler nichts?«

»Ach Julius, ich interessiere mich nicht für Politik. Sozialisten, Monarchisten, Deutschnationale – anstatt gemeinsam diese irre Inflation zu bekämpfen, schlagen die sich lieber die Köpfe ein. Denkst du, wir proben heute noch?« Julius Gellner schaut sie zweifelnd an. »Ruhe ist die erste Bürgerpflicht, was Carola? Sich in diesen Zeiten unpolitisch zu geben ist gefährliche Selbsttäuschung. Das Theater ist längst nicht so frei, wie du glaubst.« Dann blickt er auf die diskutierenden Kollegen. »Ich denke, wir haben heute andere Probleme als die Verführung eines Gymnasiasten. Ich sage die Probe ab.«

8. Dezember 1923

Gelächter und ein Beifallssturm klingen aus dem Saal der Kammerspiele. Eugen Klöpfer, im ganzen Reich bekannter Theaterschauspieler und, dank seiner zahlreichen Stummfilme, Liebling der Filmtheaterbesucher, hat sein Publikum im Griff. Carola, die sich vor einigen Minuten aus dem Saal schlich, steht im Gang zwischen Bühne und Garderobe, um den berühmten Kollegen, der auf seiner Deutschlandtournee in Nürnberg Station macht, allein abzupassen. Sie hört den Applaus verebben: Klöpfer hat sich zu einer Zugabe bewegen lassen. Das kann dauern. Sie tritt an das vor der Treppe zur Bühne angebrachte Schwarze

Brett. Neu ist ihr ein Aushang, in dem die Geschäftsleitung mitteilt, dass sie künftig nur die jüngst eingeführte Rentenmark akzeptiert, zum Umrechnungskurs von eins zu einer Billion gegenüber der alten Papiermark. Irgendjemand hat neben diese Zahl die Erklärung »(1000 Milliarden!)« gekritzelt. Rechts unten in der Ecke ist ein Artikel unter der Überschrift »Münchener Putschisten kommen vor Gericht« aus der Nürnberger Zeitung angeschlagen. Lieber wäre es ihr, wenn hier eine der Theaterkritiken des Blattes hinge, etwa zur *Marquise von Arcis*, zu *Scampolo* oder Wedekinds *Lulu*. Derselbe Rezensent, der anfangs zweideutig ihr »natürliches Talent« hervorhob, leichte Mädchen zu spielen, lobte darin ihre frische Darstellung vielschichtiger Charaktere. Aber solche Ausschnitte kamen nie ans Brett – um Kollegen zu schonen, die nicht so wohlwollend beurteilt wurden.

Erneuter Beifall im Saal. Er klingt wie der Schlussapplaus, die Leute trampeln und jubeln. Kurze Zeit wird die Tür zur Bühne geöffnet. Heraus tritt ein Mann Ende dreißig, mit hohen Geheimratsecken und wie im Sturm nach hinten stehendem Haar.

»Herr Klöpfer!« Carola stellt sich der Bühnenlegende in den Weg. »Ja, mein Kind? Falls Sie ein Autogramm wünschen, dürfen Sie mich begleiten, die Fotos liegen hinten in der Garderobe.«

»Nein danke, ich habe eine andere Bitte an Sie.«

»Ach ja? Worum handelt es sich denn?«

»Mein Name ist Carola Neher, ich bin Schauspielerin hier bei den Kammerspielen, suche aber ein neues Engagement. Ich würde Ihnen gern vorsprechen – in der Hoffnung, Sie so zu beeindrucken, dass Sie an einer Bühne in Berlin oder anderswo eine Empfehlung für mich abgeben …«

Klöpfer betrachtet die junge Bittstellerin unverhohlen vom Kopf bis zu den Füßen. Carola dreht sich in seinem prüfenden Blick leicht nach rechts und links, schaut ihm dabei verheißungsvoll lächelnd ins Gesicht. Als er ihr in die Augen sieht, präsentiert sie einen nicht allzu übertriebenen treuherzigen Wimpernschlag. »Ein Vorsprechen? Sollte sich zu Ihrem Äußeren ein ebenso vielversprechendes Talent gesellen, dürfen sie gern hoffen. Ich schlage vor, Sie begleiten mich zum Hotel. Auf dem Weg dorthin können Sie ja schon einmal ihre Vorzüge herausstreichen.«

12. Februar 1924

Es ist später Vormittag, als Carola gegen die offen stehende Tür der Regie in den Kammerspielen klopft, um sich bemerkbar zu machen. An einem der beiden Schreibtische in dem kleinen Büroraum sitzt Julius Gellner, der andere Platz ist leer.

»Guten Morgen, Julius, ich brauche drei Tage frei. Denkst du, ihr könnt mich nächste Woche bei den Proben entbehren?«

»Das ließe sich sicher einrichten. Was hast du denn vor?«

Carola platzt mit ihrer Antwort förmlich heraus: »Ich habe ein Vorsprechen in Breslau! Der Paul Barnay hat mich an sein Lobe-Theater eingeladen!« Gellner pfeift leise durch die Zähne. »Breslau? Gutes Haus, mit einem Gespür für Talente. Wie kommst du denn zu der Ehre? Hat sich deine sensationelle Darstellung der Wendla so schnell im Reich herumgesprochen?« Carola lacht glücklich. »Wie man es nimmt. Erinnerst du dich an das Gastspiel von Eugen Klöpfer vor ein paar Wochen? Wir steckten damals in den Vorbereitungen auf die Premiere von *Frühlings Erwachen*, und da habe ich ihm genau den Monolog der Wendla vorgetragen. Er war davon so beeindruckt, dass er mich dem Barnay empfahl.«

»Deine Hartnäckigkeit ist und bleibt beeindruckend. Offenbar reißen sich die Direktoren inzwischen um dich. Der Schöne Otto macht dir ebenfalls ein Angebot – für den Saisonabschluss an den Kammerspielen. Sie geben Wedekinds *Büchse der Pandora*.«

»Er will mich als Lulu?« Carola kann ihr Glück kaum fassen. Die frühreife Kindfrau, die allein durch das Versprechen ihres unschuldigen Körpers von den Männern alles bekommt, was sie begehrt – das ist eine Rolle, wie ihr auf den Leib geschrieben.

»Das nicht. Er hat eine Hosenrolle für dich, den Gymnasiasten Hugenberg. Aber schau, die geben den Wedekind im Juli. Da ist bei uns spielfrei. Warum nicht die Chance nutzen und in München gastieren? Breslau läuft dir nicht weg. Wenn Barnay dich nimmt, so doch frühestens für die neue Spielzeit ab Herbst.«

Carola nickt. »Du hast recht. Dann eben den Hugenberg. Aber wieso stellt denn Falckenberg seine Anfrage dir und nicht mir?«

»Er hatte mich aus einem völlig anderen Grund an den Fernsprecher holen lassen. Er bietet mir die Anstellung als Oberregisseur und stellvertretender Intendant. Unbefristet.«

»Was? Das ist ja prächtig! Herzlichen Glückwunsch!« Carola strahlt ihren alten Freund an. Dann wird ihr klar, was das bedeutet. »Das heißt, unsere Wege trennen sich. Vorausgesetzt, ich bestehe beim Barnay.«

»Das mit Breslau wird auf jeden Fall etwas. Und ich bringe dich schauspielerisch doch ohnehin nicht mehr weiter. Du wirst dir neue Bühnen erobern, und ich werde im beschaulichen München all die begeisterten Theater-Kritiken lesen und mich erinnern, wie wir beide in der Gabelsberger von der großen Karriere träumten. Carola, diese Träume werden wahr. Ist das nicht wunderbar?«

Die 23-Jährige lächelt ihren aufgeregten Freund an. Dann sieht sie ihm voll tiefer, ehrlicher Zuneigung in die Augen.

»Ja, Julius. Das ist großartig.«

Gefängnis Butyrka
29. Dezember 1939

Klack, klack, klack … klack … klack. Carola wird von dem plötzlich langsamer werdenden Klopfgeräusch aus ihren Gedanken gerissen. Die junge Aufseherin mit dem runden Bauerngesicht, von der sie heute erneut zum Verhör geführt wird, hat ihren Schritt verlangsamt. Am Ende des Flurs streitet sich Leutnant Kusnezow lautstark mit dem NKWD-Offizier, der kürzlich in ihre Befragung in die Untersuchungszelle geplatzt war.

Gebannt schauen Häftling und Wärterin auf das Geschehen. Schließlich besinnt sich die junge Aufseherin und ruft: »Na slewa!« Carola dreht sich nach links und starrt an die Wand. Die streitenden NKWD-Männer haben den energischen Befehl der Wachhabenden ebenfalls gehört. Abrupt verstummt das laute Wortgefecht. Man hört eine Tür schlagen, dann befiehlt die Aufseherin: »Dalsche!« Weiter! Carola dreht sich zurück und geht weiter zur Verhörzelle, begleitet vom neuerlichen Klack-Geräusch.

Kusnezow sitzt sichtbar aufgebracht am Schreibtisch. In der Linken hält er ein Papier, dessen Inhalt er überfliegt. Nach einer kurzen Weile wirft er es verärgert auf den

Tisch. Es trägt ein Siegel mit Reichsadler und Hakenkreuz im Siegerkranz.

»Ärger?« Die Frage ist Carola herausgerutscht.

Kusnezow funkelt sie wütend an, bereit, die Gefangene umgehend für ihre Frechheit zu maßregeln. Doch er besinnt sich. Lehnt sich zurück und legt die Hände ineinander, die Ellenbogen auf die Lehnen des Stuhls gestützt. »Wie man es nimmt«, knurrt er. »Botschafter von der Schulenburg hat mitgeteilt, er brauche weitere Informationen über die auszutauschenden Gefangenen. Selbst wenn wir jetzt einen Freundschaftsvertrag mit Berlin haben: Ich bin doch nicht Hilfspolizist der Gestapo!« Offenbar fällt es nicht nur deutschen Kommunisten schwer, den Pakt Stalins mit Hitler zu verstehen. Carola hütet sich, den Gedanken offen zu äußern.

Langsam beruhigt sich Kusnezow wieder. Ihm wird klar, dass er soeben mit einer Gefangenen über Interna gesprochen hat. »Das erledige ich später«, wiegelt er ab. Er greift sich vom Aktenstapel auf der linken Seite seines Schreibtischs das oberste Dossier und schlägt es auf. Er entnimmt ein Blatt und liest vor: »1924 Breslau. Große, deutschlandweit beachtete Theatererfolge.«

Carola erkennt den Lebenslauf wieder, den sie 1936 in der Lubjanka schrieb. Sie wagt einen Einwand. »Entschuldigung. Da habe ich eine Station ausgelassen. Auf Nürnberg folgte zuvor ein Gastspiel in München. Wenn auch nur für fünf Wochen.«

»Und warum ist das wichtig?«, wundert sich Kusnezow.

»Weil ich dort den Mann traf, der mir die glücklichste Zeit meines Lebens schenkte.«

München
Juli 1924

Die Straßenbahn der Linie 2 rumpelt die Theresienstraße entlang. Carola, auf dem Weg zu den Kammerspielen, sitzt am Fenster und lässt die Schaufenster und Auslagen der Geschäfte an sich vorüberziehen. Es ist ein klarer, warmer Sommertag, und sie trägt einen bis knapp unter die Wade reichenden Rock aus graukariertem Stoff in Kombination mit dem langen goldfarbigen Kasack, den ihr einst Mathilde de Bonningues-lès-Calais vermacht hatte. Unter der schmalen Krempe eines kleinen glockenförmigen Huts lugen Spitzen ihrer welligen schwarzen Haare hervor.

Mit dem typischen Metallgequietsche blockierender Räder auf Schienen hält die Bahn vor dem »Café Stefanie« an der Ecke Amalienstraße. Das Kaffeehaus ist beliebter Treffpunkt der Schwabinger Boheme, vorzugsweise der Literaten. Als die Elektrische wieder anfährt, beobachtet Carola einen jungen Mann, der aus dem Café stürmt, um noch mitzufahren. Mit einem eleganten Hüpfer springt er auf das Trittbrett, schwingt sich um die Haltestange auf die Plattform und tritt in den Gang des Waggons. Aufmerksam betrachtet sie ihn: Anfang, Mitte dreißig, in einem passablen, leicht aus der Zeit gekommenen braunen Straßenanzug, der den schlanken Körper ein wenig kräftiger erscheinen lässt. Das Gesicht fast jungenhaft. Sie registriert die Attribute des Kopfarbeiters: feingliedrige, lange Hände, Hornbrille, bleiche Haut, hohe Denker-Stirn.

Als sich der Mann in der Straßenbahn umsieht, fängt er ihren prüfenden Blick auf und lächelt sie an. Anstatt eingeschüchtert wegzusehen, hält sie stand. Seine blaugrauen Augen faszinieren sie. Es ist etwas in ihnen, das sie gefangen nimmt. Carola weiß um ihre Wirkung auf Männer, doch dieser hier schaut sie so offen und frech an, dass sie sich herausgefordert fühlt – zumal er sich zu ihrem Platz vorarbeitet und schräg vor ihr stehen bleibt. »Wenn Sie mich ganz ungeniert betrachten wollen«, giftet sie, als sie beim nächsten Halt an ihm vorbei dem Ausgang zustrebt, »können Sie das in den Kammerspielen. Da gebe ich heute den Hugenberg in der *Büchse der Pandora*.« Der junge Mann lächelt sie an. »Ach, Wedekind? Danke für den Hinweis, ich werde Sie dort weiter bewundern.«

»Unverschämt«, murmelt sie vor sich hin, nachdem sie die Bahn verlassen hat. »Andererseits: Kennt den Hugenberg!«

Am späten Abend strebt Carola dem Bühnenausgang zu. Sie hat den jungen Mann aus der Straßenbahn vor Beginn des Stücks durch das Guckloch des Vorhangs im Parkett entdeckt und hofft, dass er seine Frechheit so weit treibt, sie nach der Vorstellung abzupassen. Sie hätte nichts gegen ein letztes Münchener Sommerabenteuer. Er enttäuscht ihre Erwartung nicht.

»Guten Abend, Fräulein Neher.« Höflich lüftet er seinen Hut.

»Ah, der freche Herr aus der Bahn. Sie haben den Programmzettel studiert …«

»Aber gewiss. Und er hat mir einen Vorteil Ihnen gegenüber verschafft, den es unverzüglich auszugleichen gilt.«

»Einen Vorteil? In welcher Beziehung?«

»Ich kenne jetzt Ihren Namen und habe Sie ausführlich und ungeniert betrachtet. Beides war Ihnen in meinem Fall verwehrt. Eine schreiende Ungerechtigkeit, die es aus der Welt zu räumen gilt. Gestatten Sie mir deshalb zunächst, dass ich mich vorstelle.« Er greift in die Innentasche seines

Jacketts und holt ein kleines silbernes Etui heraus. Geschickt entnimmt er eine Visitenkarte und überreicht sie Carola. »Mein Name ist Klabund.« Zwei Schauspielschülerinnen drücken sich kichernd an den beiden vorbei zum Ausgang. »Ja, Sie haben recht gehört«, ruft er ihnen nach, »der aufstrebende Dichter, Dramatiker und Texter Klabund.«

»Aufstrebend? Da haben wir ja eine Gemeinsamkeit.« Carola lächelt ihn an.

»Nicht wahr? Und von denen gibt es sicher mehr. Ich sterbe vor Ungeduld, herauszufinden welche – bitte geben sie mir Gelegenheit dazu! Was halten Sie von einem kleinen Bummel durch den Englischen Garten, morgen Nachmittag?«

»Nicht so eilig! Was, wenn das vergebliche Mühe ist, weil keine weiteren Übereinstimmungen zwischen uns existieren?«

»Aber sicher gibt es die! Als ich sie heute in der Bahn sah, da traf mich ein Donnerschlag, und geben Sie zu, von dem waren sie ebenfalls gerührt!« Er grinst sie frech an. »Widersetzen Sie sich nicht dem Schicksal! Gewähren Sie mir das Vergnügen, Ihnen die beträchtlichen Vorteile meiner Person ausführlich zu erläutern.«

Carola lacht. »Ein selbstverliebter Poet ohne Vornamen, dessen hervorstechendster Charakterzug die Hartnäckigkeit zu sein scheint. Fast hätten Sie meine Neugier geweckt.«

»Fast?« Klabund legt die rechte Hand mit großer Geste über sein Herz. »Spielen Sie nicht mit den Gefühlen des unglücklichen Dichters!« Dann stutzt er, als käme ihm just in diesem Moment ein Gedanke. »Obwohl – dem Poeten gebiert die Not der gepeinigten Seele ja gemeinhin die hervorragendsten Werke. Was halten Sie davon: Noch heute Nacht werde ich meine glühenden Empfindungen Ihnen gegenüber in ein Gedicht gießen. Und Sie sagen mir morgen Nachmittag um drei im ›Stefanie‹, nachdem sie es gelesen haben, ob zu unseren unentdeckten Gemeinsamkeiten nicht auch die Zukunft gehört!«

»Mein lieber Herr Klabund, ich schlage vor, Sie bringen zunächst Ordnung in ihr Gefühlsleben. Und mich zur Straßenbahn. Alles Weitere ergibt sich.«

Selbstverständlich geht sie am nächsten Tag ins »Stefanie«. Und registriert amüsiert, dass der Dichter sich wie ein Pennäler über ihr Kommen freut. »Und, haben Sie Ihre Gefühle in eine Versform gegossen?«

Der frisch Verliebte ignoriert den Spott in ihrer Frage. »Aber nein«, ruft er unglücklich aus. »Ich habe es versucht. Indes, alle Worte sind so klein gegenüber meinen Empfindungen, dass es zum Verzweifeln ist. Sie reihen sich zwar aneinander, aber geben doch nicht wieder, was mir die Nacht so ruhelos macht. Warten Sie«, er holt einen Zettel aus der linken Hosentasche und liest vor: »Ich bin überwach. Ich komme von dir. Ich gehe zu dir.« Er zaubert eine weitere Notiz hervor. »Oder hier: Mir ist so schwach in den Knien von dir. Kleine Geistesblitze, geboren aus Gefühlen, die um die Vorherrschaft kämpfen, anstatt sich zum harmonischen Ganzen zu verbinden. Ich bedaure, Fräulein Neher. Der Dichter versagt, wo der Mann keine klaren Gedanken mehr zu fassen vermag.« Carola schenkt ihrem sich verzweifelt gebenden Gegenüber ein bezauberndes Lächeln. »Das ist ein Grund, den ich akzeptiere. Aber Sie stehen in der Schuld eines mir gewidmeten Poems. Es gibt wenig, das der Eitelkeit einer Frau mehr schmeichelt. Enttäuschen Sie mich nicht.«

Klabund nickt glücklich. Er ist beflissen, versucht ihr im Gespräch einen passablen Eindruck zu machen. Erzählt, dass er bürgerlich Alfred Henschke heißt und aus dem brandenburgischen Crossen an der Oder kommt. Dass ihm der Vater gern die Apotheke zur Nachfolge übergeben hätte, er sich aber von jeher eher den Büchern und der Literatur verpflichtet fühle. Den Namen Klabund habe er angenommen, weil der so geheimnisvoll klang. Dazwischen stellt er scheinbar harmlose Fragen, um mehr von Carola zu erfahren, von ihren Träumen und Zielen, von den Stationen, die sie auf dem Weg dahin schon hinter sich brachte.

Sie hört dem, wie sich herausstellt, zehn Jahre Älteren fasziniert zu. Er redet so voller Klugheit, Herzenswärme und Lebensweisheit, wie es ihr gegenüber bis dahin kein anderer Mann vermochte. Sie genießt die Kraft und Spontaneität, aber auch den Humor seiner Worte, die er mit seltsam belegter Stimme herausbringt, zuweilen unterbrochen durch ein kurzes Hüsteln, das mit der Zeit immer häufiger wird. »Ach«, ruft er unvermittelt aus, »dieser Sonnentag ist so herrlich, ich hätte nicht geringe Lust, ihn für seine Mühen mit einem Spaziergang durch den Englischen Garten zu belohnen. Lassen Sie uns die Wärme genießen!«

Kurze Zeit später promenieren sie in Richtung Chinesischer Turm. Carola hat sich bei Klabund eingehakt – einerseits um ihn zu ermuntern, andererseits um ihm nahe zu sein. Sie ist fasziniert von diesem schmächtigen, seltsam matten Dichter, in dem eine solche Leidenschaft brennt – für die Kunst, das Leben, die Liebe. Ihr Instinkt sagt ihr, dass er in alldem reiche Erfahrung sammelte.

»Fräulein Neher«, Klabund bleibt stehen und schaut ihr ins Gesicht. »Wenn ich in Ihre dunkelbraunen Augen sehe, das Leuchten darin bewundere und die Lust am Dasein, dann möchte ich dieses Feuer anfachen und lodern lassen.

Aber das hieße, zeitgleich einen Betrug an dieser Lebensfreude zu begehen.«

»Einen Betrug?« Carola ist verwundert über den plötzlichen Ernst in seiner Stimme.

»Ja, denn Sie lösen in mir einen Niagarafall der Sehnsucht aus, einen unablässig donnernden, machtvollen Strom, der erst zur Ruhe findet, wenn er sein Ziel erreicht. Bloß, dieser Katarakt ist zerstörerisch: Er zieht Sie in einen tiefen Abgrund.«

»Sie sprechen in Rätseln, Herr Klabund. Fein in Komplimenten verpackt, doch in Rätseln. Was wollen Sie mir sagen?«

Der Dichter wendet den Blick von ihr ab und nimmt den Spaziergang wieder auf, legt dabei seine rechte Hand auf ihre, die noch immer in seiner Armbeuge ruht. »Wissen Sie, ich war sechzehn, da wanderte ich mit einigen Schulfreunden durch das Riesengebirge. Ganze vier Tage regnete es in einem fort und es war eiskalt, aber wir genossen die Freundschaft und die Natur und das Leben im Freien. Na, um es abzukürzen, ich holte mir eine schwere Rippenfellentzündung. Und das war der Auftakt zu einer unablässigen Folge an Erkrankungen, an denen ich seitdem leide. Mit zweiundzwanzig diagnostizierten die Ärzte dann eine fortgeschrittene Lungentuberkulose.«

»Tbc?« Carola will erschrocken die Hand von seinem Unterarm ziehen, hält aber inne. Erneut bleibt er stehen, schaut ihr schwermütig lächelnd in die Augen. »Haben Sie keine Angst. Es handelt sich um eine geschlossene Tuberkulose, die ist nicht ansteckend. Aber so entwickelt, dass inzwischen Teile der Lunge angegriffen sind und immer die Gefahr von Blutungen besteht. Die Krankheit kann zwar gelindert, doch nicht mehr geheilt werden.«

Carola vermag angesichts der Enthüllung keinen klaren Gedanken zu fassen. Sie ist bestürzt, erschrocken, in aufkommender Panik: Er ist todkrank! Sie schaut in seine melancholischen Augen, die ihre eigene Unsicherheit spiegeln. »Sie sind so anfällig und haben doch die vielen Gedichte, Novellen, Theaterstücke geschrieben, von denen Sie mir erzählt haben?« Sie versucht, Zeit zu gewinnen.

»Nun ja, wie sich herausstellt, ist dieser Leib nicht für den Verstand geeignet, den er beherbergt. In meinem Kopf schwirren die Gedanken, jagen sich die Ideen – sie wollen hinaus, in Form und zu Papier gebracht werden. Dem Geist ist egal, ob der Körper zu folgen vermag. Er nimmt nur selten Rücksicht auf dessen Not.«

»Und es besteht keine Ansteckungsgefahr?«

»So ist es. Darin sind sich alle Ärzte einig.«

»Kann man denn gar nichts unternehmen?«

»Beim derzeitigen Stand der Medizin nicht. Die Auswirkungen lassen sich lindern – durch Höhenluft, Schonung, Liegekuren. Wenn ich es mir leisten kann, fahre ich deshalb zur Erholung in die Alpen, ins Tessin oder nach Davos.« Schweigend spazieren sie weiter. Carola spürt, dass Klabund noch etwas sagen will und wartet, dass er sich sammelt. »Wissen Sie«, räuspert er sich kurz darauf, »unter Umständen ist es zu früh, mein Leiden anzusprechen. Aber ich wage zu hoffen, dass Sie in mir nicht den Kranken vor sich sehen, sondern den durch nichts begrenzten lebendigen Geist, der das Glück der aufkommenden Leidenschaft auskostet. Lassen Sie sich von Ihren Gefühlen leiten und nicht die Angst über die Hoffnung siegen. Geben Sie mir die Chance auf eine erwiderte Liebe!«

Betroffen überlegt Carola, was sie antworten soll. Dieser Mann ist so anders als ihre bisherigen Liebschaften – erfüllt von einer unbändigen Lust nach Leben, obwohl ihm genau das zu entgleiten droht. Diesem tief fühlenden Menschen geht spürbar jegliche Oberflächlichkeit ab, kurze Abenteuer scheinen nicht seine Sache. Schon allein, weil ihn die Aussicht auf ein verkürztes Leben den Wert der Liebe anders beurteilen lässt. Sie gibt sich einen Ruck.

»Mein lieber Freund. Sie verlangen Hoffnung. Gut. Hoffnung macht stark. Und glauben Sie mir, ich möchte Sie stark sehen. Der Rest ergibt sich dann von allein.«

Am nächsten Morgen wird Carola durch einen Sonnenstrahl geweckt, der den Weg durch das stumpfe Doppelfenster ihrer Pension gefunden hat. Sie ertastet bei geschlossenen Lidern die weggerutschte Bettdecke und zieht sie über sich. Da wird ihr jäh klar, dass sie nicht allein in dem Bett liegt. Sie schlägt die Augen auf und schaut in das glücklich lächelnde Gesicht Klabunds.

»Hast du mich etwa die ganze Zeit angestarrt?«

»Ja. Was gibt es Schöneres, als den Blick ungehindert und in aller Ruhe über den Körper der Frau wandern zu lassen, die man liebt? Sie beim tiefen, zufriedenen Schlaf zu beobachten, zu sehen, wie ihr roter Mund manchmal aufspringt und sich wieder schließt. Zu spüren, dass ein Herz neben dem eigenen schlägt?«

»Oh, mir fiele da etwas ein«. Carola lacht und gibt dem hoffnungslosen Romantiker einen Kuss auf den Mund. »Wie wäre es mit einem angemessenen Frühstück?«

In den folgenden Tagen verbringen die beiden jede freie Stunde miteinander. Carola ist erschüttert und hingerissen von der Ernsthaftigkeit, mit der Klabund seine Liebe zu ihr hegt. Gerührt beobachtet sie, welche Glücksgefühle sie in ihm auslöst. Dieser geistvolle Dichter ist zu einer belanglosen Tändelei gar nicht imstande – weil ihm seine tückische Krankheit schlicht keine Zeit für solcherart Geplänkel gibt. Gleichzeitig erkennt sie, dass die Affäre, die sie sich vor ihrer Abreise nach Breslau gönnen wollte, kaum zu ihren bisherigen Abenteuern passt. Ihre Männergeschichten waren bis dahin nur Spiel, dienten der Erfahrung, dem beruflichen Aufstieg oder schlicht der Lust am Verführen. Durch Klabund lernt sie erstmals die Liebe kennen.

Sie genießen diese gemeinsamen Tage. Gönnen sich Ausflüge in die Berge oder an den Tegernsee, lassen sich dort mit Freunden aus der Szene sogar als neuestes Münchner Künstlerpaar für die Presse ablichten. Und Klabund hält Wort: Eines Nachmittags bittet er sie bei einem ihrer Spaziergänge durch den Englischen Garten auf eine Bank, holt ein Blatt Papier aus seiner Anzugtasche und deklamiert das ihr versprochene Gedicht, dessen Widmung schlicht »Für Carla« lautet. Seinem Kosenamen für sie. Es brennt sich ihr mit jeder Zeile ein:

Im Wagen durch den Englischen Garten fahrend
Nachts, Roter Mond über dem Kleinhesseloher See,
Nebel über den Wiesen, Dämmerung vor meiner Seele,
mir ist so schwach in den Knien vor Sehnsucht nach dir.

Der Kutscher schläft. Das Pferd läuft im Halbschlaf.
Gott schläft. Die Erde rollt ziellos durch den Raum.
Ich bin überwach. Ich komme von dir. Ich fahre zu dir.
Alle Wege führen mich an deine Brust.

Seit Wochen lasse ich Dutzende von Briefen uneröffnet liegen.
Ich gehe nicht unter Menschen. Sie sind mir widerlich.

Mit einem kleinen Hund, einem melancholischen Rehpinscher, gehe ich gern spazieren.
Oder mit dir.

In dieser regnerischen, kalten Einsamkeit
des tristen Sommers an mich hingeweht
wie ein Leuchtkäfer auf einem Grashalm
ich spüre, dass ein Herz an meinem schlägt.

Dein Mund springt manchmal auf wie eine rote Feige
Nachts, roter Mond über dem Kleinhesseloher See,
Im Wagen durch den Englischen Garten fahrend,
Hinter den Schläfen donnert der Niagara meiner Sehnsucht.[3]

Sie liebt diese Verse. Und sie mag ihren Schöpfer. Sehr sogar. Aber die Zeit rast und verlangt eine Entscheidung. Sie hat in Breslau unterschrieben. Fredi, wie sie Klabund gern nennt, muss nach Berlin, um für den Film *Ein Sommernachtstraum* die Untertitel zu verfassen. Für eine Fernbeziehung sind sie beide nicht geeignet. Damit ihre Romanze fortdauert, gilt es für einen von ihnen, zugunsten des anderen zurückzustecken. Und das würde nicht sie sein.

Wenige Tage vor ihrer geplanten Abreise besucht Carola an einem sonnigen Augustvormittag Klabund an seinem runden Kaffeehaus-Tisch im *Stefanie*. Wie immer türmen sich eng beschriebene Blätter und Zettel neben der leeren

3 Klabund: Im Wagen durch den Englischen Garten fahrend. Die Weltbühne. 21. Jahrgang 1925, Nummer 33, Seite 265. Quelle: Die Weltbühne. Vollständiger Nachdruck der Jahrgänge 1918–1933. 21. Jahrgang 1925. Athenäum Verlag, Königstein/Ts. 1978.

Kaffeetasse, auf dem Boden liegen einige aufgeschlagene Bücher übereinander.

»Guten Tag Fredi, ist das die Schonung, die ich dir nach der anstrengenden Nacht verordnet hatte?«

»Carla! Das ist aber lieb von dir, hier vorbeizuschauen!« Klabund springt auf und küsst sie voller Freude über die angenehme Unterbrechung auf die Wange. »Setz dich doch ein wenig zu mir. Was möchtest du trinken? Kaffee, ein Wasser?«

»Ein Tee wäre mir recht.«

»Kommt sofort«, gibt er albern den Kellner. Er eilt zum Tresen, bestellt und kehrt schnell wieder zurück.

»Wie schön, dass dich das Verlangen zu mir treibt. Oder hat dein Erscheinen hier einen anderen Grund?«

»Nein. Ich möchte nur in der wenigen Zeit, die uns beiden bleibt, bei dir sein.«

»Die wenige Zeit, die uns bleibt – wie meinst du das?«

»Nun ja, ich muss nach Breslau, du nach Berlin. Dann fährst du zur Kur in die Schweiz. Unsere Pfade trennen sich …«

»Und kommen doch wieder zusammen! Weißt du noch? ›Alle Wege führen mich an deine Brust‹ – das ist nicht nur eine Zeile in einem Gedicht, das ist ein Naturgesetz!«

»Aber schau Fredi, ich bin nicht die Frau, die im Zimmer über einer Handarbeit sitzt und darauf wartet, dass der Mann aus einem Filmstudio, Theater oder Verlag zu ihr zurückkehrt. Ich habe lange und hart für die Bühnenkarriere gearbeitet und werde in Breslau endlich die Früchte dieser Anstrengung genießen. Mir sind Hauptrollen versprochen, und in denen werde ich Publikum und Kritik begeistern. Diese große Chance kann und will ich nicht aufs Spiel setzen.«

»Das ist mir klar, und das sehe ich ein. Aber wenn sich unsere Wege jetzt trennen, dann doch nur, weil wir sie betraten, ohne voneinander zu wissen. Zukünftig passiert uns das nicht mehr!« Klabund legt seine Unterarme auf die Tischplatte und fordert Carola mit einem kurzen Kopfnicken auf, ihre Hände in die seinen zu legen. Er schaut ihr in die Augen. »Es ist entschieden. Ich werde meine Arbeit in Berlin schnellstmöglich beenden und dir nach Breslau folgen. Ich wette, dort gibt es ebenfalls Cafés wie das ›Stefanie‹, in denen ich mich schreibend vom Warten auf dich ablenken kann.«

»Und Davos? Du brauchst doch die Höhenluft, die Ruhe?«

»Was nützt ein frischer Körper, wenn an seiner Stelle die Seele krankt? Ich will kein unnötiges Quäntchen der Zeit, die mir zum Leben bleibt, ohne dich verbringen. Mein Herz brennt für dich, mein Verstand lahmt ohne dich, mein geschundener Leib verlangt nach deinen Berührungen. Es gibt keine andere Lösung für mich!«

Carolas Augen werden feucht. Sie beugt sich vor und küsst den Mann, der ihretwegen zu solch radikalem Verzicht bereit ist, zärtlich auf den Mund. »Ach Fredi. Wenn das mal gut geht.«

Gefängnis Butyrka
29. Dezember 1939

Kusnezow schweigt, als Carola mit einem leichten Lächeln ihren Gedanken und ihrer Vergangenheit nachhängt. Die Frau überrascht ihn immer wieder. Er hielt sie bisher für eher oberflächlich, was Beziehungen angeht. Da war nie etwas Ernsthaftes, sie gab sich jenen hin, die ihrem Lebensunterhalt, ihrer Karriere oder schlicht ihrem Vergnügen von Nutzen waren. Zumindest pflegte sie dahingehend ihren Ruf. Und dann lässt sie sich von Gefühlen überwältigen, obwohl der Mann, der sie so heftig umschwärmt, todkrank, arm und ein hoffnungsloser Träumer ist.

»Und? Ging es gut?«, reißt er sie aus ihren Gedanken.

»Was?«

»Das Leben mit diesem Dichter in Breslau.«

»Wie man es nimmt. Es war wahnsinnig anstrengend. Der Alltag dort hatte seine zwei Seiten, eine helle für mich und eine dunkle für Fredi. Er …« Die Gefangene stockt, schaut auf ihre Hände, die sie unablässig knetet.

»Ja?«

»Wissen Sie, es fällt mir schwer, darüber zu sprechen.«

Kusnezow sieht sie zweifelnd an. »Bei allem, was Sie mir schon erzählt haben, plagen Sie hier mit einem Mal Skrupel?«

»Es gibt ein öffentliches Leben und ein privates«, versucht sie zu erklären. »Mit dem für das Publikum hatte ich nie ein Problem. Dem gab ich die selbstbewusste Frau, die auf Konventionen pfeift. Selbst in Herzensangelegenheiten. Aber wie ich wahrhaft empfand, das hielt ich vor anderen immer verborgen.«

»Mir scheint, hier liegt ein Missverständnis vor.« Der Leutnant lehnt sich in seinen Stuhl zurück, den Blick fest auf Carola gerichtet. »Sie erzählen Ihre Geschichte nicht Georgi Kusnezow, einem Mann Ihres Alters, den Sie kaum kennen. Sie berichten dem NKWD. Dem Volkskommissariat für innere Angelegenheiten. Das zu klären hat, ob sie eine fehlgeleitete oder aber überzeugte Feindin der Revolution sind. Ob Sie sich selbst belügt haben oder uns.« Der Offizier beugt sich nach vorn und fixiert Carolas Blick. »Was wir brauchen, ist völlige Offenheit. Ein zu verbergendes Inneres gibt es für uns nicht. Ich rate Ihnen dringend, sich zu öffnen. Nicht Grigori Kusnezow, sondern dem NKWD.« Nach dem Rüffel lehnt sich der Leutnant in den Stuhl zurück, sich seiner Macht bewusst. »Also erläutern Sie uns, wie es ein dem Tode naher Schwindsüchtiger schafft, eine zehn Jahre jüngere, begehrte und lebenslustige Schönheit an sich zu binden. So an sich zu fesseln, dass sie nach nur neun Monaten die Ehe mit ihm eingeht. Was ist in Breslau passiert, dass aus der Affäre unversehens Liebe wurde? War es das überhaupt? Oder doch eher Berechnung?«

Die Zurechtweisung wirkt. Eingeschüchtert spricht Carola weiter – ohne auf seine Unterstellung einzugehen. »Klabund hasste Breslau. Vor allem wegen des Klimas. Es war seiner Krankheit völlig abträglich. Preußens Sibirien nannte er es. Er verabscheute die Lebensuntüchtigkeit der Leute, insbesondere der mit ihrem Schicksal hadernden Flüchtlinge aus den Polen zugeschlagenen Provinzen Posen und Oberschlesien. Einmal, nachdem er mich vom Theater abgeholt hatte, haben wir auf dem Heimweg die Betrunkenen gezählt, die auf der Straße lagen oder uns entgegenkamen. Über einhundert waren es, auf einer Viertelstunde Weg. Und dann unsere Wohnung. Ein enges Zimmer auf der Altstadtinsel zu unverschämtem Preis. In einer Pension, deren einziger Vorteil es war, dass ihre Betten nicht so viele Wanzen führten wie die Hotels der Stadt. Meine Gage ging fast komplett für die Miete drauf, und Klabund brauchte die spärlichen Devisen vom Verleger für seine Höhenkur in den Alpen. Zum Glück war der Gerichtsvollzieher ein umgänglicher Mensch.«

»All das nahm er auf sich, um in Ihrer Nähe zu bleiben?«

»Ja. Obwohl ihm die nur selten vergönnt war. Wissen Sie, im Gegensatz zu Klabund blühte ich in dieser Stadt auf. Kein Wunder, ich sah sie ja kaum. Schlaf bis in den Vormittag, um elf zu den Proben und abends in die Vorstellung. Abschminken, zuweilen eine Feier mit Kollegen, und dann ab ins Bett. Nein, Fredi hatte in Breslau keine große Freude an mir.«

»Sie genossen das Bühnenleben, und er litt darunter?«

»Nun ja, der schauspielerische Erfolg kam eher peu à peu, aber ich hatte von Beginn an große Aufmerksamkeit. Gleich mein erstes Stück sorgte für einen ungeheuren Skandal, der im ganzen Reich Beachtung fand. Renato Mordo, unser sehr junger Schauspieldirektor, hatte Goldonis Komödie *Diener zweier Herren* als sogenanntes entfesseltes Theater inszeniert, das die Darsteller in den Mittelpunkt einer bunten Aufführung stellt. Die Bühne, die Kostüme, die Regie, alles wird da auf die Bedürfnisse der Akteure zugeschnitten, nicht auf die des Stücks. Für das erzkonservative Publikum und die Kritik in Breslau ein Affront. Doch für mich die Gelegenheit, bleibenden Eindruck zu machen. Als Beatrice, die in Männerkleidung ihrem Liebhaber nachreist, hatte ich alle Freiheit, die Erotik einer Hosenrolle und die pure Lebenslust einer jungen Liebenden auf die Bühne zu bringen. Mitglied eines Ensembles, von dem das deutsche Feuilleton redet, von Beginn an Liebling des Publikums und der örtlichen Kritik – ich hätte die glücklichste Zeit meines Lebens haben können.«

»… säße da nicht zu Hause ein notorisch unzufriedener Geliebter«, ergänzt Kusnezow.

»Klabund hat nicht in der Pension gewartet«, korrigiert ihn Carola. »Er schlich bis zum Vorstellungsende voller düsterer Gedanken durch Breslau und seine Kneipen und hatte nichts Besseres zu tun, als dies dem ganzen Reich mitzuteilen. Wenn auch in einer der schönsten Liebeserklärungen, die ich je erhielt.«

»Wovon sprechen Sie?«

»Er schrieb einen langen Text im Feuilleton des Berliner Tageblatt. Darüber, wie er drei Stunden darauf wartet, dass ich endlich die Vorstellung beende. Für mich war das toll, halb Berlin erfuhr so, dass ich in Breslau Theater spiele. Andererseits war mir das Ganze doch zu intim. Ich weiß noch den Schluss:

Es ist ein scheußliches Klima. Du bist der einzige Lichtblick in dieser tristen Einöde, Mitteleuropa genannt. Leuchte mir, leuchte mir weiter! Komm! Komm bald! Ich bin schon beim fünften Tee mit Rum und beginne eben mit einer Serie Grogs. Ich liebe, ich liebe dich, ich liebe dich.[4]

Ich sagte ihm damals, seine Liebeserklärung dürfe er gern in die Welt hinausschreien, aber doch nicht, dass er seine Depression in Alkohol ertränkt.«

Bei dieser Frau dreht sich alles immer nur um sie selbst. Kusnezow schüttelt unmerklich den Kopf. Er wirft das Wort »Diva« mit einem Ausrufezeichen auf das vor ihm liegende Papier. Darauf ließ sich zumindest aufbauen. Er beschließt, das Verhör für heute zu beenden. Die Fragen der Deutschen Botschaft zum Fall Karoline Henschke würde er später beantworten.

*

4 Zitiert nach Gaehme, Tita: Dem Traum folgen. Das Leben der Schauspielerin Carola Neher und ihre Liebe zu Klabund. Dittrich-Verlag Köln. 1996. S. 45.

»Wieso taugt mein Rat nicht?« Emma gibt sich empört. Carola hat ihr soeben von Kusnezows barschem Tadel berichtet, er stelle ihr intime Fragen nicht als Mann, sondern im Namen des NKWD. »Ick kenne die Kerle und du ja wohl auch. Die sind immer nur mit dem einen beschäftigt, egal, ob sie sich bei Kerzenlicht verstellen, dich besoffen anquatschen oder in Uniform höhere Interessen vorschieben. Triffste den richtigen Punkt, wird selbst der härteste Mann weich wie eine aus'm Fass gefallene Spreewaldgurke.«

»Hört mal, Kinder.« Zenzl Mühsam ist von ihrem Bett herübergekommen und setzt sich neben Carola. »Ihr solltet den Umgang mit diesem Kusnezow nicht immer so laut besprechen.«

»Wieso denn das?«

»Ich war heute zum Verhör. Beim zweiten Wolgadeutschen, diesem Leutnant Melnik. Der wusste, dass ich im Fall der Ausweisung zu meiner Schwester nach Amerika will, um von dort mithilfe von Freunden die Sowjetunion zur Herausgabe von Erichs hier verwahrtem Nachlass zu zwingen.«

»Stimmt. Das haste gesagt, als wir alle am Tisch saßen.«

»Eben Emma. Das habe ich hier erzählt. Und nur hier.«

»Ein Spitzel.« Carola stellt eher fest, als dass sie fragt. Die Zellenälteste nickt bedächtig. »Ich warne nur: Seid vorsichtig!«

»Und wieso glaubst du nicht, dass es eine von uns beiden ist?«

Die sonst so ernste Frau grinst. »Menschenkenntnis, Carola.«

Gefängnis Butyrka
30. Dezember 1939

Mit einem lauten Krachen fällt die Zellentür ins Schloss. Carola schaut auf Kusnezow, der hinter seinem Schreibtisch steht und sich die Eisblumen am Fenster der Zelle betrachtet. Der NKWD-Mann dreht sich um, setzt sich und rückt den Stuhl heran. Er nimmt Carolas Akte von ihrem Stapel, schlägt sie auf. »Wir sollten heute etwas konzentrierter vorankommen. Ich fasse mal zusammen, wo wir stehen geblieben sind: Der sensible, kränkelnde Dichter leidet im Schatten des beruflichen Ehrgeizes seiner Geliebten. Die wiederum vermag ihre lang ersehnten ersten Erfolge nicht so recht zu genießen, weil der hoffnungslos Verliebte sie nicht mit dem Publikum teilen will. Ein Konflikt, der bei den meisten zu Streit und Vorwürfen führen würde. Bei Ihnen beiden nicht. Im Gegenteil, Sie heiraten kurze Zeit später sogar. Bleibt für mich die Frage: Was kittete den Riss?«

Carola überlegt nicht lange: »Ein unerwarteter, unfassbarer Bühnen-Triumph, der uns beiden gehörte.« Sie stockt, dann fügt sie leise hinzu: »Und Todesangst, die uns aus dem Nichts ansprang.«

Frankfurt am Main
3. Januar 1925

Das Schauspielhaus ist an diesem ersten Sonnabend des jungen Jahres festlich erleuchtet. Über 700 elektrische Glühbirnen erstrahlen allein in dem riesigen Jugendstilleuchter an der Decke des Foyers. Auf dem Umlauf des ersten und zweiten Rangs stehen Männer und Frauen in

Abendgarderobe und betrachten die stetig vom Kassenvestibül her einströmenden Gäste der *Kreidekreis*-Premiere. Carola drückt Klabunds Arm, in den sie sich eingehakt hat. »Weißt du Fredi, die Winterluft in Davos, die hatte was. Aber an die Theaterluft kommt sie nicht heran!«

»Klabund!« Ein elegant gekleideter Herr im Zweireiher mit akkurat gebundener Fliege auf gestärktem weißen Hemd löst sich von einer der Säulen vor dem Eingang zum Parkett. Das schüttere Haar und die Geheimratsecken legen ein Alter um die fünfzig nahe. »Herzlich willkommen!« Mit großer Geste greift er mit seiner Linken den freien Arm des Dichters und schüttelt ihm ungestüm die Hand. »Wie schön, dass Sie der Uraufführung Ihres Stückes beiwohnen! Sie haben sich in der Schweiz erholt?«

»Meine liebe Carola«, windet sich Klabund aus der Umklammerung des Mannes, »darf ich dir den Herrn Intendanten Richard Weichert vorstellen? Er hat dankenswerterweise die Regie beim *Kreidekreis* übernommen. Verehrter Herr Weichert, das ist Fräulein Carola Neher, Schauspielerin am Breslauer Lobe-Theater und seit einigen Monaten so freundlich, meine grenzenlose Liebe zu ihr zu erwidern.«

Der Intendant setzt eine gequälte Mine auf. »Wie unhöflich von mir! Den Dichter vor seiner Muse zu begrüßen!« Weichert ergreift die ihm dargebotene Hand Carolas und deutet einen Handkuss an. »Ich habe mir erlaubt, eine Loge für Sie freizuhalten. Müller!« Mit einem Fingerschnipsen ruft er einen jungen Mann in zu großem Anzug zu sich. »Nehmen Sie den Herrschaften die Garderobe ab. Linke Proszeniumsloge!«

Carola lässt sich von Klabund aus dem Mantel helfen. Sofort erregt sie die Aufmerksamkeit der umstehenden Besucher. Ihr ärmelloses, schlicht geschnittenes Kleid aus

Georgette-Krepp in dunklem Lila betont mit seiner angedeuteten Gürtellinie äußerst vorteilhaft ihre sportliche Figur, dazu unterstützen ein Diadem aus Strass und die hochhackigen Silberbrokatschuhe das modische Erscheinungsbild. Klabund hatte es sich nicht nehmen lassen, seine Gefährtin in einem Geschäft in Davos extra für diesen Abend neu auszustatten – vom Rest des Vorschusses, den ihm Weichert für die Kur in der Schweiz überwiesen hatte.

»Donnerwetter«, entfährt es dem Intendanten. »Kompliment, gnädiges Fräulein. Ich werde meine Schauspieler ermahnen, von der Bühne herab in den Saal und nicht ständig zu Ihnen in die Loge zu schauen. Wenn Sie mir bitte folgen?« Vor der Tür zur Proszeniumsloge verabschiedet sich Weichert mit einer leichten Köperverbeugung. »Ich habe mir gestattet, uns einen Tisch im Weinrestaurant Faust zu reservieren. Müller wird Sie mit Ihrer Garderobe nach der Vorstellung von der Loge abholen und dorthin führen. Das Haus ist mit dem unseren durch einen Kolonnadengang verbunden. Sie haben es nicht weit.«

Zweieinhalb Stunden später sitzen Carola und Klabund an einem für drei Personen gedeckten Tisch im Faust. Zahlreiche Theaterbesucher sind ebenfalls in das Restaurant geeilt, ihre Blicke gleiten immer wieder hinüber zu dem Künstlerpaar, das sich auf Bitten Richard Weicherts beim Schlussapplaus von seinen Logenplätzen erhoben hatte und hier wiedererkannt wird.

»Ach Fredi, ist das nicht ein herrlicher Abend?« Carola nippt an dem Glas Sekt, das man ihr zur Überbrückung der Wartezeit bis zum Eintreffen des Intendanten an den Tisch gebracht hat. »Über tausend Besucher völlig aus dem Häuschen. Sei ehrlich: Hast du mit einem solchen Triumph gerechnet?«

Der Angesprochene lächelt verlegen. »Weißt du, ich habe dir wegen des Aberglaubens nichts davon gesagt, aber die tatsächliche Uraufführung des Stücks, gestern am Stadttheater in Meißen, war ebenfalls ein riesiger Erfolg. Der dortige Intendant hat ein euphorisches Telegramm hierher ins Schauspielhaus schicken lassen.«

»Klabund!«, dröhnt es durch den Saal. »Zwölf Vorhänge! Das war Theatergeschichte!« Richard Weichert bahnt sich einen Weg durch die Tische der anderen Gäste, die die Szene lächelnd oder, so sie zuvor nicht im Theater waren, irritiert beobachten. Er lässt sich auf dem freien Stuhl nieder. »Unglaublich. Quasi mit dem Fallen des letzten Vorhangs sprachen mich gleich mehrere Theateragenten an. Wenn die es alle ernst meinen, dann wird Ihr *Kreidekreis* in der nächsten Saison an mindestens zwei Dutzend deutschen Bühnen gespielt. Gratulation. Sie haben ausgesorgt!« Weichert hebt das Glas in Richtung des Dichters, der die Geste mit seinem Kristallkelch erwidert. Der Intendant plaudert indes aufgekratzt weiter: »Mit solch einem Treffer hatte ich nicht gerechnet. Was meinen Sie, lieber Klabund, worin ist dieser phänomenale Zuspruch des Publikums begründet?«

»Zunächst sicher in Ihrer glänzenden Inszenierung.« Der Autor weiß, was sich gegenüber seinem Gönner gehört. Der grinst nur. »Ein weiterer Punkt dürfte der Zeitgeist sein. Den ich unwissentlich getroffen habe. Wissen Sie, ich schrieb den Kreidekreis in kürzester Zeit nieder, beendete ihn praktisch auf dem Liegestuhl in Davos. Ich hatte die Absicht, die in einer alten chinesischen Fabel erwähnte Geschichte vom Kreidestrich, über den eine wahre und eine falsche Mutter das von beiden begehrte Kind ziehen sollen, zum Gleichnis umzugestalten. Dabei habe ich ein

Reich der Mitte geschaffen, das nicht den Volkskundler ergötzt, sondern das dem China ähnelt, von dem der Deutsche träumt. Ich denke, in diesen Zeiten wollen die Menschen träumen. Selbst das Theaterpublikum. Offenbar traf ich genau die Lücke, die sich soeben zwischen dem Existenzialismus Sternheims und dem politischen Theater Piscators öffnet.«

Weichert nickt. »Faszinierende Sichtweise. Das Publikum lässt sich demnach nicht länger belehren oder vor irgendjemandes Karren spannen. Es träumt stattdessen lieber vom besseren Menschen. Und wie sieht das die Schauspielerin, gnädiges Fräulein?«

Carola beugt sich nach vorn, legt ihre Hand auf den auf dem Tisch ruhenden Arm Klabunds und schaut diesen lächelnd an. »Ich glaube, Fredi hat vor allem eine menschliche Figur geschaffen, die das Herz eines jeden Zuschauers im Sturm erobert. Haitang, die aus Liebe zu ihrem Kind darauf verzichtet, es mit Gewalt auf ihre Seite zu zerren, rührt schlicht zu Tränen. Der Sieg der liebenden Mutter über die Lügen der weit höher stehenden reichen Frau Ma ist ein Märchen vom Triumph des zutiefst Menschlichen. Klabund gab dieser Sehnsucht, die in uns allen steckt, eine berührende Form.« Sie wendet ihren Blick wieder dem Intendanten zu. »Und ich, lieber Herr Weichert, werde ihr überaus eindrucksvoll Gestalt verleihen.«

Der Angesprochene schaut überrascht von Carola auf Klabund, worauf dieser lächelnd erläutert: »Barnay hat sich schon vor der Uraufführung die Rechte am Kreidekreis für sein Breslauer Theater gesichert. Aber zuvor gibt Fräulein Neher ihm die *Heilige Johanna* von Shaw. Sicher genauso bewundernswert.«

Gefängnis Butyrka
30. Dezember 1939

In die nüchterne, zum Verhörraum umfunktionierte Zelle zieht Stille ein. Der Blick der Gefangenen ist teilnahmslos auf die Wand hinter dem Schreibtisch gerichtet. Kusnezow lässt sie in ihren Erinnerungen verweilen und betrachtet sie indessen ungeniert.

Trotz über drei Jahren Zuchthaus sieht man der Henschke an, dass sie einst zu den schönsten Frauen Deutschlands zählte. Statt der kurz geschorenen und sich jetzt langsam wieder kräuselnden Haare trug sie bei der Premiere in Frankfurt sicher die damals aufkommende Bubikopffrisur. Unter der groben Häftlingskleidung ist die schlanke und knabenhafte Figur zu erahnen, die ihr bei den Hosenrollen so zugutekam. Ihre Haltung ist vorbildlich, kerzengerade sitzt sie auf ihrem Stuhl. Die leicht nach links gebeugten, parallel gestellten Beine künden vom Zauber, den sie einmal auf die klügsten und wichtigsten Männer des Reichs ausübten. Dass diese Äußerlichkeiten in der Sowjetunion keinen Wert besitzen, war sicher ein Schock für sie.

Kusnezow beugt sich nach vorn und reißt mit dieser Bewegung die Gefangene aus ihren Gedanken. Er holt sie in die Zelle zurück: »War das der vorhin erwähnte unvorstellbare Triumph? Die Fabel vom *Kreidekreis*?«

»Ja, denn er war größer als alles bisher Dagewesene. Vierzig Bühnen sicherten sich die Aufführungsrechte unmittelbar nach der Premiere und am Ende des Jahres waren es schon über einhundert Theater, die das Stück in ihren Spielplan aufnahmen.«

»Die Befreiung von allen Sorgen, nehme ich an.«

»Was das Geld angeht, auf jeden Fall. Für ein paar Jahre zumindest. Wie Sie sicher wissen, beschlagnahmte der Reichsinnenminister mein deutsches Vermögen.«

Wie das Oberste Gericht der Sowjetunion dein russisches, schießt es Kusnezow durch den Kopf. Er spricht es nicht aus. »Und in den übrigen Belangen?«, fragt er stattdessen.

»Da konnte Klabund seinen Triumph nicht so genießen, wie er es verdient hatte. Wissen Sie, wir beide verfolgten völlig unterschiedliche berufliche Ambitionen. Dem Fredi galt der Beifall der Masse wenig. Für ihn war das Schreiben das Wesentliche, nicht, was aus den Stücken wurde. Ich hingegen brauchte den Jubel des Publikums. Und ließ Klabund in dessen Schatten stehen. Wie gesagt, er litt an Breslau, an dem nasskalten Klima, den furchtbaren Menschen. Er schadete wissentlich seinem Körper und plagte unablässig seinen Geist, nur damit ich dort meinen Traum lebe. Mich glücklich zu sehen war ihm das Wichtigste. Und ich? Machte ihn klein. Setzte ihn zurück, weil ich ihm seinen Erfolg privat von ganzem Herzen gönnte, als Künstlerin aber neidete. Breslau sollte in ihm vor allem den Begleiter der Neher sehen und nicht den erfolgreichen Autor, der er doch unzweifelhaft war. Um mich selbst zu erhöhen, quälte ich ihn mit Selbstzweifeln, der Egozentrik, meiner, wie er das nannte, Schauspieler-Hysterie. Ich peinigte ihn nicht zuletzt zum Vergnügen, indem ich nicht nur auf der Bühne mit den Männern spielte und er in Eifersucht verging. Ich ließ ihm im wahrsten Sinne des Wortes keine Luft zum Atmen.«

Kusnezow wagt nicht, sich zu rühren. Endlich. Das ist die schonungslose Offenheit, die er braucht, um hinter die Fassade der Schauspielerin zu schauen. Er hütet sich, das erneut eingetretene Schweigen zu brechen.

Einen Augenblick lang schaut ihn die Gefangene mit ihren in die Vergangenheit gerichteten dunkelbraunen Augen an, und es scheint ihr völlig egal, wer da auf dem Stuhl vor ihr sitzt. Dann redet sie weiter. »Wissen Sie, Klabund hat später eine Novelle geschrieben, *Die Silberfüchsin*. Darin hat er unsere Beziehung schonungslos analysiert. Ich weinte, als ich sie las. Aus Mitleid mit Fredi und aus Hass auf mich. Keiner hat mich so geliebt wie er – und keinen habe ich in seiner Liebe so leiden lassen wie ihn.«

Sie schweigt erneut. Kusnezow indes will, dass sie weiterredet. »Inwiefern haben Sie ihn leiden lassen?«, fragt er vorsichtig.

»Ich war launisch. Den einen Tag der liebste Mensch auf der Welt und den anderen eine unausstehliche Furie. Ich arbeitete damals bis zum Umfallen und war wegen jeder Kleinigkeit genervt. Und Klabund, der Autor des erfolgreichsten deutschen Bühnenstücks des Jahres, steckte mir zuliebe zurück. Wissen Sie, er lief immer im Zimmer auf und ab, sobald er nachdachte oder eine Formulierung suchte. Mich trieb das zum Wahnsinn, und das habe ich ihm häufig genug gesagt. Also arbeitete er des Morgens nicht, um mir nach den anstrengenden Vorstellungen Ruhe zu gönnen. War ich hingegen nachmittags wieder auf den Proben, brachte er ebenso wenig zu Papier. Weil er meine Nähe brauchte. Und abends strich er, auf das Ende der Aufführung wartend, durch Breslau. Erst nachts, sobald ich in seinem Bett lag, konnte er schreiben. Unsere Beziehung stand ständig auf der Kippe. Wir stritten in einem fort. Dabei schleuderte ich mit Flüchen nach ihm. Oder mit dem Messer. Um mich später leidenschaftlich zu versöhnen. In dieser Erzählung, in der *Silberfüchsin*, da hat er sein anderes Ich, das dort Lukas heißt, einen

Brief schreiben lassen. An seine geliebte Karin, die meine Züge trägt. Einige Stellen habe ich mir nach Klabunds Tod abgeschrieben, gerahmt und in der Wohnung verteilt. Zur Mahnung. Ich habe sie so oft gelesen, dass sie sich mir einbrannten. In einer heißt es:

Du hast von Gott eine große Macht und Kraft mitbekommen, Menschen zu bezaubern und zu entzücken. Willst Du, dass dieser Zauber dauernde Kraft gewinne und nicht wie ein Feuerwerk verpuffe, dann muss dieser Zauber durch eine ethische Grundeinstellung zum Leben befestigt und vertieft werden. Liebe Deinen Nächsten wie Dich selbst!

Für Klabund war das kein Bibelspruch, sondern Grundbedingung des Menschseins. Für ihn litt ich an einem schrecklichen Erbteil meines Vaters, an einer irrationalen Disziplin- und Zuchtlosigkeit. Lukas gibt Karin einen Rat, der mir in Moskau oft in den Sinn kam:

Versuche, mit aller seelischen Kraft eine Kontinuität des Denkens und Fühlens zu erreichen – denn der Wahnsinn, das ist nichts anderes, als der dauernde Verlust dieser Kontinuität.[5]

Aber in dem Augenblick, in dem ich mich mit aller seelischen Kraft in den Dienst wahrer Nächstenliebe stellte, den Aufbau der neuen, gerechten Gesellschaft, fing der Wahnsinn erst an. Nicht der Mensch bestimmt sein Schicksal, sondern die Verhältnisse.«

In der Zelle ist es wieder still, die Gefangene hat ihren Monolog beendet. Kusnezow kneift die Augen zusammen und nimmt seine nachdenkliche Haltung ein – mit den

---

5 Klabund: Die Silberfüchsin. In: Lesebuch. Vers und Prosa. Band 8. Berlin 2003. Zitiert nach: http://klabund.eu/wp/die-silberfuechsin/

gegeneinandergedrückten Fingern und Daumen beider Hände, die er rhythmisch gegen das Kinn schlagen lässt. Hatte die Henschke das Leben in der Sowjetunion soeben als Wahnsinn bezeichnet? Oder sprach sie wieder nur von sich? Selbst wenn diese Frau mit schonungsloser Offenheit redet, bleibt ihm ihr Innerstes ein Rätsel. Egal. Zeit, das Kapitel abzuschließen.

»Fassen wir zusammen. *Der Kreidekreis* ist ein voller Erfolg. Beim Publikum und finanziell. Sie selbst feiern ebenfalls erste Triumphe. Fein. Aber Sie wissen nicht einmal, ob Sie Klabund und dessen bedingungslose Liebe auf Dauer aushalten. Wieso dann die überstürzte Heirat? Was hat es mit der vorhin erwähnten Todesangst auf sich, die Sie beide vereinte?«

Die Henschke, aus ihren Gedanken gerissen, sammelt sich. »Angst vor dem Tod? Klabund war sie allgegenwärtig. Er lebte mit ihr seit Jahren. Für mich naive 24-Jährige indes kam sie wie eine Raubkatze, die einen aus dem Dickicht anspringt: unvermittelt, alle Sinne lähmend, von schrecklicher Konsequenz.«

Breslau
30. April 1925

Dieses Licht. Warum ist es denn so hell? Carola, matt und erschöpft, behält die Augen geschlossen. Sie ist noch einmal eingedöst, nachdem die Schwester ihr das Fieber gemessen hatte: 36,3 Grad. Gestern waren es über vierzig. Fredi wird sich freuen. Sie ist unausstehlich, wenn die Krankheit mit ihren Fieberschüben nach ihr greift. Hysterisch, eifersüchtig, ungerecht. Heute wird sie lieb zu ihm sein, so wie er es verdient. Seit ihrem Zusammenbruch vor zwei Wochen plagt den selbst Todkranken die Furcht um ihr Leben. Eine aus einer Blinddarmentzündung herrührende Blutvergiftung hatten die Ärzte diagnostiziert. Ihre sofort eingeleitete Notoperation, sagt er, hätte ihn fast umgebracht.

Wo er nur bleibt? Seit sie in das Sanatorium Friederici verlegt wurde, läuft er täglich die drei Kilometer von der Altstadtinsel bis zu ihrem Hospital im Breslauer Osten. Ihn treibt die Angst, dass ihm das Schicksal erneut die Liebste nimmt. So wie Irene, die Frau mit der er, 28-jährig, ein halbes Jahr lang glücklich verheiratet war. Sie starb an einer Frühgeburt. »Ich habe dich mit meinem Kind gemordet«, schrieb er damals sich selbst anklagend. Die gemeinsame Tochter überlebte die Mutter ganze vier Monate.

Klabunds Angst um sie hat ihre eigene gesteigert. Sie will nicht sterben. Nicht jetzt und schon gar nicht an einer blöden Infektion. Gerade eben verwirklichen sich ihre Träume. Die Heilige Johanna, ihre erste große Charakterrolle, ist ein Riesenerfolg. Über fünfzig Vorstellungen gab sie, bis die Krankheit sie von den Brettern zerrte. Publikum und Kritik waren gleichermaßen begeistert. Und die Haitang wartet schon … Doch zunächst gilt es, die heutige Operation zu überstehen.

Draußen auf dem Gang ist leichte Unruhe zu vernehmen. Carola öffnet die Augen und blinzelt in das Sonnenlicht, das durch die Sprossenfenster ihres Krankenzimmers fällt. Sie fasst nach dem Eisengestell über ihrem Bett und zieht sich hoch, bis sie sitzt. Sie lauscht, vermag aber nicht auszumachen, worum es geht. Ob Klabund dort wieder mit der jungen Baronin scherzt? Deren Kind liegt mit einer Nierenentzündung im Zimmer gegenüber. Carola hasst all die Frauen, denen es gelingt, Fredis Interesse auf sich zu ziehen. Und es macht sie rasend, wenn er diese Weiber mit seinem Charme belohnt. Dann bestraft sie ihn. Mit Worten, mit Wutausbrüchen, sogar mit Schlägen gegen seinen schmächtigen Körper. Seine ganze Aufmerksamkeit hat ihr zu gehören. Von ihm verwöhnt, hofiert, bezaubert zu werden ist ihr alleiniges Anrecht.

Das Gemurmel auf dem Flur verstummt. Es klopft. Er ist da.

»Herein!«

Zuerst schiebt sich ein großer Blumenstrauß durch die Tür, eine bunte Mischung roter, malvenfarbener, weißer Blüten. Aber es ist nicht Klabund, der den Frühling in ihr Zimmer bringt. Zögernd betritt ein mittelgroßer Mann den Raum. Er trägt einen braunen Straßenmantel, aus dessen Ausschnitt ein Stehkragen und ein Seidenschal zu fliehen versuchen. Als er mit der Linken den Hut abnimmt, wird unter diesem eine hohe Stirn und streng nach hinten gekämmtes, dunkles Haar sichtbar. »Barnay! Was treibt Sie denn hierher?« Carola freut sich, ist aber zugleich verwundert. »Sie müssen mir doch Ihren Besuch ankündigen, damit ich mich ein wenig für Sie herrichten kann!«

»Guten Morgen, Carola! Sie wissen genau, dass das überflüssig ist. Sie strahlen in jeder Maske – selbst in der der Bettlägerigen. Wie geht es Ihnen?«

Hinter dem Intendanten des Lobe-Theaters betritt Schwester Anna den Raum. Kontrollierend schaut sie sich im Zimmer um und als sie alles zu ihrer Zufriedenheit vorfindet, schenkt sie dem attraktiven Mittvierziger ein bezauberndes Lächeln: »Kann ich irgendetwas für Sie tun?«

»Oh ja. Wenn Sie so freundlich wären, diesen Blumen eine Vase zu besorgen?«

Die Schwester nimmt Barnay das Gebinde aus der Hand, riecht kurz daran und meint mit kokettem Augenaufschlag zu ihm: »So ein schöner Strauß. Krank müsste man sein!« Dann verschwindet sie mit den Blumen aus dem Zimmer.

»Haben Sie gesehen?«, empört sich Carola künstlich. »Umgarnt meinen gut aussehenden Besucher, als wäre ich gar nicht im Raum.«

Trotz einer kaum unterdrückten Nervosität muss Barnay lächeln. »Das wagt sie nur, weil sie weiß, dass ihre Patientin das Privileg eines sie innig liebenden Mannes genießt.« Der Intendant zieht einen an der Wand stehenden Holzstuhl an Carolas Krankenbett und setzt sich darauf. Mit ernstem Gesicht nimmt er ihre Hand. Carola, verwirrt von dieser ungewöhnlichen Geste, lässt sie ihm. »Dieser liebende Mann ist ehrlich gesagt der Grund für meinen heutigen Besuch. Der Professor meint, es sei besser, wenn Ihnen jemand Nahestehender …«

Eine dunkle Ahnung bemächtigt sich Carola. »Ja?«, fragt sie angstvoll. »… dass ich die Nachricht überbringe. Klabund hat heute einen Blutsturz erlitten. Das ungesunde Klima, die Sorge um Sie, der fehlende Schlaf – das war alles zu viel. Ein schwerer Bluthusten traf ihn, Gott sei Dank genau in dem Moment, da er dem Briefträger die Tür öffnete. Er wurde hierher ins Friederici gebracht. Derzeit ist er stabil. Ich habe soeben vereinbart, dass er das freie Zimmer auf der anderen Seite Ihrer Loggia bekommt. So können Sie sich beide später auf dem Balkon treffen. Der Professor meint, womöglich schon morgen. So Sie sich nach Ihrer heutigen Operation zufriedenstellend erholen.« Carola hört kaum zu. Ihr ist schwindelig, das Herz rast. Sie hat den schwerkranken Mann, der sich mit all seiner Liebe ohnehin schon für sie aufopfert, mit ihrem egoistischen Gehabe dem Tode näher getrieben. Jetzt, wo sie sich mehr denn je brauchen, liegen sie Tür an Tür und können einander nicht helfen!

Es klopft, die Krankenschwester tritt ein. Sie bringt Barnays Blumenstrauß in einer Vase. Kein Lächeln im Gesicht, eher Besorgnis. Sie schaut auf die Patientin, dann auf den Intendanten. »Alles in Ordnung?«, fragt sie ihn.

Ein abgekartetes Spiel, wird Carola klar. Schwester Anna steht zur Verfügung, falls sie sich angesichts der beunruhigenden Nachrichten zu sehr aufregt. »Ich glaube schon«, antwortet Barnay, »aber es ist sicher besser, wenn wir Fräulein Neher ausruhen lassen. Sie braucht Kraft, denke ich.«

»Für einen Laien keine schlechte Diagnose«, lächelt ihn die Schwester leise an. »Ich gebe der Patientin ein Beruhigungsmittel. Warten Sie mit mir, bis sie eingeschlafen ist?«

7. Mai 1925

»Ein wenig wie Davos, findest du nicht?« Carola genießt, in eine Decke gehüllt, auf ihrem Liegestuhl in der Loggia des Sanatoriums Friederici bei geschlossenen Lidern die Maisonne auf ihrem Gesicht.

»Wenn du die feuchte Luft abziehst und den Lärm der Tiergartenstraße, dann hast du sicher recht.« Auch Klabund ruht sich neben ihr auf einem Liegestuhl aus, ebenfalls in eine Decke eingeschlagen. »Ich freue mich ungemein auf unseren Urlaub in der Schweiz, auf die Poeschels und ihre Pension Stolzenfels. Endlich fort aus diesem ungesunden Breslau. Du siehst ja, wo wir hier letztlich gelandet sind!«

An der Tür zu Klabunds Krankenzimmer klopft es kurz, dann steckt Schwester Anna den Kopf durch die Loggiaschiebetür: »Der Professor hätte in einer halben Stunde Zeit für Sie, Herr Henschke!« Sie wartet keine Antwort ab, sondern zieht die Tür sofort wieder zu.

»Was willst du denn vom Professor?«

»Ach, ich hatte um ein Gespräch wegen meines Zustandes gebeten.« Klabund wiegelt ab. Dann richtet er sich im Stuhl auf und wendet sich Carola zu. »Kann ich mit dir etwas besprechen?«

»Aber sicher. Ich laufe nicht weg. Worum geht es denn?«

»Als du mit deiner Blutvergiftung in Lebensgefahr schwebtest und die Komplikationen bei der Operation so groß waren, dass ich Panik hatte, du stirbst, da habe ich ein Stoßgebet nach dem anderen gen Himmel geschickt. In meiner Herzensangst gab ich Gott ein Gelöbnis ab. Wenn die geliebte Frau, die er mir zu nehmen droht, wieder gesund würde, dann heirate ich sie. Er gönnte mir die riesige Erleichterung, dich nicht zu sich zu rufen.« Überrascht sieht ihn Carola an. Klabund setzt sich auf die Kante seines Liegestuhls, beugt sich vor, schaut ihr in die Augen. »Uns beiden ist der Gedanke an eine Ehe fremd. Du bist jung und selbstbewusst und brauchst deine Freiheit. Vor Angst, dich an jemanden zu eng zu binden, hast du den Unglücklichen bisher lieber schnell losgelassen. Zudem ziehst du die Sesshaftigkeit der Familie sicher nicht in Betracht. Du bist Schauspielerin, an den Ort deines Engagements gebunden. Bietet sich eine Chance in einer anderen Stadt, so soll dich nichts hindern, sie zu nutzen. Ich hingegen habe mich damit abzufinden, dass diese andere Stadt vielleicht abstoßend ist, eine mit scheußlichem Wetter und wenig liebenswerten Menschen. Und ich muss lernen, mit der ständigen Angespanntheit, den Launen der Schauspielerin umzugehen, mit ihrem so gänzlich anderen Tagesablauf. Das sind alles schlechte Voraussetzungen für einen Bund, der ein Leben lang halten soll. Aber unser beider Krankheit hat mir gezeigt, wie schnell Glück sein Ende finden kann. Und insofern würde ich eine Ehe zwischen uns nicht als

Fessel betrachten. Sie wäre eine öffentliche heilige Liebeserklärung.« Klabund rutscht von der Holzkante des Liegestuhls, kniet vor Carola nieder, nimmt ihre linke Hand und hält sie an seine Brust. »Geliebtes Fräulein Karoline Neher. Sind Sie gewillt, dem brennenden Herzen des Wortklaubers Alfred Henschke, genannt Klabund, neue Nahrung für sein Feuer zu geben und mit ihm vor jedermann in den Stand der Ehe zu treten?«

Carola sieht dem hoffnungsvoll und bang auf ihre Reaktion wartenden Mann in die Augen, erkennt dort eine Weichheit im Blick, eine Liebe und Zuneigung, die sie so noch bei keinem sah. Der Vater kommt ihr in den Sinn. Nie wieder wollte sie von den Launen eines Mannes abhängig sein, nie sich einem unterwerfen. Aber diese Gefahr besteht bei Fredi ja nicht. Hier stellen sich andere Fragen: Wie lange noch enden ihre Streitereien in Versöhnung? Bis zu welchem Grad wird sie den körperlichen Verfall ihres Geliebten ertragen? Ist sie mit 24 Jahren nicht zu jung für solch ein Wagnis? Ach, was soll sie das lange hin und her wenden: »Ja Fredi. Ich bin gewillt. Von ganzem Herzen.«

Sie will ihren Mund zum innigen Kuss an seinen führen, da redet ihr der Wortklauber völlig unerwartet in die Szene: »Oh, das ist wunderbar. Wie, wenn wir das sofort besiegeln?«

»Was, heute? Hier? Heiraten?«

»Aber ja. Der Professor hat doch ausrichten lassen, er hätte jetzt Zeit. Er wartet mit einem Standesbeamten im Besucherraum. Er würde den einen Trauzeugen abgeben, den Part des anderen übernähme der gute Barnay.«

»Aber«, Carola ist verwirrt von der Geschwindigkeit, mit der sich alles abspielt. »Ich habe gar nichts Feierliches anzuziehen!«

»Doch, hast du. Das exquisite champagnerfarbene Crêpe-de-Chine-Kleid mit dem schmalen Gürtel. Barnay hat es freundlicherweise aus der Wohnung geholt.«

»Du hast Barnay in meiner Wäsche wühlen lassen?!«

Jetzt ist Klabund aus dem Konzept gebracht. »Äh. Nein, natürlich nicht. Er war in Begleitung von Schwester Anna dort. Genau genommen hat sie das Kleid ausgesucht, Barnay war nur …«

Carola interessiert die Erklärung gar nicht. Sie ist zutiefst gerührt von den Anstrengungen, die Klabund unternommen hat, um sein Gelöbnis umgehend zu erfüllen. Dieses Abenteuer, so sagt sie sich, hat einen glücklichen Ausgang verdient.

»Ach Fredi. Was das wohl wird? Aber eines ist sicher: Frau Karoline Henschke wird kein Stern auf Deutschlands Bühnen. Das bleibt Carola Neher vorbehalten!«

Gefängnis Butyrka
30. Dezember 1939

»Rechtsgültige Heirat in Breslau am 7. Mai 1925.« Kusnezow wirft den Bleistift auf die aufgeschlagene Akte. Wieder eine Frage der Deutschen beantwortet. Dass die sich für die Ehen der Henschke interessieren … Er schaut auf die vor ihm sitzende Gefangene. Es scheint, als ob sie in sich hineinlächelt. Eine Liebesheirat also. Von Klabunds Seite garantiert. Aber bei ihr? Hat sie nicht eher gehofft, dass ihr der Name des meistgespielten Dramatikers jener Zeit neue Türen für die Karriere öffnet? Dass sie den phänomenalen Erfolg des *Kreidekreis* künstlerisch und finanziell für sich ausnutzen kann? Er überlegt, ob er sie hierzu befragt. Da kommt ihm eine andere Idee. Er ruft die Wärterin vom

Flur, lässt die Henschke wieder in ihre Zelle bringen. Nachdem die beiden den Raum verlassen haben, schlägt er den Aktendeckel zu und nimmt den Mantel vom Schreibtisch. Zeit, zu erfahren, wie ihr Mann das alles gesehen hat.

Gefängnis Butyrka
31. Dezember 1939

»Morgen, Carola. Ick beglückwünsche dir!« Emma stellt ihre Zinkschüssel mit je einer Scheibe Schwarz- und Weißbrot sowie zwei Eiern darin auf den großen Tisch und setzt sich neben die Zellengenossin. Den Topf mit Tee behält sie in der Hand.

»Guten Morgen, Emma. Danke. Und wozu gratulierst du mir?«

»Unter der nicht großen Zahl von Kandidaten hat das Festkomitee von Zelle 31 niemand anders als dich ausgewählt, heute die vierziger Jahre ganz offiziell zu begrüßen. Exakt um Mitternacht russischer Zeit – wir pennen ja ein, bis Berlin endlich so weit ist. Wenn die Glocke vom Spasski-Turm zwölfmal schlägt, stoßen wir alle mit Tee an, und du singst was Herzergreifendes.«

»Das hat das Festkomitee beschlossen, ja? Das aus wem genau besteht?«

»Na aus mir! Ick hab mir in ganz offener Abstimmung gewählt. War wie bei Stalin: Ein anderer findet sich ja nicht!«

»An was für Lieder dachtest du denn? *Warum liebt der Wladimir grade mir und nicht dir* von der Waldoff? *Ganz ohne Weiber geht die Chose nicht* aus der *Csardasfürstin*?«

»Um Gottes willen«, wehrt Emma erschrocken ab. »Wir brauchen was, das allen hier aus'm Herzen spricht. Ick dachte …«

Das Drehen eines Vierkants im Schloss der Zellentür unterbricht sie. Eine mürrisch dreinschauende Wärterin tritt ein. »Karoline Iosefowna Chenschke!«

»Da«, antwortet Carola, steht auf und begibt sich zur Tür. »Überleg dir was!«, ruft Emma ihr nach.

Kusnezow sitzt diesmal zurückgelehnt in seinem hölzernen Bürostuhl, die Arme vor der Brust verschränkt. Um seine Lippen spielt ein zufriedenes Lächeln. »Die Gefangene Henschke!«, sagt er laut, und Carola fragt sich, ob das eine Begrüßung sein soll. Vorsichtshalber antwortet sie nicht, sondern wartet ab. »Wussten Sie, dass es im Verband der Sowjetschriftsteller eine Sektion der deutschsprachigen Autoren gibt?« Carola schüttelt verneinend den Kopf. »Macht nichts. Der Schriftstellerverband hat aus diesem Grund in seiner Bibliothek eine deutsche Abteilung. Und ein wolgadeutscher Genosse hat sich dort für mich gestern mal umgesehen und siehe da: Er fand ein Klabund-Lesebuch. Gedruckt in Berlin, 1926. Mit der Erzählung von der Silberfüchsin.« Der Leutnant scheint auf eine Reaktion von Carola gehofft zu haben, erhält sie aber nicht. Äußerlich ungerührt steht sie vor ihm. Enttäuscht verschärft er den Ton. »Sie haben mir die ganze Zeit etwas vorgemacht. All ihre Geschichten vom Vater, der seinen ersten Schlaganfall erlebt, als er seine Tochter strafen will, von dem Revolver unter der Schürze, seiner Beichte auf dem Sterbebett, all das ist ausgedacht, ersonnen von Ihrem Mann, dem Dichter. Er schreibt eine Novelle, und sie plaudern im Verhör mit mir schlicht nach, was er sich so ausgemalt hat. Entnehmen, was Sie brauchen, um dem NKWD zu Herzen gehende Märchen zu erzählen. Denken, das merken die nie. Aber ich las den Bericht Ihres Mannes gestern im Original. Und siehe da: Selbst die Geschichte ihrer Eheschließung entstammt seiner Fantasie. Wie bei Ihnen geben sich Karin und Lukas in einem Sanatorium das Ja-Wort – doch bei einer Nottrauung. Nichts mit Romantik. Die heiraten, weil Karin keine zwei Tage mehr zu leben hat. Karoline Henschke indes ist nicht tot, es ist nicht ihre Geschichte. Wann und wo heirateten Sie tatsächlich?«

Carola versteht die Wut in seinen Worten nicht. »Am 7. Mai 1925 im Sanatorium Friederici in Breslau.« Sie versucht, Kusnezow die Sache zu erklären. »Wie ich gestern schon sagte: Klabund hat *Die Silberfüchsin* geschrieben, um sich über unsere Beziehung klar zu werden. Manche der beschriebenen Szenen hat er sich ausgedacht, ja – um Charakterzüge zu unterstreichen. Aber nicht die Heirat. Dass Karin ihrem geliebten Lukas zum Schluss im Todeskampf die Kehle durchbeißt, ist Klabunds literarisch verbrämter Wunsch, unsere Hingabe solle für beide bis in den Tod reichen. Gemeinsam sterben, so meinte er, wäre für die Liebe die einzige Möglichkeit, zu überleben. Er wollte im Falle meines vorzeitigen Todes nicht in Trauer verzweifeln, und auf der anderen Seite sollte ich nach seinem Dahinscheiden nicht falschen Trost in den Armen von Männern finden, die mich niemals so lieben könnten wie er.« Carola müht sich, ihre Traurigkeit nicht sichtbar werden zu lassen. Wie berechtigt die Sorgen doch waren, die Fredi sich um sie gemacht hatte. Die Männer, die sie nach ihm in ihr Leben ließ, waren zu seiner selbstlosen Hingabe nicht fähig, hatten sie zudem letztlich vom höchsten Gipfel des Erfolgs direkt in den Abgrund gestoßen. Rückblickend wären Klabund und sie womöglich besser in jenem Breslauer Sanatorium gestorben. Aber dann hätten sie die zwei wundervollen Jahre verpasst, die da noch vor ihnen lagen.

Kusnezow sieht Tränen in ihren Augen schimmern. Spielt sie das? Nein, so kann keiner spielen. Nicht einmal eine Carola Neher. Das ist echt. Oder? Er beschließt, wieder zur Tagesordnung überzugehen. Nicht zuletzt, weil er heute schnell aus der Butyrka weg will. Die Aussicht auf die Feier des beginnenden neuen Jahres mit der Gefreiten Feodorowna lenkt ihn schon genug ab. »Gut. Ich nehme das so hin. Sie waren jetzt verheiratet. Was machte das mit ihnen? Fühlten Sie sich einander enger verbunden? Oder nervten Sie sich nun erst recht?«

Carola versucht, sich auf die Frage zu konzentrieren. »Für mich änderte sich zunächst wenig. Ich wurde schnell gesund, stand bald wieder auf der Bühne. Klabund hingegen brauchte dringend Erholung. Weil Barnay mir keinen Urlaub mitten in der Spielzeit gab, trat Fredi die Hochzeitsreise in die Schweiz deshalb allein an. Ich folgte ihm erst Wochen später. Diese Flitterwochen waren, ehrlich gesagt, nicht die glücklichste Zeit. Wir stritten und versöhnten uns heftiger denn je. Sogar in aller Öffentlichkeit.«

Davos
Sommer 1925

Die Gesellschaft, die sich an diesem späten Vormittag am Dorfseeli trifft, ist bunt und laut. Neben Carola und Klabund haben sich fast zwei Dutzend vergnügungssüchtige Bohemiens zusammengefunden, um in Richtung Weissfluhjoch zu wandern. Gemeinsam warten sie auf den Mann, der seit Tagen im Mittelpunkt ihres Zeitvertreibs steht.

Dann macht lautes Hupen auf der Promenade, der Hauptverkehrsstraße, darauf aufmerksam, dass er endlich kommt. Mit hoher Geschwindigkeit nähert sich ein offener weißer Sportwagen, bremst heftig und parkt direkt gegenüber dem Sanatorium Seehof ein. Heraus springt mit Schwung ein Mann Mitte vierzig. Gekleidet ist er in einen Golfanzug mit Kniehosen über den gemusterten Kniestrümpfen, Krawatte unter einem gelben Pullunder und darüber einem grauen Sakko mit Einstecktuch. Eine stattliche sportliche Erscheinung. Die Gruppe begrüßt ihn lärmend.

»Na Kinder, da staunt ihr, was?« Der Bühnen- und Filmstar Alexander Moissi genießt seinen Auftritt. Er entdeckt Carola, sieht ihr beim Weitersprechen frech in die Augen. »Ein französischer Amilcar CGS, das neueste Modell. Vier Zylinder, 33 PS. Schafft bis zu 120 Kilometer in der Stunde.« Als sie seinem Blick lächelnd standhält, wendet er sich den anderen zu. »Aber lasst uns statt meines Automobils lieber die Berge bestaunen. Auf zum Weissfluhjoch!«

In kleinen Grüppchen steigt die Gesellschaft den Höhenweg hinan. Carola plaudert mit Moissi über die Rolle des *Jedermann*, den er bei den ersten Salzburger Festspielen 1920 unter der Regie Max Reinhardts auf dem Domplatz gegeben hatte. Hinter den beiden her stapft Klabund in einem sportlichen braunen Knickerbockeranzug, ausgestattet mit Ballonmütze und Wanderstock. Er ist übel gelaunt: Seine Krankheit gestattet es ihm nicht, die Gruppe bis an ihr Ziel auf über zweitausend Meter Höhe zu begleiten. Außerdem nervt ihn Moissi, der erfolgreichste und bestbezahlte Schauspieler Deutschlands, zudem ein Abenteurer und Frauenschwarm. Eine gefährliche Kombination, insbesondere für Carola. Bitter beobachtet er, wie sie an den Lippen des berühmten Kollegen hängt, mit ihm kokettiert, unnötig laut über seine billigen Scherze lacht. Dass ihr Ehemann hinter ihnen hertrottet, scheint ihr egal zu sein.

Sie sind keine vierhundert Meter bergan gelaufen, da wird Klabund von einem heftigen Hustenanfall gepackt. Auf seinen Stock gestützt, den Körper nach vorn gekrümmt, zieht er scharf Luft ein, die er im Stakkato wieder hinausbläfft. Carola und Alexander Moissi drehen sich um. Ein Anflug von Besorgnis huscht über ihr Gesicht, verschwindet aber sofort, als sie sieht, dass es einer seiner üblichen Anfälle ist. Zwei Balletttänzerinnen aus München, die hinter Klabund liefen, bleiben ebenfalls stehen. Entsetzt beobachten sie, wie Carola zwar zu ihrem Mann eilt, aber nicht um ihm beizustehen, sondern um ihn – zu parodieren! Sie stützt sich auf einen imaginären Wanderstab und bellt, den Gatten übertreffend, krächzend in Richtung Waldrand. Nach der irritierenden Vorstellung richtet sie sich auf und meint zu dem verwirrten Moissi: »So hustet, wer Schwindsucht hat.« Dann nimmt sie seinen Arm: »Lassen Sie uns weitergehen. Wir sind gleich am Haus Stolzenfels. Dort kann er sich erholen, bis wir zurück sind.«

Kopfschüttelnd wendet sich eine der jungen Tänzerinnen an den sich ausräuspernden Klabund: »Benötigen Sie Hilfe?«

Der lächelt zufrieden. »Nein Danke. Es mag Ihnen seltsam scheinen, wie meine Frau mit mir umgeht. Aber ich bat sie, mich in der Öffentlichkeit zu behandeln, als wäre ich gesund. Hat sie diesem Wunsch nicht prächtig entsprochen?«

Carola, die diese Bemerkung mitbekommen hat, wendet sich ab, um bei Moissi eingehakt ihre Bergwanderung fortzusetzen. Im Weitergehen hört sie die andere Tänzerin noch sagen: »Wissen Sie was, Herr Klabund, wir begleiten Sie zur Pension. Vielleicht tragen sie uns im Gegenzug eines Ihrer anmutigen Liebesgedichte vor?« Verstohlen wischt sie sich eine Träne aus dem linken Augenwinkel.

Als Carola kurz vor Sonnenuntergang zurückkehrt, sitzt ihr Mann zugedeckt im Liegestuhl auf dem Balkon. Er spricht sie an, ohne sich umzusehen. »Schau nur, wie der Schatten der Berge das ganze Dorf ins Dunkel hüllt, derweil das ermattende Sonnenlicht die Ebenholzspitze des Schwarzhorns zu einem letzten Aufglühen bringt.«

Carola setzt sich auf den Liegestuhl neben ihm. Eine kurze Zeit betrachten sie beide schweigend die Kette der Dreitausender. Dann dreht Klabund seinen Kopf zu ihr. »Du hattest einen schönen Tag?«

»Oh ja. Wir sind hoch Richtung Weissfluhjoch, immer den Höhenweg entlang. Aber kurz vor dem Gipfel sind wir dann abgebogen zum Parsennsee, um von dort die prächtige Aussicht auf das Dischmatal zu genießen.«

»Moissi auch?«

»Aber gewiss. Er war ja mit uns. Was soll die alberne Frage?«

»Ach, ich wundere mich nur, dass es ihm gelang, die Augen von dir weg auf andere Schönheiten der Natur zu richten.«

»Hör auf, Fredi.«

»Was denn? Schmeichelt es dir etwa nicht, wenn der größte deutsche Bühnendarsteller um dich herumscharwenzelt, obwohl dein Mann keine zwei Schritte hinter Euch läuft? Also mir schon. Zeigt es doch, wie begehrt die Frau ist, die ich liebe – selbst bei zwanzig Jahre älteren Heißluftmachern, die noch immer nicht genug Kerben in ihrem Wanderstock haben.«

Carola erhebt sich aus ihrem Liegestuhl. Sie ist wütend. Nicht etwa, weil Klabund unrecht hätte. Nein, sie ärgert, dass er aus der Heirat einen Besitzanspruch auf sie herzuleiten scheint. »Und deine Tanzmaus Maria? Hat sie die gekränkte Männerseele mit ihrer Freundin trösten können? Man sah die beiden ja nicht mehr!«

»Es ist wohl das Mindeste, dass ich sie zu einer Erfrischung einlade, wenn sie so nett sind, deine Aufgabe zu übernehmen.«

»Meine Aufgabe?«

»Ja. Du hast versprochen, mir beizustehen. An guten wie an schlechten Tagen. Wenigstens auf unserer Hochzeitsreise ist das doch wohl nicht zu viel verlangt!«

»Sagt der Mann, der sich in seinen Flitterwochen gleich zwei Ballettmädchen zum zweiten Frühstück lädt!«

»Sagt die Frau, die sich einem doppelt so alten Casanova an den Hals wirft! Gib es zu, er schlug dir in seinem säuselnden, albanischen Akzent vor, den Tag bei einem Glas Wein am Kaminfeuer seiner Almhütte ausklingen zu lassen!« Klabund schlägt die Decke nach hinten und steht auf. Er hat sich in Rage geredet, erwartet eine Antwort.

Carola bleibt sie ihm schuldig. Stattdessen eilt sie in den Flur, greift sich ihren Mantel und das kleine Hütchen. Dann dreht sie sich zu ihrem mit verschränkten Armen mitten im Zimmer stehenden Mann um. »Weißt du was, Moissi hat uns beide eingeladen. Er wartet im Auto, ich sollte dich holen. Aber ich werde ihm sagen, dass du vor Dankbarkeit gegenüber den Balletteusen erschöpft bist. Mag sein, dass Karoline Henschke an deine Seite gehört, Fredi, doch Davos ist eine große, wichtige Bühne. Und auf der agiert Carola Neher.« Wütend stapft sie aus der Wohnung und schlägt mit lautem Knall die Tür zu. Kurz darauf hört man, wie draußen eine Autotür klappt und ein Sportwagen aufjault. »33 PS«, schießt es Klabund durch den Kopf. Dann nimmt er sich Füllhalter und Papier und setzt sich an den kleinen Tisch vor dem Fenster.

Die Nacht ist fast vorüber, als Carola leise die Tür in der obersten Etage der Pension Stolzenfels hinter sich schließt. Sie schlüpft aus den Schuhen, hängt den Sommermantel vorsichtig auf einen Kleiderhaken, legt ihr Hütchen ab, schnappt sich das silberne Nachthemd aus dem Kleiderschrank und geht ins Bad. Sie zieht den altblauen, goldbestickten Jerseykasack aus, lässt den Plisseerock und das Unterhemd auf den Boden gleiten und schlüpft in das mit erdfarbenen Ornament-Stickereien verzierte Seidennachthemd. Nachdem sie sich eingecremt hat, löscht sie das Licht und schleicht ins Zimmer. Auf dem Schreibtisch liegen einige Blätter. Er hat gearbeitet. Sie macht die Leselampe an, überfliegt die ersten Zeilen:

Kommen Sie – stolpern Sie nicht im Dunkeln über die Treppe – ich mache gleich Licht – sehen Sie – hier wohne ich – ganz reizend, nicht wahr? – Die Möbel – und die Tapete – so einfach in Farben und Linien – und doch diese leise Exzentrizität – Lukas hatte einen fabelhaften Geschmack – er hat die ganze Einrichtung unserer Wohnung selbst entworfen – stundenlang – tagelang[6]

Der Sinn entschließt sich ihr nicht, aber sie mag um diese Zeit nicht darüber nachdenken. Moissi hat ihr zu viel von dem teuren Burgunder eingeschenkt. Wie nannte Fredi ihn? Heißluftmacher. Da hat er gar nicht mal so unrecht.

Carola geht ins Schlafzimmer, wo Klabund im Bett liegt, nimmt seine Decke hoch und huscht darunter. Eng schmiegt sie sich an ihn. Er legt träumend seinen Arm unter ihren Kopf. Ach Fredi. Ich liebe dich. Aber solange ich bei dir bin, wirst du immer wieder unglücklich sein.

---

6 *Klabund: Die Silberfüchsin. In: Lesebuch. Vers und Prosa. Band 8. Berlin 2003. Zitiert nach: http://klabund.eu/wp/die-silberfuechsin/.*

Ich bin eine undelikate Frau. Eine, die sich nicht einsperren lässt. Ich habe dich geheiratet, weil nie einer von solcher Zuneigung für mich erfüllt war. Aber ich kann nicht nur an der Seite eines Kranken sein. Ich will leben, Fredi. Sie legt ihren linken Oberschenkel auf das Becken des Schlafenden, schiebt sich ein Stück höher, nimmt seinen Kopf in ihre Hände: Komm an meine Brust. Kurze Zeit später hat sie seine volle Aufmerksamkeit.

Gefängnis Butyrka
31. Dezember 1939

Leutnant Kusnezow fällt es schwer, sich auf die Aussage der Gefangenen zu konzentrieren. Seine Gedanken wandern immer wieder zur Gefreiten Feodorowna, die seine Einladung zu einer Silvesterfeier mit einem Lächeln quittierte. Und zusagte, selbst nachdem er ihr gestand, dass sie der einzige Gast sein würde. Es schadet, abgelenkt zu sein. Er bricht das Verhör ab: »Gut, das reicht für heute. Genug der Eheprobleme.«

Doch die Gefangene wagt einen Einwand: »Wenn Sie gestatten: Das Breslauer Kapitel ist fast zu Ende erzählt. Es bleibt nur die Geschichte mit meinem falschen Pass.«

Die will sie von sich aus erzählen? Die Frau überrascht ihn immer wieder. Er lässt sich nach hinten gegen seinen Bürostuhl fallen, legt die Ellenbogen auf dessen Lehnen ab und verschränkt die Hände ineinander. Gut, klären wir das noch. Mit einem Kopfnicken bedeutet er der Henschke, fortzufahren. Resignierend verscheucht er den Gedanken, der ihn zuvor ablenkte: Wie wohl die Feodorowna in silberner Seidenunterwäsche mit erdfarbener Ornament-Stickerei aussieht?

Breslau
1. November 1925

Für Klabund ist Allerheiligen einer der typischen Breslautage: Die Luft ist so feucht, dass feine Tropfen aus ihr fallen, es weht ein kalter Wind, der ihm die Nässe ins Gesicht bläst. Seine Lunge sehnt sich nach der Schweiz, sein Herz nach Carola. Es ist spätabends, und der Dramatiker eilt auf das Lobe-Theater zu, wo er diesmal nicht nur seine Frau, sondern zudem Intendant Barnay und dessen Begleitung abholen wird. Man hat sich vorgenommen, nach der Sonntagsvorstellung ein wenig zu feiern: Den Erfolg des *Kreidekreis*, der seit September schon fast zwei Dutzend Mal aufgeführt wurde, aber vor allem den morgigen 25. Geburtstag der umjubelten Hauptdarstellerin Carola Neher. Auf den wird Mitternacht angestoßen. Klabund denkt vergnügt an Carolas melodramatisches Gejammer der letzten Wochen. Ein Vierteljahrhundert – was es denn daran zu feiern gäbe. Die besten Jahre einer Frau lägen damit hinter ihr. Demnächst werde sie dreißig – eine Zahl, bei der jeder Intendant überlege, ob eine Jüngere auf das männliche Publikum nicht anziehender wirkt. Na, die wird sich wundern.

Mittlerweile hat er die Lessingstraße erreicht. Er strebt aber nicht zum Haupteingang des Theaters, sondern läuft um das riesige Gebäude herum. Während der fünfzig Jahre alte Bau vorn eine eher strenge Ansicht bietet, öffnet sich das äußere Rund des über tausend Plätze umfassenden Zuschauerraums nach hinten mit einer repräsentativen Freitreppe zur parallel verlaufenden Garvestraße. Sie führt in einen kleinen Park, der rechts und links jeweils von einer Kolonnade begrenzt wird, sodass der Eindruck des Gartens einer antiken römischen Villa entsteht. Leicht verspätet stürmt Klabund die Stufen zum Theater empor. Außer Atem begrüßt er die Frau, die auf dem Podest vor dem Eingang wartet: »Schwester Anna! Wie nett, Sie wiederzusehen. Und das aus ungleich freudigerem Anlass als letztes Mal! Pardon, dass ich Sie hab warten lassen.«

»Das macht doch nichts. Zumal ich Ihnen Dank schulde für die Einladung.«

»Oh keine Ursache. Was gibt es Besseres, als den Geburtstag meiner Frau mit den beiden Menschen zu feiern, die ihre jüngsten Triumphe erst ermöglichten – der Pflegerin, die ihr zurück ins Leben half, und dem Intendanten, der wahrhaftes Talent mit den richtigen Rollen fördert?«

Zu einer Antwort kommt Schwester Anna nicht mehr, denn in diesem Augenblick öffnet sich eine der Flügeltüren und ein Feuerwehrmann tritt heraus. »Guten Abend, die Herrschaften. Stört es Sie, wenn ich hier eine rauche?«

»Aber nein. Das heißt, die Vorstellung ist aus?«

»Ja, ich kann mir endlich eine anstecken.«

Jetzt öffnet sich die Tür immer wieder. Bühnenarbeiter und Theaterleute streben durch den Garten zum Ausgang. Nach nicht allzu langer Zeit erscheint Paul Barnay in Hut und Mantel. »Schwester Anna!«, ruft er fröhlich aus, »ich grüße Sie! Eine feine Idee vom Herrn Klabund, uns heute Abend zur Feier seiner Frau zusammenzuspannen! Da vergesse ich doch gern, dass er glatt mein Angebot einer Anstellung als Dramatiker am Lobe-Theater ausschlug. Dabei war das wahrlich nicht schlecht dotiert!«

»Sie wissen, Barnay, das Einzige, was mich an Breslau zu binden vermag, ist Ihre Hauptdarstellerin. Was denken Sie, werden wir lange auf sie warten müssen?«

»Na ja, es gab sieben Schlussvorhänge, und sie möchte sich nachher sicher nicht als Haitang zu uns setzen. Ich fürchte, es braucht ein klein wenig Geduld, bis sie sich wieder in Ihre Gattin zurückverwandelt hat. Ich gehe mal nach ihr schauen.«

Schwester Anna schaut dem Intendanten lächelnd hinterher. Dann wendet sie sich, ernst werdend, an Klabund. »Solange wir zwei unter uns bleiben: Darf ich mich erkundigen, wie es Ihnen geht? Gesundheitlich?«

»Nun, der Arzt in Davos zeigt sich mit der Tuberkulose recht zufrieden. Sie habe sich zwar in den Oberlappen der Lunge festgesetzt, meint er, was zu den heftigen Blutungen und letztlich zum Aufenthalt bei Ihnen im Sanatorium geführt hat. Aber dieses Festsetzen verhindere andererseits die weitere Ausbreitung. Wenn ich mich diszipliniert seinen Anweisungen beugen würde, also Anstrengungen vermeide und meinen Körper rücksichtsvoll behandle, könnte die Schwindsucht zwar nicht geheilt, aber doch erheblich gebremst werden. Bloß, wie dem folgen? Breslau zeigt mir seine nasskalte Schulter, meine junge Gattin gibt keinen Anlass zur Schonung, und das durch die Finger rinnende Geld verlangt unablässig nächtlichen Fleiß beim Schreiben. In der Folge macht sich bei uns beiden eine gewisse Gereiztheit breit, die sich zuweilen in anstrengenden Szenen entlädt.« Klabund zwinkert Schwester Anna verschwörerisch zu: »Andererseits ist für wahrhaft Liebende kaum etwas aufregender, als die bereinigende Versöhnung nach einem Streit.«

»Streit? Davon will ich heute nichts hören!« Carola tritt in Begleitung Barnays aus dem Theater. »Schwester Anna! Auf unser Wiedersehen freue ich mich schon den ganzen Abend! Wie geht es Ihnen und was macht der Professor? Sie müssen mir unterwegs alles erzählen. Das heißt: Wohin gehen wir eigentlich?« Bevor Klabund etwas sagen kann, tut sich Barnay hervor. »Ihr Mann hat einen Tisch im Schweidnitzer Keller reserviert. Und ich habe mir erlaubt, eine Droschke zum Ring zu bestellen.«

Der Schweidnitzer Keller im historischen Rathaus von Breslau ist eine der ältesten Bierstuben Schlesiens. Seine Säle bieten bis zu 700 Gästen Platz. Jetzt, kurz vor Mitternacht, konzentriert sich der Ausschank auf die im Südtrakt gelegenen Räume. Der für die kleine Geburtstagsgesellschaft reservierte Tisch befindet sich in einer Ecke des sogenannten Bauern-Kellers. Der bietet mit seinen gotischen Bögen, den mittelalterliches Leben darstellenden Wandmalereien und der hüfthohen Holzvertäfelung eine eher rustikale Atmosphäre. Aus dem benachbarten Ratsherrenstübel tönt ein lautstarker Sängerwettstreit zwischen den Burschen der Vereinigungen Saxonia und Askona.

Klabund ist die ausgelassene Stimmung nebenan peinlich. »Verzeiht, dass wir uns hier in eher schlichtem Ambiente treffen müssen, aber die Arbeitszeit von Schauspielern und Intendanten ist recht küchenunfreundlich. Die exquisiten Lokale schließen ja eher um diese Zeit.«

»Ach Fredi, ich amüsiere mich in einer Bauernstube besser als in jeder Restauration mit Etepetetegästen. Das weißt du doch.«

»Mir geht es genauso. Hier ist egal, wie wir uns geben und was wir reden. So liebe ich das.« Intendant Barnay zieht seine Taschenuhr aus der Weste und schaut darauf. Dann winkt er einen Kellner zu sich und flüstert ihm etwas ins Ohr, woraufhin dieser nickt und davoneilt. Barnay erhebt sich von seinem Stuhl. »Ja, Kinder, es steht mir vielleicht nicht zu, aber als Freund und Förderer dieser großartigen jungen Schauspielerin nehme ich mir das Recht, ihr Schlag

Mitternacht zur Vollendung des ersten Viertels ihres Lebens zu gratulieren.«

Inzwischen schiebt der Kellner einen Rollwagen an den Tisch, auf dem eine Flasche Sekt im silbernen Kübel sowie vier Gläser stehen. Geschickt lässt er den Korken knallen, ohne allzu viel von dem Schaumwein zu verspritzen, und füllt die Kelche. Der Intendant wartet, bis die Sektgläser ausgeteilt sind. Zum Schluss holt der Kellner eine Mappe aus dem unteren Fach des Rollwagens und legt sie vor Barnay auf den Tisch.

Der erhebt sein Glas. »Verehrte Carola Neher, geschätzte Schwester Anna, lieber Klabund, lasst uns auf eine grandiose Bühnenkünstlerin anstoßen, die sich ins Herz des Breslauer Publikums und reichsweit in die Aufmerksamkeit der großen Feuilletons gespielt hat. Auf eine neue, erfolgreiche Saison – auf der Bühne und privat!«

Sie erheben sich von ihren Plätzen und stoßen an. »Wie charmant, Sie Schmeichler«, dankt Carola kokettierend.

»Ha, das ist die rechte Theaterfrau!«, freut sich Barnay. »Gibt zur richtigen Zeit das passende Stichwort. Ich lobhudele nicht, sondern sage die reine Wahrheit! Zum Beweis und als Geschenk für Sie habe ich Kritikermeinungen und Fotos von Theaterproben zu einer kleinen Mappe zusammengestellt. Da Sie mich des billigen Kompliments bezichtigen, werde ich gleich mal die Gelegenheit zum Gegenbeweis nutzen.« Der Intendant nimmt die Mappe vom Tisch und öffnet sie. »Sie erinnern sich an unsere erste gemeinsame Arbeit hier? Die amerikanische Millionärin in Klabunds Stück *Hannibals Brautfahrt* vor genau einem Jahr? Wenn ich aus der Schlesischen Theater- und Musikwoche von damals zitieren darf:

Die raffinierte Kunst ihres pointierten Dialogs wäre wert an einem Oscar Wilde der Feuertaufe unterzogen zu werden.[7]

Oder hier, eine Kritik von Shaws *Caesar und Cleopatra*. Demnach sind Sie

Ein Katzenkind, schmeichlerisch und raubtierhaft, mit heiterer Gier nach Glück und dunklem Rachetrieb, ein Schleichendes und Lächelndes, Sanftes und Begehrendes – mit sprunghafter Anmut.[8]

Großartig oder? Und dann erst die *Heilige Johanna*! Schauen Sie mal, ich habe da ein feines Probenfoto von Ihnen gefunden und hier eingebunden.« Barnay hebt die Mappe an und zeigt das Bild, auf dem Carola, im Harnisch der Jeanne d'Arc mit einem Degen an der Seite, auf den Treppen der Bühnendekoration sitzt und zu ihrem Kollegen Richard Felden, dem Dauphin, aufsieht. »Auch hier kann der Kritiker seine Begeisterung kaum zügeln:

In der Rolle der Johanna verkörpert Carola Neher visionäre Tatkraft und selige Frechheit, ungebrochenen Freiheitssinn und gläubige Lust. Johannas naturbewusstes Selbstbewusstsein ist auch ihr eigenes.[9]

Was denn?« Irritiert schaut der Intendant auf die laut losprustende Carola. Lächelnd fasst ihn Klabund am Arm: »Entschuldigung, Barnay, die beiden letzten Texte sind von mir.«

---

7 Schlesische Musik- und Theaterwoche Nr. 11/12, Breslau, November 1924. Zitiert in Carola Neher. gefeiert auf der Bühne gestorben im Gulag. Lukas Verlag. Berlin 2016. Seite 35.

8 Zitiert nach: Katharina Karolina Neher – »Wir Schauspielerinnen stolpern nur im Leben (?)« auf http://klabund.eu/wp/am-anfang/.

9 Zitiert nach: Matthias Wegner: Klabund und Carola Neher. Rowohlt Berlin Verlag 1996, S. 108.

»Aber sie sind mit Gerhart Berg gezeichnet.«

»Ein Pseudonym.«

»Na ja.« Barnay sucht nach einem Ausweg aus der Situation. »Das heißt ja nicht, dass falsch ist, was da steht. Wie dem auch sei, ich hoffe, Sie finden trotzdem an meiner Mappe Freude!« Leicht verärgert setzt er sich zurück auf seinen Stuhl und nimmt einen Schluck Sekt. Carola beugt sich zu ihm herüber und legt ihre Hand auf seinen Arm. »Lieber Barnay, Sie haben nicht nur das Talent gefördert, von dem all die Rezensenten hier so eingenommen sind, Sie haben mir zudem eine große Freude bereitet. Wie erfüllend, die Breslauer Erfolge Revue passieren zu lassen. Da muss sich Fredi schon gewaltig strecken, um das zu übertrumpfen!«

»Das, meine liebe Carla, ist mir, so hoffe ich, gelungen.« Klabund greift in die Innentasche seines Jacketts und zieht einen Briefumschlag heraus. »Denn ich gebe dir hiermit nicht weniger als ein Stück deiner Jugend zurück.«

»Was?« Ungeduldig reißt Carola das Kuvert auf. Voller Neugier beobachten Schwester Anna und Barnay, wie sie daraus ein hellbraunes Heftlein zieht. »Ein Reisepass?!« Die Beschenkte weiß nicht, was sie davon halten soll. »Öffne ihn nur!« Sie blättert das Deckblatt um. »Auf mich ausgestellt. Woher hast du denn das Foto? Es ist gestempelt. Vom Bezirksamt. Der Pass ist echt?«

»Natürlich ist er das. Erinnerst du dich? Wir waren ja wegen unserer Reise nach Davos beim Fotografen. Das Beste aber kommt noch. Schau dir die rechte Seite genau an!« Carolas Blick wandert zur Personenbeschreibung gegenüber. »Beruf: Schauspieler«, liest sie laut vor. »Geburtsort: München. Geburtstag: 2. November …« Sie stockt, lässt das Dokument sinken. »Nein!«

»Doch!«, freut sich Klabund diebisch. »Mit Brief und Siegel!«

»Was steht denn da?«, will Schwester Anna endlich wissen. Carola zeigt den anderen beiden den Eintrag in ihrem Pass: »Geburtstag: 2. November. 1905!«

Barnay begreift zuerst. »Meine Lieblingsschauspielerin wird heute gar nicht 25, sondern erst 20 Jahre alt!« Er lacht dröhnend. »Lieber Klabund, wie haben Sie denn das wieder hinbekommen? Mit Beamtenbestechung?«

Der grinst verschmitzt. »Irgendeinen Nutzen müssen all meine Liebesgedichte ja haben. Und wenn sie nur eine Passbeamtin zur glühenden Verehrerin machen. Aber liebe Schwester Anna, lieber Barnay, schwören Sie, dass Sie nie jemandem von diesem Irrtum der Behörde berichten. Meine Frau würde glatt um Jahre altern!«

Gefängnis Butyrka
31. Dezember 1939

Das ist es? Daher die Verwirrung bei den Deutschen um die Identität dieser Frau? Wegen eines gekauften Passes? Grigori Kusnezow kann es nicht fassen. »Nun gut«, wendet er sich an die Gefangene. »Kehren Sie jetzt in Ihre Zelle zurück.« Er ruft die Wachhabende: »Deschurnaja!« Die mürrische Aufseherin kommt herein, stellt sich neben die Zellentür und nimmt die Henschke in Empfang. Kurz darauf hört er das metronomische Schlagen ihres Vierkants gegen das Koppelschloss.

Erst jetzt erlaubt sich Kusnezow ein Lächeln. Ein Schlawiner, dieser Klabund. Täuscht die Faschisten mit seinem charmanten Schwindel über den Tod hinaus. Er nimmt seinen Stift und macht einen Vermerk in die Akte. »Zur

Anfrage der Deutschen Botschaft: Angaben im Reisepass der Henschke nicht korrekt. Tatsächliches Geburtsdatum ist der 2. November 1900.« Wie es zu dem falschen Eintrag gekommen war, würde er der Gestapo nicht mitteilen. Seine posthume Verbeugung vor einem wahrhaft Liebenden. Der Leutnant schlägt die Akte zu. Genug jetzt mit der Henschke. Es ist Zeit für Ludmilla Feodorowna.

*

»Nicht so laut, Kinder, man hört doch sonst die Glocke vom Spasski-Turm nicht. Oder hat eine von euch 'ne Uhr dabei?« Emma ist aufgeregt. Gleich beginnt ein neues Jahrzehnt! Zu ihrer Überraschung sinkt der Lärmpegel tatsächlich. Und wie auf Bestellung tönt aus der Ferne das Geläute vom Kreml über das nächtliche Moskau. Zenzl Mühsam, die wie Emma neben Carola an dem großen Tisch sitzt, erhebt sich. Alle warten den zwölften Schlag ab. Dann spricht Zenzl. »Liebe Gefärtinnen von Zelle 31! Soeben hat hier in Russland das Jahr 1940 begonnen, Deutschland feiert es in zwei Stunden. Stoßen wir darauf an, dass das neue Jahrzehnt ein besseres wird als das vergangene. Möge es die ersehnte Ausweisung bringen, uns aber davor bewahren, dass lediglich die Wachen des NKWD durch die der SS abgelöst werden. Ich wünsche uns allen Freiheit und Frieden. Auf 1940!«

»Prost Neujahr«, murmeln und rufen die Frauen und nehmen einen Schluck ihres kalten, aufgesparten Tees. Emma erhebt sich.

»Bei jeder ordentlichen Feier gibt es was auf die Ohren. Für den Teil haben wir heute eine ganz große Künstlerin von Bühne und Film gewinnen können: Carola Neher!«

Emma klatscht begeistert, die anderen Frauen fallen höflich in den Beifall ein.

Carola stellt sich vor ihr Publikum. »Wie die meisten von euch wissen, habe ich in dem berühmten Stück *Dreigroschenoper* eine Hauptrolle gespielt: die der Polly. Das ist die Tochter des Königs der Bettler. Die singt auf ihrer Hochzeit mit dem Verbrecher Macheath das Lied von der Seeräuber-Jenny. Einem Mädchen, das ein armseliges Leben als Dienstmagd führt und von einem Piratenschiff träumt, das sie aus dem Elend holt. Ihr kennt solche Wünsche.« Carola schaut in die gespannten Gesichter ihrer Mithäftlinge. Dann ruft sie sich die Orchestermusik ins Gedächtnis, lauscht dem Stakkato des Vorspiels in ihrem Kopf. Abrupt erhebt sie ihre Stimme und singt Brechts Worte von dem Mädchen, das in einem schäbigen Hotel die Gläser abwäscht und die Betten macht, sich für das schmale Trinkgeld der Gäste bedankt und dabei denkt: Die wissen ja nicht, mit wem sie reden. Und lässt ihre Seeräuber-Jenny sich vorstellen, wie ein Schiff im Hafen erscheint, dessen Kanonen die ganze Stadt in Schutt und Asche legen. Carola schließt die Augen. Sie steht wieder auf der Bühne des Theaters am Schiffbauerdamm vor einem Publikum, das nur eine dunkle Masse ist. Dann sieht sie sich in der Wladimirowka, wie sie für die vier Russinnen und Marta singt. Und beim fast geflüsterten Vortrag für die über hundert Frauen, mit denen sie vor Jahren hier in Zelle 31 darbte. Verzweiflung legt sich in ihre Stimme, die mit jeder Strophe zunehmend von Wut überlagert wird. Und Rachelust – für all die Ungerechtigkeiten, die ihr in Sowjetrussland widerfuhren. Sie singt die Stelle, wo die Seeräuber-Jenny von ihren Piraten gefragt wird, wer denn in dieser Stadt sterben soll, und lässt sie, wie von Brecht vorgesehen, hart sagen: »Alle!« Um schlussendlich auszuträumen:

Und das Schiff mit acht Segeln
Und mit fünfzig Kanonen
Wird entschwinden mit mir ...[10]

Langsam löst sich Carola aus ihrer Trance. In der Zelle ist es mucksmäuschenstill. Emma erhebt sich. »Stark, ganz stark. Wenn dir der Beifall fehlen sollte, Carola, dann liegt das nicht daran, dass du nicht toll gesungen hast. Nee, sondern das ist, weil du uns in die Seele getroffen hast. Danke!« Langsam schlägt sie die Hände aneinander. Ein Klatschen, in das schnell alle einfallen. Carola lächelt, verbeugt sich und deutet einen Knicks an.

Gefängnis Butyrka

1. Januar 1940

Grigori Kusnezow ist in bester Laune in seine Verhörzelle zurückgekehrt: Er hat eine kurze, befriedigende Nacht hinter sich. Ludmilla, die in Moskau keine Familie hat, mit der sie das neue Jahr feiern könnte, hat ihm versprochen, in der Wohnung zu sein, wenn er zurückkommt. 1940 fängt erfreulich an.

Draußen verstummt das metallene Schlagen eines Vierkants. Die Diensthabende erscheint in der Zellentür: »Genschke, Karoline.«

Er nickt ihr zu: »Moschno wchoditch.« Kann eintreten. Die Gefangene betritt die Zelle. »Guten Morgen«, begrüßt er sie gedankenlos.

---

10 Bertolt Brecht: Gesammelte Werke. Werkausgabe Edition Suhrkamp, Frankfurt am Main 1967. Textauszug zitiert nach Wikipedia-Artikel »Die Seeräuber-Jenny«.

Überrascht neigt sie den Kopf ein wenig zur Seite. »Guten Morgen«, kommt zögerlich die Antwort.

Guten Morgen. Zu einem Häftling! Reiß dich zusammen! Kusnezow nimmt den Lebenslauf zur Hand, den die Gefangene nach ihrer Festnahme vor dreieinhalb Jahren in der NKWD-Zentrale in der Lubjanka niederschrieb. »Fangen wir gleich an. Sie blieben 1926 für den Rest der Saison in Breslau und gingen dann nach Berlin, korrekt?«

»Ja, das stimmt. Ein Karrieresprung, den ich Klabund verdanke. Ein von ihm verfasstes Stück wurde im Feuilleton zwar gnadenlos verrissen, brachte mir als der Hauptdarstellerin aber den lang ersehnten Ruf in die Hauptstadt.«

»Was war das für ein Stück?«

»Es heißt *Brennende Erde* und schildert das Schicksal eines jungen, anmutigen Mädchens. Ein Findelkind, das in tiefster Wildnis in einem Männerkloster aufwächst und nichts von der Welt draußen kennt. In der aber herrscht Bürgerkrieg. Eines Tages entdeckt eine der bewaffneten Banden die Abtei. Ihr Anführer entführt das Mädchen. Sie sieht zum ersten Mal das Elend jenseits der Klostermauern. Hunger, Missbrauch, Folter und Tod. Ihr gelingt die Flucht zurück zu den Mönchen, wo sie, zutiefst erschüttert vom Erlebten, davon träumt, als Jungfrau einen zweiten Heiland zu gebären, der die Menschheit erlöst. Die Bande aber kehrt zurück, ergreift sie und vergewaltigt sie zu Tode.«

»Verdammter Abschaum«, kommentiert Kusnezow betroffen und denkt an seine Eltern. »Solche Verbrecher gibt es in jedem Krieg. Nutzen die gesetzlose Zeit, um ihren brutalen Sadismus auszuleben. Und warum verriss die Kritik das Stück? War der Presse in Deutschland ein solcher Ansatz zu pazifistisch?«

»Nein. Sie warfen Klabund vor, er hätte leider Stimmungen, Stereotype und leere Phrasen dem scharfen inhaltlichen Konflikt vorgezogen. Wenn ich mich recht erinnere, schrieb einer der Kritiker, es seien darin zu oft Balalaika-Töne, es werde …«

»Balalaika-Töne?« Kusnezow unterbricht sie scharf.

»Aber ja. *Brennende Erde* spielt ja in Russland.«

»Und die Bande?«

»Ein Trupp Rotarmisten, unter Führung eines Kommissars.«

Dem NKWD-Offizier fehlen kurz die Worte. Dann fasst er sich. »Für die Darstellung der Grausamkeit des Krieges wählte Ihr Mann ausgerechnet die Menschen aus, die für eine friedliche, gerechtere Welt kämpften?«

»Er stellt dar, dass sich der Auswurf der Gesellschaft selbst unter edlem Banner findet. Und es die Unschuldigen sind, die büßen, wenn im Namen des Guten Böses geschieht.«

»Im Krieg ist niemand ohne Schuld. Wer nicht auf der einen Seite steht, befindet sich auf der anderen.«

»Das sieht nicht jeder so. Wissen Sie, ein Kritiker schrieb, die von mir dargestellte Marusja sei ein durch und durch reines Wesen, arglos in die Flutungen der Revolution gezogen. Sie werde begehrt, gejagt und letztlich umgebracht, aber sie lächle nur. ›Die Erde dreht sich um die Sonne und ich dreh mich um mich selbst‹, lässt Klabund sie sagen. C'est ça. Es gibt solche Frauen.«

Kusnezow fragt sich, ob die Henschke von sich spricht. Aber er hat jetzt keine Lust auf Debatten über Schuld und Unschuld. »Genug davon. Die Marusja brachte Ihnen den Ruf nach Berlin?«

»So ist es. Neun Vorstellungen gab ich in Frankfurt und die Presse war begeistert. Die großen Häuser wurden aufmerksam und ich erhielt endlich ein Engagement in der Reichshauptstadt. Victor Barnowsky wollte unbedingt mit mir die Sommersaison an seinem *Theater in der Königgrätzer Straße* eröffnen.«

Zeesen bei Berlin
Juni 1926

»Fredi! Du bist ja völlig nackt!« Carolas eher belustigter Ausruf reißt Klabund aus seinem Tagtraum. Irritiert blinzelt er aus dem Liegestuhl auf seine junge Frau, die im offenen, schwarz-rot gestreiften Bademantel vor ihm steht, in nassem Badeanzug und mit tropfendem Haar. Die Hände hält sie in scheinbar empörter Pose an die Hüften gepresst.

»Ja wieso denn nicht, Carla? Schau, auf diesem herrlichen Flecken Erde ist jegliches genau so, wie es der Herr im Ursprung schuf, warum sollte ausgerechnet ich da eine Ausnahme machen? Komm, lass ebenso alles fallen, leg dich zu mir und lausche dem Jazz dieses Sommers: dem Zirpen der Grillen, dem Meckern der Ziegen, dem fernen Donnern der Güterzüge. Die Sonne trocknete mich in kürzester Zeit, deinen herrlichen Körper wird sie sicher genauso heiß liebkosen.«

»Das könnte dir so passen, mein kleiner Lustmolch. Ich erinnere dich daran, dass wir gleich Besuch bekommen. Und der ist sicher irritiert, wenn er uns so sieht, wie Gott uns schuf.«

»Ich denke, eher entzückt. Zumindest in deinem Fall. Aber du hast recht, wir sollten uns umziehen. Warte, ich helfe dir aus dem feuchten Anzug. Du weißt, ich stehe dir immer gern zu Diensten.«

»Ja, ich sehe schon. Ich schlage vor, du springst kurz zur Abkühlung in den See, während ich mich umkleide!«

Mit lautem Hupen fährt eine Stunde später eine große dunkelgrüne Limousine über den Kiesweg zum Gutshaus. Als Carola und Klabund auf dessen Freitreppe treten, bringt der Chauffeur das riesige Coupé de Ville soeben zum Stehen. Er springt aus seinem Abteil, reißt sich die Mütze herunter und öffnet mit einer Verbeugung die Tür des geschlossenen Fonds. Als Erstes sieht Carola einen schwarzen, spitz nach vorn zulaufenden Lackschuh, der auf das Trittbrett gestellt wird. Dann richtet sich seine Trägerin hinter der Wagentür auf und schreitet über die Auffahrt. Sie trägt ein aprikosenfarbenes Kleid aus Crêpe Georgette, dessen in Hüfthöhe angesetzte Garniturteile mit ihren spitzen Zipfeln eben die Knie bedecken. Unter dem Glockenhut lugt eine ungebändigte, schwarze Haarsträhne hervor.

»Mathilde!«, schreit Carola jubelnd und stürzt die Freitreppe hinunter auf die Freundin zu. Mathilde de Bonningues-lès-Calais bedankt sich mit einem spitzen »Carola!« und fängt sie mit weit geöffneten Armen auf. Lächelnd beobachtet der in einen cremefarbenen Sommeranzug gekleidete Klabund die Szene. Dann schreitet er auf einen Herrn Anfang fünfzig zu, der hinter der Französin die Limousine verlassen hat.

»Lieber Dr. Goldschmidt, ich begrüße Sie herzlich in Ihrem Refugium. Wir sind Ihnen ja so dankbar für den herrlichen Urlaub, den Sie uns hier auf Gut Zeesen ermöglichen!«

Dr. Ernst Goldschmidt, ein wohlhabender Bankier aus Berlin, winkt ab. »Einem Theaternarren wie mir ist es eine Ehre, dem Autoren des *Kreidekreises* und dessen bezaubernder Gattin sein Sommerhaus zur Verfügung zu stellen. Wie schön, dass der Sohn meiner Cousine die Idee hatte, es Ihnen anzubieten.«

»Oh, dem Carl Zuckmayer sind wir sogar doppelt dankbar. Einmal, weil er uns Ihre Bekanntschaft vermittelte und zum anderen, da meine Frau dank seines *Fröhlichen Weinbergs* ihr Publikum in einer herrlichen Rolle begeistern konnte. Sie spielte in der Breslauer Aufführung das Klärchen Gunderloch.«

»Gunderloch! Erwähnen Sie Carl gegenüber bloß nicht diesen Namen. Zeigte sich doch, dass der erdachte Weinbergbesitzer Jean Gunderloch eine reale Entsprechung hat: Weinbergbesitzer Carl Gunderloch aus Nackenheim. Der ihn prompt verklagte!« Der Bankier lacht lauthals. »Gunderloch. Wer heißt denn so?«

Jetzt treten die beiden Freundinnen zu den Männern.

»Fredi, darf ich dir Mathilde de Bonningues-lès-Calais vorstellen, eine liebe Vertraute aus meinen wilden Anfängerjahren am Schauspiel Baden-Baden. Mathilde, das ist Alfred Henschke, der beste Ehemann, den du auf dem ganzen Gut finden wirst.« Während Klabund formvollendet die Französin mit einem Handkuss begrüßt, ergänzt der Bankier: »Und einer der größten Dichter Deutschlands. Na, kein Wunder, bei dieser Muse!«

Carola schenkt ihm ein dankbares Lächeln. »Lieber Herr Dr. Goldschmidt! Danke, dass sie Mathilde die Anreise mit der Bahn ersparten und dass sie hier Zeit mit uns verbringen darf. Ich habe mich so gefreut, als sie nach der letzten Vorstellung der *Gefallenen Engel* in meiner Garderobe auftauchte!« Dann besinnt sie sich auf die Rolle der Gastgeberin. »Plaudern wir auf der Terrasse weiter. Dr. Goldschmidt, Sie bleiben doch einen Augenblick? Ihre

Haushälterin Minna hat eine Erdbeerbowle angesetzt, von der Ihr Verwalter August sagt, sie sei besser als sein berühmter selbst gemachter Liebeswein. Die müssen Sie unbedingt probieren!«

Es ist früher Abend, als sich Klabund ermüdet zurückzieht. Dr. Goldschmidt, bemüht, die Gäste seines Hauses nicht allzu lange aus ihrer Sommerträgheit aufzuscheuchen, ist schon vor dem Abendessen aufgebrochen. Carola und Mathilde sitzen in der Loggia auf der dem Dorf abgewandten Seite des Gutes und blicken über den spiegelglatten Zeesener See. Am gegenüberliegenden Ufer gibt die untergehende Sonne dem Schilfgürtel und dem dahinter liegenden Kiefernwald Kraft zu einem letzten Leuchten.

»Mensch, Carola«, lässt sich Mathilde von der sentimentalen Stimmung anstecken. »Ich sehe dich noch vor mir. Eine kleine Schauspielelevin in einem grauen Münchner Sonntagskleid vor den Auslagen eines Baden-Badener Modegeschäfts, so fremd und allein und eingeschüchtert von all dem Chic um sie herum. Überleg mal, das ist keine vier Jahre her – und wo stehst du jetzt? Du spielst auf bedeutenden Bühnen große Rollen. Deine Art, dich zu kleiden, zeugt von selbstsicherer Eleganz und du hast einen intelligenten, liebenswürdigen Mann, dem reiche Verehrer ihre Herrensitze aufdrängen. Du lebst deinen Traum!«

»Das mag so scheinen, Mathilde.« Carola nimmt von dem kleinen Beistelltisch eine offene Flasche von dem Burgunder, den ihnen Dr. Goldschmidt dagelassen hat, und schenkt der Freundin nach. »Aber der Schein trügt.« Sie greift zu dem über der Lehne eines freien Stuhls liegenden bordeauxroten Taftmantel, der mit ihrem gleichfarbigen Kleid ein elegantes Nachmittagscomplet bildet, und zieht ihn sich über. Mathilde sieht sie gespannt an, wartet auf eine Erklärung. »Sicher, ich bekomme jetzt Hauptrollen an bedeutenden Bühnen. Aber was spiele ich? Die umworbene Frau im Boulevard, das unschuldige Mädchen im Drama, Hosenrollen, demnächst eine exotische Eingeborene namens Kukuli im Lustspielhaus an der Friedrichstraße. Rollen, die ich Äußerlichkeiten verdanke: dem, wie ein Kritiker schrieb, gertenhaften Körper, der sinnlichen Stimme, der erotischen Aura. Ich will aber nicht als Frau, sondern als Schauspielerin begeistern! Stell dir vor, 260 Mal stand ich in der vergangenen Saison des Abends auf der Bühne und am Tage habe ich dann tanzen, sprechen, Mimik, Gestik und Abläufe geprobt und mir dazwischen Texte ins Gehirn gehämmert. Zum Meister meines Fachs bin ich dank harter Arbeit aufgestiegen. Dass ich einer bin, ist längst bewiesen. Die Cleopatra – das war eine Rolle. Die schönste des Jahrhunderts. Die Heilige Johanna. Ein Traum. Aber solche Möglichkeiten sind selten. Ehrlich gesagt ist ›die Neher‹ doch nur Theaterenthusiasten bekannt. Bis zum Ruf einer Adele Sandrock oder meines väterlichen Freundes Alexander Moissi ist es weit.«

»Deines väterlichen Freundes?« Mathilde zieht das Adjektiv genussvoll in die Länge. »In den Zeitungen liest sich das anders.«

»Fang du auch noch an! Mir reicht schon die Eifersucht meines Mannes. Überhaupt, der arme Klabund. Ja, er ist intelligent, er schreibt wunderschöne Gedichte und hat mit dem *Kreidekreis* einen riesigen Theatererfolg. Aber selbst hier ist nicht alles so, wie es scheint. Ich bin jung, Mathilde, er ist zehn Jahre älter. Ich strotze vor Lebenslust, ihn beherrscht die Todesangst. Wir streiten uns oft, ich bin launisch, genervt, eigensinnig, und er fürchtet, mich zu verlieren. Aber nach jeder Szene stelle ich fest, dass er unter all den Männern, die sich mir aufdrängen, ja doch der beste ist, und so folgen auf zehn Ehekräche elf Versöhnungen.« Nachdenklich nippt Carola an ihrem Wein. »Weißt du, ich bin kurz davor, alles erreicht zu haben, was sich eine Künstlerin vom Leben wünschen kann. Ich habe ein Hochgefühl in mir wie der Bergsteiger, der den Gipfel vor sich in der Sonne leuchten sieht: Er ist endlich greifbar. Doch was passiert, wenn ich ihn in letzter Anstrengung bezwungen habe?« Carola schaut auf das Glas, stürzt die Neige herunter. »Dann folgt der Abstieg.«

Der Satz klingt über der Stille des Sees nach. In der Ferne grollt ein Gewitter. Mathilde schaut besorgt auf die Freundin, in deren Auge es feucht schimmert. »Weiß du, was uns schon immer unterschieden hat, Carola? Du verfolgst unbeirrt ein Ziel und wirst von der Angst beherrscht, es nicht zu erreichen. Ich dagegen bin Fatalist: Es geschieht alles so, wie es geschehen soll. Nicht durch Gottes Willen, sondern als Resultat der eigenen Handlung. Wenn ich einen Gipfel bezwinge, gehe ich weiter. Auf schmalem Grat, aber frei von Ängsten. Und schon bald folgt die nächste Spitze.« Mathilde nimmt die Flasche vom Tisch und füllt sich etwas Rotwein nach. Sorgfältig wählt sie ihre Worte. »Was Klabund angeht, so kann ich dir nichts raten. Er ist charmant, sensibel und voll wunderbarem Humor. Doch er legt seine Liebe so fest um dich, dass er dir zugleich die Luft zum Atmen raubt. Wie weit er von dir Besitz ergreifen darf, das entscheidest letztlich du allein. Nur: Lass dich nicht ersticken.«

Carola schenkt sich schweigend ebenfalls nach. Mathilde, die ihre Betroffenheit bemerkt, wechselt in den Plauderton. »Bei der Ehe fehlen mir die Erfahrungen, aber in Bezug auf den Ruf hätte ich schon einen Ratschlag: Achte darauf, dass jeder Schritt deines Aufstiegs beobachtet wird. Vor allem durch die Frauen. Auf einer Stufe mit dem Moissi bist du erst, wenn Sekretärin, Verkäuferin und Bankangestellte in der Mittagspause von dir reden. Schaffe ihnen Anlässe dazu. Aber glaub mir, es sind nicht deine schauspielerischen Erfolge, die sie interessieren.«

Erleichtert beobachtet Mathilde, wie sich Carola aus ihrer Erstarrung löst: »Wie meinst du das?«

»Wahre Popularität erreicht nicht die Künstlerin, die die Kritiker begeistert, sondern die Frau, die selbst zur Kunstfigur wird. Denkst du, die Tänzerin Claire Bauroff würde irgendjemand kennen, wenn nicht die Polizei im vorigen Jahr ihre Nacktbilder aus den Schaukästen des Admiralspalastes konfisziert hätte? Dadurch bekam die Presse ja erst einen Grund, sie nachzudrucken! Erinnere dich an den Skandal, den Anita Berber jüngst auslöste, als sie im geschlossenen Pelz und auf hochhackigen Goldschuhen im Adlon auftauchte, auf dem Weg zum Tisch den Mantel heruntergleiten ließ und splitterfasernackt im Speisesaal stand. Aufmerksamkeit. Das ist heute die Währung der Kunst! Selbst dein väterlicher Freund weiß das. Den sportlichen Frauenschwarm gibt er den Reportern nicht umsonst!«

»Du meinst, ich soll nicht mehr nur die erotischen Fantasien der Theatergänger bedienen, sondern gleich die aller geilen Böcke? Zum Beispiel mit unzüchtigen Fotos in der *Berliner Illustrirten*? Na, das wär was für meinen Fredi!«

»Nein, Carola, du verstehst mich nicht. Du hast mehr zu bieten, als deinen Körper. Du bist eine moderne junge Frau, eigenständig, selbstbewusst, erfolgreich. Und du repräsentierst damit den neuen Zeitgeist! Der Krieg hat alles verändert. Unsere Generation, das sind die ohne Vater und ältere Brüder erwachsen gewordenen Mädchen der Hungerjahre. Millionen von uns wurden Stenotypistin,

Verkäuferin, Fräulein vom Amt. Statt Ehefrau und Mutter sind sie unabhängig und selbstbestimmt. Und das zeigen sie gern. Sie kleiden und frisieren sich, wie es ihnen gefällt und nicht so, wie es eine bigotte Männerwelt vorschreibt. Sie sehen die neuen Möglichkeiten, die das Leben bietet, suchen Vorbilder, denen es nachzueifern gilt. Frauen wie du, die ihren Weg gehen. Gib ihnen das Gefühl, sie könnten so frei sein wie du.« Mathilde nimmt ihr Glas, beugt sich zur Freundin herüber. »Seit dem Krieg gibt es zum ersten Mal in Deutschland mehr Frauen als Männer. Lass dich von ihnen zu deinem Gipfel tragen.« Sie hebt das Glas, Carola nimmt ihres und prostet zurück.

»Und wenn der erreicht ist, dann gehe ich schlicht weiter«, sagt sie dankbar und trinkt einen kräftigen Schluck von dem Roten.

»Bis zur nächsten Spitze«, bekräftigt Mathilde.

Gefängnis Butyrka
1. Januar 1940

»Eine schlaue Frau, ihre Freundin.« Grigori Kusnezow kann eine gewisse Bewunderung für Mathilde de Bonningues-lès-Calais nicht verhehlen. »Erkannte unbewusst das sich unter den Bedingungen der modernen Produktion verändernde Bewusstsein der werktätigen Frau. Haben Sie ihren Rat befolgt?«

»Ja, das habe ich – und mit großem Erfolg. Wir hatten uns in den folgenden Tagen genau überlegt, womit ich Aufmerksamkeit erregen könnte, ohne meinem Ruf als seriöse Schauspielerin zu schaden. In der Anfangszeit hat Mathilde für mich ihre Kontakte zur Berliner Presse spielen lassen. Ich war ja neu in der Stadt. Und peu à peu habe ich dann

Sensation in Frauenblättern und Illustrierten gemacht. Mit Fotos, die mich beim Spaziergang mit einem angeleinten Geparden zeigen. Einer Bildreportage, die schildert, wie ich das Stahlgerüst des Berliner Funkturms hinaufsteige. Modefotografien, auf denen ich umwerfende Abendkleider oder schlichte Alltagsmode vorführe. Aufnahmen, die mich als sportliche Frau auf dem Tennisplatz präsentieren.«

»Was hat ihr Mann zu dieser Art Propaganda gesagt?«

»Oh, er wurde zum Mitmachen gezwungen. Es galt, die Lust und Neugier der Menschen auf ein junges, aufgeschlossenes Künstlerpaar zu bedienen. So erschienen Fotos von uns beiden beim Besuch großer Bälle oder etwa mit mir am Lenker eines Motorrads und dem ängstlich schauenden Fredi auf dem Rücksitz. Und dabei blieb es nicht. Ich sollte ja den jungen Leserinnen das Gefühl geben, sie könnten sein wie ich. Also gab ich ihnen Tipps, wie sie sich schlank halten oder ihre Haut rein.«

Kusnezow denkt an Ludmilla. »Zum Beispiel?«, fragt er ein wenig abwegig und erntet einen überraschten Blick Carolas. »Na ja, nichts Besonderes. Die Frauen sollten rohe Eier für die Haare nehmen und Fett für die Stirn, klares Wasser für die Augen und Eis für das Gesicht. Das konnte sich damals jeder leisten. Und für die Figur empfahl ich Gymnastik, Hantel- und Seiltraining.«

»Das nahmen Ihnen die jungen Frauen ab?«

»Ja, weil ich es vorlebte. Der Körper ist das Werkzeug des Schauspielers, für mich galt, ihn schlank und gesund zu erhalten. Deshalb ging ich regelmäßig zum Training in den angesagtesten Gymnastiksalon der Stadt, zu Sabri Mahir in der Passauer.«

»Dieser ganze Aufwand, um Aufmerksamkeit zu erzielen – hat er sich denn letztlich gelohnt?«

»Unbedingt. Meine Bekanntheit stieg rasant. Die Kritiker konnten mich nicht mehr ignorieren, ihre weibliche Leserschaft war begierig, alles von ihrem Idol zu erfahren. Also pilgerten sie zu meinen Premieren: *Kukuli* im Lustspielhaus in der Friedrichstraße, Shaws *Mensch und Übermensch* im Lessing-Theater, Wedekinds *Liebestrank* in der Tribüne. Die Spitzen aus Politik und Gesellschaft schmückten sich mit mir. Ich erhielt Einladungen zu Empfängen und Bällen, Soupers und stürmischen Festen. Ganz Berlin war damals wie im Rausch, und ich wurde einer der Sterne, die an seinem Nachthimmel strahlten.«

»Und dessen Leuchten sogar den zurückgekehrten Kronprinz Wilhelm in Bann schlug«, stellt Kusnezow trocken fest.

Überrascht schaut ihn die Gefangene an. »Woher …?«

Er hebt Papiere aus ihrer Akte in die Höhe. »Verhör durch Leutnant Buraschnikow in der Lubjanka am 7. Juli 1936.«

»Ach ja. Wilhelm von Preußen suchte damals in der Tat meine Nähe. Aber das war keine große Sache. Eher was für die Presse.«

»Was wichtig ist und was nicht, entscheide ich. Erzählen Sie!«

Berlin
24. Februar 1927

Im Renaissance-Theater an der Ecke von Hardenbergstraße und Knesebeckstraße riecht es nach frischer Farbe. Kaum noch wahrnehmbar in dem mit knapp 400 Sitzen ausgestatteten Zuschauerraum, aber umso stärker hier hinten, im Treppenhaus zu den Räumen der Direktion und den Künstlergarderoben. Dabei ist es schon sechs Wochen her, dass das Theater nach großem Umbau wieder eröffnet wurde. Carola, auf dem Weg zum Bühnenausgang, steckt ihre Nase deshalb in den riesigen, geschmackvoll gebundenen Strauß aus Calla, Ritterstern und Narzissen in ihren Armen, den sie auf dem Schminktisch ihrer Ankleide vorgefunden hatte. Ein Wintertraum aus weißen Blüten, der Gruß eines Verehrers, wie die beigefügte Karte verrät: »Großartig, Ihre Jacqueline. Wilhelm«. Jacqueline, das ist ihre Partie in dem Stück *Aber Mama!* des Franzosen Louis Verneuil. Eine der Rollen, für die sie das Berliner Publikum liebt – eine reizende Zwanzigjährige, die von einem mehr als doppelt so alten Mann geheiratet wird und in die sich dessen 24-jähriger Sohn verliebt. Wie es sich für eine Komödie gehört, findet alles ein glückliches Ende: Die Ehe erweist sich als ungültig, und sie landet in den Armen ihres Fast-Stiefsohnes. Im Grunde spielt sie wieder sich selbst. Einen Wildfang, der den Männern nur allzu gern den Kopf verdreht. Presse und Publikum überschlagen sich vor Begeisterung. Der große Alfred Kerr schreibt im Tageblatt gar, sie gebe ein »holdes Liebkerlchen weiblichen Geschlechts«, das »Gott einen guten Mann sein ließe«.

Mit dem Gesicht zwischen den herrlichen Blüten ihres Straußes übersieht Carola fast den in einen hellbraunen Dreiteiler aus Tweed gekleideten Mittdreißiger, der sich ihr vor der Tür zur Knesebeckstraße in den Weg stellt. »Frau Neher!«, ruft er vergnügt. »Vierte Vorstellung, jede ausverkauft. Sie bringen Leben in die Bude!«

»Herr Direktor Tagger. Wie nett. Aber Sie wissen, dass der gelungene Umbau des Renaissance-Theaters das Publikum ebenso anzieht. Sie ahnen gar nicht, wie oft ich schon vor diesem herrlichen neuen Intarsienwandbild im Balkonbereich stand!«

»Stellen Sie Ihre Wirkung auf unsere Besucher nicht unter den Scheffel – wie es scheint, stürzt sich so mancher ja sogar in tiefe Unkosten, um seiner Bewunderung Ausdruck zu verleihen.« Theodor Tagger weist auf die Blumen in Carolas Arm. »Ich kann mir schon denken, von wem die kommen.«

»So? Ich weiß es leider nicht. Auf der Karte steht als Absender nur Wilhelm. Ohne Nachname.« Tagger verzieht sein kantiges Gesicht zu einem verunsicherten Grinsen. »Sie nehmen mich auf den Arm, oder?« Doch dann sieht er, dass seine neue Zugnummer tatsächlich keine Ahnung hat, wessen Gefallen sie heute erregte. »In diesen Kreisen kommt man ohne Nachnamen aus. Wilhelm, das steht für Wilhelm von Preußen, den Sohn des Kaisers. Also des Ex-Kaisers. Der Kronprinz, das heißt der Ex-Kronprinz, saß heute in der Loge. Ich habe es Ihnen vor der Vorstellung nicht gesagt, weil ich Angst hatte, Sie machen wie kürzlich die Massary einen Hofknicks auf offener Bühne, wenn Sie ihn sehen.«

Berlin
11. März 1927

Fasziniert steht Carola, die Hände auf den schweren Holzlauf des Geländers gestützt, auf dem ersten Absatz einer weißen Marmortreppe im Berliner Schloss und schaut auf die elegant gekleideten Menschen, die unter ihr durch das riesige Portal in das Treppenhaus strömen. Sie hat mittlerweile an der Spree schon so einige Soirees und Empfänge erlebt, aber dieser Abend sprengt alles. Nicht mehr nur Künstler oder gut betuchte Theaterliebhaber treffen sich hier, nein, die Damen in ihren edel bestickten Abendkleidern und die sie begleitenden Herren in ihren Fräcken gehören zur Hautevolee der Reichshauptstadt. Sie sind eingeladen zu einem Konzert »im privaten Rahmen«, doch in welchem Ambiente findet das statt: Im Weißen Saal des Stadtschlosses Unter den Linden, das, von der neuen Deutschen Republik offiziell zum Museum erklärt, nach wie vor den Geist von vielen Jahrhunderten Hohenzollernherrschaft atmet. Formal ist es Museumsdirektor Otto von Falke, der zum »Konzert aus Anlass des 100. Todestages von Ludwig van Beethoven« bittet, aber Carola ist klar, dass sie ihren Platz auf der Gästeliste dieses Abends dem Kronprinzen verdankt. Es hatte sie kaum überrascht, dass der, bei seiner stadtbekannten Vorliebe für Kunst und schöne Frauen, es nicht bei einem Blumenstrauß beließ. Sie löst sich von dem Treppengeländer, schreitet gemessen die flachen weißen Stufen empor in Richtung der Saaltüren. Der majestätische Gang stellt sich in dieser Umgebung von selbst ein.

Mathilde hatte ihr zu einem Erscheinungsbild geraten, in dem sie sich als moderne junge Frau von all den Damen abheben würde, denen noch das Hofprotokoll durch die Adern fließt. Gemeinsam hatten sie sich für eine fliederfarbene, ärmellose Abendgarderobe aus Mathildes Bestand entschieden. Der Stoff des blusig gearbeiteten Oberteils ist unter dem silbernen Spitzeneinsatz leicht gerafft, der knielange, gerade fallende Rock endet in zwei Glockenbahnen. Eine in Hüfthöhe drapierte lila Schärpe, deren Enden mittig über den Rocksaum ragen, betont Carolas schlanke, sportliche Figur.

Sie reiht sich in die kurze Warteschlange der Gäste ein, die von Direktor Otto von Falke an der Saaltür begrüßt werden. Der Mann erweist sich als würdig auftretender weißhaariger Herr. »Ah, der neue Stern am Berliner

Theaterhimmel«, freut er sich, nachdem ihm Carola vorgestellt wurde. »Ihr Gatte konnte Sie nicht begleiten? Ich hatte mich so darauf gefreut, den Autor des *Kreidekreises* persönlich kennenzulernen.«

Sie lächelt. »Nein, ich bedaure. Klabund weilt für einige Wochen in Davos, in der Schweiz.«

Von Falke zuckt bedauernd die Schulter. »Schade. Ich hoffe, einer unserer Berliner Herren wird ihn heute Abend würdig vertreten.« Dann wendet er sich den nächsten Gästen zu. Die Bemerkung versetzt Carolas Hochstimmung einen Dämpfer. War das eine Frechheit oder nur unbedachtes Geplapper? Verstimmt nimmt sie sich ein Glas Sekt vom Tablett eines der vorbei eilenden Kellner. Dann sieht sie sich um.

Der Weiße Saal dürfte weit über dreißig Meter lang sein. Jetzt, zur Abendstunde, strahlen Ketten von Glühbirnen, die auf dem Hauptsims angebracht sind, ihr Licht gegen die holzvertäfelte Decke zwei Stockwerke über ihr, von wo es warm zurück in den Saal fällt. Dank dieses indirekten Strahlens bedarf es keines Kronleuchters, der zudem die Kassetten mit den Wappen der Hohenzollern in der Decke verbergen würde. In den Nischen der Wände stehen hohe Marmorstatuen von Preußenkönigen, an der Fensterreihe links entdeckt Carola zu ihrer Überraschung einen roten Baldachin für den kaiserlichen Thron.

»Frau Neher!«, ertönt plötzlich ein freudiger Ruf aus dem Menschengewimmel vor ihr. Gertrud Eysoldt, eine gestandene Schauspielerin, Regisseurin und Theaterleiterin, die sie schon mehrfach am Rande verschiedener Berliner Premieren traf, bahnt sich einen Weg zu der jungen Kollegin. Carola lächelt ihr entgegen. Sie bewundert diese Frau – vor allem seit sie erfuhr, dass diese als Direktorin

1920 dafür sorgte, dass das Stück *Der Reigen* von Arthur Schnitzler trotz eines Verbots der Zensurbehörde an ihrem Kleinen Schauspielhaus uraufgeführt wurde. Wofür sie ein Jahr später wegen »Erregung öffentlichen Ärgernisses« vor Gericht gestellt wurde.

»Wie schön, Sie zu treffen«. Die fast Sechzigjährige ist ein wenig außer Atem, als sie endlich Carola erreicht. »Hier sind ja so viele neue Gesichter, da ist unsereins froh, mal ein bekanntes zu sehen. Ist das nicht ein prächtiger Saal? Direktor von Falke hat mir vorhin erzählt, dass er genau so belassen worden ist wie zu Kaisers Zeiten. Die anderen Räume hat man umgestaltet und mit Museumsstücken und Möbeln der Preußenkönige vollgestellt, aber der Weiße Saal blieb, wie er war. Ach, wenn ich mir die ganzen Inflationsgewinner hier wegdenke, sehe ich direkt den Hof bei seinen rauschenden Festen.« Carola registriert vergnügt, dass die Schauspielkollegin sie nicht zu Wort kommen lässt. »Ich habe Sie ja vor ein paar Wochen erst singen gehört«, plaudert die schon weiter. »Dabei war ich nicht einmal im Theater, sondern auf einer Silvesterfeier bei Freunden. Die haben uns stolz ihren neuen Ortsempfänger präsentiert. Da lief die Funkstunde Berlin mit einer Sendung zum Jahreswechsel und die erste Stimme, die ich aus diesem Apparat vernommen habe, war Ihre!«

Carola lächelt. »Warum sollen wir Schauspieler nicht Neues wagen? Den Auftritt verdanke ich dem Bertolt Brecht. Der hatte mich vor Jahren in München in einem Film eingesetzt und als wir uns kürzlich in Berlin wiedertrafen, fragte er, ob ich nicht eines seiner Lieder im Rundfunk singen mag. Ich mochte.«

»Ach, das war vom Brecht? Ich erinnere mich an den Refrain: ›Und ein Schiff mit acht Segeln und mit fünfzig

Kanonen wird liegen am Kai‹. Für Silvester recht grausam, oder?«

»Zuerst war etwas anderes vorgesehen: *Surabaya-Johnny*. Ebenfalls von Brecht. Das habe ich vor zwei Tagen erst auf eine Schellack-Platte aufgesungen.«

»Ach so? Also für mich ist dieses Sprechen und Singen vor einem unsichtbaren Publikum nichts. Ich übe unsere Kunst doch lieber auf Brettern aus als auf diesen neumodischen Wellen.«

Während die Eysoldt spricht, wandern ihre Augen unablässig durch den Saal. Dann entdeckt sie jemanden. »Kommen Sie!« Jeglichen Widerspruch ausschließend nimmt sie Carola an die Hand und zieht sie an plaudernden Gästegrüppchen vorbei in Richtung einer der Marmor-Statuen in den Nischen der Saalwand. »Ich möchte Sie einem großen Freund unserer Kunst vorstellen.« Kurz darauf erregt sie mit einem Hüsteln die Aufmerksamkeit zweier in ein Gespräch vertiefter Herren. Der eine von ihnen, ein zur Rundlichkeit neigender Mann um die Fünfzig mit nur wenigen dünnen Haarsträhnen auf dem fast kahlen Kopf, tritt, als er die beiden Frauen bemerkt, zur Seite, um einen offenen Kreis zu ermöglichen. Der andere, der auf seinen Gesprächspartner eingeredet hatte, unterbricht sich und schaut ungehalten auf Gertrud Eysoldt. Aber seine Mine glättet sich, als er Carola sieht. Die ist sofort fasziniert. Nicht nur wegen des intensiven Blaus seiner Augen. Der schlanke Mann macht in seinem Frack eine ausgesprochen sportliche Figur. Die Haare, streng zurückgelegt, lichten sich bereits, aber sein Gesicht und vor allem das warme Lächeln strahlen eine Jugendlichkeit aus, die mit einer unmittelbar spürbaren, natürlichen Selbstsicherheit daherkommt. »Wo Kunst und Schönheit sich nach vorne drängen, muss Politik weichen«, beendet er seine Unterhaltung, ohne Carola aus dem Blick zu lassen. Dann reißt er sich los und wendet sich ihrer Kollegin zu. »Gertrud! Würdest du uns bitte bekanntmachen?«

»Aber gern. Das ist Frau Carola Neher, eine der modernen Schauspielerinnen, die sich derzeit anschicken, frischen Wind in die Theater zu bringen. Carola, das ist Wilhelm von Preußen, vormaliger Kronprinz des Deutschen Reichs.«

Mit ironischem Lächeln deutet Carola einen Hofknicks an. »Welch eindrucksvoller Name. Wie darf ich Euch anreden?« Ohne dem ehemaligen Thronfolger die Chance auf eine Erwiderung zu lassen, ergänzt sie mit spöttischem Unterton: »Mein Prinz?«

Der älteste Sohn des abgedankten Kaisers ergreift ihre Finger für einen angedeuteten Handkuss. Mit feinem Lächeln und einem kleinen Blitzen der Augen gibt er schlagfertig zurück: »Später vielleicht.« Und ergänzt, nachdem er ihre Hand wieder losgelassen hat: »Im Augenblick und in diesem Ambiente hier genügt Hoheit.« Dann wendet sich der Kronprinz an den Herrn neben ihm. »Ich bin unhöflich, verzeih. Wenn ich vorstellen darf? Das sind die Schauspielerinnen Gertrud Eysoldt und Carola Neher. Die Damen: Mein Freund und Fürsprecher Gustav Stresemann.«

Der begrüßt formvollendet die Eysoldt, dann bietet ihm Carola ebenso die Hand zum Kuss: »Sehr erfreut, Herr Stresemann.« Bemüht, Wilhelm von Preußen nicht allzu offen ihre Aufmerksamkeit zu schenken, entschließt sie sich zu einer unverfänglichen Plauderei mit dessen Vertrautem: »Und? Was machen Sie so beruflich?«

Gefängnis Butyrka
1. Januar 1940

»Das haben Sie nicht gesagt.« Grigori Kusnezow kann es nicht fassen. »Erzählen Sie mir ernsthaft, Sie kannten Gustav Stresemann nicht? Den deutschen Außenminister?«

»Und Reichskanzler und Träger des Friedensnobelpreises, ich weiß. Nein, der sagte mir damals nichts. Woher denn? Ich lebte für das Theater. An den Zeitungen interessierten mich nur die Kritiken, die mir mein Mann morgens vorlas, und bei Premierenfeiern und auf Künstlerbällen ließ sich Gustav eher selten sehen. War nicht seine Welt.«

»Gustav?«

»Ja, Gustav. Wir lernten uns später näher kennen.«

Kusnezow stöhnt innerlich auf und schüttelt kaum merklich seinen Kopf. Die Frau war unglaublich. Gab es irgendeinen Mann von Bedeutung, den sie nicht später »näher« kennenlernte? »Und wie reagierte der Kron … der ehemalige … na, Sie wissen schon, also was sagte Wilhelm von Preußen?«

Die Gefangene quittiert den Versuch des NKWD-Offiziers, dem letzten Thronfolger jeglichen Titel abzusprechen, mit einem amüsierten Zucken des rechten Mundwinkels. »Oh, der hielt die Frage für einen Scherz. Die Leute drehten sich nach uns um, so laut lachte er auf.«

»Und wie ging es dann weiter? Mit Wilhelm und Ihnen?«

»Gar nicht.«

»Gar nicht? In der Lubjanka räumten Sie weitere Treffen mit ihm ein. Sagten, er habe Sie sogar bis in Ihre Wohnung verfolgt!«

»Ja, aber das war später. Zunächst kam Klabund aus Davos nach Berlin geeilt, um mich vor dem großen Fehler zu bewahren, den ich zu begehen bereit war.«

»Ihr todkranker Mann rettet Sie vor den Nachstellungen des strahlend-sportlichen Hohenzollern-Prinzen?« Kusnezow kann seine Skepsis kaum verbergen.

»Aber nein, er verschwendete seine Kraft schon längst nicht mehr gegen irgendwelche Herren, die mir den Hof machten. Vor einem schweren beruflichen Schnitzer wollte er mich schützen.«

Berlin, Hotel Adlon
1. April 1927

»Bist du sicher, dass du dir einen Mercedes kaufen und mit dem dann gleich bis nach Wien fahren willst? Allein? Vor ein paar Tagen noch lagst du mit Fieber und Krämpfen im Bett und jetzt trittst du so eine weite Reise ohne mich an?« Klabund sitzt am Schreibtisch ihres Hotelzimmers und ruft seine Zweifel zu ihr ins Bad, wo sich Carola ausgehfertig macht. Sie schaut prüfend ein letztes Mal in den Spiegel und stellt sich in die offene Tür des Badezimmers. Die Hand über dem Kopf mit zwei Fingern gegen die Füllung gedrückt, das linke Bein vor das rechte gekreuzt, lehnt sie sich aufreizend an deren Rahmen. An Klabunds Blick sieht sie, dass das Nachmittagskleid aus grauem Crêpe de Chine mit weißem Georgette-Einsatz eine gute Wahl ist. Sie hat es um einen weinroten Wildledergürtel und am Halsausschnitt um ein gleichfarbiges Bändchen ergänzt. Als gäbe sie eine Modenschau, setzt sie kokett das hohe braune Hütchen mit schmaler, an der Seite emporgebogener Krempe auf und dreht sich einmal vor ihrem Mann im Kreis. Klabunds leichtes Lächeln sagt alles.

»Ich gefalle dir«, stellt sie sachlich fest. Sie geht zu ihm an den Schreibtisch, schiebt seine Bücher und Journale beiseite und setzt sich zur Hälfte auf die Kante. »Du weißt, dass ich das Autofahren liebe. Beim Unterricht bin ich durch den tollsten Berliner Verkehr gefahren, da werde ich es wohl über die Dörfer schaffen. Ist Hilfe nötig, findet sich schon jemand, der sie anbietet. Und was meine Gesundheit angeht: Du hast mich in den letzten Tagen so rührend gepflegt, ich bin wieder putzmunter. Die neuen Stücke, die harten Proben, die öffentlichen Auftritte – offenbar habe ich Ruhe gebraucht. Aber die hast du mir ja ausreichend gegönnt. Für dich, mein Lieber, wäre das Automobil ungleich anstrengender, und daher ist es besser, dass du im Zug folgst.«

»Du nimmst deinen Zusammenbruch nicht ernst, Carola. Wie damals in Breslau mutest du dir zu viel zu. Wenn meine Sorge schon kein Grund zum Innehalten für dich ist, dann sollte es wenigstens die um deine Karriere sein. Du warst fast gezwungen, das Gastspiel am Burgtheater abzusagen!«

»Was dir ja nicht so unrecht gewesen wäre, oder? Ich bin froh, dass die Wohnung schon gekündigt und die Möbel eingelagert waren. Im anderen Fall hättest du sicher meine Schwäche ausgenutzt und mich gezwungen, in Berlin zu bleiben. Dabei könnten wir den Spieß umdrehen. Dir geht es doch elender als mir. Du gehörst zurück in die Berge, anstatt nach Wien!« Der betroffene Blick ihres Mannes zeigt ihr, dass sie zu weit gegangen ist. Er weiß, dass er krank ist, todkrank, aber es wäre ihm lieber, wenn sie dies ignorieren würde, damit ihre Lebensfreude ihn seine Todesangst vergessen lässt. Schnell lenkt sie ab. »Sieh es mal pragmatisch, Fredi: Ich bin genesen und für die Herausforderung

Burgtheater gewappnet, wo man mir endlich Charakterrollen jenseits des Boulevards anbietet. Wenn ich von dort zurückkehre, nennt man mich Burgschauspieler, und selbst ein Max Reinhardt kommt nicht mehr umhin, mir Engagements anzubieten. Wien ist eine Chance, ich werde sie nutzen. Mitsamt dem Mercedes. Die Presse ist verrückt auf Fotos von meiner Fahrt an die Donau.«

»Hoffentlich sind es die Wiener ebenso, was deine Ankunft angeht. Glaub mir, das Theaterpublikum dort ist guglhupfig, konservativ und zutiefst in der k. u. k.-Zeit des alten Franz Joseph verhaftet. Ich weiß nicht, ob der lebensfrische Stil, mit dem du die Berliner begeisterst, ob die Verkörperung der neuen Frau, die auf Konventionen pfeift, in der Hauptstadt von Walzer und Operette auf die gleiche Euphorie trifft. Und ich zweifle daran, dass du die dortige Presse genauso leicht wie die hiesige um den Finger wickelst. Die ist patriotisch gestimmt und freut sich sicher darauf, einem kessen Berliner Talent zu sagen: ›Ja, da schau her, auf so etwas wie dich haben wir hier gerade gewartet.‹ Du gehst ein gewaltiges Risiko ein, Carla. Scheiterst du an der Burg, bleibst du auf ewig beim Boulevard. Das Ganze ist ein Fehler!«

Im Grunde genommen spricht Klabund nur aus, was Carola fürchtet. Aber sie braucht jetzt Zuspruch und keine düsteren Vorahnungen. Zum Glück ist sie mit Mathilde verabredet, einer Gleichgesinnten, für die im Leben die Chancen und nicht die Risiken zählen. Verärgert schließt sie die Diskussion ab: »Ich werde nicht scheitern, Fredi. Ich habe mich in Baden-Baden durchgesetzt, in Nürnberg, Breslau und hier in Berlin. Das kommt nicht von ungefähr, das ist Talent, perfektioniert durch harte Arbeit. Und was den Wiener Schmäh angeht – darin stehe ich den Leuten dort nicht nach. Ich habe den Herren der österreichischen Presse erzählt, dass ich zwar in München aufgewachsen, aber doch in Graz geboren, im Grunde also eine heimkehrende Landsmännin bin. Sie haben es geschluckt.« Carola schnappt sich ihren Mantel von der Garderobe und läuft zur Zimmertür. Dort dreht sie sich um. »Wenn ich etwas vermag, Fredi, dann ist es schauspielern. Vertrau mir. Und warte nicht auf mich. Es wird sicher spät.«

Gefängnis Butyrka
1. Januar 1940

»Sakroite dwer!« Tür zu! Grigori Kusnezow bellt den Befehl in Richtung Schließerin, die die Gefangene Henschke wieder in ihre Zelle bringt. Die kehrt zurück und wirft die Zellentür geräuschvoll ins Schloss. Er grinst. Der laute Protest einer Untergebenen, die nichts zu sagen hat. Kurz darauf ertönt das rhythmische Klacken des an ein Koppelschloss geschlagenen Vierkants. Der NKWD-Leutnant lauscht einen Augenblick auf das sich entfernende Geräusch, dann nimmt er das kleine Notizbüchlein aus der linken Brusttasche seiner Militärbluse. Er ruft sich das heute Gehörte in Erinnerung und ergänzt die an den Vortagen gemachten Einträge zu der Gefangenen Henschke:

Arbeitet hart am Fortkommen, gesunde Selbsteinschätzung.

Beherrscht und liebt das Spiel mit der Selbstpropaganda.

Prostituiert sich für den Erfolg.

Er hatte das schnell und hintereinander weg geschrieben, aber nach dem letzten Punkt hält Kusnezow inne. Er lehnt sich zurück, stützt die Arme auf die Lehnen seines Schreibtischstuhls und stößt mit den Daumen der ineinander verschränkten Hände nachdenklich gegen den Mund. Verlor er im Fall Henschke seine Objektivität? War er eifersüchtig auf all die erfolgreichen Männer aus Politik und Kultur, zu denen sich die schöne Frau von selbst legte? Andererseits: Würde die Feodorowna heute auf ihn warten, wenn er statt Leutnant nur Soldat wäre? Und anstelle einer Dienstwohnung ein Zimmer in einer Kommunalka hätte? Grigori Kusnezow nimmt einen Radiergummi und tilgt die letzte Zeile. Prostitution ist das falsche Wort. Die Neher entschied frei, wem sie sich hingab. Im Grunde holte sie sich nur, was ihr der schwindsüchtige Mann nicht mehr zu geben vermochte. Wenn dies darüber hinaus der Karriere nutzte – umso besser. Er ergänzt seine Notizen um zwei neue Punkte:

Frei von bürgerlicher Moral, gern zum eigenen Nutzen.

Bevorzugt Männer, die sich aus der Masse herausheben.

Der NKWD-Leutnant überfliegt die Einträge der letzten Tage. Dann grunzt er zufrieden. Sie wird ihm gehören. Entschlossen klappt Grigori Kusnezow den Aktendeckel zu. Für heute gebührt dieses Privileg allerdings Ludmilla Feodorowna.

Gefängnis Butyrka

2. Januar 1940

»Ah, die Gefangene Henschke.« Die Bemerkung ist angesichts der Umstände äußerst dämlich, sie taucht ja nicht unangekündigt in seiner Verhörzelle auf, aber Leutnant Kusnezow ist das in diesem Augenblick völlig egal. Die gestrigen Schönheitstipps der Schauspielerin, von denen er der Gefreiten Feodorowna berichtete, haben sich ausgezahlt. Sie hatte gleich ein rohes Ei aufgeschlagen und es sich in die Haare einmassiert. Ihm war zwar nach dem Auswaschen nichts Besonderes aufgefallen, aber Ludmilla hatte seine kleine Übertreibung von dem strahlenden Glanz ihrer schwarzlockigen Mähne äußerst zufrieden zur Kenntnis genommen. Und zeigte sich so dankbar, dass ihm jetzt noch eine wohlige Zerschlagenheit in den Knochen steckt. Kusnezow wirft einen Blick auf den Lebenslauf der Gefangenen. »Sie gingen im Frühjahr 1927 nach Wien. Erwies sich das im Nachhinein als der große Fehler, vor dem Ihr Mann warnte?«

»Wie man es nimmt. Ich wurde Burgschauspieler. Ein Titel, der in unserem Metier einen wahnsinnig guten Klang hat. Aber letztlich führte dieses halbe Jahr beruflich in eine Sackgasse. Eine Erkenntnis, die ich Brecht und seinen Freunden verdanke. Nach Wien wiesen die mir den richtigen Weg. Weshalb sich Klabunds düstere Vision vom ewigen Boulevard nicht erfüllte.«

»Augenblick. Gestern sagten Sie, im Anschluss an Ihr Burg-Gastspiel stellte Ihnen Wilhelm intensiv nach. Sie pflegten also gleichzeitig Umgang mit dem linken Kreis um Brecht und mit den Monarchisten um den Kronprinzen?«

»Oh, diese Melange war im Berlin der Zwanzigerjahre nichts Ungewöhnliches. Die Stadt war ein einziger brodelnder Kessel, in dem sich unterschiedlichste Zutaten mischten. An einem Abend diskutierte ich in einer der Künstlerkneipen des Berliner Westens mit Erwin Piscator, Kritikerpapst Herbert Ihering und Brecht über das Theater als politisches Tribunal. Und am anderen machte ich an der Seite von Wilhelm vor der feinen Gesellschaft bei einem Konzert gute Figur. Das war normal. Das Wichtigste blieb, sich jederzeit in Erinnerung zu bringen. Glänzende Leistungen auf der Bühne allein genügten nicht. Der Berliner vergisst leider schnell, was ihn tags zuvor begeisterte. Ihm wurden ja jeden Abend neue Sensationen geboten. Nur der Skandal bleibt lange im Gedächtnis. Die beste Reklame war, Klatschgeschichten über sich zu organisieren und im rechten Augenblick einen Fotografen zur Stelle zu haben. Ob in der Politik, im Sport oder beim Theater: Das Publikum starrt gebannt auf die im Licht. Die im Dunkeln bemerkt es nicht.«

Kusnezow nickt unmerklich. Da hat sie recht. Jetzt, wo die Henschke im Finstern der Butyrka sitzt, schert sie niemanden. Was aber, wenn man sie auswies – würde sie nicht sofort im Lichte der Weltbühne stehen und mit einseitigen Erzählungen über ihre Moskauer Zeit dem Sowjetland propagandistischen Schaden zufügen? Bei einer Emma Lopper interessierte das niemanden, aber bei der Neher und ihren einflussreichen Freunden ... Er beschließt, dieses Dilemma später mit Leutnant Melnik zu diskutieren. Jetzt gilt es erst einmal, mehr über die privaten Verbindungen der Henschke in die politischen und geistigen Eliten des alten Deutschlands zu erfahren. »Brecht führte Sie zum Gipfel, und der Kronprinz sorgte dafür, dass alle Sie dabei sahen?«

»In etwa. Wobei: Wilhelms Platz hätte jeder andere mit Einfluss, Ruhm oder Geld einnehmen können. Den von Brecht nicht.«

Berlin
22. November 1927

Der Kellner hinter dem Kalten Büffet links vom Eingang des »Schlichter« schaut nur kurz auf, als sie das Restaurant in der Anschützstraße betritt. Er grüßt mit einem Kopfnicken, bevor er sich wieder den Beilagen zuwendet. Carola schätzt die Nähe des Lokals zu dem am Wittenbergplatz gelegenen Deutschen Künstlertheater. Dort probt sie seit einigen Tagen für die Ende des Monats geplante Premiere von *Chicago*. Intendant Heinz Saltenburg erhofft sich durch die Komödie einer jungen, amerikanischen Autorin einen Kassenschlager. Carola, so sein offen geäußertes Kalkül, würde das Publikum durch die raffiniert-kaltschnäuzige Art begeistern, in der ihre Roxie Hart Männer für sich einspannt, und zugleich einen überaus entzückenden Anblick bieten.

Zielgerichtet läuft die junge Schauspielerin durch die engen Reihen der mittags immer gut besetzten Zweier- und Vierertische. Hier und da grüßt sie zurück, wenn sie von Kollegen erkannt wird, lässt sich aber nicht aufhalten. Sie ist verabredet. Vor einem runden Tisch in der linken hinteren Ecke bleibt sie stehen. Ihr Blick gleitet zu dem Gemälde an der Wand, das wie alle in dem Restaurant aufgehängten Bilder von Rudolf Schlichter stammt, dem Bruder des Inhabers. Es zeigt einen dünnen jungen Mann, der den Blick des Betrachters selbstbewusst erwidert. Das kantige, schmale Gesicht läuft über der hohen Stirn in einem kurz geschorenen Schädel aus, der schief gebundene Schlips an dem zerknitterten Hemd verschwindet im Ausschnitt einer speckigen, dunkelbraunen Lederjacke. In seiner rechten Hand hält der Mann den Stummel einer Zigarre. Es ist das Porträt der Person, die direkt unter dem Bild auf einem großen Kneipen-Sofa lümmelt und blauen Zigarrenqualm in den Raum bläst. »Carola«, begrüßt Bertolt Brecht sie mit seinem augsburgisch rollenden »R«. Er macht Anstalten, sich höflich zu erheben.

»Wie originell, lieber Bert, wenn einem der Stammplatz im Lieblingslokal mit einem eigenen Gemälde markiert wird.« Sie legt ihren Übergangsmantel über die Lehne eines der beiden Stühle vor dem Tisch und ihr Hütchen auf dessen Sitzfläche. Dann nimmt sie auf dem anderen Platz.

»Nicht wahr?« Brecht lässt sich auf das Sofa zurückfallen und grinst. »Du kannst es kaufen: Der Max Schlichter stellt die Werke seines Bruders nicht nur zur Dekoration aus.«

»Was soll ich mit dem Bild eines proletarisch ausstaffierten Theater-Revolutionärs vor blauem Automobil? Hätte er ein Porträt von mir gemalt, hinge das längst nicht mehr hier.«

Brecht grinst. »Werde ich dem Rudi sagen. Essen wir etwas?«

»Dazu bin ich hier.« Carola schnappt sich die Speisekarte. »Gedämpfte Nieren, Hirn, Gänseleber … ich probiere heute einmal den überbackenen Blumenkohl.«

»Fein.« Brecht ruft einen Ober an den Tisch. »Die Dame nimmt den Blumenkohl, ich genehmige mir Rührei mit Champignons. Zunächst bringen Sie uns jedoch einen Martini und ein Glas Sekt.« Dann lehnt er sich in seinem Sofa zurück und pafft einen Zug aus der Zigarre. »Wie war Wien? Nach dem, was in den Zeitungen stand, hat dich das Burgtheater nicht allzu euphorisch begrüßt.«

»Pah! Das ist die Untertreibung des Jahrhunderts!« Carola hat Mühe, sich im Rückblick nicht von Wut übermannen zu lassen. »Du weißt, dass ich mit großen Vorbehalten an die Donau gefahren bin. Aber sich vor der Hölle fürchten und die Hölle erleben, das ist dann doch ein gewaltiger Unterschied.« Sie sieht, dass der Kellner mit den bestellten Getränken zu ihrem Tisch geeilt kommt und wartet, bis er sie abgestellt hat. »Direktor Herterich hatte mich hier in Berlin in der Rolle der Kukuli gesehen und war begeistert. So jemanden brauche er an der Burg, hat er mir damals gesagt. Eine junge Schauspielerin mit Spaß am Spiel, die zugleich verführerisch, heiter, sportlich und so weiter sei. Aber er sähe darüber hinaus in mir eine ernsthafte Darstellerin, deren Talent sich nicht in Lustspiel-Rollen erschöpfen dürfe. Da schlug er genau die richtige Saite an. Prompt gehe ich ihm auf den Leim und unterschreibe für ein halbes Jahr Wien.«

»Wo du auf eifersüchtige Kollegen und ein gegenüber allem Preußischen voreingenommenes Publikum triffst.«

»Woher weißt du das? Kennst du die Burg?«

Brecht schüttelt grinsend den Kopf: »Ich lese so einiges.«

»Hast du aber auch gelesen, dass der Herterich vor seinen intriganten Burgschauspielern einknicken und mich auf eine Nebenbühne abschieben wollte? Ich komme da an und habe erst einmal eine Woche nichts zu tun. Gar nichts! Fein, sehe ich mir eben Schönbrunn an und die Hofburg und den Prater, aber du kennst mich: Ohne Theater halte ich es nicht lange aus.« Carola redet sich in Rage. »Nach ein paar Tagen gebe ich dem Herterich in seinem Büro eine Vorstellung und frage ihn aufgebracht, wozu er mich denn an die Donau geholt habe. Andere Direktoren böten mir sicher gern eine Bühne, wenn ihm das nicht gelänge. Da schlägt der mir allen Ernstes vor, meine Wiener Premiere im Akademietheater zu geben. Auf der Kammerspielbühne statt im Großen Haus! In dem Stück *Weiberfeinde*! Du kennst es?«

»Ein Lustspiel, nach meiner Kenntnis.«

»In der Tat. Eine Komödie! Wo ich doch an die Burg bin, um endlich im seriösen Fach zu brillieren! Da habe ich dem Herterich gesagt, und später dem Wiener Journal, das käme gar nicht infrage. Ich spielte ja gern diese Jane Crawford und andere lustige Rollen. Doch nicht, bevor ich zunächst das Publikum in einer großen ernsten Partie für mich gewonnen habe.«

»Und das hat geholfen?«

»Beim Herterich schon. Der setzte letztlich *Cäsar und Cleopatra* von Shaw als meine Wiener Premiere an. Na, da hat aber die Burg gewackelt! Die Kollegen waren gelb vor Neid: Da kommt so eine Göre aus Berlin, der ist das Akademietheater zu klein, die verlangt eine Titelrolle im Großen Haus und bekommt sie sogar! Die soll mal alleine sehen, wie sie zurechtkommt.« Sie nimmt einen Schluck von dem Sekt. »Eine Probe haben sie mir gegeben. Eine! In einer staubigen Inszenierung, die sie seit 1921 aufführen. Die waren fest überzeugt, Shaw beherrschen sie aus dem Effeff. Von wegen! Die Damen und Herren Burgschauspieler vergaßen bei der Premiere den Text, verpatzten die Einsätze, spielten an mir vorbei. Ein Desaster! Die Wiener Allgemeine sprach von einem ›Gewimmel von Entgleisungen‹ und ›launigem Draufgeruder‹.« Erneut nähert sich der Kellner dem Tisch und zwingt Carola zu einer Pause. Er stellt die Teller mit dem Essen ab und eilt weiter. Brecht nimmt die Gabel in die Hand und stochert in seinem Rührei, während sich Carola hungrig auf ihren Blumenkohl stürzt.

»Aber die Kritiken deiner Leistung waren doch fast euphorisch, wenn ich mich recht erinnere. Polgar war in der ›Weltbühne‹ von der Cleopatra überaus angetan, trotz seiner kleinen Spitze dort.«

»Die Sache mit dem Herz?«

»Ja genau: ›Ob sie viel Herz hat, weiß ich nicht; in den Vordergrund drängt sich dieses Organ keinesfalls.‹ Herrliche Formulierung. Aber er bewundert dich uneingeschränkt. Wie du fraulichen Reiz in künstlerische Qualität wandelst, durch kindliche Ungezähmtheit und gefährliche

Kühle. Wie du der Rolle die notwendige Härte bringst, gepaart mit körperlicher Anmut.«

»Hast du die Kritik auswendig gelernt?«

»Das nicht, doch vorhin noch einmal gelesen.« Brecht grinst erneut, schiebt den kaum angerührten Teller von sich weg und nimmt die erkaltete Zigarre wieder in den Mund. Ohne zu fragen, ob das Carola stört, entzündet er sie. »Soweit ich das aus der Ferne zu beurteilen vermag, waren in Wien zwar nicht immer deine Stücke, jedoch du als Schauspielerin erfolgreich. Ob in *Weiberfeinde* oder *XYZ*, …« Brecht unterbricht sich. »Klabund schrieb dieses Lustspiel für dich, hörte ich?«

»Ja, das stimmt.«

»… also, in den Komödien hast du die Wiener begeistert. Nur in den großen Inszenierungen gelang es dir nicht, Eindruck zu hinterlassen. Es scheint, der Ausflug zur Burg hat dich deinem Ziel, als seriöse Akteurin an eine Reinhardt-Bühne zu kommen, nicht näher gebracht. Ich werde dir mal sagen, warum.«

»Du weißt schon, dass mir Max Reinhardt im Sommer das Angebot einer Amerika-Tournee mit seiner Truppe machte?«

»Eine Gastspielreise ersetzt nicht das Engagement an einem seiner Häuser.« Brecht verzieht verächtlich seine Miene. »Ja, ich weiß. Du hast abgelehnt. Nach außen, weil er dir da keine große Rolle angeboten hat. Aber ich vermute eher, dass du deinen todkranken Mann nicht allein in Europa zurücklassen wolltest.«

Carola hält seinem lauernden Blick stand und verkneift es sich, auf dieses heikle Thema einzugehen. Natürlich hatte sie Angst, dass sich Fredis Zustand rapide verschlechtern könnte. Überließ sie ihn im Alltag auch der Pflege einer Krankenschwester, in Stunden höchster Not würde sie immer bei ihm sein. Aber das ging niemanden etwas an.

Brecht verlängert die eingetretene Pause, indem er einen weiteren Zug aus der Zigarre nimmt. Da Carola keine Anstalten macht, etwas zu sagen, setzt er seine Analyse ihrer Situation fort: »Egal, warum du Reinhardt abgesagt hast. Ich glaube, ihr habt ein grundsätzliches Problem miteinander. Ein objektives.«

»Und das wäre?«

Brecht beugt sich vor, legt die Zigarre auf dem Aschbecher ab, und fixiert sie hypnotisch mit seinen braunen Augen. »Der kann mit dir nichts anfangen. Mit dir als Schauspielerin.« Carola nimmt die zweideutige Bemerkung mit einem kurzen Verziehen der Mundwinkel hin. Sie will hören, wie der Dramatiker das meint. »Dich zu engagieren ist für ihn keine Frage der künstlerischen Qualität. Dass du die ablieferst, war schon vor Wien klar. Nein, er vermag mit deinem nüchternen Stil nichts anzufangen.«

»Und warum macht er mir dann das Tourneeangebot?«

»Er ist nicht blöd. Du bist attraktiv, verfügst über eine erotische Ausstrahlung. Er sieht, wie du die Besucher ins Theater strömen lässt. Ein solcher Kassenmagnet ist für jeden Theaterdirektor willkommen, zumal in Amerika, das doch so die Äußerlichkeiten liebt. Aber deine Kunst der Darstellung ist ihm fremd. Sachlich, distanziert, von einer gewissen Seelenkälte in den ernsten Rollen, unabhängig, wild, erfüllt von Spiellust in den Komödien. Du verführst und lässt eiskalt fallen, bist Kindfrau, Femme fatale, mondäne Dame. Das ist ein neuer Typus von Schauspielerin. Ich habe da letztens einen amerikanischen Streifen im Filmtheater gesehen, der hieß *Das gewisse Etwas.* Er handelt von einem Mädchen, das dieses ›It‹ hat, das Besondere, von dessen natürlicher Anziehungskraft auf Männer es immer wieder selbst überrascht ist. So ein It-Girl bist du: das Abbild der nach dem elenden Krieg von allen überkommenen Konventionen befreiten Frau. Deshalb nahm dich das k. u. k.-Wien so widersprüchlich auf.«

»Du meinst, ich passe nicht in das Theater unserer Zeit?«

»Ich finde, unsere Zeit passt nicht mehr in das Theater. Die jungen Autoren wollen ihre aus dem Krieg geborenen Ideen von einer besseren Welt dem passiv glotzenden Publikum direkt ins Gehirn pflanzen. Falsch! Der Schauspieler soll die Schlüsse dem Zuschauer überlassen! Zudem ist der Krieg den Menschen längst gleichgültig. Sie beschäftigt vielmehr das Elend, das ihm folgte. Warst du mal im Berliner Osten, Carola? Oder im Wedding? Da, wo die Arbeiterschaft in Kasernen mit bis zu sechs Hinterhöfen haust? Mit einem Klo für mehrere Familien auf halber Treppe? Wo Kriegsinvaliden von den Einkünften ihrer hurenden Frauen und Töchter leben? Wo Arbeiter ohne Arbeit ihre ohnmächtige Wut in Straßenschlachten zwischen SA und Rotfrontkämpferbund herausprügeln? Dort findet das neue Theater seine Themen. Es muss die Welt zeigen, wie sie ist. Die notwendigen Folgerungen daraus sind dann Sache des Publikums.« Brecht entlässt Carola aus seinem eindringlichen Blick. Die Spannung, in der er auf sie eingeredet hat, fällt von ihm ab. Er nimmt die erkaltete Zigarre vom Aschbecher, hält sie in der Hand. »Ich werde das neue Theater entwickeln. Werde die Stücke und die Formen finden, die es verlangt. Und du, Carola, bist der Typus von Darsteller, den ich hierfür brauche. Als verführerisch agierender Wildfang ist dein Talent verschwendet. Ich werde dich aus den Fesseln des alten Schauspiels befreien. Lass uns gemeinsam den Weg zum neuen, dem epischen Theater einschlagen.«

»Bietest du mir eine Rolle an? Bin ich deshalb hier?«

»Eine Rolle? Nein, nicht konkret. Aber ich habe viele Ideen.«

»Dann lass mich statt des Weges zum neuen epischen lieber erst einmal den zum Künstlertheater gehen. So faszinierend ich deine Gedanken auch finde, ich muss zur Probe. Rufst du den Ober?«

»Mach dir um den keine Sorgen. Du bist eingeladen.«

Überrascht blickt Carola auf. »Du zahlst? Was ist los?«

Brecht zündet sich in Ruhe die ausgegangene Zigarre wieder an und pafft eine blaue Qualmwolke in die Luft. »Das Landgericht Charlottenburg hat heute meine Scheidung verkündet. Wollen wir das nicht nach deiner Probe bei mir feiern? Ich könnte dir ein paar neue Lieder vorstellen. Und das Rührei zum Frühstück ist sicher genauso warm, wie das bei Schlichter.«

Die Unverfrorenheit des Angebots gefällt Carola. Aber sie hat ihre Prinzipien. »Bietest du mir einen Platz in deinem Harem an? Schlag dir das aus dem Kopf. Zum einen habe ich keine Lust, demnächst als Teil des Zirkels ehemaliger Brecht-Geliebter an deinem Ruhm mitzuarbeiten. Zum anderen bin ich, im Gegensatz zu dir, verheiratet. Und versprach meinem Mann, trotz aller nächtlichen Eskapaden immer zum Frühstück daheim zu sein.«

»Nach dem, was man hört, lebt ihr doch getrennt?«

»Das stimmt. Ich habe ein Zimmer im Hotel am Zoo, während Fredi in der Sophienstraße zur Miete wohnt. Aber der Grund hierfür liegt einzig in seiner abscheulicher werdenden Krankheit. Ich fürchte, mich anzustecken, bei all den Spucknäpfen und blutigen Tüchern und dem Geschirr, das er benutzt. Und Klabund braucht Ruhe. Die er bei mir nicht findet. C'est ça.«

Carola erhebt sich, setzt ihren Hut auf und nimmt den Mantel von der Stuhllehne. Dann zieht sie ihn sich über. Brecht schaut bedauernd zu. Sie zögert kurz, macht einen Schritt zur Couch, beugt sich zu ihm herunter und flüstert: »Deine Scheidung feiern können wir trotzdem. Nur eben ohne Frühstück. Ich komme dann zu dir in die Spichernstraße. Und: Danke für die Einladung.«

Gefängnis Butyrka
2. Januar 1940

Gennadi Kusnezow fällt eine Unstimmigkeit auf, die ihm wichtig erscheint, um das Verhalten der Henschke zu verstehen. »Wissen Sie, was mich beschäftigt? Brecht legt ihnen seine Ideen vom neuen Theater dar, das zum Nachdenken über die elende Situation des Proletariats anregen soll. Meint, Sie seien die Art von Schauspieler, die es hierzu braucht. Sie aber verbringen Ihre Urlaube in der Schweiz und auf den Gütern reicher Bankiers, wohnen in erstklassigen Hotels, tragen die letzte Mode, fahren im neuesten Mercedes durch Berlin. Wie passt das zusammen?«

Die Gefangene zuckt mit den Schultern. »Ich genoss damals das Leben, und Politik war mir egal. Für Brecht wurde ich so zum neutralen Herold, der von der Bühne herab den Zuschauern nüchtern seine Denkanstöße weitergibt. Hauptsache für ihn war, dass sie mir ihre Aufmerksamkeit schenkten.«

Kusnezow kann mit dieser Begründung wenig anfangen. Sie passt nicht in sein Bild vom Klassenkampf: »Aber jede Kunst ist politisch. Der Künstler kann sich nicht heraushalten. Einmal gilt es, sich zu entscheiden: Willst du von den Brosamen der Herrschenden leben oder für die Freiheit der Unterdrückten eintreten? Als Hitler die Macht antrat, sind Sie in die Sowjetunion emigriert. Ein wahrhaft unpolitischer Mensch hätte doch nicht ein Land zum Zufluchtsort gewählt, das die alte Welt in Trümmern schlug, um eine neue, bessere aufzubauen!«

Die Henschke sieht ihn traurig an. Er ahnt, was sie jetzt denkt: Und wohin hat mich mein politisches Handeln gebracht? Hierher in deine Zelle. Er ist gespannt, ob sie wagt, ihm zu widersprechen. »Das ist genau der Grund, warum ich die Beziehung zu dem Kronprinzen einstellte. Brecht führte mich damals in seinen Kreis ein, wo Piscator, Ihering, Walter Benjamin, Elisabeth Hauptmann und andere über das politische Theater diskutierten. Im Laufe der Zeit wurde mir klar, wie widersinnig es war, zwischen den Linksintellektuellen des Berliner Westens und den Potsdamer Monarchisten zu pendeln. Die Gesellschaft aus Adel und Großindustrie, die sich im Schloss Cecilienhof traf und von der Wiederherstellung des Kaisertums träumte, blieb mir fremd. Selbst Hitler wollte ihn ja wieder auf den Thron setzen.«

»Wie bitte?« Kusnezow traut seinen Ohren nicht.

»Ja, das hat uns der Kronprinz erzählt. Im vertrauten Kreis.«

Berlin
April 1928

Mit lautem Hupen steuert Carola ihr chamoisfarbenes Mercedes-Benz-Cabriolet kurz vor dem Brandenburger Tor an den rechten Straßenrand. Sie hält direkt vor der Französischen Botschaft. Aus dem Säulenportal des eher unscheinbar wirkenden Palais eilen daraufhin ein Mann im Straßenanzug und eine elegant gekleidete Frau im mittelgrünen Übergangsmantel zu ihr. »Mathilde!« Carola steigt aus und umarmt die Freundin.

Die bedankt sich mit einem Kuss auf die Wange: »Wie schön, dich wiederzusehen! Und danke für die Einladung!«

»Nicht ich habe eingeladen, sondern Wilhelm von Preußen.« Carola lacht. »Der hat wenigstens das dir geziemende Anwesen!«

»Ach komm, der Kronprinz kennt mich ja gar nicht. Mir ist schon klar, wer ihm die Idee dazu eingeflüstert hat.« Mathilde de Bonningues-lès-Calais steht die Vorfreude auf den festlichen Empfang im Schloss Cecilienhof im Gesicht geschrieben. »Jacques hat mir extra einen Schnellkurs gegeben, wie ich mich in der kaiserlichen Umgebung zu bewegen habe.«

»Ex-kaiserliche Umgebung, Chérie, ex-kaiserlich. Deswegen lautet die Anrede schlicht ›Hoheit‹ und nicht ›kaiserliche Hoheit‹. Blamier uns bitte nicht.« Mathildes Begleiter, der sich bisher im Hintergrund gehalten hatte, tritt neben sie.

»Ich versuche es, mein Lieber. Carola, das ist Konsul Jacques Pilletferme. Er trägt außerdem den vielversprechenden Titel Comte d'Agly und ist unsterblich verliebt. Im Augenblick arbeitet er schwer daran, mich in den Stand einer Comtesse zu erheben.«

Der junge Franzose lächelt gequält. »Sehr erfreut, Sie kennenzulernen, Madame Neher. Mathilde spricht ständig von Ihnen. Leider kann ich sie nicht begleiten. Die Pflicht ...«

»Da merkst du den Diplomaten, Carola. Da er auf keinen Fall dem deutschen Heerführer der Schlacht von Verdun die Hand geben wird, schwindelt er sich eben elegant heraus!«

Kurze Zeit später sind die Frauen auf der Reichsstraße 2 in Richtung Potsdam unterwegs. Mathilde genießt den Ausflug. »Ist das herrlich, dass wir beide mal wieder etwas zusammen unternehmen. Entschuldige, dass ich mich in letzter Zeit rar machte, aber Comtesse zu werden ist eine anstrengende Angelegenheit!«

Carola wirft der Freundin kurz einen prüfenden Seitenblick zu. »Dich reizt doch nicht ernsthaft nur der Titel?«

»Nein, aber er ist nettes Beiwerk. Du hast Jacques gesehen: Ein kultivierter Mann von edlem Äußeren, der mich vergöttert und einer alten und wohlhabenden Familie aus dem Süden entstammt – da nehme ich die Comtesse gern in Kauf!«

»Du verfolgst ernsthafte Absichten?«

»Aber ja. Es scheint, er wird bald zurückgerufen, um die Geschäfte seines Vaters zu übernehmen. Und wie es aussieht, werde ich dann bei ihm sein. In guten wie in schlechten Tagen …« Mathilde verstummt erschrocken. Als Carola keine Reaktion zeigt, fragt sie vorsichtig nach: »Verzeih mein unüberlegtes Geplapper. Wie ergeht es denn Klabund und … eurer Ehe?«

Die Antwort lässt auf sich warten, weil Carola den Wagen am Rand der wenig befahrenen Straße zum Stehen bringt. Dann wendet sie sich der Freundin zu. »Es ist nicht leicht mit Fredi. Die Krankheit nimmt ihn in Beschlag, ein Anfall folgt auf den anderen. Klabund braucht Ruhe, doch die gönnt er sich nicht. Sein Kopf ist voller Gedanken, die er auf Papier zwingt. Er wohnt zur Miete, seit Neuestem in der Schillerstraße, Parterre, Richtung Norden. Das ist zwar nahe meines Hotels, aber er ist seither ständig erkältet. Und mir fehlt die Zeit, ihn zu besuchen, jetzt, wo ich endlich an Reinhardts Deutschem Theater gelandet bin. Ich habe dort die Hauptrolle in *Pygmalion*, einem Stück des Iren Bernard Shaw. Du vermagst dir nicht vorstellen, wie das ist, vor den Proben für eine Komödie bei ihm vorbeizuschauen: Er ist so elend.«

Mathilde beißt sich auf die Lippen. Was lässt sich darauf schon antworten? Vorsichtig versucht sie einen Themenwechsel. »*Pygmalion* ist ein Lustspiel?«

»Aber ja. Was dachtest du denn?«

»Oh, für mich klingt es wie eine griechische Tragödie.«

»Nein, es geht um einen englischen Professor, der einem Blumenmädchen mit ordinärer Ausdrucksweise die gepflegte Aussprache des Hochadels beibringt. Er hat gewettet, er könne sie der feinen Gesellschaft als Herzogin unterzuschieben.«

»Wolltest du nicht weg von den Komödien?«

»Schon. Meinen künstlerischen Neigungen entsprechen sie nicht. Aber sie sind Publikumsmagnet und bringen das Geld ein, das mir den Lebensstil und Klabund die Kur ermöglicht. Weißt du, vor ein paar Wochen hatte ich ein Gespräch mit Bertolt Brecht, einem der nachdrängenden Dramatiker, die das Theater in seiner bisherigen Form infrage stellen. Der meinte, ich sei eine typische Vertreterin der Nachkriegsgeneration: jung, frei von Zwängen, selbstbestimmt. Und genau das brauche er auf der Bühne. Womöglich ist das meine große Chance: das Gesicht des neuen Theaters zu werden. Die Zeit dafür ist reif, meint er.«

Mathilde spürt, dass die Freundin Zuspruch braucht. »Du denkst, dieser Brecht führt dich auf den Gipfel? Dann folge ihm. Macht zusammen von euch reden. Selbst, wenn ihr mit eurem neuen Theater scheitert: Das Lustspiel bleibt dir immer.«

Kurze Zeit später passiert der Mercedes das Tor in den Ehrenhof des Schlosses derer von Preußen. Cecilienhof ist ein durch und durch untypisches Anwesen der Hohenzollern. Wie Wilhelm Carola erzählt hatte, entstand es nach dem Vorbild des Jagdschlosses Gelbensande nahe der mecklenburgischen Ostseeküste, mit dem seine Frau Cecilie schönste Kindheitserinnerungen verbindet. Sie hat das von Backstein, kassierten Fenstern und Eichenbalken dominierte Gebäude nach seiner Fertigstellung 1917 zunächst allein mit den sechs Kindern bewohnt – er selbst weilte ja an der Front. Der Staat Preußen, in dessen Besitz es mit Wilhelms Thronverzicht 1918 überging, übertrug es erst vor zwei Jahren wieder zurück an seine Familie.

Die beiden Freundinnen betreten die Vorhalle, wo ihnen Bedienstete die Garderobe abnehmen. Als Carola ihren Hut absetzt, kommt ein Strassband über der Bubikopf-Frisur zum Vorschein, das sie sich zurechtrückt, mit kontrollierendem Blick in einen der aufgestellten Spiegel. Ähnlich wie Mathilde trägt sie ein schlichtes enges Abendkleid. Ihres ist zitronengelb, aus Crêpe de Chine. Der Saum verschwindet unter gleichfarbigen, aufgesetzten Stoffzipfeln, die die Knie knapp bedecken. Dazu hat sie lindgrüne spitze Schuhe mit Louis-XV-Absatz ausgewählt.

Langsam schiebt sich die Reihe der Wartenden über den Gang zur hinteren Tür des sogenannten Weißen Salons vor, wo das frühere Kronprinzenpaar die Gäste seines Jahresempfangs begrüßt. Cecilie reiste hierzu extra von ihrem schlesischen Landsitz an. Mathilde ist irritiert: »Die Frauen machen ja alle einen Hofknicks«, flüstert sie. »Jacques hat gesagt, das entspricht nicht mehr dem Protokoll.«

Carola kennt das von ähnlichen Anlässen: »Die tun so, als säßen die beiden bald wieder auf dem deutschen Thron. Von mir gibt es den erst, wenn sie das geschafft haben.«

»Ah, Frau Neher«, begrüßt sie Wilhelm von Preußen kurz darauf leutselig und deutet einen Handkuss an. Sich nach rechts zu Cecilie wendend, erläutert er: »Die Gattin des Dichters Klabund, der leider wegen seiner angegriffenen Gesundheit unserer Einladung nicht Folge leisten kann.« Carola beschränkt sich auf die äußerst nachlässige Andeutung eines Knickses und reicht der ehemaligen Kronprinzessin die Hand.

Die schaut ihr kühl in die Augen. »Die Schauspielerin, nicht wahr? Ich habe von Ihnen gehört.«

Carola weiß nicht recht auf die Doppeldeutigkeit zu antworten. Sie beschränkt sich auf ein schlichtes »Danke, Hoheit«.

Der Saal ist voller Männer und Frauen in festlicher Garderobe, die in losen Grüppchen zusammenstehen. Carola fällt sofort auf, dass die meisten Herren ihre Orden angelegt haben – bei einer Abendgesellschaft in Berlin völlig undenkbar. »Das ist der Salon der Kronprinzessin«, raunt sie ihrer Freundin zu. »Zu festlichen Anlässen wird er geräumt. Sonst liegt hier ein Teppich und hinter den darum gruppierten Kanapees steht ein Flügel. Komm, ich zeig dir die Wohnhalle.« Sie schlendern zum anderen Ende des Saals an fünf hohen, elfenbeinfarbenen Fenstertüren vorbei. Unbehelligt öffnet Carola eine Tür an der linken Seite, dann huscht sie mit Mathilde hindurch und schließt sie vorsichtig wieder.

Einen Augenblick lassen die beiden Frauen den Anblick der großen Halle, die sie betreten haben, auf sich einwirken. Sie ist zwei Stockwerke hoch und reicht bis in den Dachstuhl, dessen Eichenbalken die Form eines umgekippten Schiffsrumpfes bilden. Die dunkle Holzvertäfelung bis in Höhe der Galerie und der raumhohe trapezförmige

Erker aus Sprossenfenstern an der Stirnseite betonen den Landhauscharakter von Cecilienhof. Mathilde ist wenig beeindruckt: »Da lebt unser Adel feudaler.«

Carola lässt das nicht gelten: »Dieses Schloss ist nicht zum Repräsentieren gedacht. Es dient dem Wohnen und hat deshalb viele gemütliche Ecken. Komm, ich zeig dir Wilhelms Bibliothek!« Zielgerichtet eilt Carola zu einer Nische schräg gegenüber, Mathilde im Schlepptau. Sie betreten dahinter einen Raum mit einem Schreibtisch vor dem Kamin und deckenhohen, in die Holzvertäfelung eingelassenen Regalen mit Büchern. Carola durchschreitet ihn, ohne anzuhalten. »Das Schreibzimmer«, erläutert sie, bevor sie den nächsten Raum betritt. »Und das ist die Bibliothek. Hier sitzt Wilhelm, wenn … Was ist das denn?« In dem Salon, der rundum mit Bücherregalen ausgestattet ist und in dessen Mitte ebenfalls ein Schreibtisch mit Lehnstuhl steht, gibt es gegenüber dem Fenster eine breite Nische, ausgefüllt mit einem Sofa. Und auf diesem liegt ein Mann – zugedeckt mit einem von der Wand abgenommenen großen Bild. »Na so was!« Carola stemmt die Hände in die Hüfte. »Schauen wir doch mal, wer sich hier vor dem Empfang drückt.« Mit Mathildes Hilfe stellt sie das Gemälde neben das Sofa. Und ist erneut überrascht: »Heinz!«

»Du kennst ihn?«

»Ja, das ist Heinz Rühmann, ein junger Schauspielkollege aus München. Ich habe mit ihm letzten Sommer in dem Stück *Kukuli* auf der Bühne der Kammerspiele gestanden.« Belustigt rüttelt sie den Kollegen an der Schulter. Der hebt zur Abwehr schlaftrunken die Hände, schaut irritiert um sich, bevor er sich zu erinnern scheint, wo er ist. Dann fällt sein Blick auf die beiden feixenden Frauen. Das Wiedererkennen steigert seine Verwirrung.

»Carola? Ja, was … machen Sie denn hier?«

»Wir waren schon beim Du, lieber Heinz. Und genau dieselbe Frage wollte ich dir stellen.«

»Ich? Ach, weißt du … Hoheit hat mich mit dem Auto herbringen lassen. Direkt vom Deutschen Theater. Wenn ich schon mal in Berlin sei, hat er gesagt, dann müsse ich unbedingt zu seinem Empfang auf Cecilienhof kommen. Na ja, antworte ich ihm, das wird leider knapp. Da sind ja die Proben mit der Adele Sandrock – wir bringen *Die Kassette* vom Sternheim, weißt du. Da meint er, das macht doch nichts. Er werde mich beim Intendanten freiboxen und von einem Chauffeur abholen lassen. So war es dann. Nur waren wir zu früh hier. Da habe ich mir ein Plätzchen zum Ausruhen gesucht. Und mir das Bild von der Wand genommen, damit mich darunter niemand sieht.«

Carola vermag nicht länger, ein Grinsen zurückzuhalten. »Woher kennst du Wilhelm denn?«

Rühmann fällt nicht einmal auf, dass seine Kollegin den Gastgeber vertraulich beim Vornamen nennt. »Ach, das war bei einem Gastspiel voriges Jahr. Da gab ich am Deutschen Theater den Bertin in dem Lustspiel *Papiermühle*. Nach der Vorstellung kommt der Herr Ex-Kronprinz zu mir in die Garderobe und gratuliert, ich hätte den Provinzknirps so herrlich schalkhaft gegeben, er sage mir eine große Karriere voraus. Seitdem verfolgen mich Seine Gnaden mit seiner Gnade.«

»Bei mir lief es ähnlich«, bestätigt Carola. »Ach Heinz, das ist Mathilde de Bonningues-lès-Calais, eine liebe Freundin.«

»Rühmann, angenehm.« Der junge Schauspieler knallt die Hacken seiner Lackschuhe zusammen und macht einen tiefen Diener. Dann wird er ernst. »Mensch Carola, wo sind wir denn hier nur gelandet? Die ganze Dienerschaft in Livree, persönliche Adjutanten und Haushofmeister, Kammerdamen und Hofknickse, das ist fast so, als hätte der Kaiser niemals abgedankt. Ich frage mich, was ich zwischen all den Reichsverwesern hier zu suchen habe.«

Eine laute Stimme erspart Carola die Antwort. »Das ist ja eine angenehme Runde!« Wilhelm von Preußen betritt die Bibliothek. »Verrät mir jemand, was der Grund für dieses konspirative Treffen in meinen Privaträumen ist?« Carola erzählt kurz, in welcher Situation sie ihren Kollegen aufgefunden hat. Wilhelm nimmt die Geschichte mit einem feinen Lächeln zur Kenntnis. »Sieh an, unter einem Gemälde kaschiert er sich. Na, Rühmann, jetzt aber Schluss mit dem Versteckspiel. Ich habe Sie ja nicht umsonst herfahren lassen.«

»Für diese Großzügigkeit danke ich Ihnen vielmals, Hoheit.«

Wilhelm von Preußen grinst. »Schon gut. Meinem Protegé soll ein Besuch hier nicht so schwerfallen wie dem Herrn Hitler. Der erschien hier vor einiger Zeit ungefragt, um mir zu versichern, dass er Deutschlands Zukunft allein in der Restauration der Monarchie und in der Herrschaft des Hauses Hohenzollern sieht. Und dann borgt er sich im Anschluss bei meinem Kammerdiener fünf Mark fürs Taxi.«

»Und was haben Sie ihm geantwortet?« Bei Mathilde siegt die Neugier. »Auf die Idee von der Wiedereinführung der Monarchie?«

»Dass er mich mal anschauen solle. Ich säße ihm in Tweed und Knickerbockern gegenüber, als Privatmann, der allein seinem Hause verpflichtet ist. Und dass ich das Stresemann gegebene Versprechen, mich nicht politisch zu betätigen, ernst nehme.« Der Kronprinz hält alles

Notwendige zu dem Thema für gesagt und erinnert sich daran, warum er in die Bibliothek gekommen ist. »So, Rühmann, jetzt gibt es keine Ausflüchte mehr. Ab in den Weißen Salon. Ich werde Sie einigen Herren von der Ufa in Neubabelsberg vorstellen. Alfred Hugenberg, der neue Besitzer, sucht junge Talente wie Sie für heitere Filme. Frau Neher hat derzeit ja eher geringes Interesse an Komödien.«

Gefängnis Butyrka
2. Januar 1940

»Das war das letzte Mal, dass Sie den Kronprinzen trafen?« Kusnezow will das Kapitel abschließen. Im Gegensatz zu seinem Vorgesetzten, Hauptmann Sergejew, bezweifelt er, dass die Monarchisten in Hitlers Deutschland noch großen Einfluss haben. Andere Kontakte der Henschke scheinen ihm vielversprechender.

»So ist es. Ich nahm mir kurz darauf in Berlin eine Wohnung, da sprach er ein- oder zweimal vor. Ich ließ meine Haushälterin ausrichten, dass ich ihn nicht empfangen könne. Die Bekanntschaft hatte für mich schlicht ihren Reiz verloren.«

»Weil Ihnen klar wurde, dass Wilhelm nicht mehr in die Zeit passte und Brecht für so etwas wie Aufbruch stand?«

»Mich vom Kronprinzen zu lösen war eine emotionale Entscheidung, keine rationale. So weit war ich damals nicht.«

*

»Gott sei Dank, da biste ja wieder!« In Emmas abgehärmtem Spreewaldgesicht spiegeln sich Sorge und Erleichterung. »Das hat heute aber lange gedauert!« Carola war schon beim Betreten von Zelle 31 eine gespannte Stimmung unter den Frauen aufgefallen. Sonst beachtete sie kaum eine, wenn sie vom Verhör zurückkehrte. Diesmal schauten sie fast alle hoch, gaben sich dann aber schnell wieder ihrer Beschäftigung hin. Nur Zenzl grüßte mit einem kurzen Nicken.

»Was ist denn los, Emma?« Sie setzt sich zu der Freundin. »Die Grete Michelsen ist nicht zurückgekommen, das ist los.« Carola versucht, dem Namen ein Gesicht zuzuordnen. »Die Kleine, die immer so nah am Wasser gebaut hat«, hilft Emma. »Aus Hamburg. Die haben sie die letzten Tage öfters zu dem anderen NKWD-Deutschen geholt, zu diesem Leutnant Melnik, und jedes Mal war sie verheulter. Wollte aber nie sagen, was los ist. Die ist gestern Abend wieder zum Verhör abgeholt worden, seitdem hat sie keiner mehr gesehen.«

»Was, denkt ihr, ist mit ihr passiert?«

»Alles Mögliche. Von Ausweisen bis Erschießen. Weißte ja nie bei die Brüder. Manche Frauen hier sagen, die ist endgültig zusammengebrochen und jetzt in der Klapse. Andere meinen, der NKWD hat seine Spionin abgezogen, weil sie aufzufliegen drohte, mit ihre flattrigen Nerven. Sind aber alles nur Gerüchte.«

»Klingt, als ginge unsere geruhsame Zeit langsam vorbei.«

»Geruhsame Zeit? Du bist gut. Mag sein, dass dich die Plauderei mit deinem Leutnant entspannt, Carola, doch der kann jederzeit seine Nagan ziehen und dir an den Kopf halten. Ist ja knorke, dass wir nicht hungern oder frieren, aber die Sonderbehandlung hat ihren Grund. Und ick werde das Gefühl nicht los, die arme Grete Michelsen kennt ihn inzwischen.«

Gefängnis Butyrka
3. Januar 1940

Klack, klack, klack. Das monotone Klopfen des Vierkant hallt durch die langen, spärlich erleuchteten Gänge der Haftanstalt. Eine mürrisch dreinblickende ältere Aufseherin hat sie heute abgeholt. Die Junge mit dem bäuerlichen Gesicht kam schon ein paar Tage nicht mehr. Carolas Gedanken sind bei Grete Michelsen und den Folgen, die ihr Verschwinden für ihre eigenen Gespräche mit Kusnezow hatte. Mag ja sein, dass der Leutnant mit übergeschlagenen Beinen, scheinbar spontanem Zupfen an Rock und Bluse und langen Augenaufschlägen beeinflussbar ist. Aber was, wenn er draußen jemanden hat? Dann macht sie sich nur lächerlich: Eine in der Haft gealterte Frau, die sich für attraktiv hält. Welch absurde Idee. Bei einem Mann, der entscheidet, ob du dem zur Hölle gewordenen Paradies der Werktätigen entrinnst. Hör auf damit. Er ist der Jäger.

»Setzen!« Leutnant Kusnezow bellt seinen Befehl, ohne von der vor ihm liegenden Akte aufzublicken. Er ist schlecht gelaunt. Die Feodorowna ist zurück in ihre Kommunalka. Er wird seine Wohnung heute Abend leer vorfinden, und das passt ihm nicht. Hoffentlich lenkt ihn die Henschke mit ihren Geschichtchen ab. Da ist man sich zwar nie sicher, ob sie stimmen, aber sie erzählt gut. »Die Sache mit dem Kronprinzen hat sich erledigt, Sie machen sich mit Brecht auf den Weg, das Theater zu revolutionieren«, fasst er das gestrige Gespräch zusammen. Dann hebt er seinen Blick von den Notizen, schaut der Henschke direkt in die Augen. »Berlin 1928. Laut Lubjanka-Lebenslauf erkannten Sie damals ›das wahre Gesicht des kapitalistischen Systems‹

und wandten sich von den bourgeoisen Kreisen ab. Was war dafür der Anlass?«

»Wenn ich ehrlich bin, Klabund. Er kappte mit einem einzigen Schlag alle meine Bindungen in ein bürgerliches Leben.«

»Wie das?«

Die Henschke schaut ihn traurig an. »Er starb.«

Davos
13. August 1928

Es ist still in der Pension »Stolzenfels«. Die Nacht hat sich längst über das Tal gelegt. Einige wenige Gäste sitzen schweigend in den schweren Sesseln des Salons im Erdgeschoss, andere sind auf ihre Zimmer gegangen oder in eines der Gasthäuser im Dorf. Sie alle halten kaum die Schreie aus, die gelegentlich aus dem obersten Stock dringen, wo der Dichter Klabund unter Schmerzen mit dem Tod ringt. Selbst die Pausen dazwischen bringen keine Ruhe, da niemand weiß, ob Alfred Henschke endlich erlöst wurde oder nur in eine weitere Ohnmacht fiel. Erwin und Frieda Poeschel, die Betreiber der Pension, haben ihre Gäste um Verständnis für die Situation gebeten. Klabund ist ein Stammgast, er sucht schon seit 1916 in ihrem sechsstöckigen Gästehaus »Stolzenfels« Linderung von der Tuberkulose. Hier lernte er seine erste Frau Irene kennen, hierher zog es ihn immer wieder mit seiner zweiten großen Liebe Carola, die, wie er, eine Freundschaft zu den Inhabern aufbaute. Und so ertragen die übrigen Bewohner, von denen viele ebenfalls seit Jahren zur Liegekur an den Höhenweg kommen, die Schmerzensschreie des 37-Jährigen da oben. Vor allem, weil niemand von ihnen weiß, ob er nicht bald selbst solche Rücksichtnahme braucht.

Mühsam zieht sich Erwin Poeschel das Geländer der Treppe empor. Er nimmt die Stufen und Absätze betont langsam – zum einen, weil seine Lunge angegriffen ist, zum anderen, um das Unvermeidliche hinauszuzögern: den Abschied von einem lieben Gleichgesinnten und Freund. Dr. Staub hatte ihm vor einigen Tagen mitgeteilt, dass bei Klabund vom Schlimmsten auszugehen sei. Eine Lungen- und eine Bauchfellentzündung habe er diagnostiziert, dazu scheine eine Hirnhautentzündung zu kommen. Die hohen Fieberschübe sprächen dafür – genau wie die wahnsinnigen Kopfschmerzen. Klabund war klar, wie es um ihn steht. Er diktierte Poeschel eine Karte, mit der er die Eltern eindringlich bat, innerhalb der folgenden acht bis zehn Tage nach Davos zu kommen. Seiner Frau in Berlin hat er eine solche Bitte nicht gesandt. Um sie nicht von ihrer Arbeit abzulenken. Die Hauptrolle in dem neuesten Stück des Dramatikers Brecht sei doch so wahnsinnig wichtig für sie, warb er um Verständnis. Das ihm Erwin Poeschel angesichts des rapiden Verfalls seines Freundes verweigerte. Auf den Rat seiner Frau hin rief er stattdessen Carola Neher in Berlin an, sagte ihr offen, dass Klabund mit dem Tode ringt. Sie ließ alles stehen und liegen. Nahm die Proben zu Brechts *Dreigroschenoper* genanntem Stück gar nicht erst auf. Die Direktion beschwichtigte sie mit dem Versprechen, rechtzeitig vor der Premiere am 31. August zurück zu sein. Seitdem sitzt sie den ganzen Tag bei Klabund. In Berlin nehmen sie darauf wenig Rücksicht. Seit Tagen läutet morgens, mittags, abends das Telefon. Brecht sowie ein gewisser Aufricht, Direktor des Theaters am Schiffbauerdamm, drängen. Die Neher habe eine Hauptrolle. Sie brauchen sie für die Proben. Auf Bitten Carolas wimmelt er die beiden immer wieder ab. Telegramme aus

Berlin lässt er ungeöffnet in seinem Büro liegen. Jegliches hat seine Zeit. Selbst der Tod.

Außer Atem verschnauft Erwin Poeschel kurz vor dem Eckzimmer im obersten Stock. Dann klopft er sacht an, die Nachtschwester lässt ihn ein. Leise öffnet er die Tür zum Zimmer des Todkranken. Das Fenster ist weit aufgesperrt, so gelangt die frische Bergluft, die ein lauer Wind über den Davosersee treibt, in das Zimmer. Es ist kühl, aber auf Klabunds Gesicht steht der Schweiß. Ein neuer Fieber-Schub. Seine Frau sitzt am Kopfende des Bettes, mit dem Blick zum Sterbenden. Sie begrüßt den Eintretenden mit einem leichten Kopfnicken. Erwin Poeschel in seinem braunen Dreireiher wie immer adrett gekleidet, hat die übliche längs gestreifte Fliege für heute durch ein ernstes, dunkles Exemplar ersetzt. Augen und Mund, sonst freundlich lächelnd, verstärken den besorgten Gesichtsausdruck.

»Wie geht es ihm?«

»Zunehmend schlechter. Seine hellen Momente werden immer kürzer. Vorhin haben wir miteinander gesprochen, mit großer Mühe auf seiner Seite. Jetzt ist er wieder in einen bewusstlosen Schlaf gefallen. Ich hoffe, der bringt ihm etwas Linderung.«

Poeschel schaut auf den Kranken, und ein kurzes Zucken um den Mund verrät sein Entsetzen. Das Gesicht Klabunds ist eingefallen, die Haut liegt schlaff auf den Wangenknochen, die Augenhöhlen treten hervor. Der Schädel eines Toten. Der Pensionsbesitzer hat genug Lungenkranke in ihren letzten Stunden erlebt, er erkennt den Zustand des Sterbenden. Leise ruft er die Nachtschwester vom Flur und bittet sie, Dr. Staub holen zu lassen. Dann wendet er sich Klabunds Frau zu. »Darf ich mich zu Ihnen setzen?« Sie nickt. Poeschel holt einen Stuhl, stellt ihn so, dass er gleichzeitig Carola und den Kranken im Blick hat.

»Falls es nicht zu privat ist: Worüber sprachen Sie denn vorhin? Was bewegt einen Mann wie ihn in solch einer Stunde?«

»Ich hatte ihm seine Lieblingsverse von Francois Villon vorgelesen. Die *Regrets de la belle Heaulemière.* Eine Ballade. Sie handelt von der schönen Helmschmiedin, die alle Männer verschmäht, bis auf einen. Der aber hat kein Geld, schlechte Manieren und ist brutal. Als er stirbt, hinterlässt er ihr nur die Erinnerung an die große Liebe, die sie einst für ihn empfand. Und da hat Klabund mich in einem lichten Moment unterbrochen und gesagt, er habe Angst.«

»Vor dem Sterben?«

»Nein. Um mich. Davor, dass ich das kostbare Geschenk des Lebens nach seinem Tode nicht auskoste, sei es aus falscher Rücksichtnahme oder echter Trauer. Verstehen Sie, Poeschel, er stirbt und seine einzige Angst gilt der Frau, die er liebt. Er nahm mir das Versprechen ab, keine Trauerkleidung zu tragen. Ich solle sofort wieder auftreten. Die Vorstellung, mich strahlend jung und schön auf der Bühne zu wissen, die bedeute ihm wahres Glück.« Sie schaut traurig auf den Sterbenden. »Ich habe nie einen Menschen getroffen, der so aufrecht und selbstlos liebt wie er. Sein Körper hielt mit meiner Lebenslust nicht mit, doch seine Liebe war ihr immer überlegen. Wenn er nicht mehr ist – wer wird mich vor mir schützen?«

Vom Krankenbett her ertönt ein leichtes Röcheln. Carola wirft einen beunruhigten Blick hinüber. »Versteht er, was wir sagen?«

Erwin Poeschel schaut auf die starre Todesmaske, die die einst so gütigen Gesichtszüge des Freundes inzwischen bilden. »Ich glaube nicht. Er wehrt sich gegen das Unvermeidliche.« Es ist wieder still. Der Pensionsinhaber versucht, Carola abzulenken. »Welch Glück, dass Sie beide noch ein paar Wochen Urlaub in Brioni genießen konnten. Obwohl ich mich ja schon gewundert hatte, warum Klabund nicht, wie angekündigt, zu uns in die Schweiz kam. Wo es ihm doch so elend erging. Meinen Sie, er hatte eine Ahnung und bestand deshalb darauf, Sie zu begleiten?«

»Ich glaube nicht. Wir hatten uns beide so auf Italien gefreut. Im Sommer an die Adria, das war immer sein Traum. Um mit ihm dorthin zu fahren, habe ich sogar ein Gastspiel in Paris abgelehnt, die Titelrolle in Wedekinds *Lulu*. Doch dann kam diese schwere Lungenentzündung. Also vereinbarten wir, uns in Zürich zu trennen. Ich sollte mich in Brioni erholen und er sich in Ihrer Pension in Davos. Aber als der Hotelpage eben die Koffer für meine Abreise holt, da steht Klabund im Zimmer und sagt, er komme doch mit. Wir hätten die ganze Saison nichts voneinander gehabt, da müsse man nicht auch noch den Urlaub separat verbringen. Was sollte ich machen?«

»Ihn hierher schicken, verdammt«, ertönt es von der Tür.

»Dr. Staub! Danke, dass Sie so schnell kommen konnten.« Erwin Poeschel steht auf, schüttelt dem Hausarzt die Hand.

»Und zu welchem Zweck, Doktor?« Ohne ihren Blick von dem Todkranken abzuwenden, antwortet Carola mit resignierter Stimme auf den Einwurf des Arztes. »Er hätte für ein paar Wochen einsam und still auf dem Balkon gelegen, bevor ihn doch die Krankheit besiegt. So aber hat er zwei glückliche Monate verlebt. Er war so froh. Südliche Wärme, mediterranes Licht, nach all diesen nassgrauen Berliner Tagen. Nein, Doktor, seine kalte Parterrewohnung in Charlottenburg, die hätte ich ihm ausreden sollen – aber Brioni? Diese Freude konnte ich ihm nicht nehmen.«

Während Carola sprach, hat sich Dr. Staub auf den Stuhl von Erwin Poeschel gesetzt und ist näher an das Krankenbett gerutscht. Konzentriert untersucht er den mit geschlossenen Augen reglos daliegenden Klabund. Nachdem er den Puls genommen und das Herz abgehört hat, wendet er sich an Carola. »Es tut mir leid, gnädige Frau, aber es würde mich wundern, wenn er den Morgen erlebt. Er kämpft seinen letzten Kampf, doch es ist ein Rückzugsgefecht. Ich geb ihm Morphium, das gewährt wenigstens die Gnade des schmerzfreien Hinüberdämmerns.«

Carola schließt die Augen, unter den zusammengepressten Lidern dringen dennoch Tränen hervor. In die Stille des Zimmers hinein spricht Erwin Poeschels bewegt ein paar Zeilen und es hört sich an wie ein Gebet:

Wenn ich gehe zu Gott
Trag ich in Händen das Wort ...
Nimm es zurück. Und schaff
Leicht mir die Hände und leer.[11]

»Wie bitte?« Dr. Staub dreht sich zu dem Pensionsbesitzer um.

»Ein Gedicht, Doktor, nur ein Gedicht. Von unserem Freund hier.«

»Ach so.« Der Arzt öffnet den braunen Hand-Lederkoffer, entnimmt ihm ein Kästchen mit säuberlich eingeschlagenen Spritzen und eine Ampulle und zieht das Morphium auf.

---

11 Klabund: Irene oder Die Gesinnung. Erich Reiss Verlag Berlin. 2. Auflage 1918. XLIII.

Im Flur schnarrt das Telefon. Kurz darauf kommt die Nachtschwester herein und tritt auf Carola zu. »Tut mir leid, aber es wurde ein Anruf an Sie durchgestellt. Aus Berlin. Es sei dringend.«

Erwin Poeschel fährt die Frau brüsk an. »Habe ich nicht gesagt, man soll uns nicht stören! Na, denen werde ich was …«

»Lassen Sie nur. Ich muss mich ja doch einmal melden.« Carola erhebt sich. »Ich bin gleich wieder zurück.« Im Flur nimmt sie den auf ein Tischlein gelegten Hörer auf: »Hallo?« Knacken, Rauschen.

Dann ein Krächzen: »Carola?« Brecht.

»Ja«, flüstert sie.

»Na endlich«, klingt es erleichtert aus der Ohrmuschel. »Hör mal, ist er schon tot? Wann kommst du zurück? Wir brauchen dich bei den Proben! Die *Dreigroschenoper* geht nicht ohne die Polly!«

Sie kann es kaum fassen. Brechts Kaltschnäuzigkeit hatte ihr oft imponiert, aber jetzt fühlt sie sich von ihr zutiefst abgestoßen. Andererseits: Da meldet sich ihr Leben – von dem Klabund wünscht, dass sie es weiterlebt, wenn er nicht mehr ist. Sie sucht nach Worten, Entschuldigungen oder Ausflüchte, bringt aber letztlich nur einen einzigen Satz zustande: »Er stirbt gerade.«

Knacken und Rauschen. Wenige Sekunden später vernimmt sie wieder die Stimme Brechts. »Ich versuche, den Aufricht hinzuhalten. Aber das klappt nicht lange. Der verschiebt die Premiere nicht. Ist sein Geburtstag.«

Carola strafft sich. »Sag ihm, ich bin rechtzeitig wieder in Berlin. Und Brecht: Er darf die Polly nicht anders besetzen. Auf keinen Fall.«

Gefängnis Butyrka
3. Januar 1940

Gennadi Kusnezow versucht, sich seine Betroffenheit nicht anmerken zu lassen. Was für eine Geschichte! Die künftige Witwe wird am Sterbebett ihres Mannes vom Nebenbuhler gedrängt, zu ihm zurückzukehren. Und geht darauf ein. »Sie sind so schnell wie möglich wieder abgereist?«

Die Gefangene sieht ihn traurig an. »Unfassbar, nicht wahr? Aber andererseits – was hielt mich denn in Davos? Mein Mann hat den nächsten Morgen nicht mehr erlebt, er starb in den ersten Stunden des 14. August. Einem Dienstag. Wir blieben bis zuletzt bei ihm, der Erwin Poeschel, die Nachtschwester und ich. Er hat keinen von uns mehr erkannt. Einen Tag später trafen seine Eltern ein. Sie waren so traurig, dass sie es nicht rechtzeitig geschafft hatten. Und froh, dass sie mir all die Formalitäten abnehmen konnten. Ich nahm an der Kremation teil, die war schon am Donnerstag, und am Wochenende fuhr ich nach Berlin. Die offizielle Beerdigung in seiner Heimatstadt Crossen fand erst Wochen später statt.«

»Zu einem Zeitpunkt, an dem Bertolt Brecht Sie mit seiner *Dreigroschenoper* auf den Gipfel des Ruhms geführt hatte.«

»Aber nein. Für Bert war ich damals mit Klabund gestorben.«

Berlin
24. August 1928

Als Carola den Zuschauerraum des Theaters betritt, ist dieser abgedunkelt. Nur Bühne und das Regiepult in der dritten

Reihe des Parketts sind erleuchtet. Hier sitzen Erich Engel, Regisseur der *Dreigroschenoper*, rechts von ihm Brecht und sein Schulfreund, der Bühnenbildner Caspar Neher, links der musikalische Leiter der Aufführung, Theo Mackeben, und Kurt Weill, Komponist der Lieder des Stücks. Aus der vierten Reihe schaut Brecht dessen Assistentin Elisabeth Hauptmann über die Schulter. Außerdem entdeckt Carola auf der gegenüberliegenden Seite des Zuschauerraums, im ersten Rang, Ernst Josef Aufricht – einen Schauspieler, der sich zum 30. Geburtstag den Traum von der eigenen Bühne erfüllt. Mit 100 000 Goldmark vom Vater hatte er das Theater am Schiffbauerdamm, Ecke Friedrichstraße, gepachtet. Von Brechts *Dreigroschenoper* erhofft er sich eine aufsehenerregende Wiedereröffnung, die ihn mit einem Schlag in die Reihe der großen Theaterdirektoren der Stadt stellt.

Wie an den vorangegangenen Tagen trägt die junge Witwe ein hochgeschlossenes, schwarzes Kleid mit langen Ärmeln. Sie verstört damit abergläubische Kollegen, aber das ist ihr egal. Hauptsache, Brecht und Aufricht, die sie mit ihren »Ist er schon tot?«-Anrufen so bedrängt hatten, werden daran erinnert, dass sie einen großen Verlust zu bewältigen hat. Dafür ignoriert sie sogar die Bitte Klabunds, keine Trauerkleidung zu tragen.

Die Herren am Regiepult diskutieren das Bild der Eröffnungsszene, die Schauspieler scheinen vorerst nicht gefragt zu sein. Carola beschließt, sich zu Elisabeth Hauptmann zu setzen. Der Einzigen hier im Saal, die sich nach ihrer Rückkehr aus Davos erkundigte, wie es ihr denn gehe. Eine kleine Nachfrage, womöglich nur aus Höflichkeit gestellt, aber Carola war ihr dafür dankbar. Ehrlich geantwortet hat sie dennoch nicht. Sie leidet. Unter der Trauer, dem Desinteresse der anderen für ihren Seelenzustand und all dem Chaos bei den Proben zur *Dreigroschenoper.* Ständig werden Texte und Arrangements verändert. Kollegen weigern sich, wegen Brechts Ideen vom epischen Theater aus ihrer Rolle zu fallen, um dem Publikum mal eben vom Bühnenrand ein Lied darzubieten. Drohen, alles hinzuschmeißen, weil ihr Text gekürzt wurde oder nicht lang genug ist. Und auch sie selbst trug einiges zu dem Durcheinander bei, als sie, infolge der Anspannung nach Klabunds Tod, zweimal auf der Bühne ohnmächtig zusammenbrach. Aber ihre Rolle hat sie professionell im Griff. Regisseur Engel, der sie vor ein paar Jahren, beim Dreh der *Mysterien eines Frisiersalons*, noch als unbedarfte Schauspielelevin kennengelernt hatte, korrigiert selten etwas an ihrem Spiel.

Kaum hat Carola Platz genommen, beugt sich Elisabeth Hauptmann flüsternd zu ihr herüber: »Waren Sie bei einem Arzt?«

Sie hatte ihr nach dem gestrigen zweiten Zusammenbruch dringend empfohlen, sich doch untersuchen zu lassen. Diesem Rat war Carola gefolgt. Wie zu erwarten, hatte der Arzt ihr Ruhe verordnet und sie krankgeschrieben. Aber sie wollte unbedingt bei der Premiere von Brechts neuem Theater dabei sein. »Ja, alles in Ordnung«, flüstert sie zurück. Die Hauptmann schaut sie skeptisch an. Aber sie sagt nichts weiter. Sie ist etwa genauso alt wie Carola, genauso arbeitswütig und genauso bereit, ihre Gesundheit hintanzustellen, wenn sie mit Brecht an neuen Stücken und Ausdrucksformen arbeitet.

Am Regiepult erhebt sich Erich Engel. Er klatscht zweimal in die Hände, bittet so alle Anwesenden auf der Bühne und im Zuschauerraum um Aufmerksamkeit. »Kinder, hört mal her. Dies ist eine Abendprobe, und euch ist klar, was das bedeutet. Wir fahren jetzt einen vollen Durchlauf des

Stückes, ohne Eingreifen von einem von uns hier unten.« Er schaut zur Bühne. »Auftritt Peachum und Fitch.«

Peter Lorre, den sie schon aus Breslau kennt, gehört die erste Szene. In der Rolle des Bettlerchefs nimmt er einen Mann in seine Armenarmee auf und teilt ihm Ausrüstung zu, die auf der Straße Mitleid erregen soll. Da erfährt er, dass seine Tochter Polly mit dem berüchtigten Gangster Mackie Messer fortgegangen ist.

Nur von einem halbhohen Vorhang verdeckt, bauen Bühnenarbeiter jetzt Peachums Reich zu einem leeren Schuppen um. Carolas Kollege Harald Paulsen, elegant gekleidet in einen Straßenanzug, mit gebundener Schleife und Gamaschen über den Schuhen, stellt sich vor das imaginäre Publikum. »In diesem Pferdestall findet heute meine, Mackie Messers, Hochzeit mit Miss Polly Peachum statt …«, setzt er an. Und unterbricht sich. Er tritt bis an den Rand der Bühne, sucht durch das Scheinwerferlicht den Autor des Stücks. »Das ist doch kein Auftritt für mich, Herr Brecht!«, ruft er. »Wie soll denn das Publikum wissen, was für ein Verbrecher ich bin. Die zwei Sätze von dem Lorre in der vorigen Szene, das reicht nicht!«

Unten am Regiepult stecken die Herren die Köpfe zusammen. Dann ertönt Brechts laute Stimme durch den Saal: »Ich kümmere mich drum, Paulsen. Wir lösen das mit einer Ballade, die Ihre Missetaten beschreibt und vorab erklingt!«

Nach dieser kurzen Unterbrechung kommt die Probe voran. Mackie Messers Bande schleppt für dessen spontane Hochzeit mit Polly gestohlene Möbel heran. Carola mag als Braut in Schwarz auf die anderen einen seltsamen Eindruck machen, doch ihr Text sitzt und ihr Spiel lässt die seelische Anspannung, unter der sie agiert, nicht erkennen. Aber kurz bevor sie am Ende des Ersten Aktes den *Song vom*

Ja und Nein singen soll, ist sie es, die die Probe unterbricht und an den Rand der Bühne tritt. »Ich spiele das nicht. Die Rolle ist zu klein!« Ein vorgeschobener Grund. Sie hat ihre Fähigkeit überschätzt, nach Davos in das normale Theaterleben zurückzukehren. Die Bühne ist ihr nicht länger der Ort, an dem sich die Wirklichkeit verdrängen lässt. Sie kann nicht mehr, sucht eine Ausflucht.

Aber Brecht meldet sich von unten: »Ich bringe das sofort in Ordnung. Vorhang herunter. Für die anderen: Pause!« Er lässt einen kleinen Tisch auf die Bühne tragen und setzt sich mit Carola daran, um ihre Rolle nachzuarbeiten. Die Kollegen, genervt vom Hin und Her zur späten Stunde, beobachten das Ganze missmutig aus den Reihen des Parketts.

Da meldet sich Aufricht vom Rang. »Was halten Sie davon, diese Arbeit in meinem Büro fortzusetzen? Dann ließe sich hier die Zeit für Musik und Technik nutzen!«

Carola springt mit einem Ruck auf, der Stuhl fällt hinter ihr auf die Bühne. Wütend steht sie da, in ihrem hochgeschlossenen, schwarzen Kleid, das sie für genau die beiden Männer angezogen hat, die sie jetzt nicht mehr erträgt. Sie nimmt das Manuskript vom Tisch, schleudert es in Richtung Aufricht: »Es reicht! Spielen Sie das Zeug allein!« Brüsk dreht sie sich um und verlässt ohne ein weiteres Wort die Bühne und das Haus.

Berlin
30. August 1928

»Gnädige Frau, da ist wieder Besuch vom Theater. Ein Fräulein Hauptmann wünscht, Sie zu sprechen.« Mizzi, ein dürres Arbeiterkind mit schmalem Gesicht, gehört noch nicht lange zu Carolas Personal. Sie hat sich in ihre Stellung als Haushälterin schnell eingefunden und kommt mit der Köchin Henny, die Carola von Außenminister Stresemann übernahm, gut zurecht. Dass man Besuch nicht im Flur stehen lässt, wird sie noch lernen. Woher soll sie das mit ihren sechzehn Jahren auch wissen. Auf den Hinterhöfen des Wedding legt man keinen Wert auf Etikette.

Wenn die Hauptmann an ihrer Wohnungstür klingelt, dann steht Brecht quasi neben ihr, so eng wie die beiden zusammenarbeiten. Lässt er denn nie locker? Gleich am Tag nach ihrem dramatischen Abgang hatte er Regisseur Engel und Direktor Aufricht mit einem Strauß roter Rosen zu ihr geschickt, um sie zur Rückkehr zu den Proben zu bewegen. Carola ließ die beiden Herren in dem von der Sonne aufgeheizten Esszimmer der Wohnung über eine Stunde lang schmoren. Dann meldete ihnen Mizzi, dass die gnädige Frau heute leider nicht empfange. Laut schimpfend zog Aufricht mit Engel wieder ab. Aber diesmal scheint es um etwas anderes zu gehen: Inzwischen war ja mit Roma Bahn ein Ersatz für die Rolle der Polly gefunden.

»Bitte sie ins Esszimmer. Ich komme gleich.« Sie überlegt kurz, in ihre Trauerkleidung zu schlüpfen. Doch die hat ihren Zweck erfüllt. Ein Blick in den Spiegel zeigt, dass sie in dem leichten Sommerkleid, das sie jetzt trägt, eine passable Figur macht. So wie Klabund sich das gewünscht hatte.

Als sie das Esszimmer betritt, erhebt sich die Hauptmann. »Carola, entschuldigen Sie meinen unangemeldeten Besuch. Ich wollte bloß schauen, wie es Ihnen geht. Offenbar besser.«

»Ja, die Ruhe nach all der Aufregung hatte ihre Wirkung. Wie nett, dass Sie sich um mich sorgen. Darf ich Ihnen etwas zu trinken anbieten? Einen Tee oder einen Aperitif?«

»Ein Tee wäre freundlich, Danke.«

Carola dreht sich zu der hinter ihr wartenden Mizzi und bittet sie, Henny Tee aufzusetzen zu lassen und zwei Tassen zu bringen. Dann fordert sie Elisabeth Hauptmann auf, wieder Platz zu nehmen, und setzt sich zu ihr. »Wie läuft es am Schiffbauerdamm? Ich höre, dass nach meinem Ausstieg keine Ruhe eingekehrt ist. Manche sehen gar die morgige Premiere in Gefahr.«

»Tja. Aufricht hat sein Geld inzwischen sicher abgeschrieben, er resigniert vor dem völligen Chaos in seinem Haus. Aber Brecht versucht zu retten, was zu retten ist. Sie haben gehört, dass Peter Lorre ebenfalls hingeworfen hat? Für ihn springt jetzt ein gänzlich Unbekannter aus Dresden ein, Erich Ponto. An ihm oder Ihrer Freundin Roma Bahn wird die Premiere nicht scheitern. Doch heute Morgen haben wir zu allem Überfluss zudem den Regisseur verloren. Erich Engel stieg aus, weil gegen seinen Willen Szenen gekürzt wurden. Ganz Berlin rechnet mit einem Desaster. Wissen Sie, im Grunde ist Brecht der Erfolg des Stücks völlig egal. Die *Dreigroschenoper* ist für ihn ein Vehikel, um seine neue Art des Theaters zu präsentieren: Alles zeigen, nichts vorkauen, Klischees über den Haufen werfen. Umso mehr hat es ihn getroffen, dass Sie ausgestiegen sind. Für Brecht sind Sie die Verkörperung seiner Idee vom kühlen, distanzierten Darstellen.«

Dank Mizzi, die die Tassen bringt, muss Carola nicht direkt antworten. Nachdem das Mädchen das Zimmer wieder verlassen hat, versucht sie eine Rechtfertigung. »Ehrlich, Elisabeth, ich war fest gewillt, die Polly zu spielen, sie so anzulegen, wie Brecht sich das vorstellt. Schon allein, weil ich meinem Mann auf dem Sterbebett versprochen hatte, mich nach seinem Tod nicht in Trauer zurückzuziehen. Aber es gibt einen Grund, warum mir das letztlich nicht möglich war. In seinen letzten wachen Momenten habe ich Klabund immer wieder Poeme von François Villon vorgelesen, seinem Lieblingsdichter. Stellen Sie sich vor, wie verwirrt ich war, in den Liedtexten, die mir Brecht für die Polly gab, genau diese Verse nacherzählt zu finden! Und als ich bei der Durchlaufprobe mit dem *Barbara-Song* eine nur leicht veränderte Variante der *Regrets de la belle Heaulemière* vortragen sollte, einer Ballade, die ich meinem Mann an seinem Sterbetag vortrug, da kam alles zusammen. Die Erinnerung an Klabund und den Verlust, den er mir bedeutet. Brechts und Aufrichts taktlose Anrufe in Davos und die Geringschätzung, die sie mir gegenüber dadurch zum Ausdruck brachten. Meine angespannten Nerven. Da galt es, einen Strich zu ziehen: Bis hierher und nicht weiter.« Carola schaut ihrem Gast in die Augen. »Ich kenne Brecht seit Jahren. Er ist ein Besessener, der mit kühnen Geistesblitzen brilliert. Aber sie zur Bühnenreife zu bringen, vermag er nicht allein. Er braucht Leute, die seine Ideen verfeinern, weiterentwickeln, umsetzen. Ich war für ihn die Verkörperung seines Konzepts vom distanzierten Darstellen, sagen Sie? Das bin ich weiter. Wir gehören zusammen und er weiß das. Er wird diese Episode schnell vergessen.«

Brechts Mitarbeiterin holt ein kleines ledergebundenes Notizbuch aus einer Tasche ihres Rocks. Sie fängt an, darin zu blättern, und antwortet Carola, ohne sie anzusehen. »Sind Sie sicher? Wissen Sie, Brecht hatte doch den Aufricht und den Engel zu Ihnen geschickt, um die Polly auf die Bühne zurückzuholen. Sie haben die beiden nicht empfangen. Da hat er am selben Abend oder in der Nacht einen Text über Sie zu Papier gebracht. Ich habe ihn am nächsten Morgen auf dem Tisch gefunden und ohne sein Wissen abstenografiert.«

»Einen Text? Was denn für einen Text?«

»Eine Grabrede.«

»Für mich? Ich bin doch nicht tot!«

Brechts Assistentin hat die Seite in ihrem Notizbuch gefunden. »Für ihn schon. Hören Sie:«

»Wir begraben hier die größte deutsche Schauspielerin CN, gestorben dreiundzwanzig Jahre alt, das Strahlendste, was wir gehabt haben. Viele, die sie gesehen haben, hatten vorher nicht gewusst, dass der Mensch sich so leicht bewegen könnte. Vor wenigen Jahren, als sie die Bühne betrat, konnte diese Frau nicht auf der Bühne, nicht auf der Straße gehen, hatte keine Stimme und vermochte nicht zu sprechen. Sie hat es gelernt durch Willenskraft. Mit weniger Anstrengung und zu geringerem Nutzen können Weltreiche erobert werden. Und all diese Anstrengung, Eignung und Plan für diese wenige Zeit! Das Schicksal ist wahnsinnig.«[12]

Gefängnis Butyrka
3. Januar 1940

In der Verhörzelle breitet sich Schweigen aus. Gennadi Kusnezow ist ein weiteres Mal sprachlos angesichts dessen, was ihm die Henschke berichtet. Die Gefangene räuspert sich. »Elisabeth Hauptmann hat mir nie eine Abschrift dieser Grabrede gegeben. Aber ich habe sie gleich aus dem Gedächtnis notiert, nachdem sie gegangen war. Nebenbei:

---

12 Die »Grabrede für cn« wurde nach Brechts Tod in seinem Nachlass gefunden. Interpunktion und Großschreibung als wörtliche Rede Elisabeth Hauptmanns vom Autor nachträglich eingefügt. Hier zitiert nach: Karin Wieland, Das Geschlecht der Seele. Hanser Verlag München 2017, Seite 227.

Das ›gestorben dreiundzwanzig Jahre alt‹ ist Unsinn. Den Klabund verzapfte.«

»Fünf geschenkte Jahre«, murmelt Kusnezow. »Was haben Sie empfunden, als Sie diese Grabrede hörten?«

»Kurioserweise freute ich mich über sie. Letztlich war sie ja ein riesiges Lob dessen, was ich erreicht hatte. Und dass er die Schauspielerin CN zu Grabe trug … Mein Gott, ich kannte Brecht. Er ist ein Mann, der Frauen nach ihrer Nützlichkeit für ihn beurteilt. Ich war sicher, er würde mich wieder ausbuddeln.«

Kusnezow sieht sie verständnislos an. Die Henschke hilft: »Wegen einer empfundenen Kränkung auf gegenseitigen Vorteil zu verzichten wäre dumm. Also vergisst man sie schnell.«

Berlin
16. April 1929

»Frau Neher, wie angenehm, dass Sie uns einmal wieder die Ehre geben.« Max Schlichter, Inhaber des Restaurants, das seinen Nachnamen trägt, begrüßt Carola persönlich. »Die Herren Brecht und Aufricht haben mir Ihr Erscheinen zum Glück angekündigt. Gestatten Sie mir, Sie an ihren Tisch zu führen?«

»Sicher. Ich höre, Ihr Bruder hat die Weigel gemalt. In fast der gleichen Art, wie zuvor den Brecht. Ist das Bild hier zu sehen?«

Der Restaurantbetreiber weiß um das komplizierte Verhältnis der Frauen im Kreis um den Dramatiker. Er gibt sich zerknirscht: »Nein, bedaure. Es hat recht schnell einen Käufer gefunden. Ein Kollege von Ihnen, Alexander Granach. Der Filmschauspieler.«

»Ach.«

Brecht sitzt wie immer auf dem Sofa in der hinteren Ecke des Lokals unter seinem Porträt, Aufricht hat neben ihm Platz genommen. Als Carola erscheint, erheben sich beide eilfertig. Man begegnet sich neuerdings auf Augenhöhe. Daran haben ihre jüngsten Erfolge sicher ihren Anteil. An den Kammerspielen im Deutschen Theater hatte sie sechs Monate lang allabendlich das Publikum begeistert – 96 Mal als Heilige Magdalena in Hasenclevers Komödie *Ehen werden im Himmel geschlossen*, dann weitere 55 Vorstellungen als Jacqueline in dem Lustspiel *Soeben erschienen* von Bourdet. Riesige Aufmerksamkeit brachte ihr zudem die Teilnahme an einer Aufführung, die nur ein einziges Mal gegeben wurde: Wedekinds *Marquis von Keith*. Sie fand am 28. März im Schauspielhaus am Gendarmenmarkt zu Ehren ihres kurz zuvor verstorbenen großen Kollegen Albert Steinrück statt. Die Elite der Berliner Theaterszene stand da auf der Bühne: Elisabeth Bergner und Fritzi Massary, Alexander Granach und Rudolf Forster, Käthe Dorsch und Fritz Kortner, Hans Albers und Curt Goetz. Selbst unter den Statisten nur bekannte Namen: Asta Nielsen, Henny Porten, Marlene Dietrich, Roma Bahn, Käthe Haack. Ganz oben auf dem Besetzungszettel aber, unter dem Schauspielgenie Werner Krauß und vor dem Marquis-Darsteller Heinrich George, stand der Name Carola Neher. Sie brillierte in der Hosenrolle des Hermann Casimir.

»Guten Tag, mein lieber Aufricht«, begrüßt Carola den Direktor und reicht ihm die Hand. Dann wendet sie sich Brecht zu. »Hallo Bert. Fein, dass du diesmal darauf verzichtest, mir Blumen zu schenken.«

Der verzieht den Mund zu einem gequälten Lächeln. »Reiner Selbstschutz, Carola.« Aufricht grinst. Er kennt offenbar die Geschichte vom Rosenstrauß, den ihr Brecht überreichte – bevor er beichtete, dass er die Helene Weigel geheiratet habe. Seine lahme Bemerkung, diese Hochzeit hätte nichts zu bedeuten, brachte das Fass zum Überlaufen: Sie schlug ihm den Strauß wütend um die Ohren.

Dass sie nur zwei Tage später der Einladung ins Schlichter folgt, sollte den beiden Beweis genug sein, dass sie mittlerweile Privates wieder von Beruflichem zu trennen vermag. Carola legt Hut und Mantel auf einem der zwei Stühle gegenüber dem Sofa ab und setzt sich auf den anderen. Brecht und Aufricht nehmen wieder Platz. Ein Kellner eilt herbei. »Darf ich der gnädigen Frau etwas bringen?«

»Ja, ein Margonwasser bitte.«

»Gern.« Er schaut in die Runde. »Wünschen Sie zu speisen?«

Brecht, der sich eine Zigarre anzündet, knurrt zwischen zwei Zügen »später« und lehnt sich zurück.

Aufricht übernimmt. »Liebe Frau Neher, gehen wir doch gleich in medias res. Die *Dreigroschenoper* der Herren Brecht und Weill ist ein grandioser Triumph, die Vorstellungen sind seit Wochen ausverkauft. Nichts aber altert in Berlin so schnell wie das Neue. Darum werden wir der Aufführung Frische einhauchen, um den Erfolg zu verlängern. Die Verträge der Erstaufführung laufen dieser Tage aus, und das nutzen wir, um das Stück überarbeitet in neuer Besetzung zu präsentieren. Ihnen haben wir dabei die Polly zugedacht.«

Carola wartet ab, bis der zurückgekehrte Kellner das Glas Margonwasser vor ihr abstellt, dann nimmt sie einen Schluck. »Eine neue Fassung? Wie wirkt die sich auf die Polly aus?«

Brecht beugt sich vor. »Ich stelle sie mehr ins Zentrum. Zum Beispiel singt künftig sie den Song von der Seeräuber-Jenny.«

»Oh, das Hohe Lied der weiblichen Rache. Das passt zu mir. Aber was sagt die Lotte Lenya dazu? Die Ballade ist doch einer der Höhepunkte ihrer Rolle als Spelunken-Jenny?«

»Da mach dir keine Sorgen. Erstens hat sie ihren Erfolg mit dem Song schon gefeiert …«

»… und zweitens«, unterbricht ihn Aufricht, »ist die Lenya glücklicherweise mit dem Komponisten Kurt Weill verheiratet. Der hat ihr eindringlich erklärt, warum die Polly mehr ins Zentrum der Geschichte gehört. Sie hat es eingesehen.«

Carola schenkt den beiden Männern ein bezauberndes Lächeln. Welch Aufwand, um sie zurückzuholen! Die Kränkungen des letzten Sommers sind offenbar beiderseits vergessen. Die Kunst steht über dem Künstler. »Fein. Da ich davon ausgehe, dass Sie, lieber Herr Direktor, an der Gage für ein neues Zugpferd nicht sparen, werde ich Ihnen die spröde Polly nach brechtscher Art geben.«

Der Dramatiker nimmt einen nervösen Zug von seiner Zigarre und wechselt einen schnellen Blick mit Aufricht. »Wir dürfen uns darauf verlassen, dass du uns den Kram nicht wieder vor die Füße wirfst? Ich hörte, du hast Probleme mit dem einen oder anderen meiner Songs, weil die sich an Texte von Villon lehnen.«

»Ach weißt du, Bert, den Dreigroschen-Liedern zu entkommen ist ja doch nicht möglich. Überall werden sie gepfiffen und vom Grammofon gedudelt. Nein, da singe ich sie lieber selbst.«

Aufricht klatscht erfreut in die Hände. »Prima. Die Details klären wir später. Lasst uns jetzt etwas essen. Ich zahle.«

Gefängnis Butyrka
3. Januar 1940

»Und, hat sich Ihr Engagement für die beiden gelohnt?« Kusnezow fragt nicht nur aus Höflichkeit. Ihm ist schon klar, dass im Kapitalismus selbst aus der Kultur Profit geschlagen wird, aber dass sogar proletarische Dichter von diesem System profitieren, war ihm bisher nicht in den Sinn gekommen.

»Auf jeden Fall. Nach der Wiederaufnahme haben sie am Schiffbauerdamm zwei weitere Telefone installieren lassen, wegen der großen Kartennachfrage. Die Vorstellungen waren drei Wochen im Voraus ausverkauft. Und die Kritik jubelte. Herbert Ihering schrieb, ich sei von der drolligen Zufallsschauspielerin zur prägnanten Darstellerin gereift, und Alfred Kerr bezeichnete mich, das hat sich mir eingebrannt, als ›zaubersüße, volkseinfache Menschenblume‹. Stellen Sie sich das nur vor, die beiden großen Intimfeinde der Berliner Kritik vereint in meinem Lob!« Kusnezow, sieht, wie die Gefangene mit sehnsuchtsvollem Blick in die Zeit ihres größten Erfolgs zurückgleitet. »Von da an war ich nicht mehr die Burg-, sondern die Brecht-Schauspielerin. Dass das Nachfolgestück *Happy End* im September 1929 die riesigen Erwartungen des Publikums verfehlte, war nicht meine Schuld – die Kritik bescheinigte mir, in der allerersten Reihe der Bühnenkünstler zu spielen. Nein, Brecht wurde angesichts der Krise in Deutschland immer politischer, die Zuschauer dagegen suchten Ablenkung von ihren Problemen. Sie erhofften eine neue schmissige Gaunerkomödie und bekamen ein Schaustück über die Verflechtung von Religion und Geschäft. *Happy End* wurde nach nur sieben Aufführungen abgesetzt. Auf die

Beziehung zwischen Brecht und mir hatte das keinerlei Einfluss, im Gegenteil, ich gab ihm mit der von mir verkörperten Hauptfigur Lilian Holiday die Idee für ein neues Stück: *Die Heilige Johanna der Schlachthöfe*. Selbst seine Klage gegen den *Dreigroschenfilm* blieb für unser Verhältnis ohne Belang, obwohl ich in dem mit der Polly eine Hauptrolle spielte.«

»Er wollte nicht, dass sein Stück in die Kinos kommt?«

»Doch. Aber der Ansatz vom Regisseur G. W. Pabst war ihm zu unpolitisch. Brecht verlangte, dass der Film mehr Kritik am Kapitalismus transportiert, was die Produktionsfirma ablehnte. Daraufhin strebte er ein Aufführungsverbot an. Aber er verlor in erster Instanz, zum Schluss verglich man sich.«

Gennadi Kusnezow brummt der Kopf. Er hat genug für heute mit all dem Hin und Her um Brecht und seine Freunde. »Gut. Hören wir an dieser Stelle auf. Selbst wenn mir weiter ein Rätsel bleibt, warum es Sie vom Theaterolymp in die Gräben des Klassenkampfes trieb. Aber wir haben ja Zeit.« Beim letzten Satz senkt Kusnezow den Blick in die Akte der Henschke. Sie soll nicht sehen, dass er lügt.

Dem leiser werdenden Klacken des Vierkantschlüssels am Koppelschloss der Wärterin nachlauschend, die die Gefangene einige Minuten später zurück in die Zelle bringt, sinnt Kusnezow über das heute Gehörte nach. Der Tod Klabunds beschäftigt ihn. Er versucht, sich darüber klar zu werden, warum. Was war falsch an der Erzählung der Henschke, was passte nicht ins Bild? Jäh begreift er: Es ist ihr untypisches Verhalten. Sie, der beruflicher Erfolg alles bedeutet, sagt ein wichtiges Auslandsgastspiel ab, um mit ihrem todkranken Mann ein paar Wochen in Italien zu verbringen. Als sich sein Zustand verschärft, reist sie Hals über Kopf zu ihm, obwohl sie vertragliche Verpflichtungen hat. Und dann schmeißt sie kurz vor der Uraufführung die Hauptrolle hin, die man ihr extra freigehalten hatte. Nachdem sie ein Leben lang den Verstand über das Gefühl gestellt hatte, gefährdet sie ihre Karriere durch emotionales Handeln.

Sie hat diesen Klabund ernsthaft geliebt. Die Erkenntnis überrascht den NKWD-Offizier. Und vor allem ihre Konsequenz. Diese sonst so kühl berechnende Frau hat eine Schwachstelle: tief verborgene, echte Gefühle. Endlich ein Ansatz.

*

Als die Tür hinter Carola ins Schloss fällt, schauen viele der inhaftierten Frauen kurz auf, widmen sich dann aber weiter ihrer jeweiligen Beschäftigung. Rechts, vor dem Schrank mit den Schüsseln der Gefangenen, steht Zenzl Mühsam.

»Keine Nachricht von Grete Michelsen?«

Carola hat die Blicke der anderen zutreffend gedeutet: »Nein«, seufzt Zenzl. »Im Gegenteil, inzwischen ist zudem Roberta Gropper überfällig. Dafür ist uns heute was aufgefallen. Als wir am Nachmittag zum Waschraum geführt wurden, stand auf dem Gang neben einer der Zellen ein blanker Zinkeimer.« Ungeduldig erwartet Zenzl eine Reaktion auf diese Enthüllung.

Carola zeigt sich begriffsstutzig: »Ja, und?«

»Verstehst du nicht? Gewöhnliche Gefangene bekommen ihr Essen in alten, abgeschabten Kübeln, einen glänzenden Eimer habe ich all die Jahre nur in dieser Zelle für

Sonderhäftlinge gesehen. Was, wenn sie die beiden dorthin verlegt haben?«

»Meinst du, wir bekommen heraus, ob das so ist?«

»Wir haben da eine Idee. Da ist eine Kachel im Waschraum. Die ist schwarz und hinter einem Waschbecken für die Aufseher kaum zu entdecken. Ich zeig sie dir nachher. Darauf lässt sich mit Seife eine kurze Nachricht hinterlassen. Haben wir ausprobiert. Sobald eine von uns in die andere Zelle verlegt wird, kann sie sich so melden. Außerdem rufen wir nächstes Mal etwas auf Deutsch, wenn man uns dort vorbeiführt. Vielleicht antwortet ja jemand?«

»Das übernehme ich. Meine Stimme ist laut und eigen.«

Eine Stunde später läuft Carola in der ersten Dreierreihe der Frauen, die von der Diensthabenden durch den Flur zum Waschraum geführt werden. Schon von Weitem sieht sie den blitzblanken Zinkeimer vor einer Zelle auf der rechten Seite. Verabredungsgemäß fangen die Frauen an, laut zu schlurfen und zu husten, um auf ihre Kolonne aufmerksam zu machen. Die Wächterin dreht sich um. »Tische!« ruft sie, Ruhe! Die Gefangenen verstummen, und in die plötzliche Stille hinein antwortet Carola mit kräftigem Ton: »Jawohl, Frau Aufseherin!« Einige ihrer Mithäftlinge prusten leise los.

Da vernehmen sie, wie erhofft, eine zaghafte Stimme hinter der Zellentür. »Carola?« Den weinerlichen Tonfall kannten sie. Grete Michelsen.

Gefängnis Butyrka
4. Januar 1940

Klack, klack, klack. Das Geräusch gehört für Carola mittlerweile zur Tagesroutine. Sie folgt ihm, ohne darauf zu achten. Ihre Gedanken sind bei Grete Michelsen. Sie hatten den Fall gestern lange diskutiert: Warum trennt das NKWD die zierliche Hamburgerin von ihren Mithäftlingen? Ist sie der Spitzel, den Zenzl unter den Frauen vermutet? Oder hat sie im Verhör etwas erfahren, das die anderen nicht wissen sollen? Wohin sie abgeschoben werden, zum Beispiel?

Die Aufseherin ist vor der Verhörzelle angelangt. Carola stellt sich wie gewohnt mit dem Gesicht zur Wand, mit dem Blick auf das Transparent über ihr.

Bereinige dein Gewissen – vergiss nicht, dass früher oder später das Verbrechen aufgeklärt wird

Dann befiehlt die Diensthabende sie in die Zelle. Kusnezow sitzt am Schreibtisch, wie immer über eine Akte gebeugt. Aber neben ihm fehlen diesmal der hingeworfene Uniformmantel und die Mütze. Die hängen an einem großen Nagel am Aktenschrank. Dort wo sie zuvor immer lagen, steht jetzt ein Telefonapparat. Man richtet sich ein. Der NKWD-Offizier beendet die Lektüre: »Setzen Sie sich.« Sie lässt sich auf dem Stuhl an der Wand nieder. »Erzählen Sie mir, wie ausgerechnet Sie, eine hoch bezahlte Künstlerin mit exklusivem Lebensstil, zum Kommunismus fanden.« Die Frage stellt er nicht das erste Mal. Diesmal würde sie antworten.

»Auf diesen Weg hat mich Brecht gestoßen. Erfolg macht etwas mit den Menschen, wissen Sie. Die *Dreigroschenoper* katapultierte die Beteiligten in ungeahnte Höhen. Sie war ein gigantischer Triumph: Allein bis zum Ende der Saison 28/29 wurde sie an 200 Theatern aufgeführt! Aber der Rausch verflog schnell. Brecht wurmte, dass sein frischer Ruhm auf einem relativ anspruchslosen Stück beruhte, das seine Popularität in Wahrheit vor allem der Musik des Kurt Weill verdankte. Er träumte weiter von einem Theater, das sich den Nöten der Zukurzgekommenen zuwendet. Ganze

Nächte führte er Debatten mit seinen Freunden über das Elend der Massen und die Profitgier ihrer Ausbeuter. Ich gehörte jetzt ebenfalls zu diesem Kreis, lernte, mich in solche Diskussionen einzubringen. Und fuhr doch morgens im Mercedes zurück in die riesige Wohnung, die ich mir mittlerweile gekauft hatte, um dort ein Frühstück einzunehmen, das meine Köchin bereit hielt. Das verursachte mir zunehmend Unbehagen.«

»Sie erkannten den Widerspruch zwischen Sein und Bewusstsein. Wann schlug das in politisches Handeln um?«

»Ende 1929. Bei einem Auftritt mit Brecht im Zirkus Busch.«

»Sie standen gemeinsam mit ihm in der Manege?«

»Vor über viertausend Kommunisten.«

Berlin
3. November 1929

Langsam fährt Carola über den Hackeschen Markt in die Oranienburger Straße. Ihren Chauffeur Heinrich hatte sie rausgeworfen, als sie ihn mit dem Hausmädchen beim erotischen Spiel in ihrer Badewanne erwischte. Mizzi, die sich unter verzweifelten Tränen entschuldigte, durfte bleiben. Sie wird das Auto abseits abstellen, um nicht aufzufallen. Aus demselben Grund trägt sie einen schlichten Übergangsmantel und einen unscheinbaren Hut, beide in Braun. Sie ist auf dem Weg zu ihrer ersten proletarischen Versammlung. Da gilt es, sich anzupassen.

Sie stellt den Wagen in einer Nebenstraße ab und reiht sich in den Strom von Menschen ein, die in Richtung Spree unterwegs sind. Nur wenige Frauen sind darunter, den meisten von ihnen sieht man an, dass sie aus dem Elend der Hinterhöfe kommen. Abgewetztes Schuhwerk oder sogar Holzpantinen, lange, derbe Röcke, ein dickes, wollenes Kopftuch, das mit der Hand vor der Brust zusammengehalten wird. Zuweilen entdeckt sie junge Mädchen mit Ballonhut, allein oder zu zweit unterwegs, unter deren Kaufhaus-Mänteln das graue Sonntagskleid hervorlugt.

Vor dem Rundbau des Zirkus Busch ziehen riesige blutrote Plakate mit schwarzer Schrift die Aufmerksamkeit auf sich:

Die Kommunistische Partei Deutschlands
und ihr Zentralorgan Die Rote Fahne

rufen zur
Massenversammlung

Sonntag, 3. November 1929, nachmittags 3 Uhr
Zirkus Busch, Mitte, Burgstraße

32 Tote am 1. Mai
gebt die Antwort
Wählt Liste 3

Die Toten vom 1. Mai, das ist eine Erinnerung an den blutigen Sonntag vor gut einem halben Jahr, an dem die Berliner Polizei mit scharfen Schüssen ein Demonstrationsverbot durchsetzte. Brecht hatte das brutale Vorgehen der Schupo gegen die sich versammelnden Arbeiter vom Balkon der Wohnung eines Freundes aus beobachtet und war entsetzt. Ein Grund für ihn, im Vorfeld der Berliner Stadtverordnetenwahl am 17. November öffentlich die Kommunistische Liste zu unterstützen.

Inzwischen hat Carola den Haupteingang des imposanten Gebäudes mit dem großen Schriftzug »Circus Busch« an der Kuppel erreicht. Sie kämpft sich aus dem Sog der einströmenden Menschenmassen an den linken Rand des Foyers zum Eingang der dort befindlichen Restauration. Deren Inneres ist von dichtem Zigaretten- und Zigarrenqualm erfüllt, den die in Gruppen beieinanderstehenden oder an schmalen Tischen sitzenden Männer in die Luft paffen. Ihre lauten Diskussionen erfüllen den Raum. Suchend schaut sich Carola nach Brecht um. Sie entdeckt ihn an einem Stehtisch, vertieft im Gespräch mit einem Herrn in Schlips und Anzug mit runder Nickelbrille.

»Carola!« Brecht begrüßt sie geschäftig, ohne großes Aufhebens. »Darf ich dir den Komponisten unserer Ballade vorstellen? Hanns Eisler. Er ist gleichzeitig Musikkritiker bei der Roten Fahne.« Carola nickt in Richtung des kleinen Mannes, der zwar in ihrem Alter zu sein scheint, aber doch schon eine deutlich bis auf den Hinterkopf reichende Glatze trägt. »Hanns, das ist Carola Neher. Begnadete Schauspielerin, ebenso talentierte Sängerin. Der rechte Stimmenfang für heute.«

»Ah, die Heilige Johanna. Freut mich.«

Carola ist verwirrt. »Brecht?«

Der Angesprochene grinst, streift die Glut seiner Zigarre auf dem Aschbecher eines Nachbartisches ab. »Hanns hat gefragt, was mich im Augenblick beschäftigt. Da habe ich ihm von meiner Neuaufnahme des Heilsarmee-Stoffes erzählt, sozusagen der Weiterentwicklung von *Happy End*. Ich werde aufzeigen, dass man die unversöhnlichen Gegensätze zwischen Arbeitern und Kapitalisten nicht mit Worten und der Kraft des Gebets versöhnt. Dazu werde ich die tugendhafte Jeanne d'Arc in die Gegenwart holen und als Johanna Dark erneut an den Verhältnissen scheitern lassen.«

Jetzt wird Brecht von Eisler unterbrochen. »Ja und bei der Gelegenheit hat mir unser Freund verraten, dass er seine moderne Heilige dank Ihnen schon genau vor sich sieht. Nur Sie könnten mit Ihrem distanzierten Spiel den Zuschauer zur Erkenntnis bringen, dass ein Ausgleich zwischen Unterdrücktem und Ausbeuter unmöglich ist. Und wenn er eine Textzeile schreibt, höre er schon, wie Sie diese Worte auf der Bühne dem Publikum zum Verdauen geben.«

»So siehst du mich, Brecht? Als Wiederkäuer deiner Gedanken auf der epischen Wiese der Erkenntnis?«

Eisler grinst. »Na, ich glaube, er sieht in Ihnen eher die Muse als die Nachbeterin in seinem Tempel. Aber jetzt müsst ihr mich entschuldigen, Kinder. Bevor ich meinen Platz in der ersten Parkettreihe verliere, besetze ich ihn lieber schnell wieder.« Der Redakteur lüftet seinen Hut und eilt zum Ausgang.

Carola schaut ihm kurz nach. Dann wendet sie sich an Brecht. »Sieh mal an. Du denkst bei der Arbeit unablässig an mich?« Sein Schulterzucken quittiert sie mit einem leichten Lächeln. Sie hat ohnehin keine Antwort erwartet, gibt sich lieber geschäftig. »Wann sind wir dran?«

»Der Abend ist thematisch geordnet. Für die Debatte zum Abtreibungsparagrafen haben sie Dr. Friedrich Wolf aus Stuttgart gewonnen. Nach ihm sind wir dran. Dauert nicht mehr lange.«

»Ist das der Verfasser von *Cyankali*?«

»Genau der. Wie es aussieht, hat das Lessingtheater mit seinem Stück soeben das erfolgversprechendste Drama der Saison uraufgeführt. Komm, hören wir uns an, was er sagt.«

»Einen Augenblick, Brecht.« Carola öffnet leicht ihren Mantel. Darunter kommt ein mandelfarbenes Georgette-Kleid mit dunkel abgesetztem Tressenbesatz und einer weißen Seidenweste zum Vorschein. »Ich bin für dieses

Publikum völlig falsch angezogen. Ein wenig zu apart, findest du nicht?«

»Dann zeig ihnen nicht, was du mir gezeigt hast. Lass den Mantel zu und den Hut auf. Wie jemand, der kurz hereinschaut. Das passt zu dem Lied.«

Friedrich Wolf ist ein hagerer Mann Anfang vierzig, mit großen Geheimratsecken, von denen er durch eine nach links gelegte Tolle seines Haares abzulenken sucht. Er hat sich zu ihnen gestellt, als sie an der Seite des Vorhangs zur Manege in den Saal lugen. Carola sind sofort seine klassischen Gesichtszüge und die warmen, wachen Augen aufgefallen. Ein Frauen-Typ. Drinnen versucht ein Redakteur der veranstaltenden Zeitung, sich Gehör zu verschaffen. Er steht an einem Rednerpult, hinter dem rote Fahnen aufgestellt worden sind. In der gleichen Farbe kämpfen Losungen an den Manegenkästen um Aufmerksamkeit:

»Laßt Euch nicht das Salz vom Brot nehmen – Liste 3!«

»Nieder mit den Abtreibungsparagraphen«

»Preußen rot – für Arbeit, Freiheit, Brot«

Der Redakteur hebt beide Arme nach oben. Lautstark wendet er sich an die 4300 Zuhörer in dem restlos gefüllten Zirkusrund. »Proletarier! Genossen! Der Hartnäckigkeit der kommunistischen Abgeordneten im Reichstag ist es zu verdanken, dass vor drei Jahren die Strafen für Abtreibung abgemildert wurden. Den geplagten Frauen, die nicht wissen, wie sie in dem Elend aus Hunger, Wohnungsnot und fehlender Arbeit ein Kind durchbringen sollen, droht statt Zuchthaus jetzt nur noch …«, der Redakteur setzt eine kunstvolle Pause, »… Gefängnis!« Pfiffe, Zurufe,

Proteste aus dem Publikum. »Einer, der als Arzt die Nöte der Arbeiterfrauen gut kennt, der die ganze Schande des Paragrafen 218 in seinem neuen Theaterstück *Cyankali* aufzeigt, spricht jetzt zu euch. Begrüßt mit mir den Genossen Dr. Friedrich Wolf!«

»Ich mach's kurz«, flüstert der Carola und Brecht zu, bevor er hinter dem Bühnenvorhang hervortritt. Dann schreitet er unter dem donnernden Applaus der Versammelten nach vorn zum Rednerpult. Dort angekommen, schaut er um sich. Es wird still im Saal. Wolf beginnt, mit klarer, lauter Stimme zu reden. »Das Stück *Cyankali* handelt von zwei Arbeitern, dem Heizer Paul ...«

»Wat? Von mir?«, durchbricht ein Zwischenruf aus dem oberen Parkett die Stille der Zuhörer. Gelächter im Saal.

»Nur, wenn dein Schatz Hete heißt«, antwortet Wolf spontan in Richtung des Witzbolds. Jetzt hat er die Lacher auf seiner Seite. »Also es geht um Paul und Hete. Sie erwarten Nachwuchs und freuen sich darauf. Da verlieren beide ihre Arbeit. Hete, die nicht weiß, wie sie ein Kind ernähren soll, entschließt sich schweren Herzens zur Abtreibung. Als sie zum Doktor geht, erzählt der ihr vom neuen Paragrafen 218. Der droht ihm und ihr Gefängnis an, wenn er das Kind wegmacht. Nun müsst ihr aber wissen, dass der Abbruch neuerdings erlaubt ist, sobald ein Arzt Gefahr für Leib und Leben der Mutter erkennt. Einer reichen Frau, die ihn nach Hete aufsucht, stellt der Doktor ein solches Attest aus. Gegen Zahlung eines hübschen Sümmchens.«

Wütende Proteste und Pfiffe im Saal. »Schande«, ruft eine Frau. Wolf setzt seinen Vortrag fort. »Die arme Hete aber bleibt auf sich allein gestellt. Zu allem Überfluss muss Paul vor der Polizei fliehen, nachdem er Lebensmittel für seine hungernde Familie gestohlen hat. In ihrer Not versucht Hete, allein abzutreiben, aber das misslingt. Sie fällt ins Kindbettfieber. Eine Engelmacherin, die sich deswegen nicht traut, das Kind wegzumachen, gibt ihr das Gift Cyankali, das in geringer Dosis die Leibesfrucht zu töten vermag. Doch die fiebernde Hete nimmt zu viel davon. Während der geschnappte Paul von der Polizei verhört wird, stirbt sie allein in ihrem Zimmer.«

Ein zorniges Gemurmel des Publikums füllt die Kuppel der Manege. »Weg mit dem 218!«, brüllt einer und wird dafür mit frenetischem Applaus belohnt.

Wolf hebt die rechte Hand und verschafft sich so Ruhe. »Jetzt könnte einer sagen, das hat er sich ja nur ausgedacht, der Herr Stückeschreiber. Aber Hetes Schicksal ist in unserem Land bittere Realität! Die Zahl der Abtreibungen wird auf jährlich fünfhundert- bis achthunderttausend geschätzt. Und während die reichen Damen einen Arzt bestechen, damit der ihnen hilft, verläuft der illegale Eingriff für rund zehntausend werdende Mütter pro Jahr tödlich. Weil sie sich den Doktor nicht leisten können.« Im Saal ist es still. »Das Problem der Abtreibung ist ein Klassenproblem. Denn die Furcht der proletarischen Frau vor ungewollter Schwangerschaft hat meist allein wirtschaftliche Gründe. Die Enge in den Wohnungen. Die Arbeitslosigkeit. Das durchaus richtige Verbot der Kinderarbeit, das aber dazu führt, dass Kinder kein Geld mehr bringen, sondern kosten.« Wolf schaut in das Rund der voll besetzten Zirkusbänke. »Ein Wort an die Männer. Ihr sagt euch vielleicht: Ja, der Kampf gegen den Abtreibungsparagrafen 218 ist wichtig und ich werde deshalb Liste 3 wählen. Damit ist mein Teil an der Geschichte erledigt. Der Rest ist Frauensache.« Zustimmendes Gemurmel zeigt dem Arzt, dass er die richtige Saite angeschlagen hat. »Aber da irrt ihr euch. Ein Abbruch beendet eine ungewollte Schwangerschaft. Macht sich die Frau von allein schwanger? Nicht, dass ich wüsste.« Gelächter im Saal. »Ob Kommunist oder nicht, dazu braucht's den Mann. Und der kann dafür sorgen, dass das Problem gar nicht erst entsteht. Wäret ihr bei mir im Sprechzimmer, würde mein Rat lauten: Verzichtet auf den Samenerguss. Hier, in Anwesenheit von Damen, gehört sich das nicht. Daher rufe ich allen Männern nur zu: Wenn ihr keine Kinder wollt, dann enthaltet euch. Nicht aber der Stimme bei der Wahl am 17. November. Wählt Liste 3, wählt das Leben. Ich danke euch.«

Unter donnerndem Applaus verlässt der Arzt das Rednerpult. Dorthin eilt erneut der Redakteur der Roten Fahne. »Das war unser Genosse Dr. Friedrich Wolf. Und jetzt kommen zwei berühmte Theater-Kollegen von ihm zu euch, um seine Botschaft zu unterstützen. Bertolt Brecht, Verfasser der bekannten *Dreigroschenoper*, hat extra für unsere heutige Veranstaltung den Text für ein Lied geschrieben, die *Ballade vom Paragrafen 218*, Musik Hanns Eisler. Vortragen wird er es im Duett mit seiner Polly, der bekannten Bühnenkünstlerin Carola Neher!«

Brecht betritt mit der Gitarre in der Hand die Manege, Carola folgt ihm. Wie ihr geraten, tritt sie in Mantel und Hut auf. Sie stellt sich vor das Rednerpult. Während Brecht sich einen Stuhl heranholt, zur Stütze des Instruments ein Bein daraufstellt und es kurz stimmt, schaut sie in das Publikum. Ihr Blick bleibt an einer der wenigen jungen Frauen hängen. Sie sieht nicht viel von ihr, nur das schmale, fein geschnittene Gesicht über dem langen Hals, der aus einem roten Schultertuch ragt. Was Carola fesselt, ist der sehnsuchtsvolle Blick aus großen dunklen Augen, der auf ihr ruht. Die Frau schaut sie mit unverhohlener Bewunderung an.

Brecht gibt ein Zeichen: Fangen wir an. Carola reißt sich von dem Mädchen in der dritten Reihe los und konzentriert sich auf ihren Gesangspartner. Sie werden die Ballade als Dialog zwischen einer Patientin und ihrem Arzt aufführen. Im Zirkusrund zieht wieder Stille ein.

»Herr Doktor, die Periode …«, singt Carola.

Woraufhin Brecht in einer Art Sprechgesang antwortet: »Na, freuen Sie sich doch mal, dass die Bevölkerungsquote 'n bisschen wachsen kann.«

»Herr Doktor, ohne Wohnung …«

»Na, 'n Bett werden Se noch ham …«

Während Brecht Ausflüchte des Arztes heruntersingt, der die Not seiner Patientin nicht zur Kenntnis nimmt, fällt ihr Blick wieder auf das schmale Gesicht in der dritten Reihe des Parketts. Die junge Frau hängt an den Lippen Brechts. Ob sie genau jetzt in eben dieser Lage ist? Carola wischt den Gedanken schnell beiseite: Denk an deinen Einsatz!

»Herr Doktor, 'n Arbeitsloser, dass der nich 'n Kind haben kann.«[13]

Erneut wimmelt Brecht als Arzt seine Patientin ab. Wer das Vergnügen wolle, dürfe die Pflicht nicht scheuen. Das junge Arbeitermädchen, Carola sieht es deutlich, hat Tränen in den Augen. Ja, die ist schwanger und verzweifelt. Brecht beschreibt ihre Not, Hoffnung bietet er nicht: »Und jetzt keinen Stuss« singt er die letzte Zeile und entlässt die Hilfesuchende abweisend mit einem Schlussakkord aus seinem Sprechzimmer. Im Saal entsteht ein wilder Beifallssturm.

---

13 Bertolt Brecht: Ballade vom Paragraphen 218. Hier zitiert nach: Website Museum für Verhütung und Schwangerschaftsabbruch Wien, muvs.org/themen/literatur-zitate

Brecht hebt grüßend die Gitarre über den Kopf, Carola bedankt sich mit einem Knicks. Bevor sie sich umdreht und die Manege verlässt, wirft sie einen letzten Blick auf die junge Frau in Reihe drei. Während um sie herum alle frenetisch klatschen, sitzt die still auf ihrem Platz.

Eine Stunde später lässt sich Carola von der Flut der Besucher aus dem Zirkusgebäude tragen. Sie hatte sich noch nachfolgende Redner angehört. Leider fand kaum einer so klare Worte wie Dr. Wolf. Meist wüteten sie gegen die Sozialdemokratie, die der wahre Feind der Arbeiter sei. Carola ermüdete das bald. Sie blieb dennoch bis zum Schluss, um das von Armut gezeichnete Publikum zu studieren – Menschen, die sie im Berliner Westen zwischen Bühne und Künstlerlokal selten traf.

Schnell ist sie bei ihrem Mercedes nahe der Oranienburger Straße und setzt sich auf den Fahrersitz. Carola öffnet ihren Mantel, sie braucht Bewegungsfreiheit. Es fröstelt sie ein wenig in ihrem spitz ausgeschnittenen Georgette-Kleid, aber das würde sich geben. Sie schaltet die Zündung ein, tritt den Anlasserknopf im Fußraum des Wagens und richtet den Blick nach vorn. In diesem Augenblick läuft vor der Kühlerhaube eine Frau mit rotem Tuch über dem gesenkten Kopf vorbei. Als der Motor aufjault, sieht sie erschrocken auf. Es ist das junge Mädchen aus der dritten Reihe. Mit großen Augen schaut sie zuerst auf die teure Limousine und dann auf die Fahrerin in ihrem eleganten Kleid.

Gefängnis Butyrka
4. Januar 1940

»Das war der Augenblick, in dem Sie den tiefen Widerspruch zwischen Wort und Tat bei sich entdeckten? Der

Sie politisierte?« Der Tonfall Kusnezows verrät Skepsis. Das klang ihm alles zu sehr nach Klischee für ein Bühnendrama.

»Es war der Tag, an dem ich anfing, Brechts Freundeskreis aus satten Linksintellektuellen kritisch zu beobachten.«

»Ist das so? Mir ist nicht bekannt, dass Sie daraufhin Ihr Talent proletarischen Agitprop-Theatern zur Verfügung stellten.«

Die Henschke lächelt leise. »Nein, Agitation und Propaganda war nie meine Sache. Wie Brecht wollte ich lieber Menschen zum eigenen Urteil anregen, als ihnen das Denken abzunehmen. Aber zunächst galt es, Verträge zu erfüllen. Deshalb sahen mich die Berliner weiter in seichten Revuen wie *Ich tanze um die Welt mit dir* oder Kassenschlagern wie *Gefallene Engel*, das Aufricht aus der Mottenkiste holte, nachdem *Happy End* so furchtbar floppte.«

»Was wurde denn aus der *Heiligen Johanna*?«

»Die kam nie zur Aufführung. Dabei war ich damals reif für eine solche Rolle. Und das Stück passte genau in die Zeit. Aber leider fegte die schnell darüber hinweg. Der Schwarze Freitag 1929 und die folgende Massenarbeitslosigkeit verschärften die politischen Spannungen. Die Stimmung im Lande wurde rauer, und als Brecht Anfang der Dreißigerjahre ein Theater zur Aufführung suchte, fand er keins mehr. Seine Kapitalismuskritik war den Direktoren zu plakativ, manche hatten Angst vor Randale der SA. Aber wenigstens sprach ich einmal die Johanna. In einer Radiofassung, die der Berliner Rundfunk im April 1932 sendete.«

Die Henschke verstummt. Ihr Blick ist leer, sie weilt weiter im Berlin der frühen Dreißigerjahre. Kusnezow schaut sie an. Er steht zwischen ihr und ihren Träumen. Ist Herr über die zwei Stempel dort im Halter. Ihr ist das klar. Und sie hat erkannt, dass sie ihn nicht zu manipulieren vermag. Nicht so wie die anderen für ihre Zukunft wichtigen Männer. Sie versucht es nicht einmal mehr. Wahrlich von Bedeutung sind dieser Frau nur das Theater und ihr Kind. Er hat die Macht, ihr eines davon zurückzugeben: die Bühne oder den Sohn. Notfalls beides. Aber das hat seinen Preis. Ob sie den zahlt? Kusnezow räuspert sich. Sie schaut erschrocken auf.

»Eines verstehe ich nicht. Sie waren Teil des Freundeskreises um Brecht. Die standen alle den Kommunisten nahe oder sind sogar Mitglied der Partei. Sie hingegen waren bis dahin völlig unpolitisch, wie Sie sagen. Wie kommt es, dass der klassenbewusste Brecht und viele andere Intellektuelle nach Hitlers Machtantritt in bürgerlichen Staaten Nord- oder Westeuropas Zuflucht suchten, während die naive Schauspielerin ihre Zukunft im Land der Werktätigen sah, in Sowjetrussland?«

Die Henschke überlegt. Dann drückt sie ihren Rücken durch.

»Ich denke, das war bei mir keine politische Entscheidung. Eher blinde Liebe zu einem Mann, den es mit Macht hierher zog. Was Brecht und seine Freunde angeht, so waren die anfangs fasziniert von den Möglichkeiten des proletarischen Films und den revolutionären Theaterexperimenten. Aber mit der Zeit setzte eine gewisse Ernüchterung ein. Brecht meinte, der Kommunismus sei eine simple Idee, die recht mühsam umsetzbar scheint. Das war, als uns sein Freund Walter Benjamin nach einem Besuch in Moskau vom Alltag der Russen erzählte, damals in Le Lavandou.«

»In Le was?«

»Le Lavandou. Ein Ort in der Provence, an der französischen Mittelmeerküste. Brecht und ich machten dort

1931 gemeinsam Urlaub. Mit Freunden. Es war ein ständiges Kommen und Gehen. Und für mich der Beginn des Abschieds von diesem Kreis.«

Le Lavandou
Juni 1931

Als Carola die breite Holztreppe zur Rezeption des Grand Hotel de Provence hinunterschreitet, sieht sie sofort, dass sie die richtige Entscheidung getroffen hat. Ihr lachsfarbenes Complet macht auf den neben der Portiersloge stehenden Brecht unverkennbar Eindruck. Der ärmellose Kasack betont ihre sportliche Figur und der nur eine Handbreit über die Knie reichende Rock zwingt den Blick des Betrachters auf ihre vom Sport gestrafften makellosen Waden.

»Alle Achtung«, begrüßt sie Brecht, der schnell seine Zigarre im Aschenbecher ausdrückt. »Très chic. Schade, dass du nicht die Suite mit mir zusammen nehmen wolltest. Ich wüsste jetzt, ob du ein passendes Trikot-Höschen trägst.«

»Schade, dass du das Appartement vor mir Elisabeth Hauptmann angetragen hast. Sonst wäre ich womöglich sogar auf dein Angebot eingegangen.«

»Du weißt genau, dass sie mich auf meiner Autofahrt hierher nur begleitet hat, damit wir unsere Arbeit an dem Lehrstück *Die Mutter* nicht unterbrechen müssen. Bis zu dem Tag, an dem du kamst und sie abreiste, hatte sie ein Zimmer im Mar Bello.«

»Ja sicher, doch hat sie dort auch gewohnt?« Carola will es nicht zum Streit kommen lassen. Sie hat Urlaub. »Sei froh, dass wir uns keine Suite teilen. Sonst hätte ich dir davon abgeraten, den weißen Strandanzug durch deine proletarische braune Schiebermütze zu entwerten. Sie durch ein bürgerliches Exemplar aus hellem Leinen zu ersetzen ist dir eine abwegige Idee, oder?« Brecht grinst. »Na gut, dann nicht. Versuch nur weiter, dem Bild zu gleichen, das der Schlichter von dir malte. Ich nehme an, dein Freund Walter Benjamin wartet schon am Strand?«

»Ja. Er kapert uns einen Sonnenschirm. Für heute Mittag haben sich zudem der Kurt Weill und seine Frau angekündigt. Kommen von Saint Tropez herüber.«

»Das klingt nach langen Diskussionen über Kunst und Politik. Es macht euch sicher nichts aus, wenn ich die auf meinem Handtuch in der Sonne liegend genieße?«

Carola hängt sich ihre Badetasche über die Schulter und eilt auf den verandaartig verglasten Hoteleingang zu, der Hitze und Seewind draußen hält. Gelöst plaudert sie weiter, ohne sich umzusehen, ob Brecht ihr folgt. »Wusstest du, dass mich der Rudolf Schlichter inzwischen ebenfalls gemalt hat? Ein recht realistisches Porträt. Nicht so streng wie das von der Weigel ...«

Der Strand von Le Lavandou ist im Juni nicht allzu bevölkert, sie finden Brechts Freund ohne lange Suche. Walter Benjamin, ein Schriftsteller und Kulturkritiker von fast vierzig Jahren, wirkt unter dem von ihm eroberten Sonnenschirm etwas aus der Zeit gefallen: In einem dunklen Badekostüm sitzt er da, das verwuschelte Haar und die runde Nickelbrille geben ihm die Aura des Denkers, der am liebsten in seine Tonne zurückkröche.

»Guten Morgen«, begrüßt er die Neuankömmlinge, »die Brentanos kommen heute nicht?« Brecht zieht sich sein Leinenhemd aus und setzt sich zu ihm.

»Nein, Bernard und Margot haben sich ein Fischerboot gemietet und fahren rüber zu den Nackten auf der Île du Levant.«

»Zu den Nackten?«

»Ja. Der Hotelchef erzählte uns, dass die Nudisten auf der Insel ein eigenes Dorf gegründet haben. Heliopolis.« Grinsend wendet sich Brecht Carola zu. »Wäre das nicht was für dich? Für Körper wie deinen haben die doch ihre Bewegung erst erfunden!«

»Nein danke, Bert. Ich will niemanden in Verwirrung stürzen. Und deswegen suche ich mir jetzt auch eine Umkleidekabine.«

Ohne eine Antwort abzuwarten, stapft sie in Richtung der kleinen weißen Holzhäuser, die nebeneinandergestellt den Strand von der dahinter verlaufenden Dorfstraße trennen. Als sie wenige Minuten später wieder zu den beiden Männern unter dem Sonnenschirm zurückkehrt, trägt sie einen knappen blauen Woll-Badeanzug, dessen cremefarben abgesetztes Oberteil nur von zwei fingerbreiten Trägern über den nackten Schultern gehalten wird. Sie breitet ein Handtuch direkt vor ihren Strandgefährten aus und legt sich bäuchlings darauf. Brecht nörgelt: »Du versperrst uns den Blick aufs Meer.«

»Sieh doch über mich hinweg. Oder sprich mit Walter über seine Erlebnisse in Moskau. Nach meiner Erfahrung vergisst du die vor dir liegenden Schönheiten der Natur dann schnell.«

Brecht schmunzelt. Er holt ein Etui aus der Hose, entnimmt ihm eine Zigarre sowie Zigarrenschneider und ein Feuerzeug, kappt die Spitze und zündet sie an. Benjamin winkt indessen ab. »Moskau liegt schon über vier Jahre zurück. Da finde ich die Gegenwart aufregender. In den Zeitungen, die du mitgebracht hast, lese ich, dass die KPD in Preußen zu Hungermärschen aufruft, um das Elend der Proletarier anzuprangern. Das klingt für mich nach dem bewussten Herbeiführen einer revolutionären Situation in Deutschland. Ich verstehe es nicht. Du, Bert? Die Kommunistische Internationale hat doch die Weltrevolution abgesagt. Weil es den Kommunismus als leuchtendes Beispiel zunächst nur in der Sowjetunion aufzubauen gilt.«

Brecht wiegt zweifelnd den Kopf. »Ich glaube, hier geht es nicht um Revolution. Der KPD ist es wichtiger, die sozialdemokratisch geführte Regierung in Berlin vorzuführen. Weil die, wenn Proletarier ihr Recht fordern, doch aufseiten der Unterdrücker steht. Die Hungermärsche sollen die Arbeiterschaft einen. Von unten. Gegen die opportunistischen SPD-Führer.«

Walter Benjamin greift das Thema dankbar auf. »Ah, die fixe Idee der Komintern, die Sozialdemokratie sei nur der gemäßigte Flügel des Faschismus. Darauf aus, die Rechte des Proletariats in der Demokratie abzubauen, um den Weg für die Diktatur freizumachen. Aber was hat diese Idee zur praktischen Folge? Anstatt eine Einheitsfront gegen das Kapital und seinen Kläffer Hitler zu bilden, gehen sich KPD und SPD in den Landtagen und im Reichstag gegenseitig an die Gurgel. Dabei könnten sie gemeinsam leicht linke Regierungen einsetzen.«

Carola stellt fest, dass Inhalt und Form der Diskussion der beiden in einem seltsamen Widerspruch stehen. Ein dicklicher Mann im altmodischen Badekostüm versucht, einem hageren Kerl mit freiem Oberkörper und Schiebermütze unter einem Sonnenschirm am Strand des Mittelmeers die Welt zu erklären.

»Ich bin ja bei dir, Walter«, entgegnet Brecht. »Glaube indes, dass du die von Hitler ausgehende Gefahr überschätzt. Die NSDAP ist letztlich nur eine weitere, zugegeben recht radikal auftretende, kapitalfreundliche Partei.

Sobald sie es übertreiben, werden diese Bluthunde sicher schnell von ihren Geldgebern zurückgepfiffen. Doch die vertrackte Situation, in der die deutsche Politik steckt, eröffnet die Chance auf den revolutionären Wandel. Die neue Gesellschaft nach Sowjetvorbild scheint mir eine reale Option für Deutschland. Nur eben nicht mit dieser SPD-Führung.«

»Mit dieser KPD-Spitze aber genauso wenig. Das sind doch nur Befehlsempfänger Stalins, eines Mannes, der seine Interessen über die aller anderen stellt. Ich habe damals in Moskau erkannt, wie vieles unter ihm falsch läuft. Da entsteht eine neue Herrschaftsklasse anstelle der alten und die hat nicht nur den besseren Menschen im Sinn. Ich habe sie gesehen, Bert, die wiedergeborene Nepp-Bourgeoisie, die sich in den proletarischen Klubs breitmacht. Und was mir dann endgültig aufstieß, war das Reaktionäre in der bolschewistischen Kulturpolitik. Das Ächten linker Randgruppen, das Zensieren und Bekämpfen der kritischen Intelligenz. Ich blätterte kürzlich in meinem Moskauer Tagebuch. Da fand ich einen Satz, der das ganze Dilemma zusammenfasst:

›Das Leben in Russland ist mir zu schwer innerhalb der Partei und außerhalb ihrer viel chancenloser, aber kaum weniger schwer.‹[14]

Glaub mir, der unabhängige Geist, die freie Kunst sind unter der stalinistischen Parteibürokratie zum Scheitern verurteilt.«

Brecht nimmt einen tiefen Zug von seiner Zigarre. »Mag sein, Walter. Solche Art von Bedenken hält mich ja davon

---

14 Walter Benjamin: Moskauer Tagebuch. Suhrkamp Verlag, Frankfurt am Main 1980. S. 156.

ab, für die Befreiung des Proletariats im Korsett einer Partei zu kämpfen. Ich setze da eher auf meine künstlerischen Waffen – auf Stücke und Lieder, die die Menschen zum Nachdenken über ihre elendige Situation zwingen. Aber bei allen Fehlern, die er macht, muss man Stalin eines zugutehalten: Er löst den Proletarier aus seinen Ketten, bringt ihm Bildung und Kultur und verteidigt die Revolution konsequent gegen all ihre Feinde.«

Jetzt reicht es Carola. Sie setzt sich auf ihrem Handtuch auf. »Wenn man dich so hört, Brecht. Elend der Proletarier, Unterdrückung der Massen und wir Künstler zwingen die Arbeiter, sich ihrer Lage bewusst zu werden. Sieh uns doch mal an. Wir urlauben an der Côte d'Azur, sind angereist in der Limousine, nehmen Quartier im vornehmen Grand Hotel. Und wir erzählen der proletarischen Familie, die sich mit ihren Kindern und Eltern eine Hinterhofwohnung im Wedding teilt, von der lichten Zukunft, die es zu erkämpfen gilt. Weißt du, wie sie solche wie uns an der MASCH nennen? Salonkommunisten! Das sagen sie zu uns.«

Walter Benjamin schaut sie überrascht an. »Du gehst auf die Marxistische Arbeiterschule?«

»Ja, ich lerne dort Russisch. Hermann Scherchen meinte, es würde mir nützen, die Sprache der Neuen Welt zu sprechen.«

»Scherchen? Der Generalmusikdirektor aus Königsberg? Ihr seid euch so nah, dass er dich zur MASCH schicken kann?«

»Was ist daran so verwunderlich? Er ist doch wie Brecht: ungemein von sich und seiner künstlerischen Bestimmung überzeugt, gern von Frauen umgeben und ein großer Freund der Sowjetunion. Mit dem Unterschied, dass er die bolschewistische Revolution hautnah miterlebte. Als

Kriegsgefangener. Deshalb spricht er Russisch und empfahl mir, es ebenfalls zu lernen.«

Brecht räuspert sich, als kratze ihn der Rauch seiner Zigarre. »Unsere liebe Carola begibt sich halt gern unter die Fittiche gestandener Salonkommunisten. Apropos. Was sagt der Scherchen dazu, dass du deine Zeit hier mit uns verlebst?«

»Du weißt doch, lieber Bert, ich lasse mir von keinem Mann etwas verbieten, woran ich Spaß finde. Im Augenblick wäre das im Übrigen ein Bad im Mittelmeer. Kommt jemand mit?«

Eine halbe Stunde später steigt Carola nach einem von kräftezehrenden Kraulpassagen forcierten Schwimmausflug vor ihrem Hotel-Sonnenschirm wieder aus dem Meer. Der erweist sich inzwischen als zu klein für die Gesellschaft, die er beschatten soll: Kurt Weill und seine Frau Lotte Lenya sind eingetroffen und haben es sich auf einer Decke neben Brecht und Benjamin bequem gemacht. Die vier sind in eine angeregte Diskussion vertieft und bemerken Carola erst, als die sich ihr Handtuch von der Strandtasche greift. Der nur mit einer weit über den Bauch reichenden Badehose bekleidete Kurt Weill erhebt sich, um sie zu begrüßen: »Da ist ja unsere Sportskanone. Kein Wunder, dass du immer eine so gute Figur machst, wenn du deinen Körper so schindest!«

Carola gibt ihm die rechte Hand, während sie mit der Linken ihr vom Meer verwuscheltes Haar zu bändigen versucht. »Schwimmen, lieber Kurt, stählt nicht nur den Körper, sondern zudem den Geist. Es macht den Kopf frei von den unsäglichen Worten mit -ismus, mit denen Benjamin und Brecht den ganzen Tag um sich schmeißen. Ihr bringt hoffentlich etwas Abwechslung mit.«

»Da hoffst du vergeblich, Carola.« Lotte Lenya ist auf ihrer Decke sitzen geblieben. Sie trägt ein helles Strandcomplet aus langer, weißer Seidenhose und darüberfallender cremefarbener Bluse mit jabotartigem Kragen. »Wenigstens sprechen sie statt von Bolschewismus und Kommunismus jetzt über andere Dramen. Solchen auf der Bühne und in der Musik.« Sie seufzt gekünstelt. »Ist dir aufgefallen, dass Männer keinerlei Mühe mehr darauf verwenden, die Frau an ihrer Seite zu unterhalten, wenn sie sie erst einmal erobert haben?«

Carola lacht und rubbelt sich mit dem Handtuch ab. »Lass sie nur. Da sorgen wir eben selbst für unser Vergnügen. Kommst du mit zum Umkleidehäuschen? Ich mache mich schnell ortsfein, und dann nehmen wir einen Kaffee. Oder ein Glas Wein.«

Lotte Lenya nickt. »Ich bin für Letzteres.«

Wenig später sitzen die Kolleginnen an einem der kleinen runden Tische, die der Inhaber des Café de Provence zu beiden Seiten des Eingangs seiner Bar auf den Gehweg gestellt hat. Von drinnen tönt das Stimmengewirr der Männer, die sich an der Theke einen Pastis gönnen. Carola hat sich ein Seidentuch in Form eines Turbans um ihr nasses Haar geschlungen, sie trägt jetzt eine Sonnenbrille mit länglich gestauchten dunklen Gläsern. »Du siehst aus wie britischer Hoch-, nein amerikanischer Geldadel. Très élégante«, spottet Lotte Lenya freundlich.

»Ehrlich gesagt, versuche ich, mich ein wenig zu verstecken. Ich habe Anfang vorigen Jahres bei der Pathé in Paris einen Film gedreht, *Tendresse*, bei uns lief er unter dem übersetzten Titel *Zärtlichkeit*. Kein so großer Erfolg. Aber hier in Frankreich war mein Gesicht auf dem Plakat zu sehen, das für den Streifen warb. Mit besagtem Schriftzug *Tendresse* darunter. Leider scheint das den heißblütigen

Südfranzosen eine Aufforderung zum lästigen Flirt, sobald sie mich erkannt haben.«

Lotte Lenya schmunzelt. In diesem Augenblick bringt der Wirt auf einem Tablett eine Karaffe Rosé und zwei Gläser. Nachdem er eingeschenkt hat, prostet sie der Kollegin zu: »Auf den Film und die Berühmtheit, die er uns Schauspielerinnen bringt!«

Carola erhebt ihr Glas ebenfalls. »Ich meinte ja, der Bühnen-Erfolg der *Dreigroschenoper* sei nicht zu übertreffen, aber erst seitdem wir den *Dreigroschen-Film* drehten, weiß ich, was wahre Popularität ist. Überall sprechen mich Leute an, die noch nie ein Theater von innen sahen, und die Zeitungen sind begierig auf immer neue Fotos von mir.«

»Ganz so drastisch ist es in meinem Fall nicht. Die Jenny wirkt im Kino ja nicht eben bezaubernd. Im Gegensatz zur Polly.«

»Dafür bleibt deine Darstellung im Gedächtnis. Allein das Lied von der Seeräuber-Jenny. Wie du da den Zuhörer schaudern lässt vor ihrer, unser aller Lust am Töten. Du enthüllst der Kamera mit deinem Spiel all die sonst so sorgsam versteckten Gefühle von Rache und Mordlust, die in der Jenny stecken. Ich bring das nicht. Nicht so wie auf der Bühne. Weißt du, ich muss eine Rolle sich entwickeln lassen, mich in sie hineinfühlen. Beim Film unterbricht der Regisseur, wenn mein Gesicht nicht korrekt ausgeleuchtet ist. Mir wird gesagt, wann ich wo, in welche Richtung zu sprechen habe. Und dann der Dreh von zusammenhanglosen Szenen, nur weil die in der gleichen Dekoration spielen. Bei aller Popularität, die er bringt: Für mich ist der Film eher zweite Wahl.«

Mit einem Nicken stimmt ihr Lotte Lenya zu. »Ja, es ist ein völlig anderes Arbeiten. Zum Glück kannst du dir ja aussuchen, ob du dein Publikum im Filmpalast oder auf der Bühne begeisterst. Sie lieben dich in jedem Fall.« Carola setzt zu einer Antwort an, aber Lotte Lenya macht eine wegwerfende Handbewegung und schenkt beiden nach. »Wir haben Urlaub. Lass uns lieber ein wenig tratschen. Zum Beispiel über Brecht: Wie läuft es denn mit ihm?«

»Wir sind Freunde. Gut, mal erliege ich seinem Charme, mal er meinem. C'est la vie. Aber als Mann ist er nichts für mich.«

»Im Gegensatz zu dem Scherchen?« Die Lenya lacht über Carolas überraschten Blick. »Glaubst du etwa, das Techtelmechtel mit dem Generalmusikdirektor würde in einer Ehe zwischen einem Komponisten und einer Schauspielerin nicht zum Thema? Zumal der Scherchen recht stolz ist auf seine jüngste Eroberung und überall mit dir prahlt. Natürlich seid ihr Künstlerklatsch, Carola!«

Die Angesprochene ist froh, dass sie eine Sonnenbrille trägt und ihr die Kollegin nicht in die Augen sehen kann. »Nun, bei ihm ist etwas Dauerhaftes nicht ausgeschlossen. Er ist höflich, intelligent, zuvorkommend und fasziniert mich in seinem unbedingten Einsatz für das Neue, sei es in der Musik oder beim Aufbau einer besseren Welt in Russland. Aber, du wirst es von Kurt wissen, Scherchen ist zugleich wahnsinnig ich-bezogen. Wahrhaft wichtig ist ihm nur seine eigene Kunst. Einmal hat er mich nach einer anstrengenden Nachtvorstellung um fünf Uhr morgens aus dem Bett geholt, fuhr mit mir in seiner Limousine durch den Tiergarten und hielt dabei einen Vortrag über Elektroakustik. Ich war kaputt, und er schwärmt von Klangtechnik! Seine grenzenlose Egozentrik saugt mich aus.« Carola ist froh, jemanden gefunden zu haben, der ihr zuhört: eine Kollegin, die sie versteht, weil sie in einer ähnlichen Situation steckt. Sie schenkt sich nach, dann redet sie weiter: »Andererseits ist er womöglich der Mann, der mir einen neuen Lebenssinn gibt. Schau mal, jahrelang habe ich darum gekämpft, dass man in mir nicht die Frau, sondern die Künstlerin bewundert. Das habe ich unter vielen Mühen erreicht. Doch mittlerweile ist Erfolg kein fernes Ziel, er ist Alltag. Stellt sich die Frage, wie es weitergeht. Ich werde älter. Womöglich ist es Zeit, eine Familie zu gründen. Hermann Scherchen könnte dafür der richtige Mann sein. Das weiß ich spätestens seit meiner Schwangerschaft.«

Lotte Lenya verschluckt sich fast an ihrem Rosé. »Du bist schwanger?!«

»Ich war es. Leider eine Fehlgeburt. Aber das Verhalten von Scherchen zeigte mir, dass es ihm gefallen würde, Vater zu sein.«

»Ich hörte, das ist er schon. Und in zwei Ehen gescheitert.«

»Aber nicht mit mir, meine Liebe. Und vergessen wir nicht: Ich habe ebenfalls so einiges hinter mir.«

»Du überlegst ernsthaft, dich ins Privatleben zurückzuziehen?«

»Nicht völlig. Gott sei Dank könnten wir uns ja Personal für die Kinderbetreuung und den Alltag leisten. Nein, ich würde die Bühne nicht aufgeben. Aber es gemächlicher angehen lassen. Derzeit gilt es ohnehin abzuwarten, wie sich das in Deutschland alles weiterentwickelt. Denk nur mal an das Verbot unseres *Dreigroschenfilms* in Thüringen, das dieser Innenminister von der NSDAP angeordnet hat. Wenn so etwas Schule macht, haben es linke Künstler wie Brecht und Weill künftig schwer. Und wir mit ihnen. Womöglich ist es an der Zeit, Alternativen zu suchen.«

Carola hält den in diesem Moment vorbeieilenden Wirt auf: »Encore une carafe du rosé, s'il vous plaît!« Dann erst sieht sie Lotte Lenya fragend an. »Wir nehmen doch noch einen Schluck?«

Gefängnis Butyrka
4. Januar 1940

Grigori Kusnezow prüft aufmerksam den Gesichtsausdruck der Gefangenen Henschke. Hat sie ihm soeben gesagt, es sei ihr egal, was mit ihr hier in der Butyrka geschieht? Weil sie alles erreicht hat, für das es sich in ihren Augen zu leben lohnt? Aber der NKWD-Leutnant entdeckt keinerlei Trotz. Wäre ja auch verwunderlich. Sie hat ein Kind und die vage Aussicht auf Rückkehr in ihre Welt. Sie wird um beides kämpfen. Ihm fällt ihre Bemerkung zur Lenya ein, dass ihr gewohntes Leben womöglich bald vorbei sei. Ein seltsamer Gedanke für die Zeit, von der sie berichtet. Alle reichsdeutschen Genossen, die er hier in der Sowjetunion traf, erzählten, sie hätten bis zum Schluss nicht für möglich gehalten, dass Hitler an die Macht kommt. Und diese angeblich unpolitische Künstlerin hat die drohende Gefahr schon 1931 erkannt? Er beschließt, nachzuhaken. »Sie haben damals überlegt, Deutschland zu verlassen?«

»Nein. Nicht direkt. Aber ich merkte, dass sich etwas verändert und dass diese Veränderung mich selbst einschloss. Zum einen, weil mir das privilegierte Leben, das ich führte, zunehmend Unbehagen bereitete. Vor allem angesichts der wachsenden Schlangen der Armen vor den Suppenküchen und Arbeitsämtern. Zum anderen wurde die Theaterarbeit schwieriger. Anhänger der

Nationalsozialisten sorgten dafür, dass unsere Stücke zensiert, abgesetzt oder gar nicht erst angenommen wurden. Kam es mal zur Aufführung, wurde die von den Braunhemden massiv gestört. Aber deswegen Deutschland zu verlassen, wäre mir nie eingefallen. Man hoffte ja, dass sich alles fügt. Dennoch folgte ich meinem Mann ein Jahr später ohne Zögern in die Sowjetunion. Denn das schien mir eine Möglichkeit, dem Leben ein neues Ziel zu geben: mit den Mitteln der Kunst dem Proletariat beim Aufbau einer besseren Welt zu helfen. Ich war so naiv.« Erschrocken verstummt die Henschke. Der letzte Satz war ihr herausgerutscht. Grigori Kusnezow verzieht keine Miene – sie hat ja recht. Dafür registriert er aufmerksam, dass sie den hingerichteten Trotzkisten Becker noch immer »mein Mann« nennt.

Der NKWD-Leutnant seufzt innerlich. Er versteht diese Frau nicht. Sie hätte alle an sich binden können, vom deutschen Kronprinzen über den erfolgreichsten Dramatiker seiner Zeit bis hin zum angesehenen Generalmusikdirektor. Und sie? Wirft sich einem Aufschneider an den Hals, dem sie zehn Jahre Arbeitslager verdankt. Was fand sie an dem? Aber eins nach dem anderen.

»Wann und wo haben Sie diesen Scherchen kennengelernt?«

Die Henschke versucht, sich zu erinnern. »Ich weiß nicht. Ende 1929, Anfang 1930? Er stieß damals zum Brecht-Kreis. Da erzählte er von seiner Gefangenschaft im zaristischen Russland, von der Revolution, die er auf dem Lande erlebte, und den herzlichen Menschen, die er bei Konzertreisen in Moskau und Petersburg kennengelernt hatte. Das verlieh ihm zugleich die Aura des linken Abenteurers und die eines Mannes von Welt.«

»Und dennoch zogen Sie letztlich einen mittellosen Studenten dem erfolgreichen Dirigenten vor. Wie nahm Scherchen das auf?«

»Oh, er war am Boden zerstört. Nach all den Frauen, denen er den Laufpass gegeben hatte, war ich die Erste, die ihn verließ.«

Winterthur, Schweiz
August 1932

Langsam und bemüht, nicht auf die Straßenbahnschienen zu gelangen, fährt Carola die Zürcher Landstraße entlang. Sie ist erstaunt, wie schnell sie das Zentrum von Winterthur auf dem Weg in den Ortsteil Töss durchquert hat. Was Scherchen nur an diesem Provinznest fand, dass er hier jeden Sommer dirigierte? Sie wusste es natürlich: einen reichen Mäzen, volle künstlerische Freiheit und Musiker, die sich zur Perfektion schinden ließen.

Hermann wird überrascht sein, sie zu sehen. Er wähnt sie an den Kammerspielen in München, wo sie in der *Dreigroschenoper* die Polly gab. Aber nach 115 Vorstellungen war dort Schluss. Was sie Scherchen ebenso verschwieg wie den Umstand, dass sie für die Dauer des Gastspiels in einer Holzhütte am Wörthsee lebte, dreißig Kilometer westlich von München. Mit Anatol Becker, ihrem drei Jahre jüngeren Russischlehrer von der Marxistischen Arbeiterschule. Sie hat ihren neuen Partner der Mutter und den Geschwistern vorgestellt und ist mit ihm zu Werner Egk gefahren, einem Komponisten, den sie über Scherchen in Berlin kennengelernt hatte. Weil der nahe ihrer Hütte sein Haus hat. Mehr Leute wissen nicht von ihrem jüngsten Abenteuer. Aber dann kam gestern dieser Brief. Wer sie denn in

München begleite, hatte Hermann gefragt. In den Zeilen ihres letzten Schreibens seien die Gedanken eines anderen aufgetaucht, er bestehe darauf, zu erfahren, wer das sei. Keine Eifersucht, wer sollte einen Scherchen gefährden, eher eine Machtfrage: Sie hatte nichts ohne seine Kenntnis und Billigung zu unternehmen. Da begriff sie, dass es an der Zeit ist, einen Schlussstrich zu ziehen.

Die Strecke war angenehm. Erst hatte sie die 12 in Richtung Landsberg genommen, dann die Fernverkehrsstraße 18 über Memmingen bis nach Lindau am Bodensee. Das gab ihr Zeit zum Nachdenken. Darüber, was sie einst zu Scherchen hingezogen hatte. Er ist nicht das, was man gemeinhin als Bild von einem Mann bezeichnet. Zwar ein Hüne, aber von fahlen, übernächtigten Gesichtszügen. Die Augen hinter der runden Brille und die Lippen immer ein wenig zusammengepresst, als wolle er unbedingt verhindern, dass ihm irgendein Gefühl, ein unautorisiertes Wort entweicht. Das ändert sich nur, wenn er über sich selbst spricht. Was Carola anfangs für Scherchen einnahm, waren sein weltmännisches Auftreten, die Selbstsicherheit, die der Autodidakt ausstrahlt, und die unbedingte Hingabe, mit der er für sein Thema brennt, die atonale Musik. Aber inzwischen plagen sie Zweifel, ob er der Richtige ist, um eine Familie zu gründen. Vor allem wegen seiner Selbstverliebtheit. Auf dem Podest der Eitelkeit duldet er niemanden neben sich. Die Frau an seiner Seite hat ihn zu bewundern, seinem Talent zu dienen, aber nicht die Aufmerksamkeit des Publikums von ihm zu lenken. Scherchen ist Egozentriker durch und durch. Welche Zukunft hat eine erfolgreiche, selbstbewusste Frau wie sie neben so einem? Ja, es ist Zeit für den Schlussstrich. Aber dass sie ihm all das von Angesicht zu Angesicht sagt, darauf hat er einen Anspruch.

Endlich erblickt Carola den imposanten Bau des Hotels Krone am Straßenrand mit den riesigen, kirchenartigen Rundfenstern des großen Gesellschaftssaals, in dem Gastdirigent Scherchen heute eines seiner Konzerte mit dem Stadtorchester gibt. Sie lenkt den Mercedes direkt in die Hotelgarage.

»Frau Neher, wie erfreulich, dass wir sie wieder in der Krone begrüßen dürfen!« Der Portier beweist ein gutes Gedächtnis – Carola hatte hier erst ein einziges Mal ein paar Tage verbracht, bei einem früheren Gastspiel Scherchens. »Das Konzert ihres Verlobten läuft bereits. Eine Ehre, dass er unseren Festsaal zum Spielort wählte, solange das Stadthaus umgebaut wird. Mögen Sie in seiner Suite auf ihn warten?«

»Ja, das wäre mir recht. Ich würde mich nach der langen Anreise gern ein wenig ausruhen. Ob ich vorher in den Festsaal linsen dürfte? Nur um mir einen Eindruck zu verschaffen.«

»Aber sicher, gnädige Frau.« Der Mittfünfziger dreht sich nach hinten, nimmt einen Schlüssel vom Brett und legt ihn auf den Empfangstresen. »Der Generalmusikdirektor hat wie immer Zimmer 12. Für das Konzert empfehle ich den Zugang zur Galerie des Saales, Treppe, erster Stock. Da bemerkt niemand Ihr Eintreten.«

Kurz darauf öffnet Carola die Tür an der Stirnseite des großen Festsaals. Über die Köpfe der in einer Reihe vor der Brüstung sitzenden Konzertbesucher späht sie ins Parkett. Es ist bis auf den letzten Platz besetzt. Scherchen ist eine Zugnummer für die Neuem aufgeschlossenen Musikfreunde aus Winterthur und dem nahen Zürich. Und er bietet was fürs Auge. Seine bullige Gestalt ist auf dem erhöhten Pult in ständiger Bewegung. Mal schießt der rechte Arm mit dem Dirigentenstab nach oben, um einen Einsatz zu geben, mal verharrt die zur Faust geballte Linke kraftvoll konzentriert in der Luft, um endlich abwärts zu fahren und in großer Abschlussgeste eine Fermate zu beenden. Meint er, eine Nachlässigkeit bei den Streichern entdeckt zu haben, beugt Scherchen mit funkelnden Augen seinen Oberkörper in deren Richtung. Sind ihm die Bläser zu zurückhaltend, reckt er sich und nickt wütend mit dem Kopf nach oben. Carola sieht sein Gesicht nicht, aber sie weiß es knallrot vom furiosen Ritt durch die Partitur, triefend vor Schweiß. Es trieft immer vor Schweiß, wenn er dirigiert. Carola hat genug gesehen. Leise zieht sie sich zurück und macht sich auf den Weg in die Suite.

Gegen 23 Uhr kommt Scherchen. Er poltert laut in den Flur, weckt dadurch seine Besucherin, die auf dem bezogenen Bett eingedöst ist. Sekunden später betritt er das Zimmer, macht Licht.

»Carola! Sie haben mir deine Ankunft leider erst mitgeteilt, als ich den Schlüssel verlangte. Sonst wäre die Auswertung mit dem Orchester kürzer ausgefallen. Was machst du hier? Ich wähnte dich bei den Kammerspielen in München.«

»Guten Abend, Hermann. Wir müssen reden.«

»Du fährst 300 Kilometer, anstatt anzurufen? Worüber denn?«

»Über den Mann, dessen Gedanken du in meinen Briefen entdecktest. Er heißt Anatol. Und wohnt bei mir in München.«

Carola redet lange und eindringlich, versucht zu erklären. Hermann Scherchen indes begreift nicht, was sie ihm da sagt. Verlassen wird sie ihn. Ihn, der der Welt eine neue Musik entdeckt, avantgardistische Komponisten, nie gehörte Tonfolgen und Klänge. Für einen, der nichts in seinem Leben erreicht hat. Einen Blender, der davon faselt, berufliches Fortkommen sei unwichtig vor der Sache des Kommunismus, weil nur der Sieg der Masse ein Erfolg für den Einzelnen sei. In seinem Stolz verletzt, kauert er im Lehnstuhl und schaut, die schmalen Lippen zusammengepresst, auf Carola, die auf dem Bettrand sitzend ihre Zweifel hinter einem gleichgültigen Gesicht verbirgt. Im Gegensatz zu ihr hat er Mühe, sein Minenspiel unter Kontrolle zu halten. Der anschwellende Hals verrät seine Anspannung. Das Konzert hat Kraft gekostet. Das Hemd klebt verschwitzt an seinem Körper, doch das ist ihm jetzt unwichtig. Wenn er sie wenigstens an einen ebenbürtigen Gegner verlöre! Aber an einen knapp dreißigjährigen Grünschnabel, dessen einziger Verdienst es ist, Berliner Arbeitern ein paar Brocken Russisch beizubringen?

»Carola, ich flehe dich an, überdenk das genau! Wir wollen heiraten, du hättest fast ein Kind von mir geboren. Was du vorhast, ist in jeder Beziehung so unvernünftig. Dieser Student …«

»Er hat sein Studium abgeschlossen, ist jetzt Ingenieur.«

»Auf dem Papier. In dem Beruf gearbeitet hat er ja bisher nicht. Was bietet er dir denn? Der war doch sicher nicht einmal in der Lage, München selbst zu bezahlen. Ein Scheinheiliger, der dir einredet, er hätte ein großes Ziel, um zu verdecken, dass er bisher nichts erreicht hat. Wirkt auf dich anziehend, dass er zwölf Jahre jünger ist als ich? Das wäre wenigstens eine verständliche Erklärung. Doch kein Grund, unsere Beziehung zu beenden.« Scherchen macht erschöpft eine Pause, sucht nach den richtigen Worten. Carola schweigt. Er redet weiter. »Sicher, wir werden beide durch unsere Kunst in Anspruch genommen, sind oft wochenlang getrennt, da kommt das Körperliche manchmal zu kurz. Deswegen wäre ich über einen Gigolo, den du dir leistest, nicht überrascht. Aber mich wegen einer Affäre zu verlassen, ist eine Torheit. Sei vernünftig!«

Carola sitzt auf der Bettkante, und die Müdigkeit kehrt zurück. Am liebsten würde sie jetzt zur Seite sinken und schlafen. Aber es gilt, diesen Kampf mit Scherchen auszufechten. Denn was er da vorbringt, sind Argumente, die sie seit Wochen abwägt. Sie hasst ihre Selbstzweifel, ist aufgebracht, weil sie sich für ihre Gefühle zu verteidigen hat, und redet sich deshalb zunehmend in Rage.

»Du erlaubst dir das Urteil, ich würde mich mit einem Niemand abgeben? Du? Wer bist du denn? Ich werde dir sagen, wer du bist. Ich habe es heute wieder gesehen. Ein Popanz von Dirigent bist du. Du produzierst dich vor einem Orchester, das die Grenzen seines Könnens nur aus Angst vor dir überschreitet. Du peitschst es mit affektierten Bewegungen durch die Partitur, nur um dem Publikum zu zeigen, was für ein prächtiger Kapellmeister du bist. Du arbeitest dich ab vor selbsternannten Musikkennern, die das Atonale, das du servierst, gar nicht verstehen, die dir falschen Beifall zollen für die Exkursion in eine Welt, die ihnen fremd, unheimlich und zuweilen sogar grauenhaft ist. Du schreitest bei deren Eroberung voran, und dir rinnt dabei der Schweiß. Ein kalter Schweiß, der von deiner Gnade zeugt, einem unvollkommenen Orchester und einem unverständigen Publikum zu erlauben, von dir geführt zu werden. Der nichts gilt, weil er nur für dich zählt.«

Sie prügelt mit ihren Worten auf Scherchen ein, der angesichts des Ausbruchs erschrocken in seinem Lehnstuhl verharrt. »Du wirfst Anatol vor, ein Blender zu sein? Nimm dir lieber ein Beispiel an ihm! Der tritt nicht an, um die Welt mit Tönen zu verändern, sondern mit Taten. Was weißt du denn von seinem Leben? Er hat mir anvertraut, im Auftrag der Kommunistischen Internationale hier in Deutschland zu sein, um Aufstände gegen die Kapitalisten vorzubereiten. Glühenden Herzens bekämpft er selbst Leute wie dich. Salonkommunisten, die in ihrer schweren Limousine, mit eingebautem Dirigentenpult auf dem Rücksitz, durch das Land fahren und, eine Dose Kaviar futternd, darüber fabulieren, dass man die Proletarier aus ihrem Elend erlösen müsse. Anatol schwätzt nicht. Er handelt!«

Jetzt wird es Scherchen zu bunt. »Du wirfst mir meinen Lebensstil vor? Du? Die den Illustrierten als Modepüppchen dient? Die im Mercedes an Armenküchen vorbei ins Schlichters fährt und sich von eigenem Personal bedienen lässt? Deren Kampf für eine bessere Welt sich auf den Vortrag eines Liedes bei einer KPD-Kundgebung erschöpft? Du redest davon, deine Kunst in den Dienst des epischen Theaters zu stellen, das dem Publikum die Augen über gesellschaftliche Widersprüche öffnet. Prima. Und trittst in seichten Musikrevuen auf, verschleuderst dein Talent in billigen Lustspielen wie *Marguerite geteilt durch 3* oder *Der Dompteur*. Ich nehme die Kunst ernst, für dich ist sie doch längst nur Geldmaschine!«

»Mag sein, dass ich Belangloses spiele. Aber das mit dem Seichten verdiente Geld verschafft mir Freiraum für seriöses Theater, für Stücke, deren Erfolg ungewiss ist. Denk an die letzte Uraufführung, die *Geschichten aus dem Wienerwald* im November. Die Kritiken für meine Marianne waren überragend. Kerr sprach davon, ich hätte nicht nur ein Meisterspiel abgegeben, sondern gar eine Natur. Polgar lobte mein feines Pathos der Einfachheit und Julius Bab fand mich schlicht genial. Ich habe in der Schauspielkunst mit eisernem Willen die Spitze erreicht, mach mir nicht zum Vorwurf, dass ich mit ihr enormes Geld verdiene. Von beidem bist du weit weg.«

Scherchen ignoriert den ihn herabsetzenden Seitenhieb. Er sucht fieberhaft nach Argumenten, sie zu halten. »Umso mehr ist es Wahnsinn, dass du dich diesem Jüngelchen an den Hals wirfst. Eure Lebenswelten sind doch völlig unterschiedliche. Du verkehrst unter den bedeutendsten Künstlern unserer Zeit, pflegst Kontakte mit wichtigen Leuten aus Wirtschaft und Politik. Und er? Studiert sicher die *Rote Fahne* und diskutiert das von anderen Vorgedachte im Arbeiterzirkel. Wenn sein Auftrag lautet, Aufstände anzuzetteln, warum fängt er nicht damit an? Muss der Umsturz warten, bis euer Turtelurlaub vorbei ist? Er meint, die Komintern habe ihn mit der Organisation von bewaffneten Erhebungen in Deutschland beauftragt. Aber die hat sich längst von Trotzkis Idee der permanenten Weltrevolution abgewendet, unterstützt Stalins Linie vom beispielhaften Aufbau des Sozialismus in nur einem Land, nämlich der Sowjetunion. Ich sage dir, dieser Anatol ist ein Aufschneider!«

Carolas Augen füllen sich mit Tränen, die sie krampfhaft zurückzuhalten versucht. Scherchen argumentiert nüchtern, sie hat nur ihr Gefühl dagegenzusetzen. Was weiß denn sie, welche politische Taktik die Kommunisten im Augenblick verfolgen. »Du kennst ihn nicht, Hermann. Mag sein, dass er es bislang zu nichts gebracht hat. Aber er brennt für seine Sache. Er liest Marx, Lenin und die Schriften anderer Bolschewiken. Er träumt vom weltweiten Sieg des Kommunismus und ist bereit, dafür zu kämpfen. Er pfeift auf die Gefahr für sein Leben, fürchtet sich nicht vor Gefängnis oder Erschießung. Es ist nicht das Körperliche, das mich für ihn einnimmt, ich darf dich beruhigen, da seid ihr gar nicht so verschieden. Es ist seine auf das große Ziel gerichtete Hingabe. Hätte ein anderer diese Glut für das Glück der Menschheit an den Tag gelegt, wäre ich ihm ebenso verfallen. Mein Leben zwischen dem Schlichter und Le Lavandou, es hat nichts mehr mit der Wirklichkeit gemein. Ich gebe es auf, widme mich mit Anatol einem höheren Ziel: der neuen Gesellschaft freier Menschen.«

Scherchen schaut sie entsetzt und verzweifelt an. »Du weißt nicht, was du dir da antust, Carola. Du hast dein Leben lang hart gearbeitet, um eine große Schauspielerin zu werden, spieltest dich vom Kurtheater in der Provinz auf die bedeutendsten Bühnen Deutschlands. Und das wirfst du weg? Um dich an der Seite eines Sprücheklopfers in ein waghalsiges Abenteuer zu stürzen und künftig der Weltrevolution zu dienen?« Scherchen presst die Lippen so fest zusammen, dass sie zu einem schmalen Strich werden. Eine unbändige Wut treibt ihm Zornesröte ins Gesicht. »Ich lasse das nicht zu. Ich schließe dich in diesem Zimmer ein, bis du wieder klar denkst. Du verlässt mich nicht. Dafür sorge ich!«

Gefängnis Butyrka
4. Januar 1940

»Aber Sie haben ihn verlassen«, stellt Leutnant Gennadi Kusnezow nüchtern fest. Er kennt ja den weiteren Gang der Geschichte. Ihn erstaunt nur, dass dieser Dirigent schon 1932 den Becker als Trotzkisten entlarvte. Ein gescheiter Mann. »Ließ der Scherchen Sie zum Schluss freiwillig ziehen?«

»Oh nein. Wir stritten die halbe Nacht. Irgendwann sank ich todmüde auf sein Bett und schlief ein. Am Morgen lag er, im Konzertfrack, neben mir. Abgeschlossen war das Zimmer nicht. Er meinte sicher, er hätte gesiegt. Ich schlich zur Tür hinaus und fuhr zurück zu Anatol an den Wörthsee. Scherchen hat mich dann überall gesucht. Werner Egk erzählte später, dass er in einer Limousine mit livriertem Chauffeur bei ihm vorfuhr. Aber er gab unser Versteck nicht preis. Auch die Freunde und Kollegen in Berlin tappten im Dunkeln, ich hatte dort zu der Zeit kein Engagement. Niemand wusste, wo wir waren. Mit Scherchen ließ ich in Winterthur meine Vergangenheit zurück.«

Kusnezow schaut die Henschke an. Sie ist verstummt, denkt sicher an die Tragweite ihrer damaligen Entscheidung. Ihm wird klar, dass die Gespräche mit der Gefangenen über ihre Karriere jetzt nichts mehr bringen. Was dann kam, ist aufgearbeitet: die Emigration und ihr Leben in der Sowjetunion, das Urteil darüber vom Volk gesprochen. Kusnezow beugt sich vor und schließt die Akte. Schluss mit den Verhören. Es ist Zeit, der Schauspielerin zu eröffnen, welche Rolle sie künftig zu spielen hat.

*

»Na Gott sei Dank!« Emma sitzt vorn am großen Tisch der Gemeinschaftszelle, als Carola vom Verhör bei Kusnezow zurückkehrt. Sie formt irgendetwas aus mit Wasser weich gemachten Brotkrumen. »Ick hatte mir schon Sorgen gemacht, weil das heute solange gedauert hat. War wat?«

Carola setzt sich zu ihr an den Tisch. »Nein, nicht direkt. Kusnezow wollte wissen, wieso ich mich auf dem Gipfel meines Erfolgs dem Kommunismus zuwendete.«

»Gute Frage. Würd ick auch gern erfahren.«

»Heute nicht, Emma. War schon anstrengend genug, dem Leutnant zu antworten. Was machst du hier?«

»Ick forme Buchstaben. Für die Worte ›Alles‹ und ›Gute‹. Hertha, die mit mir aus Sibirien gekommen ist, hat Geburtstag. Und im Lager war das immer unser Geschenk. Die Krumen haben wir uns vom Munde abgespart und deshalb haben sich die Frauen wie Bolle gefreut. Sparen muss ick hier nicht, aber mir Mühe geben.«

Carola nickt. Dann guckt sie sich suchend in der Zelle um. »Ist Roberta Gropper inzwischen zurück?«

»Nein, bis jetzt nicht. Aber weißte, was mir aufgefallen ist?«

»Woher soll ich das wissen, Emma?«

»Guck dir mal an, wen von uns sie bisher zum Verhör geholt haben. Die Zenzl Mühsam. Frau von einem bekannten Anarchisten. Roberta Gropper, Reichstagsabgeordnete der KPD. Grete Michelsen, leitende Mitarbeiterin der Internationalen Roten Hilfe. Dich, berühmte Künstlerin. Gretchen Buber-Neumann, Frau von einem ehemaligen KPD-Führer. Kurz: die Prominenz im Saal!«

Carola ist verblüfft, hat jedoch einen Einwand: »Prominent waren wir gestern, die einstige Bekanntheit zählt nicht mehr.«

»Oh, da vergisst du was: Vergessen seid ihr nur, solange ihr hier drin seid. Wat ist denn, wenn ihr rauskommt? Außerhalb vom Mutterland der Werktätigen habt ihr plötzlich alle wieder Freunde mit Einfluss. Vielleicht will das NKWD wissen, ob ihr dann eure Bekanntheit nutzt, um über die Zustände hier zu berichten. Und wenn ja, dafür sorgen, dass ihr doch lieber hierbleibt.«

Carola kommt ein beunruhigender Gedanke. »Angenommen, du hast recht: Womöglich sind Grete und Roberta dann schon auf dem Weg nach Sibirien?«

Emma sieht in den Augen der Freundin die Angst, dass ihr selbst ebenfalls dieses Schicksal droht. »Ick fürchte, das werden wir noch früh genug erfahren«, seufzt sie. Carola nickt traurig: »Oder nie.«

Gefängnis Butyrka
5. Januar 1940

Das Gesicht der Aufseherin, die sie heute abholt, ist für Carola neu. Es ist mürrisch und abweisend. Statt des munteren klack, klack, klack der jungen Wärterin lässt ihre Kollegin ein Schlagen in großen Abständen hören. Bloß nicht überanstrengen. Nach der ersten Eisentür wendet sich Carola wie immer in den rechtwinklig abgehenden Flur, da bellt es hinter ihr: »Stoj!« Sie bleibt stehen. »Nalewo!« Links um. Gehorsam dreht sie sich zurück zum langen Hauptgang. »Wperjod!« Vorwärts. Was hat das zu bedeuten? Wie befohlen marschiert sie los, überlegt dabei, wo man sie hinführt. Dann erkennt sie den Flur. An einem Stalinbild, das zwischen roten Fahnen hängt. Er führt zur Verwaltung.

Im Hauptgebäude der Butyrka laufen Uniformierte und Frauen im eintönigen Grau der Angestellten über den Flur, vor einer Tür steht ein bewaffneter Posten. Niemand würdigt sie eines Blickes. Nach ein paar Schritten befiehlt die Wächterin Carola, stehen zu bleiben. Sie dreht sich zur Wand, hört, wie die Frau anklopft. Eine Stimme antwortet auf Russisch: »Eintreten!« Leutnant Kusnezow. Seltsam: Carola ist erleichtert, ihn zu hören. Ihre Bewacherin fordert sie mit einem kurzen Neigen des Kopfes auf, hineinzugehen. Sie selbst bleibt draußen.

Der Raum, den Carola an der Stirnseite betritt, ist offenbar ein Sitzungssaal. Parallel zu den Milchglas-Fenstern links sind zwei lange Tische aneinandergestellt, mit einem

Dutzend leerer Stühle an ihren Seiten. Ein dritter wurde quer davorgerückt. An ihm sitzen drei Uniformierte unter einem großen Stalinbild: links Gennadi Kusnezow, rechts der NKWD-Leutnant, den sie einmal im Gespräch mit ihm gesehen hatte. Der ältere Offizier in der Mitte ist ein höheres Tier: Am Kragenspiegel der Gymnjastorka, des Uniformhemdes, prangen als Rangabzeichen nicht kleine quadratische Anstecker wie bei den Leutnants, sondern ein auf seiner schmalen Seite stehendes Rechteck. Er raucht. Eine Troika, schießt es Carola durch den Kopf. Ein aus drei Offizieren bestehendes Gericht. Was hatte das zu bedeuten?

Sie steht an der leeren Stirnseite der beiden längsgestellten Tische, die drei Männer starren sie schweigend an. Dann drückt der Höhergestellte in der Mitte seine Zigarette in dem vor ihm stehenden Aschenbecher aus und flüstert Kusnezow etwas zu. Erst jetzt sieht Carola, dass dessen Arme auf einem Ordner liegen, ihrer Akte. Und sie entdeckt den Metallhalter mit den beiden Stempeln vom Schreibtisch des Leutnants.

»Häftling Nummer 59783, Karoline Josefowna Henschke. Wegen terroristischer Handlungen und Teilnahme an den Vorbereitungen zu einem terroristischen Verbrechen nach Paragraf 17–58 Absatz zehn und elf verurteilt zu zehn Jahren Gefängnis«, bricht Kusnezow das Schweigen. Dann liest er von einem Blatt ab, das er der aufgeschlagenen Akte entnommen hat. »Diese Kommission wird entscheiden, ob Sie, infolge eines kürzlich geschlossenen Freundschaftsvertrages, von der Union der Sozialistischen Sowjetrepubliken ausgewiesen und an das Deutsche Reich übergeben werden. Ihr gehören an: Hauptmann Arkadi Nikolajewitsch Sergejew als Vorsitzender, Leutnant Grigori Michailowitsch Kusnezow und Leutnant Pjotr Petrowitsch Melnik.«

Carola sieht, wie sich Letzterer zu dem Hauptmann beugt und nahe an dessen Ohr flüstert. Er übersetzt. Dann wird ihr klar, was Kusnezow vorgelesen hat: »Diese Kommission wird entscheiden,«

Wird entscheiden? Im Sowjetland tritt kein Gremium zusammen, dessen Urteil nicht vorab feststeht. Sie versucht, das ihr zugedachte Schicksal aus den Mienen der drei Männer herauszulesen. Aber Kusnezow starrt auf das Blatt vor ihm, Melnik konzentriert sich auf seine Übersetzung und der Hauptmann mustert ihre Häftlingsuniform. Oder ihre Figur.

»Gefangene Henschke, dieser Kommission liegt mein Bericht über die Verhöre vor, denen ich Sie unterzogen habe. Es stand die Frage, ob Sie ihre Verbrechen gegen die UdSSR als überzeugte Feindin unseres Landes begingen, oder ob Sie von dem trotzkistischen Agenten Anatol Becker zu den von ihnen begangenen terroristischen Handlungen verführt wurden.«

Kusnezow macht eine Pause, wartet darauf, dass Leutnant Melnik mit der Übersetzung hinterherkommt. »Ich bin in meinem Bericht zu dem Schluss gelangt, dass Sie in politischen Fragen emotional statt rational handeln. Ein klares Klassenbewusstsein konnte ich bei Ihnen nicht erkennen, jedoch eine gefühlsmäßige Hinwendung zur Sache der Ausgebeuteten. Dadurch waren Sie anfällig für die hinterhältigen Lügen der Trotzkisten um den seiner Strafe zugeführten Becker, die Ihre Naivität für die Vorbereitung von Terrorakten gegen die Führer der Sowjetunion und der Partei der Bolschewiki nutzten.«

Kusnezow macht zugunsten Melniks erneut eine Pause und sieht Carola an. Als er weiterspricht, schaut er, statt auf das Blatt vor ihm, direkt in ihre Augen. »Ich bin zu dem

Ergebnis gelangt, dass die Gefangene Karoline Josefowna Henschke ihre verwerflichen Taten gegen die Sowjetunion nicht aus innerer Überzeugung, sondern aus sexueller Hörigkeit gegenüber dem trotzkistischen Agenten Becker begangen hat. Sie ist keine bewusste Feindin unserer neuen Ordnung, vermag indes auch nichts zu deren Aufbau beizutragen. Als vernehmender Leutnant des NKWD empfehle ich, Karoline Josefowna Henschke im Rahmen des vorgesehenen Gefangenenaustausches an die deutschen Behörden zu übergeben. Die Kommission teilt diese Einschätzung.« Kusnezow beugt sich nach vorn und nimmt den rechts hängenden, fabrikneu glänzenden Stempel aus dem Metallgestell. Den für das Wort »wujszujlka«, Ausweisung. Dann öffnet er die flache Blechschachtel mit dem Stempelkissen.

Carola hat Mühe, ihr Mienenspiel unter Kontrolle zu halten. Auslieferung an die Deutschen. Sie wird Russland verlassen!

Kusnezow knallt den Gummi auf das tintengetränkte Kissen.

Da beugt sich unvermittelt der Hauptmann nach vorn und legt seine Hand auf den linken Arm seines Untergebenen. Er lehnt sich ein wenig zur Seite und raunt ihm etwas zu. Der Leutnant zögert, nickt langsam und hängt dann den Stempel wieder in die Halterung. Carola registriert es starr vor Schreck. Der Hauptmann zieht die Hand zurück und lehnt sich an seinen Stuhl. Er nimmt sich eine Zigarette aus der vor ihm liegenden Schachtel »Herzegowina Flor«, steckt sie sich in den Mund und hangelt aus der Hosentasche ein Feuerzeug.

Während er sich die Zigarette anzündet, wendet sich Kusnezow erneut an Carola. »Gefangene Henschke, Hauptmann

Sergejew hat eine Frage. Beim Lesen der Protokolle hatte er den Eindruck, dass ihnen der Aufbau einer neuen gerechten Gesellschaft am Herzen liegt. Gleichzeitig ist er beeindruckt von ihrer Fähigkeit, einflussreiche Menschen für sich einzunehmen. Und deshalb fragt er sich, ob Sie nicht dem sowjetischen Volk gegenüber Dankbarkeit zeigen sollten für das Entgegenkommen, Sie trotz ihrer trotzkistischen Verfehlungen auf die Ausweisungsliste zu setzen.« Kusnezow schaut nach links, wartet ab, bis Leutnant Melnik seine Worte übersetzt hat. Dann blickt er wieder auf die vor ihm stehende Gefangene, die verwirrt abwartet, was man von ihr will. »Karoline Henschke, sind Sie bereit, nach ihrer Ausweisung der edlen Sache des Sowjetvolkes zu dienen?«

Carola schaut begriffsstutzig auf die drei Offiziere. »Dem Sowjetvolk dienen? Nach der Ausweisung? Wie denn?«

Kusnezow beugt sich vor, fixiert sie mit zusammengekniffenen Augen. »Als geheime Helferin des NKWD. Sie sammeln Informationen, öffnen Türen, führen uns in Kreise ein, die uns bisher verschlossen sind. In Deutschland oder unter den Deutschen im Exil. Je nachdem, wohin es Sie verschlägt.«

Carola ist wie gelähmt, ihre Beine zittern. »Geheime Helferin des NKWD«, echot sie leise. Verzweifelt schaut sie auf die Offizierstroika. Sie will nicht für die Russen arbeiten, sondern weg von ihnen. In ihr altes Leben. »Aber NKWD heißt doch Volkskommissariat für Innere Angelegenheiten? Wieso braucht es da Helfer im Ausland?« Melnik übersetzt flüsternd. Carola sucht fieberhaft Gegenargumente, die sie vorbringen kann, ohne die greifbare Ausweisung zu gefährden. Vorsichtig spricht sie weiter. »Und gegen Deutschland soll ich spionieren? Haben Stalin und Hitler nicht eben erst einen Freundschaftspakt geschlossen?«

Jetzt räuspert sich Kusnezow. »Ja, deswegen sitzen wir ja hier. Die sowjetische Führung nimmt diesen Vertrag ernst. Doch wer sagt uns, dass Hitler mit offenen Karten spielt? Wir beim NKWD sind verpflichtet, uns um die Sicherheit von Staat und Partei in jeglicher Hinsicht zu kümmern. Die Feinde des Sozialismus sitzen überall. Es gilt, wachsam zu sein. Wir müssen wissen, ob Berlin den Vertrag nutzt, um unter seinem Deckmantel Verbrechen gegen unser Land zu planen.«

»Aber ich habe keine Kontakte zu den Nationalsozialisten, im Gegenteil, ich stehe auf deren schwarzen Listen. Sicher komme ich zunächst in ein Gefängnis oder in ein Konzentrationslager.«

»Eine gute Gelegenheit, Verbindungen zu den Gegnern Hitlers zu knüpfen. Die Faschisten werden Deutschland nicht auf Dauer regieren. Es gibt Widerstand und illegale Strukturen in allen Lagern, von Sozialdemokraten bis hin zu Kaisertreuen. Die Gefängnisse sind voll von ihnen. Wir brauchen Kontakte in all diese Gruppen, um die Interessen der Sowjetunion zu wahren. Sollte Deutschland Sie indes in ein drittes Land weiterreichen, so verfügen Sie über ausgezeichnete Beziehungen zu bekannten Exilanten. Ihre trotzkistische Vergangenheit könnte Ihnen bei jenen Emigranten die Tür öffnen, die Vorbehalte gegenüber der UdSSR äußern. Die gilt es genauso im Auge zu behalten. Kurz, Sie wären der Sache des Sozialismus in jedem Fall nützlich.«

Carola hört kaum hin. Sie sucht nach einem Ausweg. Sie weiß, sie ist keine Mata Hari. Wilhelm von Preußen hatte ihr von der Tänzerin erzählt, sie war mehrfach vor ihm aufgetreten. Die Franzosen hatten sie im Weltkrieg wegen Spionage für den deutschen Geheimdienst erschossen.

Carola liebt das Abenteuer, das Schlüpfen in eine Rolle, aber dieser Preis ist ihr zu hoch. »Ich bin nicht gemacht für ein Leben voller Lügen.« Kusnezow schaut sie missbilligend an, er weiß, dass das Unsinn ist. Sie sieht es, denkt an die Ausreise, versucht sich herauszureden. »Ich will offen mit meiner Kunst für eine neue, gerechte Welt kämpfen.«

In Kusnezows Antwort mischt sich Ärger: »Seien Sie realistisch. Wenn sie zurück auf eine deutsche Bühne wollen, müssen sie mit den Wölfen heulen. Hitler, Göring, Goebbels geben sich theater- und filmverrückt, lassen sich gern mit bekannten und beliebten Schauspielern ablichten. Gehört man zu ihrem privaten Kreis, dann öffnen sich zahlreiche sonst verschlossene Türen. Schwören Sie dem Kommunismus nach außen hin ab, um bei ihnen eine Rolle zu spielen.«

Privater Kreis. Carola ahnt, was Kusnezow meint, und es gefällt ihr nicht. Andererseits: Eröffnet sich hier ein Weg, Georg zurückzubekommen? Das NKWD hat doch sicher Möglichkeiten. Ihre Gedanken überschlagen sich: Gewiss, ihre erschütternden Erfahrungen im sowjetischen Zuchthaus würden eine Abkehr vom Kommunismus glaubwürdig erscheinen lassen. Da musste sie nichts spielen. Und ihr fielen einflussreiche Bekannte ein, die gute Kontakte zu den neuen Machthabern hatten. Allen voran Wilhelm, der beim »Tag von Potsdam« an der Seite von Hitler stand. Aber auch Kollegen wie Gustaf Gründgens, jetzt Intendant des Schauspielhauses in Berlin, oder Heinz Rühmann, der im Kino unglaubliche Erfolge feiert. Doch sich so zu erniedrigen würde seinen Preis haben. Das ginge nur mit Georg. »Und mein Sohn? Begleitet er mich? In Deutschland ist bekannt, dass ich Mutter bin, es gab da Fotos in der Presse.«

Kusnezow schaut nach links zu Sergejew. Der lächelt kalt, nachdem ihm Carolas Worte übersetzt worden sind. Unbeteiligt gibt Leutnant Melnik die Antwort des Hauptmanns wieder. »Das würde sie von ihren Aufgaben nur ablenken. Georg hat jetzt die beste Mutter von allen: die Partei. Wer weiß, wenn Sie sich durch den Dienst am sowjetischen Volk zum anerkannten Mitglied der sozialistischen Gesellschaft entwickelt haben, vielleicht möchte er dann sogar die Frau kennenlernen, die ihn geboren hat?«

»Aber es wäre glaubhafter, wenn ich nicht im Verdacht stünde, durch die russischen Behörden erpressbar zu sein!«

Verärgert drückt Sergejew seine Zigarette aus. Melnik übernimmt beim Übersetzen dessen unwirschen Tonfall. »Genug jetzt! Sie sind nicht in der Position, Forderungen zu stellen, Gefangene Henschke. Wir haben Ihnen trotz Ihrer unentschuldbaren Verfehlungen das Angebot gemacht, ihren Anteil am Aufbau einer neuen Gesellschaft zu leisten, aber Sie drücken sich um eine Antwort, schinden nur Zeit. Nun, wir werden Ihnen Muße geben, sich die Folgen zu überlegen. Genau darüber nachzudenken. Und hoffentlich den richtigen Schluss zu ziehen.« Sergejew erhebt sich brüsk, die Offiziere an seiner Seite springen ebenfalls auf. »Die Sitzung ist geschlossen. Deschurnaja!«

Die griesgrämige Wächterin kommt, um Carola abzuführen. Leutnant Melnik gibt ihr leise Anweisungen. Dann befiehlt die Aufseherin der reglos dastehenden Gefangenen mit einer Bewegung des Kopfes, ihr zu folgen. Draußen wendet sich die Schließerin nach rechts, wo sie die Tür in ein Treppenhaus öffnet. Carola läuft ihr hinterher, in Gedanken bei dem verblüffenden Ansinnen des NKWD. Spionin für Stalin? Deutsche Parteibonzen aushorchen? Eine Herausforderung wäre es ja, den Hakenkreuzlern etwas vorzuspielen.

Aber sie würde gleichzeitig Menschen täuschen, die ihr wichtig sind. Emma. Zenzl. Matilde. Brecht. Die Familie. Ihr Publikum. Sie alle würden sie verachten. Nein. Sie sitzt schon seit fast vier Jahren in russischen Gefängnissen, das Urteil gegen sie war lächerlich und falsch. Und da soll sie, als sei nichts geschehen, dem System dienen, das ihr das Kind, den Mann und Jahre ihres Lebens nahm? Nein!

Ein eisiger Windstoß reißt sie aus ihren Überlegungen. Sie hatte nicht darauf geachtet, wohin die Aufseherin sie führt. Jetzt steht sie plötzlich in der geöffneten Tür zum schneebedeckten Innenhof der Butyrka. Die Wärterin zieht sie grob nach draußen, in die russische Kälte. Hinter ihr fällt die Tür wieder ins Schloss. Zu zweit stapfen sie durch den Schnee auf einen großen, dicken Turm der alten Gefängnismauer zu. Wohin bringt man sie? Carola zittert vor Kälte und Verzweiflung. Sie stand so kurz davor. Kusnezow hatte den Stempel schon der Hand. Warum war sie nicht schlicht auf den Vorschlag eingegangen, Spionin zu werden? In Deutschland hätte sie sich doch den Behörden offenbaren können. Damit wäre sie für die Bolschewiki wertlos. Aber die haben Georg. Und behalten ihn genau aus diesem Grund. Ihr Kind ist das Faustpfand gegen sie.

Die Aufseherin steckt ihren Vierkant in die Eisentür des Turmes. »Dawai!«, bellt sie. Schnell! Die Wärterin öffnet die Tür, lässt Carola hindurchgehen, folgt ihr und betätigt den Hebel eines Lichtschalters an der Wand. In dem Gebäude ist es totenstill. Nach ein paar Metern mündet der Gang in einen runden Innenraum. Die Sicht in die oberen Etagen des Turms versperrt ein enges Gitter, dahinter ist es dunkel. Hier unten gibt das stumpfe Licht der wenigen Glühbirnen den Blick auf kreisförmig angelegte Zellentüren frei. Carola folgt der Wärterin nach links. Die betätigt den Lichtschalter neben einer offen stehenden Tür und schickt ihre Gefangene dann in die Zelle. Rote, nackte Steine, das Fenster zugemauert, eine trübe Glühbirne in der Mitte der hohen Decke. Der Raum ist leer, nur eine »Parascha«, ein Holzkübel für die Notdurft, steht rechts an der Wand. Ohne ein Wort schlägt die Aufseherin die Tür von außen zu. Carola hört, wie sie die Zelle abschließt, dann erlischt das Licht. Unter der Tür ein letzter, schmaler Schimmer. Aber einige Augenblicke später ist der ebenso verschwunden. Eine Eisentür knallt. Stille.

Vorsichtig tastet sie sich durch die Finsternis zur linken Wand und lässt sich auf dem Boden nieder. Wie sie zittert! Offenbar wird der Raum nicht beheizt. Und keine Matratze, kein Stroh, keine Decke, die sie vor der Kälte schützen könnten. Erschrocken wird Carola sich ihrer Lage bewusst. Man bestraft sie für ihr Zögern, dem NKWD zu dienen. Will sie brechen. Und niemand ahnt, wo sie ist, keiner erfährt, wenn sie hier zugrunde geht. Nach all dem Elend in Sowjetrussland ist sie am tiefsten Punkt angelangt.

Im Dunkeln.

Gefängnis Butyrka, Dunkelzelle
Januar 1940

Carola erwacht aus einem bilderlosen Traum. Geweckt von der Stille. Ihr Rücken schmerzt und ihr ist kalt. Sie sehnt sich nach den langen Männerunterhosen und Hemden aus Baumwolle, die die anderen Frauen tragen. Ihr halblanger Rock und die Flanellbluse lassen die Kühle nahezu ungehindert emporkriechen.

Sie weiß nicht, wie lange sie schon hier ist. Weggesperrt in der Zeit. In Kälte, Hunger, Dunkelheit. Hier in der

Finsternis sieht sie endlich klar. Es ging in den Gesprächen mit Kusnezow nie darum, sich ein Urteil über ihre Beweggründe zu bilden. Nein, das NKWD war darauf erpicht zu erfahren, ob sie die Künste einer Mata Hari im Blut hatte: Lügen, Verführen, Täuschen, Rollen spielen, den Schein wahren, andere benutzen. Und sie hat in ihrer grenzenlosen Naivität Kusnezow all das bestätigt.

Ihr Magen knurrt. Er gewöhnt sich ungern an den Mangel.

Mehrfach hat sie die Zelle ausgemessen. Das Ergebnis bleibt gleich: Sechs Schritte längs, an der Tür drei Schritte quer, an der Außenwand vier. Ab und zu treibt sie Gymnastik. Kniebeugen, Liegestütze, Dehnungsübungen. All das lenkt sie nicht von den quälenden Gedanken ab. Was geschieht mit ihr? Was mit Georg? Warum schickt man sie nicht wenigstens zurück ins Zuchthaus? Sondern in die Dunkelzelle? Lethargisch hockt sie auf dem kühlen Steinboden und überlegt, ob es nicht klüger ist, dem NKWD nachzugeben. Nur raus aus der Stille. Aus dem Dunkel. Der Kälte. Aber zu welchem Preis würde das geschehen? Dieselben Leute, die ihr die Freiheit stahlen, bieten sie ihr jetzt wieder an, damit sie eine von ihnen wird. Und versprechen ihr als ferne, ungewisse Belohnung das Kind, das sie ihr zuvor entrissen. Was, wenn sie darauf einging? Für Georg? Und eine Zukunft, weit weg von Parteiwillkür und Sowjetstaat? Aber gibt es die für jemanden, der sich auf das NKWD einließ? Die Seele, die der Teufel einmal hat, lässt er nicht mehr aus der Hölle. Es ist zum Verzweifeln.

Manchmal versucht sie, sich mit geflüsterten Texten der Polly, der Johanna, der Marianne abzulenken. Zuweilen schläft sie darüber ein. Um von Albträumen gequält zu werden: Wie sie vor einem Erschießungskommando des

NKWD steht. Oder einem Standgericht der SA. Und es ist ihr recht. Tod ist Freiheit. Das Leben spielt in ihren Träumen keine Rolle mehr.

Sie wird im Dunkeln wahnsinnig.

Manchmal hofft sie. Auf Kusnezow. Sie hat ihm ja noch gar nicht erzählt, wie genau es zu dem Verbrechen kam, das ihr die zehn Jahre Haft einbrachte. Das muss ihn doch interessieren! Carola schließt die Augen. Entflieht so dem Dunkel. Und stellt sich vor, wie er sie holen lässt. Zuerst würde sie den Schimmer des Flurlichts sehen, in dem Spalt unter der Eisentür. Dann den Schlüssel im Schloss hören. Die junge Wärterin mit dem Bauerngesicht würde freundlich blickend dastehen: »Mitkommen!« Und sie in Kusnezows Büro führen. Und der Leutnant würde aufblicken und sagen: »Ach, die Gefangene Henschke! Wo waren wir stehen geblieben?« Und sie würde antworten. Offen und dankbar. »Wir sprachen darüber, dass ich mich von Scherchen trennte, wegen eines jungen Ingenieurs aus Bessarabien. Einem glühenden Kommunisten, der von der Komintern den Auftrag hatte, in Deutschland Aufstände zu organisieren. Aber dazu kam er nicht mehr. Weil wir das Land Hals über Kopf verließen.«

»Sie flohen schon 1932. Vor Hitlers Machtantritt. Warum?«

»Die Freiheit der Zwanziger war vorbei. Die SA randalierte in den Vorstellungen, verhinderte linkes Theater. Ich wurde in ihren Zeitungen als Kommunistenfreundin angegriffen. Insbesondere, nachdem ich öffentlich davor gewarnt hatte, die NSDAP zu wählen und einen entsprechenden Aufruf unterschrieb. Anatol fand keine Arbeit, kam nicht in die Betriebe, um zu agitieren. So beschlossen wir, dass ich nach Ende der Spielzeit 1932 den Vertrag mit den Reinhardt-Bühnen in Berlin nicht mehr verlängere. Uns war es wichtiger, Stalin beim Aufbau des Kommunismus zu helfen.

Wir heirateten, um gemeinsam Papiere zu bekommen. Ich verkaufte die Wohnung und das Auto, stellte die Möbel bei einer Freundin unter und ließ Kleider und Schmuck bei meiner Mutter in München. Zunächst fuhren wir von dort nach Wien, um in der sowjetischen Botschaft Visa zu beantragen. Aber Sowjetrussland wartete nicht gerade auf uns, wir wurden wochenlang hingehalten. Pläne für ein Engagement an der Donau zerschlugen sich ebenso, da ich erkrankte und über Wochen bettlägerig war. So beschlossen wir Ende 1932, zunächst nach Akkerman zu reisen.«

»Akkerman? Nie gehört.«

»Das ist eine einst russische Stadt, die 1918 zum Königreich Rumänien kam und inzwischen Cetatea Alba heißt. Anatol ist dort geboren. Sie liegt in Bessarabien, keine zwanzig Kilometer von Odessa.«

»Sie verzichteten von heute auf morgen auf das Wichtigste in ihrem Leben, auf das Theater? Für ein schlichtes Familienleben?«

»Ja, das war der Plan. Aber er zerschlug sich schnell. Ein recht trauriges Ereignis gab den Anstoß, erneut die Ausreise in die Sowjetunion zu versuchen: Ich trug mein Kind zu Grabe.«

Akkerman, Rumänien
Spätsommer 1933

Der Platz vor Sankt Nikolaus an der Ismailsker Straße ist sonnendurchflutet. Das Licht prallt von den hellen Wänden der Kirche mit ihren grünen Dächern und den goldenen

Türmchen auf eine kleine Schar von Trauergästen. Carola, mit einem dunklen Tuch über dem Haar, trägt ein schlichtes schwarzes Kleid, das sie sich von Anatols Schwester geborgt hatte. Die etwas ältere Nina ist von gleich schlanker Gestalt, nichts musste angepasst werden.

Obwohl Carolas neuer Schwiegervater sich bester Gesundheit erfreut, ist Nina praktisch das Familienoberhaupt. Als ältestes der drei Geschwister hat sie nach dem frühen Tuberkulosetod der Mutter Anatol und dessen Bruder Alexander großgezogen. Das brachte ihr unbestrittene Autorität. Selbst beim Vater. Und so war es Nina, die sich um die Beerdigung kümmerte. Anatol hielt ein kirchliches Begräbnis für überflüssig, aber Carola ließ nicht zu, dass man ihr totes Kind anonym verscharrt. Ihr ist dabei völlig egal, dass die Trauerfeier dem russisch-orthodoxen Ritus folgt. Letztlich dient der Priester da vorn ja dem gleichen Herrn.

Sie schaut auf den Popen mit dem wallenden Vollbart, der in seinem weiten goldenen Gewand mit dem hohen runden Hut den winzigen Sarg von jeder Seite mit Weihrauch besprengt. Wie die anderen Trauergäste auf dem Kirchplatz hält sie eine Kerze in der linken Hand. Licht für die Seele der Totgeborenen.

Wie hatte Carola sich über die erneute Schwangerschaft gefreut! Die Flucht aus Deutschland, aus ihrem alten Leben, hatte sie entwurzelt. Jetzt würde ihr die Familie eine neue Heimat sein. Anatol teilte ihre Vorfreude nicht. Oder zeigte es nicht so. Er sei Revolutionär, meinte er. Ein Kind dürfe seinem Kampf um eine bessere Zukunft nicht im Wege stehen. Sie hatte gehofft, er sähe das anders, wenn er das Würmchen erst einmal im Arm hielte.

Carolas Blick fällt auf Anatols Vater, der halbrechts von ihr die Zeremonie verfolgt. Verstohlen betrachtet sie das schmale Gesicht des Alten, dessen hervorstechendstes Merkmal ein riesiger Schnurrbart unter der großen Nase ist. Er stammt aus Hamburg, ist gelernter Mechaniker und hatte früher, zur Zarenzeit, Mühlen und Maschinenteile für die Bessarabiendeutschen importiert. Durch diese Geschäfte war er zu einigem Wohlstand gelangt. Sein Glück hielt jedoch nicht lange. Zuerst starb ihm die Frau, eine Russin, dann wurde er im Großen Krieg als Deutscher samt seiner Kinder an den Rand der kasachischen Steppe verbannt. Dort leisteten sie Zwangsarbeit bei Bauern, die sie mit dem Vieh zusammen in elendige, windschlüpfrige Ställe pferchten. Seit damals hasst Anatol die Kulaken, die sich sogar an der Not von Ausgestoßenen bereichern.

Für die Familie Becker waren dann Kriegsende und russische Revolution ein Glücksfall. Sie kehrte zurück nach Akkerman. Die Provinz hatte sich inzwischen von Russland losgesagt und dem Königreich Rumänien angeschlossen. Das steckte eine Menge Geld in den vergessenen Landstrich, und die Geschäfte der Beckers liefen besser denn je. Anatol wurde zum Studium nach Deutschland geschickt, damit er später die Firma übernehmen konnte.

Der Pope hat den Singsang eingestellt. Sein Diakon stellt sich mit einem Kreuz vor die Kiste, in der ihre mit einem Totentuch bedeckte Tochter liegt. Der Priester nimmt vor dem Grabkreuz Aufstellung, dahinter zwei Totengräber mit dem Sarg auf ihren Schultern. Dann folgen die Trauergäste: Nachbarn und Verwandte. Singend setzt sich die Prozession zum Grab in Bewegung.

Wie so oft in den vergangenen Tagen durchfährt Carola die Qual, die sie mitten in der Nacht ereilt hatte, als in ihrem Unterleib heftige Krämpfe einsetzten, in denen sie nicht verfrühte Wehen erkannte. Sie hatte geschrien vor

Schmerz, und Anatol war aus dem Zimmer gestürzt, um Nina und einen Arzt zu holen, aber beide konnten nichts ausrichten. Am Morgen lag ihre Tochter auf dem blutdurchtränkten Laken, ohne je geatmet zu haben. Zum dritten Mal erwies sich ihr Traum von der eigenen Familie als lebensfern. Bei Klabund war sie selbst es, die den Kinderwunsch ihrer Karriere wegen so lange verschob, bis Fredi zu gezeichnet war, um den Vater abzugeben. Bei Scherchen spürte ihr Körper schnell, dass der Egomane für diese Rolle ungeeignet war, und bei Anatol hatte das Kind in seinem sechsten Monat entschieden, dem Revolutionär nicht im Wege zu stehen.

Die kleine Prozession erreicht das Grab auf dem Friedhof hinter der Nikolaus-Kirche. Auf ein Zeichen des Popen hin tritt Carola zu ihrer Tochter, um loszulassen. Sie legt ihre Hand auf den Sarg. »Ich weiß nicht, wie das Leben mit dir verlaufen wäre«, flüstert sie. »Jetzt wird es ein anderes.«

Träumte sie den falschen Traum? Womöglich zeigt ihr das Schicksal mit seinen immer neuen Schlägen, dass für sie kein privates Glück vorgesehen ist. Dass sie zurück auf die Bühne gehört. Oder ihr Talent in den Dienst von Anatols Vision zu stellen hat: eine bessere Welt, so wie sie Stalin gerade im Sowjetland errichtet. Nein, sie wird nicht in diesem Nest am Rande der Zivilisation in Trauer verwesen. Sie braucht ein neues Ziel. Der Tod verliert seinen Schrecken, kehrt man in das Leben zurück.

Reglos schaut sie zu, wie der Sarg in die Grube gelassen wird und langsam unter der Erde verschwindet, die die Totengräber ihm hinterher schaufeln. Der Priester murmelt dazu seine Gebete.

Sie sollte mit Anatol nach Prag gehen. Da brauchen sie kein Visum. Da gibt es deutsches Theater und viele vor Hitler geflohene Kommunisten mit ausgezeichneten Beziehungen in die Sowjetunion, die ihnen sicher bei den Einreisepapieren helfen.

Die beiden Männer hören auf zu schaufeln, woraufhin der Diakon das mitgebrachte Grabkreuz in die Erde rammt. Der Pope macht eine Handbewegung, mit der er Carola und Anatol einlädt, an das geschlossene Grab zu treten. Gemeinsam starren sie auf das Kreuz. Ihr wird klar, dass sie es nie wiedersehen wird.

Gefängnis Butyrka, Dunkelzelle
Januar 1940

Carola öffnet die Augen. Etwas hat sich verändert, nimmt dem Dunkel die Finsternis. Ein Lichtschimmer unter der Tür. Jetzt weicht auch die Stille, dem Geräusch von Schritten und einem Quietschen wie bei einem Handwagen. Kurz darauf fährt lärmend ein Vierkant in das Schloss der Zellentür. Gleichzeitig wirft die Glühlampe ein gleißendes Licht, das sie zwingt, die Augen zuzumachen. »Na stenui. Ruki nasad!« Erschrocken blinzelt sie. In der Tür steht eine ihr unbekannte Aufseherin. Wie befohlen erhebt sie sich und stellt sich an die Wand, die Hände auf dem Rücken. Sie hört eine zweite Person in die Zelle kommen. Die macht sich an der Parascha zu schaffen, klemmt den Deckel fest und schleppt sie nach draußen. Dort rumort es kurz, es platscht. Augenblicke später kommt sie wieder herein. Holz knallt auf den Boden. Der Kübel für die Notdurft, jetzt leer. Noch etwas wird abgestellt, dann entfernt sich die zweite Person. »Krugom!«, bellt die Aufseherin. Kehrt. Carola dreht sich um. Nahe der Türschwelle stehen ein Holzteller mit einer Scheibe Brot und ein Napf mit Wasser. Die Wärterin eilt hinaus, krachend fällt hinter ihr die Tür zu, kurz darauf wird das Licht ausgemacht. Die Schritte und das Quietschen entfernen sich, der Lichtschimmer unter der Schwelle verschwindet. Sie ist wieder allein. Im Dunkeln.

Wie lange werden die sie diesmal schmoren lassen? Carola lehnt nach einer Gymnastikrunde mit dem Rücken an der Wand. Ihr stoßweiser Atem durchbricht die Stille, die sie sonst betäubt. Das Brot war eine willkommene Abwechslung. Hart, aber es ließ sich in dem kalten Wasser aufweichen. Sie hatte es sich eingeteilt, nur immer einen Bissen von der eingeweichten Stelle genommen. Inzwischen sind Teller und Trinknapf leer. Sie schließt die Augen. Ihr Atem beruhigt sich, der Hunger nicht. Langsam rutscht sie mit dem Rücken die Wand herunter, sinkt auf die kühlen Ziegelsteine des Bodens, legt sich hin. Sie schiebt die Hände zwischen die Schenkel, um wenigstens die zu wärmen. Versuch zu schlafen, zu träumen, der Kälte zu entfliehen. Denk dich woanders hin.

»Bürgerin Henschke!« Erschrocken öffnet sie ihre Augen. Sie steht vor dem Schreibtisch von Gennadi Kusnezow, der sie verärgert ansieht. »Sie haben in ihrer Zelle doch genug Zeit zum Dösen. Reißen Sie sich zusammen!«

Der Leutnant schaut in die vor ihm liegende Akte. »Sie sitzen da also in diesem gottverlassenen Ackerstädtchen Ackerman«, Kusnezow freut sich über sein Wortspiel, »und sinnen auf einen Weg, nach Moskau zu gelangen. Und da fallen Ihnen Ihre emigrierten, linken Freunde ein. Halfen die denn?«

»Wie erhofft, ja. Sobald die vorgeschriebene, vierzigtägige Trauerzeit vorüber war, reisten wir nach Prag. Dort hatte der Name Neher wieder seinen alten Glanz, die Stadt war ja überfüllt von Exilanten aus Deutschland. In den

Cafés und Bars traf ich Kollegen, Regisseure und Kritiker, die meine Karriere begleitet hatten und mich bestürmten, auf die Bühne zurückzukehren. Ich erhielt eine Gastrolle am Neuen Deutschen Theater. Brechts Polly. Und an meinem 33. Geburtstag spielte ich die Eliza. Sie wissen schon, *Pygmalion* von Shaw. Welch ein Jubel!«

»Die Einreisepapiere.« Kusnezow wird ungeduldig. »Woher bekamen sie letztlich die Visa für die Sowjetunion?«

»Oh, da hatte Paul Eger, der Intendant des Prager Deutschen Theaters, eine prima Idee. Den kannte ich aus seinen Zeiten als künstlerischer Berater bei Max Reinhardt. Er fragte, warum wir es nicht zunächst mit einem Touristenvisum versuchen. Das hat er uns dann sogar besorgt. Kurze Zeit später schon fuhren wir nach Moskau. Anatol jubelte – er kam endlich ins Land seiner Träume.«

»Und was war mit Ihnen? Erfüllten sich Ihre Erwartungen?«

»Aber nein. Ich war über die Zustände hier entsetzt.«

Stołpce, Polen
Januar 1934

Ein Pfiff aus der Lokomotive, dann setzt sich der Zug wieder in Bewegung. Da er nur achtzehn Fahrgäste in die Sowjetunion bringt, hat die Grenzkontrolle in dem kleinen polnischen Dorf Stołpce kaum eine Stunde in Anspruch genommen.

Endlich rollen sie nach Sowjetrussland. Carola ist aufgeregt wie seit ihren Münchener Jungmädchentagen nicht mehr. Ein großes Abenteuer nimmt seinen Anfang. Sie würde an der Entwicklung eines Theaters mitwirken, das nicht dem Geschmack des Publikums dient, sondern der Formung des neuen Menschen. Sie haucht ein Loch in das mit Eisblumen bedeckte Fenster und schaut hinaus. Der Zug fährt durch eine stille Landschaft, die von einer dünnen Schneedecke bedeckt ist. Keine Häuser, kaum Äcker. Sie lehnt sich zurück und beobachtet ihren Mann auf dem Sitz gegenüber. Er hat ebenfalls ein Guckloch in das Eis des Fensters gehaucht, wischt es mit dem Ärmel immer wieder frei. Er hält nach der Grenze zwischen Polen und der Sowjetunion Ausschau. Carola lächelt. Wie angespannt er ist! Das Gesicht gerötet, alle paar Augenblicke fährt er sich mit der Hand durch das wellige Haar, von dem ihm eine Locke immer wieder in die Stirn fällt. Es ist nicht Liebe, was sie für diesen Mann empfindet, nicht jenes tiefe Gefühl, das sie einst mit Klabund verband. Aber Anatol hat alles, was sie braucht: Er sieht blendend aus, ist von schlanker, sportlicher Figur. Sein schmales, kantiges Gesicht mit den slawischen Zügen wirkt auf andere mitunter arrogant, aber für sie drückt es vor allem Entschlossenheit aus. Er verfolgt eine Idee, einen Plan für sein Leben, und er ist bereit, ihn mit ihr zu teilen.

Die Lokomotive ihres aus nur drei Waggons bestehenden Zuges pfeift lang gezogen, die Bremsen quietschen. Der Berlin-Moskau-Express verlangsamt seine Fahrt. Mit einem letzten Ruck bleibt er stehen. Draußen Stimmengewirr, dann wird die Waggontür geöffnet. Mit langen sandgelben Mänteln und Pelzkappen bekleidete Soldaten steigen ein, ein Gewehr auf dem Rücken. Anatol lässt das Abteilfenster herunter. »Schau mal Carola, da draußen! Ein Triumphbogen aus Stahl zu unserer Begrüßung. Wir sind in der Sowjetunion! Endlich!« Sie stellt sich zu ihm. Gegenüber entdeckt sie durch die Dampfschwaden ein einzelnes

Bahnwärterhäuschen, an dem auf einem roten Banner in mehreren Sprachen steht: »Es lebe die Sowjetmacht!« Dann schaut sie nach hinten und sieht ein schmales Stahlgestell, das sie soeben passiert haben. Auf dem Sims prangt ein Sowjetstern, darüber weht die Rote Fahne. Über dem stählernen Bogen der Durchfahrt wendet sich ein Spruchband an die Reisenden. »Gruß den Werktätigen des Westens« übersetzt sie es für sich.

Ein anderer Fahrgast, der neben ihnen ebenfalls das Fenster geöffnet hat, reißt sich die Schiebermütze vom Kopf und ruft begeistert in Richtung Bahnwärterhäuschen: »Es lebe Sowjetrussland!« In diesem Augenblick ruckt es durch den Waggon und der Zug fährt schon weiter. Der Mann im schlichten Straßenanzug, Anfang Dreißig, schließt das Fenster und wendet sich mit einem breiten Grinsen im Gesicht an Anatol. »Du bist ebenfalls Kommunist, nicht wahr?« Der nickt bestätigend. »Wir haben es endlich geschafft, Genosse. Wir sind in der Heimat des Proletariats. Mit Hilfe der Sowjetmacht werden wir den Widerstand in Deutschland organisieren und Hitler und seine Spießkumpane schon bald in das Plumpsklo der Geschichte stecken. Das ist internationale Solidarität! Lasst uns einen darauf trinken. Ich habe für diesen Augenblick extra ein Fläschchen Wodka eingesteckt.« Der Mann fängt den fragenden Blick Anatols auf Carola auf. »Verzeihung, Genossin, du bist natürlich ebenso eingeladen.«

Sie schüttelt lächelnd den Kopf. »Danke, ich mache mir nichts aus Schnaps.« Nachsichtig schaut sie auf den von kindlicher Freude erfüllten Anatol. »Trink für mich mit. Auf unsere Zukunft.«

Negoreloje, Sowjetunion

Zehn Minuten später wird der Zug erneut langsamer. Er hat den ersten größeren Ort auf sowjetischem Gebiet erreicht. Gemächlich rollen sie in einen Bahnhof ein. Die Rotarmisten, die bis jetzt neben der Tür gestanden haben, steigen aus und verteilen sich auf dem Bahnsteig. Der Schaffner fordert die Reisenden auf, ihr Gepäck zu nehmen und den Waggon zu verlassen. Carola und Anatol ziehen sich ihre Wintermäntel an und holen die beiden Koffer aus dem Gepäcknetz. Draußen empfängt sie bittere Kälte – und ein Kordon von Sowjetsoldaten, der an der Tür eines Bahnhofsgebäudes endet. Auf der anderen Seite des Gebäudes steht ein weiterer Zug unter Dampf. »Schau, ein Sowjetzug«, strahlt Anatol. »Auf russischer breiter Spur. Er wird uns nach Moskau bringen!« Sie folgen den übrigen Fahrgästen in den Bahnhof. Am Ende von dessen großem Wartesaal sind drei lange Tische aufgebaut, hinter denen sowjetische Zollbeamte stehen.

Es herrscht eine angespannte Atmosphäre. Bewaffnete Soldaten an den Ausgängen, mürrische Zöllner hinter den Tischen, eingeschüchterte Reisende. Anatol scheint davon nichts zu bemerken: »Schau mal, Carola, die Bahnhofsuhr da oben. Man könnte argwöhnen, sie zeigt die falsche Zeit. Macht sie aber nicht. In Sowjetrussland laufen die Uhren schneller. Wir sind jetzt in der osteuropäischen Zeitzone. Daher ist es nicht mehr zehn Uhr, wie soeben in Polen, sondern schon Elf!« Als sie an der Reihe sind, übernimmt es Anatol, die Fragen des Zöllners zu beantworten. Die drehen sich insbesondere darum, wie viel Valuta sie mitführen. Der Uniformierte lässt sich das Geld von Carola zeigen und gibt ihr dann eine Bescheinigung über den eingeführten Betrag. Die zuvor verlangten Pässe hat er einem Soldaten nach hinten gereicht, der sie in ein kleines Büro am Ende des Wartesaals trug. Anatol zeigt einem zweiten Zöllner den Inhalt ihrer beiden Koffer. Der findet nichts zu beanstanden. Wie auch. Sie hatten extra nur eingepackt, was Touristen so mit sich führen. Anatol schließt die Koffer, Carola erhält von dem zurückkehrenden Soldaten die Pässe mit den gestempelten Visa zurück. Jetzt sind sie offiziell angekommen in der Sowjetunion. Sie treten hinaus auf den Perron und laufen zu dem anderen Zug. Anatol berührt das Emblem des Sowjetstaates an dem Reisewaggon. Hammer und Sichel in einem Ährenkranz, über einer golden aufgehenden Sonne, deren Strahlen sich nach der Erdkugel strecken. »Ein Sowjetzug«, flüstert er.

Moskau
Januar 1934

»Siehst du, Carola, wir sind absolut pünktlich. Nach über zweitausend Kilometern! Wenn der Mensch zum eigenen Wohle arbeitet, gibt es keinen Schlendrian. So geht das in der Sowjetunion!« Anatols Begeisterung, endlich im Heimatland des Proletariats angelangt zu sein, ist ungebrochen. Unterwegs hatte er Carola immer wieder Schornsteine oder Wassertürme gezeigt, auf denen die Symbole von Hammer und Sichel und das Baujahr prangten. Die meisten von ihnen waren keine drei Jahre alt.

Langsam rollt der Zug in den Bahnhof. Carola sieht zunächst nur einige Bahnsteige, deren Dächer von zwei parallelen Reihen schlanker, verschnörkelter Metallsäulen getragen werden – ähnlich wie bei der S-Bahn in Berlin. Das eigentliche Empfangsgebäude erwartet sie erst am

Ende des Gleises: Der Belorussische Bahnhof ist ein Kopfbahnhof. Ein Freund Anatols aus Braunschweiger Studientagen hatte sich bereit erklärt, sie abzuholen, aber an der Bahnsteigschranke wartet niemand auf sie. Eine Viertelstunde stehen sie dort in der Kälte für den Fall, dass sich Juri nur verspätet, dann gibt sich Anatol einen Ruck: »Ich werde in seinem Institut anrufen.« Suchend schaut er sich um und zeigt auf einen Wartesaal. »Wärm dich dort auf, bis ich einen Fernsprecher gefunden habe und zurück bin.«

Der Aufenthaltsraum ist klein. Erwärmt wird er durch einen Kanonenofen, in den ein uniformierter Eisenbahner ab und zu ein Stück Kohle aus einer abschließbaren Kiste wirft. Carola setzt sich, die Koffer zu Füßen, in die Ecke einer Bank, von der aus sie durch ein Fenster die draußen vorbei eilenden Menschen beobachtet. Ihr fällt auf, wie abgehärmt die meisten aussehen. Alle sind schlicht gekleidet, tragen dunkle Mäntel und Mützen, dazwischen tauchen zuweilen graue oder braune Uniformen auf. Carola hatte sich für die Reise extra etwas Einfaches angezogen, um nicht extravagant zu wirken. Doch ihr beigefarbener Mantel und der gleichfarbige Hut, in Prag unspektakuläre Alltagskleidung, ziehen hier die Blicke der Mitwartenden auf sich – bewundernde, aber auch missbilligende. Ihr ist unbehaglich in ihrem Aufzug, und sie ist froh, als Anatol endlich zurückkehrt.

»Juri ist verhindert, er muss an einer wichtigen Versammlung teilnehmen. Unter Umständen dauert die bis in die Nacht. Er schlägt vor, dass wir uns von dem Inturist-Büro in der Twerskaja 61 ein Hotelzimmer zuweisen lassen. Das wäre ohnehin besser, weil polizeiliche Anmeldung von Touristen und Geldumtausch in der Innenstadt stattfinden. Er nimmt uns morgen mit raus nach Sokolniki. Also dann. Lass uns Moskau erobern!«

»Augenblick. Ich müsste noch einmal da rüber.« Sie deutet auf ein Portal, über dem in kyrillischen Buchstaben »Tyalet« steht.

Als sie einer anderen Frau in die Damentoilette folgt, schlägt ihr ein extremer Geruch nach Urin entgegen. Rechts an der gekachelten Wand hängt eine rostige Rinne, in die unablässig Wasser aus darüber hängenden Hähnen fließt. Ihr gegenüber stehen sechs Kabinen, die nach vorn von halbhohen Türen abgeschlossen werden, wie man sie aus den Saloons der amerikanischen Kinofilme kennt. Ihr Blick fällt auf die Beine und heruntergelassenen Röcke der Frauen, die dahinter hocken, und auf deren rote Köpfe knapp über der Tür. Irritiert wendet sie sich der einzigen freien Kabine zu, bleibt aber wie angewurzelt stehen, als sie eine der beiden zur Mitte schwingenden Türen öffnet: Auf dem Boden entdeckt sie ein schwarzes, kreisrundes Loch, davor zeigen zwei Stiefelabdrücke im Beton, wo man sich hinzuhocken hat, um den Abfluss zu treffen. In dem schwimmen Fäkalien in einer Urinlache, die schon in die beiden Abdrücke schwappt. Zuviel für Carola, sie macht kehrt. So dringend ist es nicht.

Die Kälte hat Moskau fest im Griff. Der Boulevard vor dem Bahnhof ist voller Menschen, aber der Unterschied zu Städten wie Berlin, Wien oder Prag fällt sofort auf: Es sind nur wenige Autos und Lastkraftwagen zu sehen. Auf dem Bahnhofsvorplatz stehen zwei Pferdedroschken auf Kufen. Die Leute, die zu Fuß unterwegs sind, bewegen sich in Trippelschritten an ihnen vorbei. Dafür sorgt der kaum gestreute Eispanzer auf dem Gehsteig. An der Straßenbahnhaltestelle gegenüber fahren unablässig Triebwagen vor, spucken Menschen aus und saugen andere in sich hinein, um schnell wieder Platz zu machen. »Wir nehmen die Elektrische«, entscheidet Anatol. »Sind zwar nur zwei Stationen, aber mit unseren Koffern brauchen wir bei den vereisten Fußwegen ewig. Außerdem kostet die Tram in Moskau nichts. Das ist der Sozialismus: Was die Werktätigen erarbeiten, kommt allen zugute!« Er deutet auf eine Bahn, die sich der Haltestelle nähert. »Linie 6, das ist unsere. 6, 13 oder 25, hat Juri gesagt.« Mit Mühe gelingt es Carola, ihrem Mann in den überfüllten Waggon zu folgen, das Gedränge und Geschubse der Leute ist ihr widerwärtig. Als die Bahn anfährt, vermag sie sich nirgendwo festzuhalten, aber eingeklemmt in der Masse fällt sie auch nicht um. Zwei Stationen später steigen zum Glück viele Menschen aus, sie lässt sich vom Strom der Leute mit nach draußen tragen.

Das Inturist-Büro ist in einem Hotel untergebracht, dem »Internationalnaja«. Sie setzt sich an eines der Tischchen vor dessen Rezeption. Die Verhandlung um ein Zimmer überlässt sie Anatol. Der kommt nach einer halben Stunde zurück. »Wir haben eine Unterkunft im ›Novomoskovskaja‹ zugewiesen bekommen. Zehn Mark die Nacht. Ist aber ein Zimmer mit Bad!«

»Die verlangen Devisen? Ist dir klar, dass wir nur 300 Reichsmark mithaben? Die sind unser Notgroschen!«

»Ist doch nur für eine Nacht, ab morgen sind wir ja bei Juri. Ab dann greifen wir auf die in Prag umgetauschten Rubel zurück. Obendrein verschaffe ich mir schnell eine Arbeit. Die Industrialisierung verlangt ja dringend Ingenieure!« Aufmunternd lächelt Anatol sie an. Carola bleibt skeptisch, mag ihm aber die Ankunft in Moskau nicht verderben. Außerdem lockt sie die Hoffnung auf eine Toilette mit Klosettbecken.

Nach über einer Stunde Fahrt mit der Straßenbahn, erst Linie 18, dann mit der 33, stehen sie endlich an der

Rezeption des »Novomoskovskaja« in der Baltschugstraße, direkt an der Moskwa. Ein älterer, freundlich dreinschauender Portier mit Schnauzbart verlangt den Zuweisungsschein des Reisebüros und ihre Pässe.

»Ah, Sie kommen aus Berlin! Touristen aus dem Reich sind leider selten in diesen Tagen!«

»Sie sprechen ja deutsch«, stellt Carola erfreut fest. »Wo haben Sie das denn gelernt?«

»Oh, ich war früher oft in Deutschland. Als Reisebegleiter. Aber das ist lange her.«

Der Mann gibt ihnen einen roten Zettel. »Das ist ein Propusk«, erläutert er. »Der berechtigt Sie, das Hotel und Ihr Zimmer zu betreten. Auf Verlangen ist er dem Diensthabenden ihres Flures vorzuweisen. Der sitzt in jedem Stockwerk neben dem Fahrstuhl. Da wir ein Touristenhotel sind, werden im Restaurant nur Reichsmark oder Dollar akzeptiert. Ich wünsche einen angenehmen Aufenthalt.«

Ein kurzer Blick auf die Speisekarte des Hotelrestaurants hatte ihnen genügt, um sich für einen abendlichen Spaziergang in die Stadt zu entscheiden. Über 32 Reichsmark, rund 15 Rubel, verlangte das »Novomoskovskaja« für ein Menü. Je Person! Dick eingemummelt in Schal und Handschuhe war Carola mit Anatol über die Moskwa-Brücke in Richtung Roter Platz gelaufen. Staunend hatte sie die Basilius-Kathedrale mit ihren vielen bunten Zwiebeltürmen betrachtet, die Kreml-Mauer mit dem riesigen Spasski-Turm und das Mausoleum, in dem der Führer der Russischen Revolution, Wladimir Iljitsch Lenin, aufgebahrt liegt. Hinter dem früheren Kaufhaus GUM, jetzt ein Bürogebäude, fanden sie dann nach einigem Suchen eine Art Speisehaus. Ihre beiden Teller Borschtsch und das Glas Wodka, das sich Anatol »gegen die Kälte« gönnte, kosteten zusammen zwei Rubel.

Jetzt sitzt Carola auf einem mit Damast überzogenen Sessel am Fenster ihres Hotelzimmers und schaut auf den Kreml und die Moskwa-Brücke. Der Anblick bewegt sie, aber überschäumende Freude, wie bei dem schnell eingeschlafenen Anatol, stellt sich bei ihr nicht ein. Die primitiven Bahnhofstoiletten, die übervollen Straßenbahnen, die maßlos überzogenen Preise für Ausländer – all das lässt sie fürchten, dass das Leben in Sowjetrussland womöglich nicht so rosig ist, wie sie sich das ausgemalt hatten.

Vom Spasski-Turm am Roten Platz schlägt es zwölfmal. Sie fröstelt. Die Heizung ist inzwischen abgestellt, die Gäste sollen sich in ihre Federbetten verkriechen. Kurz entschlossen steht sie auf und nimmt ihren Mantel vom Haken. Vorsichtig öffnet sie die Tür und tritt auf den Gang. Der Diensthabende schläft hinter seinem Schreibtisch, leise läuft sie an ihm vorbei und die Treppe hinunter. An der Rezeption steht der Portier vom Nachmittag.

»Guten Abend, gnädige Frau. Wünschen Sie etwas?«

»Nein, Danke. Ich kann nicht schlafen. Die Aufregung. Wir sind heute erst angekommen, es ist alles so fremd und neu. Haben Sie womöglich Lust auf eine Unterhaltung?«

»Gern. Das frischt mein Deutsch auf und hilft gegen die Langeweile im Dienst. Nennen Sie mich Pjotr Alexejewitsch, die Anrede Herr Pawlow ist hierzulande etwas aus der Mode.«

»Sehr erfreut. Mein Name ist Carola. Darf ich fragen, welche deutsche Städte Sie damals den Gästen zeigten?«

Der Portier hebt seine buschigen grauen Augenbrauen. »Oh, Sie meinen, ich habe Touristen geführt? Bedaure, das Wort Reisebegleiter ist nur blumige Beschreibung einer Tätigkeit, die heute nicht mehr geschätzt wird. Ich war Kammerdiener eines hiesigen Großfürsten, der in

Deutschland immer dieselbe Stadt besuchte: Baden-Baden. Sagt die Ihnen etwas?«

»Aber sicher: Ich lebte dort! Und zu meinem Umgang zählte damals sogar ein russischer Fürst – vielleicht war das ja Ihrer?«

Der Portier schüttelt traurig den Kopf. »Das denke ich nicht. Großfürst Nikolai Michailowitsch Romanow hat die Revolutionszeit nicht überlebt, und wenn ich mir ein Urteil über Ihr Alter erlauben darf, sind sie zu jung, um ihn in Baden-Baden getroffen zu haben. Ich nehme an, Sie waren nach dem Krieg am dortigen Theater?«

»Aber ja. Woher wissen Sie das?«

»Ach, darin glichen sich die russischen Fürsten.« Pjotr Alexejewitsch lächelt wehmütig. »In ihrer Liebe zur Bühne und zu deren Künstlerinnen. Welchen haben Sie denn kennengelernt?«

»Fürst Sergej Michailowitsch Wolkonski. Er war immer so traurig. Ich habe ihm schnell wieder den Laufpass gegeben.«

»Oh.« Der Portier lacht. »Eine Dame vom Theater muss begnadet jung und gutaussehend sein, wenn sie es sich leisten kann, einen Fürsten vor die Tür zu setzen. Die Wolkonski kenne ich, ein uraltes russisches Adelsgeschlecht. An Seine Durchlaucht Sergej Michailowitsch erinnere ich mich hingegen nicht.«

*

»Warum erzählen sie mir diese Geschichte von dem alten Portier und seinen ausbeuterischen Adelsfreunden?« Leutnant Kusnezow scheint mal wieder verärgert. Dabei sie will ihn gar nicht wütend machen. Sie ist doch froh, dass ihr jemand zuhört. »Weil sie wichtig ist«, flüstert sie. »Keine sechs Wochen später rettete mir dieser alte Portier eines Moskauer Hotels das Leben.«

*

»Guten Tag. Kann ich Pjotr Alexejewitsch sprechen?« Ein weiteres Mal ist Carola froh, den Russischkurs an der MASCH belegt zu haben.

»Aber ja, ich bin am Apparat. Wer ist denn dort?« Erleichtert wechselt sie ins Deutsche.

»Ihre Bekanntschaft aus Baden-Baden. Die Schauspielerin. Wir hatten uns vor einiger Zeit lange miteinander unterhalten. Sie hatten damals gesagt, ich könne mich bei Ihnen melden, wenn ich Hilfe oder schlicht jemanden zum Reden brauche. Auf dieses großzügige Angebot würde ich gern zurückkommen.« Carola schafft es nicht, die Verzweiflung in ihrer Stimme zu unterdrücken.

»Nun, Pjotr Alexejewitsch steht zu seinem Wort. Meine Schicht endet gegen drei Uhr nachmittags. Wie wäre es, wenn Sie mich im Hotel abholen? Es gibt da ein nettes Café in der Nähe …«

Das Café erweist sich als Konditorei mit zwei runden unbesetzten Tischlein im Verkaufsraum. Carola setzt sich an einen von ihnen, während der Portier für sie beide Tee aus einem neben dem Tresen dampfenden Samowar holt und an den Tisch bringt. Vorsichtig nimmt er einen Schluck aus dem heißen Glas, das in einem reich verzierten, silberfarbenen Halter steckt. »Grusinischer Tee ist der beste«, stellt er fest, ohne eine Antwort zu erwarten. Sein faltiges Gesicht strahlt eine Ruhe und Selbstzufriedenheit aus, die Carola bei den gehetzten, mürrischen Moskauern nur selten zu sehen bekommt. »Ungewöhnlich, dass eine junge Frau einen alten Mann wegen ihrer Sorgen sprechen will. Warum kommen Sie gerade zu mir?«

»Weil ich Sie als lebensweisen Menschen schätze, der zuzuhören vermag. Und ich hier niemanden anderen kenne.«

Pjotr Alexejewitsch pustet über sein Teeglas, nimmt vorsichtig einen weiteren Schluck und stellt es dann ab. »Ich fühle mich geehrt. Vor allem, da ich jemand bin, den man hier einen ›gewesenen Menschen‹ nennt – einer, dessen Biografie mit der Revolution einen Bruch erlitten hat. Meine Meinung wird außerhalb der Familie kaum geschätzt.« Der Portier nimmt sein Teeglas in die Hand und stellt es wieder ab, ohne davon zu trinken. »Wie lange ist es her, dass wir uns trafen? Sechs Wochen, nicht wahr? Und Sie haben niemand weiteren kennengelernt, mit dem sich reden ließe? Nach meiner Erinnerung hatten Bekannte aus einem Vorort angeboten, Sie und ihren Mann aufzunehmen. Was ist mit denen?«

»Die sind dafür nicht geeignet. Verstehen Sie mich bitte nicht falsch, es sind gute Menschen. Aber es sind Kommilitonen meines Mannes, die er lange nicht sah, da ist wenig Privates im Umgang miteinander. Für Anatol und Juri gibt es kaum andere Themen als die Dekrete des Genossen Stalin, die Industrialisierung und den Aufbau des Sozialismus. Und Natalja, die Frau von Juri, und ich – wir schauen einander an und fragen uns, ob man nicht erst einmal das eigene Leben bessern sollte, anstatt gleich die ganze Welt.«

»Klingt, als ob Sie Ihre Sorgen mit Natalja teilen könnten.«

»Nein. Sie mag mich nicht. Ich sehe es in ihren Augen. Sie grollt mir, weil ich ihr ohnehin schon bescheidenes Leben ärmer mache. Juri und sie haben eines von drei Zimmern in einer Wohnung, in der zwei weitere Familien hausen. Zehn Menschen und nur eine Küche und dazu ein Toilettenhäuschen über den Hof, das außerdem die Leute aus der anderen Hälfte der kleinen Vorstadtkate nutzen. Da kommen Anatol und ich, und im Namen der Solidarität unter Genossen wird das bescheidene Zimmer mit einer Wäscheleine geteilt, über der Tücher hängen. Jedes Wort, jede Bewegung, jedes Geräusch bekommt man da von der anderen Seite mit.« Carola nimmt behutsam einen Schluck von dem Schwarzen Tee. »Ich beschwere mich gar nicht, Pjotr Alexejewitsch. Mir ist klar, dass viele Menschen so leben. Aber wissen Sie, vor anderthalb Jahren verkaufte ich in Berlin eine Wohnung, um hierher zu ziehen. Die war doppelt so groß wie die, die ich mir jetzt mit drei Familien teile. Dort gab es Daunenbetten, einen Gasherd, eine Toilette mit Spülung und eine Badewanne. Hier schlafe ich seit Wochen auf nackter, festgestampfter Erde in einem Raum mit Wildfremden, die auf Küche und Klo ältere Rechte haben.« Sie stockt. »Wenn Juri und Natalja körperlich beieinander sein wollen, dann gehen wir für eine Stunde durch das eiskalte Sokolniki spazieren. Immer dienstags und donnerstags abends. Und am Montag und Mittwoch, da machen die beiden sich ihrerseits auf den Weg. Aber Anatol und ich nutzen die Zeit nur, um zu streiten.«

»Worüber denn?«

»Immer dasselbe. Die elendigen Lebensumstände hier. Die falschen Vorstellungen, die ich vom Dasein in der Sowjetunion hatte. Seine mangelnde Antriebskraft, etwas an der Situation zu ändern. Die Partei wird sich schon darum kümmern, dass es uns bald besser geht, sagt er immer. Macht sie aber nicht. Um überhaupt Aussicht auf Wohnraum zu haben, braucht Anatol Arbeit. Normalerweise kein Problem, er ist Ingenieur mit einer Ausbildung in Deutschland, von wo jetzt die ganzen Maschinen für die neuen Fabriken gekauft werden. Aber sie halten ihn hin. Wollen wissen, warum er ohne Aufforderung oder Billigung der Partei nach Moskau gekommen ist. Gewöhnlich entscheidet die ja, welche Genossen in die Sowjetunion einreisen. Sein eigenmächtiger Entschluss und der Trick, mit dem Touristenvisum die notwendige Einladung zu umgehen, stimmen die zuständigen Abteilungen misstrauisch, wissen Sie. Und weil sich das alles hinzieht, droht unser Provisorium bei Juri und Natalja ein dauerhaftes zu werden, was den beiden nicht gefällt.«

»Und Sie? Finden Sie keine Arbeit?«

Carola denkt kurz darüber nach, wie sie am besten antwortet. »Wissen Sie Pjotr Alexejewitsch, in meinem Metier wagt man hier unvergleichliche Entwicklungen und Experimente, ich träumte immer davon, Teil von ihnen zu sein. Als einzigen Luxus in den letzten Wochen habe ich mir einen Besuch im Theater von Wsewolod Meyerhold gegönnt. Den kenne ich von früher, er hat Anfang der Dreißigerjahre in Berlin inszeniert. Allein die Schauspieler auf der Bühne zu sehen, wie die dem Publikum ihre Gefühle mithilfe der Biorhythmus-Technik …« Der Pförtner guckt verständnislos. »Entschuldigen Sie. Ich schweife ab. Kurzum, mir wurde bei diesem Theaterbesuch klar, dass ich niemals auf einer russischen Bühne bestehen werde. Die Kunst des Spiels ist eine andere, die Art, Emotionen auszudrücken, ebenso. Ich brauche das Deutsche, es ist mein wichtigstes Ausdrucksmittel. Den Körper setze ich helfend ein, um die Blicke des Publikums bei mir zu halten. Bei Meyerhold indes stehen das Stück und nicht seine Darsteller im Zentrum. Nein, in Moskau habe ich keine Chance.«

*

Unter der Schwelle erscheint ein Lichtstreif. Erneut nimmt die Prozedur ihren Anfang, die sie schon kennt. Der grelle Schein der Glühlampe an der Decke. Die Aufseherin in der Zellentür. Der Befehl, nur die Wand anzusehen. Das Klappern der Parascha und des Tellers, die schlurfenden Schuhe der Gefangenen oder der Wärterin, die beides heraus- und wieder hereinbringt. Die zufallende Tür. Das erlöschende Licht. Das Dunkle. Sie lässt sich an der Wand herunter, kraucht zu Holzteller und Trinknapf. Die wievielte Mahlzeit war das? Ist jetzt abends, morgens? Sie findet keine Antwort. Sie grübelt im Sitzen, mit dem Rücken an der Wand, derweil sie das Brot in das Wasser taucht und einen kleinen Bissen davon abkaut. Sie sollte jetzt Gymnastik treiben, aber sie rührt sich nicht. Sie ist zu müde für den Sport. Und ergibt sich widerstandslos der Kälte. Wie behaglich warm es doch bei Juri und Natalja war, in dem geteilten Zimmer mit dem Ofen, dessen Kohlegase sie mehrmals täglich aus dem Fenster ließen.

*

»Sie träumen, Carola! Und ich glaube, kaum von mir …« Pjotr Alexejewitsch lächelt sie an. Vor ihm steht ein neues Glas Tee, ihres ist ebenfalls aufgefüllt. Der Ofen in der Ecke bullert, sie zieht dennoch den Mantel enger um die Schultern. »Wissen Sie Carola, ihre Lage hier ist fatal, ich verstehe das. Was Sie sagen, klingt für uns Russen aber nicht so dramatisch. Wir haben es zu Zarenzeiten gelernt, Elend hinzunehmen, und das hilft uns heute bei den neuen Herren. Für Sie indes stellt sich die Situation anders dar. Sie haben das Leben der Reichen gelebt und sind freiwillig in die Armut hinabgestiegen. Und merken jetzt entsetzt, wie sich Elend, das sie bis dahin nur vom Spiel auf der Bühne kannten, wahrhaftig anfühlt. Ich frage mich, warum Sie nicht zurückkehren. Heim in ihre Welt der warmen Daunenbetten und der eigenen Bäder, ins Theater, zu ihrem Publikum. Was hält Sie hier?«

Carola nippt zögerlich am Tee. »Darüber habe ich lange nachgedacht. Vermutlich die Angst, zum ersten Mal im Leben komplett zu versagen. Sehen Sie, Pjotr Alexejewitsch, schon als junges Mädchen träumte ich davon, die Menschen von der Bühne herab zu begeistern. Dieses Ziel habe ich mit harter Arbeit und Disziplin erreicht. Ich fand den Weg zur Spitze allein, räumte alle Hindernisse selbst beiseite. Ich gelangte in die erste Reihe der deutschen Darsteller, bewundert vom Publikum, gefeiert von der Kritik. Ich lebte einen Traum. Bis ich das Glück herausforderte und in die Sowjetunion kam. Hier bestimmen andere mein Schicksal. Die einstigen Stärken verbrauchen sich an verborgenem Widerstand, auf den ich unaufhörlich treffe. Niemand ist verantwortlich, immer gibt es weitere Gremien, deren Zustimmung nötig ist. Moskau ist zum Verzweifeln für jemanden, der es gewohnt ist, frei zu entscheiden. Aber deswegen fortlaufen? Ich kam, um an der Seite meines Mannes für eine bessere Welt einzustehen. Ein großes Abenteuer, es war zu erwarten, dass es Hürden bereithält. Anatol ist überzeugt, dass die Zukunft den Bolschewiki gehört, die hier in Sowjetrussland eine gerechte Gesellschaft errichten, und sein größter Wunsch ist es, daran mitzuwirken. Soll ich ihn eigensüchtig davon abhalten, nur weil ich vorerst gezwungen bin, in einem geteilten Zimmer auf dem nackten Fußboden zu schlafen? Nein, vor den Problemen zu fliehen, dazu ist es zu früh. Unser Visum gilt bis

Juli. Genug Zeit, um sie zu lösen.« Sie nimmt einen Schluck vom Tee und starrt vor sich hin.

Pjotr Alexejewitsch lässt ihr einen Augenblick, dann räuspert er sich. »Wissen Sie, ich kenne mich ein wenig mit den Menschen aus. Ob Durchlaucht oder Bolschewik, Männer mit Macht sind alle gleich. Ich wette, die haben Angst vor Ihnen. Eine Frau, deren Erfolg auf der eigenen Stärke beruht, ist denen unheimlich. Weil sie ihre Ämter und Titel meist ohne solchen Aufwand erlangten.« Pjotr Alexejewitsch sieht, dass Carola zum Einspruch ansetzt, und hebt beschwichtigend beide Hände. »Spekulation, reine Spekulation. Aber in diesem seltsamen neuen Russland wird der Mensch nicht nach seinen Fähigkeiten beurteilt, sondern danach, ob er sich in die Masse einfügt. Aus der aber ragen Sie heraus. Mein Rat: Umgehen Sie das Problem. Probieren Sie Neues. Sie sind Künstlerin, Ihr Instrument ist die Sprache. Doch die wirkt nicht nur auf der Bühne. Ich höre immer gern die wenigen deutschen Sendungen von Radio Moskau – es würde mich freuen, Sie dort in einem Hörspiel zu erleben. Oder als Sängerin moderner Lieder. Führen Sie nicht einen aussichtslosen Kampf gegen Windflügel. Umgehen Sie sie.« Pjotr Alexejewitsch hebt sein Teeglas von dem Untersetzer und nimmt einen Schluck. Dann wechselt er das Thema. »Was aber die Wohnung angeht, da vermag ich Ihnen nicht nur mit einem wohlfeilen Ratschlag, sondern konkret zu helfen. Schauen Sie, meine Tochter arbeitet an der Fakultät für Fremdsprachen. Ihr Spezialgebiet ist Deutsch. Sie besucht für ein halbes Jahr die Albertus-Universität in Königsberg, ist zu vorbereitenden Studien sogar schon dort. So weit, so gut. Anna wohnt hier in Moskau in einer Kommunalka mit zwei anderen Familien. Wie bei Ihnen: gemeinsame Nutzung von Küche, Toilette und Bad. Nun hat sie Angst, die Kammer zu verlieren, wenn die leer bleibt. Deshalb übernachte ich dort ab und zu – doch das könnten ja genauso gut Sie und Ihr Mann übernehmen. Hier meine Idee: Bis spätestens zum Ablauf Ihres Visums wohnen Sie bei Anna zur Untermiete. Was halten Sie davon?«

Carola schießen die Tränen in die Augen. Dieser Vorschlag bedeutet Hoffnung auf ein halbwegs normales Leben in Moskau. »Sie sind ein guter Mensch, Pjotr Alexejewitsch. Ich bin Ihnen so dankbar.« Spontan beugt sie sich zu dem alten Portier hinüber und küsst ihn auf die Wange. Verschämt grinsend zwirbelt der sich die Spitze seines Schnauzbartes.

*

Draußen knallt eine Tür. Carola öffnet die Augen und sieht einen leichten Schimmer unter der Schwelle. Gibt es Essen? Nochmals fällt eine Tür zu. Der Lichtschimmer schwindet wieder ins Dunkle. Jemand ruft etwas auf Russisch. Ein Mann, weit weg. Sie hat nicht vor zu antworten. Es ist sinnlos. Langsam steht sie auf, reckt sich, versucht einige Kniebeugen. Aber das ist ja genauso unnütz. Müde lehnt sie sich mit dem Rücken an die Wand und lässt sich zurück auf den Boden gleiten. Sie mag nicht an ihre Einsamkeit denken, nicht an den Hunger und die Kälte. Lieber an etwas Schönes. Wie diesen Nachmittag im Mai, an dem sie im Alexandergarten ein letztes Mal Pjotr Alexejewitsch traf.

*

»Guten Tag, Carola, welche Freude, Sie zu sehen! Und dazu in diesem anmutigen Frühlingskleid. Oder ist es Ihr glückliches Lächeln, nach dem sich die Burschen umdrehen?« Der Portier hat an einem kleinen Gartentisch Platz gefunden, neben einer der vielen Buden, die in dem Park unterhalb des Kreml Getränke und Süßigkeiten verkaufen.

»Guten Tag, Pjotr Alexejewitsch, und danke für das nette Kompliment. Ich fühle mich, ehrlich gesagt, gar nicht so behaglich in meinem Aufzug. Das Kleid ist in Deutschland aus der Mode, aber hier fällt es doch arg auf. Minzgrün statt Grau, das gefällt nicht jeder Genossin …« Die hilflose Grimasse des Alten bringt Carola zum Lachen. »Verzeihen Sie: Ich bin glücklich. Und zufriedene Frauen plappern gern, zumal über so etwas Unverfängliches wie Mode. Wissen Sie was? Ich habe Lust auf Kwas. Bin gleich wieder da!« Nach einer Weile kehrt sie mit einem Becher des an Malzbier erinnernden Nationalgetränks der Russen zum Tischchen des Portiers zurück. »Entschuldigen Sie, dass es so lange gedauert hat. Es ist Pfingsten, die Sonne scheint, dazu die milde Frühlingsluft – kein Wunder, dass sich an den Ständen Schlangen bilden. Das Pfingstfest kennt man doch in Russland, oder?«

»Bei den Orthodoxen ja, die Bolschewiki feiern lieber den Frühling. Ich will nicht indiskret sein, Carola, aber Sie scheinen mir etwas aufgedreht. Gibt es einen Anlass für Ihre prächtige Laune?«

»Oh, gleich zwei. Der erste hat mit Ihnen zu tun, den zweiten erfuhr ich soeben in der Stadt: Mir wird eine Fahrt nach Prag gestattet. Ich habe ein Visum! Anatol leider nicht. Seine Vorgesetzten verweigern ihm die Zustimmung zur Reise.«

»Das heißt, er hat inzwischen Arbeit gefunden?«

»Ja, sogar eine recht ordentlich bezahlte. Er ist Konstrukteur im Stankosawod, dem Werk für Werkzeugmaschinen.

400 Rubel verdient er da im Monat. Aber was wichtiger ist: Diese Fabrik verfügt über eigene Werkswohnungen. Man hat uns versprochen, dass wir bald eine von ihnen beziehen.«

Pjotr Alexejewitsch kneift überrascht die Augen zusammen.

»Keine Sorge, den Auszug aus dem Zimmer Ihrer Tochter verzögert das nicht. Bis dahin leben wir im Werkswohnheim.«

»Fein.« Dem Portier ist es unangenehm, dass sein Schreck so offenkundig war. »Ihr Mann fand endlich Arbeit. Und Sie?«

»Bei mir sieht es nicht so rosig aus. Ich bin im Gespräch mit Erwin Piscator, einem anerkannten Regisseur aus Deutschland. Er hat soeben bei der Meschrabpom einen Film abgedreht und wendet sich jetzt verschiedenen Theater- und Kinoprojekten zu. Da wäre unter Umständen die eine oder andere Rolle für mich drin. Doch das braucht seine Zeit.«

Pjotr Alexejewitsch schaut fasziniert auf Carola, die ihren Redeschwall unterbricht, um ihr Gesicht genießerisch in die warmen Sonnenstrahlen zu halten. Ihre Augen sind geschlossen und er nutzt den Moment, um ihre feine Haut, den schmalen, leicht geöffneten Mund und die ebenen Gesichtszüge zu studieren. Als sie die Augen wieder aufschlägt, fühlt er sich ertappt und versucht, schnell abzulenken. »Sie sagten, es gäbe zwei Gründe für Ihre gute Laune. Der eine sei Ihre bevorstehende Reise nach Prag, aber der andere hätte mit mir zu tun. Wie das?«

»Sie haben uns mit ihrem Wohnungsangebot aus elenden Verhältnissen geholt. Das war meine Rettung aus todesnaher Verzweiflung. Und als dann Anatol Arbeit bekam, gab es keinen Grund mehr für Streit und wir haben uns wieder geliebt.« Carola rutscht auf ihrem Stuhl ein wenig an den

Tisch, beugt sich hinüber und legt ihre Hände auf die des Portiers. Sie führt das Gesicht, das er eben noch so bewunderte, lächelnd vor seines und schaut ihm in die Augen. »Pjotr Alexejewitsch, ich bekomme ein Kind. Ein Wunder, denn vor gar nicht langer Zeit verlor ich eines in einem so späten Stadium, dass ich überzeugt war, nie mehr Mutter zu werden. Doch ich habe mich geirrt. Wissen Sie, was das bedeutet?« Carolas Augen werden feucht, dann spricht sie es aus: »Das Schicksal meint es endlich wieder gut mit mir.«

*

Das Gegeneinanderschlagen ihrer Zähne hat sie geweckt. Selbst im Schlaf klappern sie vor Kälte. Das Frösteln breitet sich aus unter ihrer klammen, völlig verdreckten Sträflingskleidung. Lenk dich ab. Rezitier was. Eine von deinen großen Rollen. Die Marianne aus den *Geschichten aus dem Wiener Wald*. Die Schlussszene. Wo sie erfährt, dass ihr Junge in der Donau ertrunken ist und sie jetzt, wo das Kind nicht mehr zwischen ihnen steht, vom Oskar geheiratet werden kann. Den hatte damals bei der Uraufführung in Berlin der Heinrich Heilinger gespielt. Ein schicker Mann war das. Trug Menjou-Bärtchen. Los, die Schlussszene. Wie war ihr Stichwort? Ach ja, das hatte sie von ihrem hartherzigen Vater bekommen. Dem Hans Moser. Der sagt zum Tod von dem Kind: »Schad!« Und dann kommt sie:

»Ich hab mal Gott gefragt, was er mit mir vorhat. Er hat es mir aber nicht gesagt, sonst wär ich nämlich nicht mehr da. Er hat mir überhaupt nichts gesagt. Er hat mich überraschen wollen. Pfui«

Darauf der Heilinger:

»Marianne! Hadere nie mit Gott!«

Und ich speie aus:

»Pfui! Pfui!«

Dann ist es still auf der Bühne. Einsatz Oskar. Aber den spricht ja gar nicht mehr der Heilinger! Es ist Pjotr Alexejewitsch, ich erkenne klar seine warme Stimme:

»Dein Leben liegt doch noch vor dir. Du stehst doch erst am Anfang. Gott gibt und Gott nimmt.«

Ach, Pjotr Alexejewitsch! Klabund, das Kind von Scherchen, seine tot geborene Schwester, Georg, Anatol, mein Publikum:

»Mir hat er nur genommen, nur genommen.«

Da wird Pjotr Alexejewitsch wieder zum Heilinger-Oskar:

»Gott ist die Liebe und wen Er liebt, den schlägt Er.«

Ich aber bin eins mit der Marianne und schreie es heraus:

»Mich prügelt er wie einen Hund!«[15]

Licht. Carola reißt die Augen auf und schließt sie, geblendet, sofort wieder. Die Zellentür wird aufgestoßen. Eine Wärterin blafft die am Boden kauernde Gefangene an: »Ko mne!« Carola erhebt sich mühsam und schwankt zur Aufseherin. Kurz darauf folgt sie deren rhythmischem »Klack, klack, klack« in die Gänge der Butyrka.

Gefängnis Butyrka

9. Januar 1940

Sie sieht erbarmungswürdig aus. Nicht, dass ihn das gewundert hätte. Leutnant Kusnezow weiß, was die Dunkelhaft aus Menschen macht. Er hat viele von ihnen

---

15 Horváth, Ödon von: Geschichten aus dem Wiener Wald. Herausgegeben von Klaus Kastberger und Nicole Streitler. Stuttgart 2009. S. 102.

wiederkommen sehen. Verdreckt, verwirrt, verzweifelt. Hauptmann Sergejew liebt das: Gefangene zu brechen, bis sie zu allem bereit sind. Sie hält die Augen fast geschlossen, die Lider zucken unentwegt. Das Licht. Es schmerzt sie. Das kurze Haar bildet kleine fettige Strähnen, die Häftlingsuniform hängt schmutzig an ihr herunter. Dabei war sie einst Modepuppe der deutschen Frau. Sie schwankt vor Schwäche, hält sich kaum auf den Beinen. Der Anblick löst Mitgefühl in ihm aus. Pass auf, dass sie es nicht merkt.

»Die Gefangene Henschke«, begrüßt er sie leichthin. »Setzen Sie sich.« Sie tritt zwei Schritte vor, lässt sich dann vorsichtig auf den Stuhl vor dem Schreibtisch nieder. »Sie hatten nach dem letzten Gespräch Zeit, über unser Angebot nachzudenken. Haben Sie darüber nachgedacht?«

»Wie lange ist das her?«, stellt sie fast tonlos eine Gegenfrage.

Er überlegt kurz, ob er sie zurechtweist. Lässt es: »Vier Tage.«

»Vier Tage.« Sie echot es ohne jegliche Emotion.

»Ja. Und ich hatte Ihnen eine Frage gestellt. Konzentrieren Sie sich bitte darauf. Sind Sie zu der angebotenen Tätigkeit für das Volkskomitee für Innere Angelegenheiten bereit?« Keine Reaktion. Sie hält ihn für denjenigen, der sie in die Isolation steckte. Zeig ihr, dass du zu den Guten gehörst. »Hauptmann Sergejew versteht nicht, dass Sie nicht sofort zustimmten. Die Dunkelhaft ordnete er an, damit Sie in Ruhe darüber nachdenken, vor welcher Wahl Sie stehen: schmachvolle Haft im sowjetischen Zuchthaus oder ehrenvoller Kampf für den Sozialismus an geheimer Front im Ausland.« Sie sitzt da und schweigt. Er muss sie auf der emotionalen Ebene erreichen, überzeugter Klassenkämpfer war sie ja nie. »Denken Sie an Ihren Sohn. Wie stolz wird er sein, wenn er eines Tages erfährt, dass der angebliche Verrat seiner Mutter nur Legende im Kampf gegen die Feinde der Sowjetunion war!« Jetzt hat er ihre Aufmerksamkeit.

»Georg? Was ist mit ihm? Ist er hier? Kann ich ihn sprechen?«

»Nein, gewiss nicht. Ihr Kind ist in der Obhut des Staates, wie Hauptmann Sergejew schon sagte. Die Frage ist, ob er später seine Mutter verachtet oder bewundert. Deshalb noch einmal: Sind Sie zur Zusammenarbeit mit dem NKWD bereit?«

Den Blick gesenkt, spricht sie nach unten ins Leere. »Ich weiß nicht. Menschen hintergehen, die einem vertrauen. Das geht doch nicht.« Sie hebt den Kopf und schaut ihm in die Augen. Flüstert. »Ich bin gern bei Ihnen. Hier ist es warm. Darf ich bleiben?«

Das hat alles keinen Zweck. Die Frau ist ja völlig durch den Wind. Die gehört erst einmal wieder aufgepäppelt. Scheiß auf Sergejew. Entschlossen steht Kusnezow auf, schiebt dabei seinen laut scharrenden Stuhl zurück. Er greift sich seine Schirmmütze, setzt sie auf und eilt nach draußen. Die Aufseherin, die die Henschke hergebracht hat, springt auf. Er gibt ihr in strengem Ton ein paar Anweisungen.

Als er in das Vernehmungszimmer zurückkehrt, sitzt die Gefangene apathisch auf ihrem Stuhl, den Blick gesenkt. Er nimmt wieder am Schreibtisch Platz und betrachtet sie. Eine eindrucksvolle Frau. Die meisten wären zum Schein auf das Angebot einer NKWD-Mitarbeit eingegangen, nicht daran denkend, dass man sie später mit ihrer Zustimmung erpressen wird. Aber sie weigert sich. Respekt. Was hatte sie gesagt? Sie kann jemanden, der ihr vertraut, nicht hintergehen? Er wird ihr zeigen, dass ihre Loyalität nicht in die Zeit passt. Der Mensch ist schlecht. Niemandem ist zu trauen. Wer wüsste das besser als ein Offizier des NKWD.

*

Klack, klack, klack. Das Schlagen des Vierkants führt Carola durch Gefängnisgänge, die sie nicht kennt. Sie ist zu erschöpft, um auf Einzelheiten zu achten. Mühsam schleppt sie sich vorwärts.

»Stoi!« Halt! »U stenyj!« An die Wand!

Sie vernimmt, wie die Aufseherin eine Tür öffnet, das Licht in einem Raum einschaltet und hineingeht. Nach ein paar Sekunden kehrt sie zurück. »Dalsche!« Weiter! Carola dreht sich zu der Wärterin, läuft wieder hinter ihr her. Wieso hat die jetzt ein weißes Kissen unter dem Arm? Wie gern würde sie sich darauf legen.

»Stoi!« Halt! »U stenyj!« An die Wand!

Carola hört, wie eine weitere Tür aufgeschlossen wird. Die Wärterin fasst sie an der Schulter und weist mit einer Bewegung ihres Kinns auf eine offen stehende Zelle. Sie folgt dem stummen Befehl und geht hinein. Drinnen wirft eine nackte Glühbirne ihr Licht auf eine Holzpritsche, auf der eine Filzdecke und ein Kleiderbündel liegen. Durch das Milchglas des vergitterten Fensters fällt graues Tageslicht. Ein Rohr über der Tür strahlt Wärme ab. Die Wärterin wirft das Kissen auf die Decke und zeigt auf die daneben liegende Kleidung. »Nadewatch!« Anziehen! Carola entledigt sich mühsam ihrer Sträflingsuniform und zieht sich bedächtig die weiße Männerunterwäsche über: Hose und langes Hemd. Die Aufseherin greift sich die abgelegten Sachen, trägt sie wortlos hinaus. Krachend fällt hinter ihr die Metalltür zu.

Carola schaut sich um. Eine der Zwei-Mann-Zellen aus zaristischer Zeit, mit nur einer Pritsche ausgestattet. Ein Bett für sie allein! Sie nimmt die Decke und lässt sich todmüde auf die Liege fallen. Sie schläft schon, als ihr Kopf auf das Kissen sinkt.

Gefängnis Butyrka
11. Januar 1940

Der Eispanzer über Moskau hört nicht auf zu wachsen. Er würgt Straßen, Schienen, die Dachkanten der Häuser. Der Frost zwickt Grigori Kusnezow trotz hochgeschlagenem Mantelkragen, Pelzmütze und Schal unbarmherzig in der freien Augenpartie. Bedauernd schaut er zurück zu seiner kleinen Wohnung, in der er Ludmillas warmen Körper unter der Bettdecke weiß. Sie war gestern Abend bei ihm aufgetaucht, und sie hatten ihren spontanen Entschluss voller Lust gefeiert.

Die Straßenbahn fährt nicht. Notgedrungen schlittert er fast eine Stunde lang über eisbedeckte Gehwege zur Butyrka. Zum Glück funktioniert in der Haftanstalt alles. Leutnant Kusnezow findet die Zelle mit dem Schreibtisch aufgeheizt vor, das dicke Rohr an der Decke strahlt wohlige Wärme ab. Niemand wird sich wundern, dass er die schwere Eisentür zum kalten Flur heute geschlossen hält. Oder darüber, dass er die sonst dort sitzende Wärterin ausnahmsweise zum Aufwärmen schickt. Ihm ist klar, dass er sich auf schmalem Grat bewegt. Besser, sich nicht erwischen zu lassen. Aber was er plant, ist seine letzte Chance, den Widerstand der Henschke zu knacken. Leute, die einem vertrauen, verrät man nicht? Er würde ihr die Augen öffnen. Indem er sie ihre Akte lesen lässt. Zumindest die Teile, die ihre naive Vorstellung von den Mitmenschen schnell korrigieren werden.

*

Klack, klack, klack. Carola folgt der jungen Wächterin mit dem Bauerngesicht durch ihr bis dahin unbekannte Teile des Gefängnisses. Dann erkennt sie den Flur, der zu Kusnezows Verhörraum führt. Also keine Troika heute. Aber der Leutnant fragt sicher wieder, ob sie ihre Haltung zur Zusammenarbeit mit dem NKWD überdacht hat. Die Antwort wird ihm nicht gefallen.

*

»Setzen Sie sich.« Kusnezow gibt sich beschäftigt. Er hat ihre Akte in der Hand. Als er sicher ist, dass sie den Ordner erkannt hat, legt er ihn vor sich auf den Schreibtisch. Er schaut auf die Wachhabende, die hinter der Henschke auf Anweisungen wartet. Es ist die Neue. Vom Komsomol, der Parteijugend, zum NKWD nach Moskau delegiert. Sie versucht, ihn nicht allzu offen anzuschmachten. Scheinbar besorgt spricht er sie auf Russisch an. »Sie zittern ja, Genossin. Gehen Sie in die Kantine, sich aufwärmen. Ich lasse sie holen, wenn wir hier fertig sind. Und schließen Sie die Zellentür hinter sich.« Als sie ihn dankbar und zugleich verunsichert anschaut, fügt er hinzu: »Wegen der Kälte. Männer geben das nicht so gern zu, aber selbst wir frösteln manchmal. Verraten Sie es niemandem.« Er setzt ein gewinnendes Lächeln auf und wird dafür mit einem rot werdenden Mädchengesicht belohnt.

»Jawohl, Genosse Leutnant!«, stammelt sie. Er sollte sich künftig ein wenig um sie kümmern. Enge Kontakte zu den Aufseherinnen der Butyrka schaden nie.

Als die Tür ins Schloss fällt, widmet er sich der Gefangenen. »Es freut mich, dass es Ihnen ein wenig besser geht. Selbst ihre Uniform scheint erholt.« Ihr ist sein Stieren auf ihre Bluse unangenehm, sie nestelt am obersten Knopf. Da war er wohl in Gedanken ein wenig zu lange bei der Komsomolzin geblieben. Konzentrier dich.

»Ja, man hat mir gestattet, mich zu reinigen. Die Uniform ist frisch gewaschen, ich bekam sie vorhin erst zurück. Danke.«

Kusnezow nickt. Sie weiß, dass sie die Pflege der letzten beiden Tage ihm verdankt. Gut. Dann kann es ja losgehen.

»Ich habe Sie herbringen lassen, weil sich mein Vorgesetzter, Hauptmann Sergejew, nicht klar darüber ist, ob wir Sie und Ihr Verhältnis zur Sowjetunion korrekt beurteilen. Er möchte deshalb Ihre Sicht auf die gegen Sie erhobenen Vorwürfe kennenlernen. Nicht das, was in Ihrer Akte steht«, er hebt scheinbar gedankenlos den Ordner von seinem Schreibtisch und lässt ihn wieder fallen, »sondern das, was Sie dazu bewog, Botendienste für den Trotzkisten Wollenberg auszuführen. Erzählen Sie von Prag!«

»Von Prag?« Die Henschke ist überrascht. Er nickt aufmunternd. »Und keine Geschichten, bitte.«

»Nun ja.« Sie sammelt sich. »Das war 1934. Ich fuhr dorthin zurück, weil das sowjetische Touristen-Visum abgelaufen war. Die Mutter brachte mir meinen Schmuck aus München, zum Versetzen. Ich benötigte ja Geld für das tägliche Leben in der Tschechei und die Geburt des Kindes. Wir wollten, dass es in Prag zur Welt kommt, damit Anatol einen Grund hat, mir nachzufolgen. Gleichzeitig suchte ich ein Engagement. Niemand wusste davon. Ich hielt es nicht mehr aus in der Sowjetunion. Kind und Arbeit, hoffte ich, öffnen mir den Weg zurück in die Freiheit.«

»Und doch kamen sie wieder hierher.«

Die Henschke schaut ihn traurig an. »Ja. Wissen Sie, ich beging zwei Fehler in meinem Leben. Der erste war, in die Sowjetunion zu gehen. Der zweite, hierher zurückzukehren.«

Prag, Tschechoslowakei
Sommer 1934

Die fünfstöckige Pension Arosa im Vorort Košíře ist ein Schmuckstück des funktionalistischen Wohnungsbaus in der jungen tschechoslowakischen Architektur. Das Haus mit der strengen, nur von Balkonen durchbrochenen Fassade wurde 1931 nach den Plänen des erst 25-jährigen Architekten Karel Hannauer errichtet. Der Bau folgt dem Bienenstock-Konzept der deutschen Bauhaus-Schule: Fünf Wohnungen je Stock ermöglichen ihren Bewohnern das Leben in einer funktionellen Wabe ohne Salon, Esszimmer oder Platz für Kinder. Sie enthalten auf knapp 21 Quadratmetern einen Wohnraum mit Bett und Schreibtisch sowie, vom Flur abgehend, rechts eine Kochnische und ein WC, und links, hinter Wandschränken, ein Waschbecken und eine Wanne. Cafeteria, Waschküche und Abstellraum im Erdgeschoss hingegen werden von den Pensionsgästen kollektiv genutzt.

Im Sommer 1934 ist die Pension Arosa dank direkter Straßenbahnanbindung ins Zentrum der ideale Aufenthaltsort für Entwurzelte, die sich ein Hotel in der Innenstadt nicht leisten können. Die meisten von ihnen sind ausgewanderte Deutsche. Nach der Enge der Moskauer Gemeinschaftswohnung genießt Carola hier die Annehmlichkeiten der westlichen Welt: Balkon, Badewanne, ein Sitzklo mit Wasserspülung. Und ihre Freiheit.

17. August 1934

Es ist endlich wieder warm in der Stadt. Die Regenwolken der letzten Tage sind fort, wichen einem milchigen Himmel, durch den sich immer öfter die Sonne kämpft. Carola sitzt auf dem Balkon und lässt sich ihr Gesicht von den durchbrechenden Sonnenstrahlen wärmen. Sie schließt die Augen. Wie leicht hier das Leben ist. Niemand, mit dem man sich das Zimmer teilt, kaum Sorgen um Essen oder Strom, vergessen der ewige Streit mit Anatol, weil unentwegt Träume platzen. Angst hat sie einzig um das Kind. Nur keine weitere Fehlgeburt. Deshalb schont sie sich, meidet jede Anstrengung.

Von unten, aus dem Park vor dem Haus, tönt das Lachen herumtobender Jungen und Mädchen. Wie unbeschwert sie spielen. Die Rückkehr ins Reich verbietet sich zwar, aber bis der Nazispuk vorbei ist, könnte ihr Kleines ebenso gut in Prag, Wien oder der Schweiz aufwachsen. Hier an der Moldau würde sie auf jeden Fall Arbeit finden. Ihr Freund Paul Eger gäbe ihr an seinem Neuen Deutschen Theater liebend gern ein Engagement. Und Zürich? Sie könnte Ferdinand Rieser schreiben, dem Intendanten des dortigen Schauspielhauses. Der baut sich derzeit ein eindrucksvolles Ensemble auf mit vielen Emigranten.

Würde doch nur Anatol nicht so fanatisch an ein besseres Leben in der Sowjetunion glauben! Er müsste ihr nachfolgen, ohne ihn würde sie Kind und Beruf nicht unter einen Hut bekommen. Wenn ihm etwas an ihr liegt, dann kommt er nach. Eine Künstlerin wie sie lässt sich nicht zusammengepfercht mit zehn Leuten in einer Wohnung halten in einem Land, das ihr keine Bühne zu bieten vermag. In dem selbst das Vorlesen eines Gedichts im Radio der Erlaubnis der Partei bedarf.

Kurz entschlossen geht sie in ihr Zimmer und setzt sich an den Schreibtisch. Sie nimmt sich einen Umschlag und schreibt fein säuberlich die Anschrift des Zürcher Schauspielhauses aus ihrem Adressbüchlein ab. In diesem Augenblick pocht es an der Tür. Sie schraubt den Füllfederhalter wieder zu, legt ihn neben den Briefumschlag. Es klopft erneut, diesmal energischer. Mit einem Seufzer erhebt sie sich. Als sie die Tür öffnet, steht da ein Mann etwa in ihrem Alter, dessen hageres Gesicht ihr bekannt vorkommt. Er lüftet seinen Strohhut zum Gruß, enthüllt damit eine markante Glatze – der dünne Haarkranz reicht nur knapp bis zur Hutkrempe. Er ist schlank, fast mager und trägt einen verknitterten Straßenanzug. In der linken Hand hält er eine abgewetzte lederne Aktentasche.

»Guten Tag. Verzeih die Störung. Der Portier hat mir gesagt, wo ich dich finde. Er meinte, dass du in der Wohnung wärst.«

»Guten Tag …?« Carola antwortet mit fragendem Unterton. Sie versucht, sich zu erinnern, woher sie den Mann kennt, der sie so forsch duzt. Ihr Besucher bemerkt ihre Irritation und stellt sich vor: »Ich bin Gustav von Wangenheim, Schauspieler und Regisseur, wir kennen uns flüchtig von ein paar Abenden bei Brecht und Piscator in Berlin. Waren größere Gesellschaften, deshalb bin ich dir …« Er stockt, bricht ab. »Es ist doch in Ordnung, wenn ich du sage? So unter Genossen? Man sagte mir, du seiest Genossin …« Erneut bringt er seinen Satz nicht zu Ende. »Ach so, mag sein.« Sie bleibt im Unbestimmten. Wer weiß, was der Mann will. »Bei Brecht und Pis waren damals so viele Leute, ich habe ein furchtbar löchriges Personengedächtnis.«

»Darf ich eintreten? Mein Anliegen ist nichts für den Flur.«

Sie wirft einen Blick zurück ins Zimmer. Warum nicht. »Ja sicher. Setzen wir uns nach draußen in die Sonne.« Carola tritt zur Seite, um ihren Besuch einzulassen, und schließt die Tür. Sie folgt ihm auf den Balkon. »Was gibt es denn zu besprechen?«

»Ich bin auf Weisung der Komintern in Prag, genauer gesagt ihrer deutschen Sektion. Mein Auftrag lautet, nach aus dem Reich geflohenen Schauspielern zu suchen, um sie für ein geplantes Nationaltheater in Engels zu gewinnen. Das ist die Hauptstadt der Wolgadeutschen Republik, wie du sicher weißt. Aber bei dir bin ich heute aus einem anderen Grund.«

Eine deutsche Bühne in der Sowjetunion. Und man hat sie nicht gefragt, ob sie dort mitwirken würde! Sie lässt sich ihren Ärger nicht anmerken. »Und welcher wäre das?«

»Dir ist sicher bekannt, dass Hitlers Nationalsozialisten nach dem Saargebiet greifen mithilfe einer Volksabstimmung über den künftigen Status der Region.«

»Darüber dürfen die Saarländer selbst entscheiden?«

Von Wangenheim, in seiner Darstellung der politischen Lage unterbrochen, schaut sie irritiert an, erläutert aber die Umstände. »So ist es. Im Versailler Vertrag wurde nach dem Krieg festgelegt, dass das Saargebiet für fünfzehn Jahre unter die Hoheit des Völkerbundes gestellt wird und Frankreich in dieser Zeit das Recht erhält, die dortigen Kohlegruben auszubeuten. Zum Ausgleich für seine Kriegsschäden. Ja, die fünfzehn Jahre sind um und die Saarländer haben jetzt zwischen drei Möglichkeiten zu wählen: Rückkehr zu Deutschland, Anschluss an Frankreich oder weiter Verwaltung durch den Völkerbund. Die Abstimmung darüber, das steht seit Kurzem fest, ist am 13. Januar.« Von Wangenheim redet sich in Rage. »Die bürgerlichen deutschen Parteien an der Saar haben mit dem dortigen NSDAP-Ableger eine Einheitspartei gebildet und sind für den Anschluss ans Reich. Die KPD errichtet dagegen eine Volksfront. Ihr Ziel ist es, das Völkerbund-Mandat beizubehalten. Gemeinsam mit Sozialdemokraten und weiteren Arbeiterparteien werden wir zeigen, wie machtvoll ein geeintes Proletariat ist, und den Saarländern klar machen, was ein Überlaufen zu Hitler für sie bedeutet: nichts Gutes.« Von Wangenheim holt ein Papier aus seiner Aktentasche. »Eine Vielzahl von emigrierten Künstlern unterstützt diese Volksfront. Sie wünschen sich, dass Hitler einen Denkzettel verpasst bekommt. Einige von ihnen, deren Namen im Reich noch immer einen guten Klang hat, haben einen gemeinsamen Aufruf verfasst. Wir bitten dich, ihn ebenfalls zu unterzeichnen.« Er reicht Carola das Blatt. Der schwirrt der Kopf von dem Kommunistenjargon, den sie in Moskau zurückgelassen glaubte. Aber es schmeichelt ihr, dass man sie zu denen zählt, deren Namen in Deutschland weiterhin Gewicht haben. Sie überfliegt den Text:

»Saarländer! Wollt Ihr ein Teil sein einer faschistischen Barbarei? Wollt Ihr den Tod der Geistesfreiheit? Wollt Ihr Euer Leben verbringen hinter dem Stacheldrahtzaun des riesigen Konzentrationslagers, das sich Hitlerdeutschland nennt? Wollt ihr, dass Eure Frauen und Töchter aus Brot und Arbeit vertrieben werden?«[16]

An dieser Stelle lässt sie das Blatt wieder sinken. »Ich kann mich jetzt nicht konzentrieren. Die Schwangerschaft. Das hat doch Zeit bis morgen?«

»Ja sicher.« Ihr Besucher gibt sich verständnisvoll. »Dann schaue ich am Vormittag ein weiteres Mal vorbei.

---

16 Saar-Manifest. »Die Volksstimme« vom 21. September 1934. Zitiert nach Abb. in »Carola Neher – gefeiert auf der Bühne, gestorben im Gulag«, Lukas-Verlag Berlin 2016, S. 12.

Passt das?« Carola nickt bestätigend. Beide erheben sich. Von Wangenheim öffnet schon die Balkontür zum Zimmer, da fällt ihr etwas ein.

»Wer hat denn bisher unterschrieben?«

»Neben anderen Heinrich Mann, Leonhard Frank, Alfred Kerr, Oskar Maria Graf, Piscator, Feuchtwanger. Kennst du ja alle.«

Als er sich wieder nach drinnen wendet, sieht er auf dem Schreibtisch vor dem Fenster den Briefumschlag mit der Adresse des Zürcher Schauspielhauses. Überrascht schaut er auf Carola. Die aber hat keine Lust auf Erklärungen. Sie folgt ihm durch die Balkontür, sodass er ins Zimmer ausweichen muss. Er geht zur Wohnungstür, zögert dort, als wolle er noch etwas fragen.

»Bis morgen dann«, kommt sie ihm zuvor.

*

»Ich weiß nicht, ob es vernünftig ist, das zu unterschreiben, Zenzl.« Carola ist froh, dass sie mit jemandem über den Saar-Aufruf sprechen kann. Sie hat Zenzl Mühsam, in deren Zimmer sie jetzt sitzt, vor ein paar Tagen im Aufenthaltsraum der Pension kennengelernt. Dort hatte sich die Fünfzigjährige am Nachbartisch mit einem etwas jüngeren Mann in bayerischem Dialekt unterhalten. Woraufhin sich Carola als Münchnerin zu erkennen gab. Die beiden Frauen mochten sich sofort, erst recht, nachdem sich herausstellte, dass sich ihre verstorbenen Männer, Klabund und Erich Mühsam, sehr geschätzt hatten.

Zenzls Gesprächspartner, Erich Wollenberg, war ein Mitstreiter ihres Ehemannes aus Revolutionstagen, Kommandeur der Roten Armee in der Münchner Räterepublik und später jahrelang Offizier bei den Rotarmisten in Sowjetrussland. Freimütig berichtete er, dass er einige Tage zuvor unter abenteuerlichen Umständen aus Moskau geflohen war. Weil die KPD-Führung seinen Parteiausschluss wegen angeblicher trotzkistischer Aktivitäten betrieb. »In Stalins Sowjetunion bedeutet ein solcher Vorwurf Verbannung oder Tod«, erklärte er seine überstürzte Flucht.

Jetzt sitzt Carola bei ihrer neuen Bekannten auf dem Bett. Sie hat eine Flasche von dem billigen Wein mitgebracht, den man in dem Gemischtwarenladen an der Ecke bekommt. Zenzl, die praktisch nichts bei sich hatte, als sie vor wenigen Wochen zu Fuß aus Deutschland floh, kann sich nicht einmal den leisten.

Carola erläutert, warum sie zögert, zu unterschreiben: »Schau mal, ich habe eine Freundin, Mathilde. Sie ist Französin, aber mit ihrem Bruder bei der Großmutter im damals deutschen Elsass aufgewachsen. Die musste sich entscheiden, wo sie denn bleibt, als nach dem Kriege das ganze Gebiet links vom Rhein wieder zurück an Frankreich fiel. Ihre Oma ließ sich in Preußen einbürgern. Die beiden Enkel begleiteten sie und blieben auch nach Erreichen der Volljährigkeit im Reich. Weil sie zwar Franzosen, aber mit der deutschen Sprache und Lebensweise aufgewachsen waren. Ende der Zwanzigerjahre ist Mathilde jedoch in ihr Geburtsland zurückgekehrt – der Liebe wegen. Das gibt mir zu denken, Zenzl. Den Leuten ist wichtig, wo sie sich heimisch fühlen. Da braucht ihnen keiner mit einem Denkzettel gegen den Faschismus zu kommen. Die Abstimmung gilt ja über Hitler hinaus. Da entscheidet nicht der Kopf, sondern das Herz.«

»Entschuldige, Carola, aber mit Politik beschäftigst du dich nicht häufig, oder?« Zenzl Mühsam nimmt einen tiefen Schluck aus ihrem Glas. »Es geht um die Interessen der Banken und der Industrie und um die Parteien, die sie durchzusetzen suchen. Deshalb hat diese Abstimmung einen erheblichen Einfluss auf das Leben der Saarländer. Darauf, ob sie es frei oder fremdbestimmt führen.« Sie greift nach dem Blatt mit dem Aufruf, das Carola mitgebracht hat. Dann liest sie laut einen Satz daraus vor:

»Wollt Ihr mitschuldig sein an Mord, Misshandlungen und grausamer Folter?«[17]

»Genau das ist es. Ich weiß, wie die Nationalsozialisten mit Menschen umgehen, die ihnen zu widersprechen wagen. Dabei pfeifen sie auf Recht und Gesetz. So wie bei meinem Erich. Den haben sie in der Nacht des Reichstagsbrandes verhaftet und ins KZ Oranienburg gebracht. Siebzehn Monate lang quälte ihn die SA dort. Doch er hielt durch. Vor ein paar Wochen, nachdem Hitler seinen einstigen Spießgesellen Ernst Röhm und dessen gesamte SA-Führung umbringen ließ, übernahm jedoch die SS das KZ. Und die gab sich mit dem Erich gar nicht erst lange ab. Seine Kameraden haben ihn gefunden, erhängt mit einer Wäscheleine auf dem Klosett. Mit einem Knoten, wie ihn mein unbeholfener Mann nie hätte knüpfen können. Ich hatte später die Leiche zu identifizieren, zusammen mit seinem Bruder, der ist Arzt. Erichs Rücken war vollkommen verprügelt, und getötet haben sie ihn durch Gift. Sie hängten seinen Leichnam in der Latrine auf, damit es wie Selbstmord aussieht.« Zenzl Mühsam schaut auf das Blatt Papier in ihrer Hand und wiederholt, was dort steht:

---

17 Ebenda.

»*Wollt Ihr mitschuldig sein an Mord, Misshandlungen und grausamer Folter?*«

»Schon allein wegen dieses Satzes musst du unterschreiben.«

Gefängnis Butyrka
11. Januar 1940

»Und? Haben Sie letztlich unterschrieben?« Kusnezow versucht, Zeit zu schinden.

»Ja, habe ich. Aber eher aus Opportunismus. All die Männer, die ihn schon unterzeichnet hatten, kannte ich. Das waren Leute, die viel nachdachten über die Entwicklung in Deutschland und in Europa. Ich sagte mir, denen kannst du vertrauen. Zudem würde es sicher Anatol nützen, wenn ich eine Bitte der Partei erfülle.«

»Und Ihnen selbst. Denn entgegen Ihrer Pläne kehrten Sie ja kurz darauf nach Moskau zurück. Woher der Sinneswandel?«

»Der hatte im wesentlichen zwei Gründe. Den ersten lieferte Gustav von Wangenheim. Der bot mir bei seinem Besuch am nächsten Tag überraschend Arbeit an. Er habe mit Moskau telefoniert, weil man doch auf die Mitarbeit einer so bekannten Künstlerin nicht verzichten dürfe. Er sage mir ein Engagement in Engels zu, sobald das Theater gegründet sei. Bis dahin könne ich an einem Film mitwirken, den die Meschrabpom mit ihm plane. Ein leeres Versprechen, wie sich herausstellte.«

Das kann ich mir denken, schießt es Kusnezow durch den Kopf. Sicher wurde von Wangenheim angewiesen, der offenbar im Ausland nach Arbeit suchenden Neher eine berufliche Alternative in der UdSSR zu bieten. Um den propagandistischen Schaden zu verhindern, den der Weggang einer so berühmten Frau mit sich brächte. »Und der zweite Grund?«

»Ein Telegramm Anatols, einige Wochen später. Er schrieb, man böte uns eine Neubauwohnung an. Die bekäme aber nur eine Familie mit Kind. Ich müsse daher sofort zurückkommen. Deshalb der überstürzte Aufbruch. Vor der Abreise habe ich mich dann noch von Zenzl und dem Wollenberg verabschiedet. Leider.«

Prag, Tschechoslowakei
Oktober 1934

»Heute bringe ich mal den Wein mit«, verkündet Zenzl strahlend. Hinter ihr steht Wollenberg an der Tür. »Erichs Freunde im Ausland haben mir Geld geschickt. Sie werden mich künftig weiter unterstützen, damit ich seinen Nachlass aus Deutschland herausschmuggeln und veröffentlichen lassen kann.«

»Na dann kommt rein. Die Gläser stehen schon auf dem Tisch«, lächelt Carola. Sie kennt ihre Zenzl, mit der sie in den letzten Wochen fast täglich zusammenkam.

»Wenn dein Kind da ist, trinkst du aber mal ordentlich mit!«

Zenzl Mühsam entkorkt die Flasche und schenkt die zwei Gläser voll. Eines davon reicht sie Erich Wollenberg, der auf der Bettkante Platz genommen hat. Dann lässt sie sich auf den Stuhl fallen, der vor der Balkontür steht. Carola setzt sich mit einem Glas Wasser ihnen gegenüber neben den Schreibtisch.

»Apropos Kind. Sollte es nicht hier in Prag zur Welt kommen?«

»Ja, lieber wäre mir das schon gewesen. Zumal hier fast alle Ärzte deutsch sprechen. Aber wenn wir die Neubauwohnung in Moskau bekommen wollen, muss ich jetzt zurück. Hilft ja nichts.«

Carola weiß, dass die Erklärung für die überstürzte Rückreise schwach ist, behält aber die wahren Gründe wohlweislich für sich.

»Eine eigene Wohnung. Für Moskau recht ungewöhnlich.« Erich Wollenberg ist skeptisch.

»Nicht wahr? Ich denke, man bietet uns eher ein Zimmer in der Kommunalka eines Neubaus. Wir sind ja keine Apparatschiks.«

Zenzl Mühsam beschäftigt anderes.

»Vielleicht treffen wir uns ja in Moskau. Die Internationale Rote Hilfe hat mich eingeladen. Sie will den Nachlass vom Erich in allen wichtigen Weltsprachen herausgeben. Aber Wollenberg rät zur Vorsicht. Die versprechen viel und halten nichts, sagt er.«

»So ist es«, ergänzt der Angesprochene. »Ich sag dir, dahinter steckt die Komintern, die die Rote Hilfe nur vorschiebt, damit das Angebot unverdächtig erscheint. Die wollen seine Schriften nach Abweichlern durchsuchen. Kontakte zu KPD-Führern hatte er ja genug. Lass uns den Nachlass lieber hier veröffentlichen.«

»Jetzt sind wir schon wieder bei der Politik. Dabei geht es doch heute um Carola.« Zenzl Mühsam hebt das Glas in Richtung der Jüngeren und nimmt dann einen Schluck von dem Rotwein. »Was für ein Glück, dass es so schnell mit deinem Visum geklappt hat!«

»Das verdanke ich dem von Wangenheim. Der mit dem Aufruf, du erinnerst dich? Der leitet in Moskau eine Agitprop-Gruppe aus deutschen Schauspielern, die ›Kolonne

Links‹. Ich erhielt von ihm im September ein offizielles Schriftstück, dass er mich engagiert. Das genügte der Botschaft jetzt für die Einreisegenehmigung.«

»Eine Agitprop-Truppe. Ist das nicht ein Abstieg? Du bist eine der bekanntesten deutschen Schauspielerinnen.«

»Das nützt mir in Moskau wenig, Zenzl. Es ist wahnsinnig schwer, dort Arbeit zu finden. Doch jetzt gibt es Aussicht auf ein Theater der Wolgadeutschen in Engels, auf Emigrantenfilme und deutsche Sendungen bei Radio Moskau. Zuerst muss ich aber den Kleinen zur Welt bringen. Der versaut mir ja die Figur.«

»Ach, da wir bei dem Thema sind«, wendet sich Carola an Erich Wollenberg. »Du kennst doch viele Leute in Moskau. Weißt du nicht jemanden, der sich um das Kind kümmern könnte, wenn ich wieder arbeite? Eine Deutsche womöglich?«

Wollenberg überlegt nicht lange. »Elsa. Die Frau von meinem alten Mitkämpfer Hermann Taubenberger. Das ist so eine Mütterliche, immer um andere besorgt. Ich setz dir gern eine Empfehlung für sie auf. Bei der Gelegenheit könntest du zudem einen Brief an ihren Mann mitnehmen. Meine Flucht aus Moskau war so überstürzt, dass ich sie ihm gar nicht begründen konnte. Das wäre mir aber wichtig.«

»Oh, das ist nett, danke. Klar überbringe ich ihm deinen Brief.«

Gefängnis Butyrka

11. Januar 1940

»Sie sagten 1936 in der Lubjanka aus, dass sie von Wollenberg nur ein Schreiben an Elsa Taubenberger bekamen.« Grigori Kusnezow hat einen Grund gefunden, erneut auf die vor ihm liegende Akte aufmerksam zu machen. Theatralisch hebt er sie hoch und lässt sie wieder auf den Tisch fallen.

»Weil ich den anderen Brief vor der Einreise in die Sowjetunion zerriss. Der war mir zu gefährlich. Hätte ich das mal auch mit der Empfehlung an Elsa getan. Dann säße ich jetzt nicht hier.«

Kusnezow schaut auf seine Uhr. Er muss langsam auf von Wangenheim zu sprechen kommen. Damit sie erkennt, dass selbst Menschen, denen sie vertraut, keine Skrupel haben, an das NKWD zu berichten. Ludmilla würde bald, wie verabredet, das Telefon klingeln lassen. Sie freut sich schon auf dieses Spiel.

»Ich glaube, das sehen Sie falsch. Sie wären dennoch entlarvt worden. Ich beweise es Ihnen.« Er nimmt die Akte, blättert darin, bis er das mit einem eingelegten Zettel markierte Blatt findet. Laut liest er es vor:

Vernehmungsprotokoll des NKWD vom 1. Juni 1936.

Frage: Wie charakterisieren Sie Carola Neher von der politischen Seite?

Antwort: Carola Neher halte ich für eine Abenteurerin, die nach ihrer ideologischen Einstellung nichts Gemeinsames mit der Kommunistischen Partei hat. Ihre politische Einstellung ist antisowjetisch. So zum Beispiel sagte Neher: ›Ich war im Regierungsgebäude und sah, wie diese dort leben. Bin ich schlechter als sie, ich will auch hier leben. Die Menschen, wenn sie nicht dumm sind, können sehen, dass auch die sowjetische Bourgeoisie existiert. In solcher Art hörte ich oft …[18]

---

18 Protokoll der Vernehmung von Gustav von Wangenheim am 1. Juni 1936, Archiv des KGB. Enthalten in: Georg Lukács, Johannes R. Becher, Friedrich Wolf u. a.: Die Säuberung. Moskau 1936: Stenogramm einer geschlossenen Parteiversammlung. Herausgegeben von Reinhard Müller. Rowohlt Taschenbuch Verlag GmbH 1991. S. 561 f.

Das laute Rasseln des Telefonapparats auf dem Schreibtisch unterbricht Kusnezow. Zu früh, Ludmilla! Er nimmt dennoch ab.

*

Carola zuckt beim Schnarren des Telefons erschrocken zusammen. Sie hat es noch nie klingeln gehört. Der Leutnant nimmt den Hörer: »Da?« Schweigend lauscht er auf das, was ihm jemand am anderen Ende der Leitung zu sagen hat. Und das scheint nicht angenehm zu sein. »Tsetschas?« Jetzt? Die einzige Frage, die er stellt. Die Antwort ist genauso knapp. Der NKWD-Offizier legt auf, atmet tief durch. Er schaut sie kurz an, überlegt. Dann hat er einen Entschluss gefasst. »Ich muss sofort weg«, erläutert er. »Da keine Zeit ist, eine Aufsicht zu holen, werde ich sie bis zur Rückkehr einschließen.« Er steht auf, nimmt sich die Uniformmütze und den Schlüsselbund vom Tisch. Dann schließt er Schreibtisch und Schrank ab und eilt hinaus. Schwer schlägt hinter ihm die Tür zu, die unmittelbar darauf abgeschlossen wird.

Verwirrt sitzt Carola auf ihrem Stuhl. Seltsam das alles. Ihr Blick fällt auf die Schreibtischplatte: ihre Akte! Der Leutnant hat vergessen, sie einzuschließen. Obenauf liegt das Protokoll, aus dem er zitiert hat. Jetzt könnte sie erfahren, wer sie beim NKWD als antisowjetisch anschwärzte. Sie müsste nur auf das Blatt schauen. Was hindert sie daran? Niemand sieht sie, und selbst wenn jemand käme, wäre sie beim Aufschließen der Zellentür gewarnt. Kurz entschlossen eilt sie zum Schreibtisch. Sie prägt sich genau die Position der Akte auf der Tischplatte und die Lage des Protokolls auf ihrem Deckel ein. Dann überfliegt sie das Blatt:

(Vernehmung)

Am 1. Juni 1936, von Wangenheim, Gustav, geb. 1895 in Wiesbaden, wohnhaft Kusnetzkij Most 22/2, Moskau, Deutscher, Staatsangehörigkeit deutsch, Regisseur bei Meschrabpomfilm, Abstammung: von Adeligen und Schauspielern.[19]

Von Wangenheim also. Der Mann, der ihr mit einer Anstellung bei der »Kolonne Links« eine Aufenthaltsgenehmigung für Moskau beschafft hatte. Der bei Brecht verkehrte und mit Piscator. Der, so hatte er es ihr erzählt, im Nachkriegsberlin mit Klabund auf einer Bühne stand im Reinhardt-Kabarett »Schall und Rauch«. Vorsichtig nimmt sie das erste Blatt der eng getippten Mitschrift hoch. Offenbar ein Durchschlag des Originals. Inzwischen beherrscht sie die russische Sprache leidlich – ausreichend, um zu verstehen, was der Regisseur dem NKWD alles mitteilte. Ihre Augen jagen über das Protokoll, erfassen Satzfetzen:

Becker, Anatol … Eindruck eines falschen Menschen … dunkle Figur … Parteidokumente gefälscht … Kontakte seiner Frau Carola Neher mit dem angesehenen Trotzkisten Wollenberg … Sommer 1934 in Prag … wo Neher für Wollenberg Leute anwarb …

Und dann folgt der Absatz, den Kusnezow vorgelesen hat. In dem steht, dass ihre politische Einstellung antisowjetisch sei. Fassungslos starrt Carola auf die beiden Blätter in ihrer Hand.

Ihr Blick fliegt zur Tür, aber vom Gang ist kein Laut zu vernehmen. Diese Chance erhält sie nie wieder: Zu begreifen, wofür sie die Sowjetmacht mit zehn Jahren Zuchthaus strafte. Vorsichtig hebt sie weitere Blätter der Akte an. Sie

---

19 Ebenda.

findet ein Schriftstück auf Deutsch: »Stenogramm der geschlossenen Parteiversammlung der deutschen Kommission des Sowjet-Schriftstellerverbandes (4.–9. 9. 1936)«. Es handelt sich um einzelne Seiten, Durchschläge einer umfangreicheren Abschrift.

Das Protokoll einer geheimen Sitzung der KPD-Schriftsteller im sowjetischen Berufsverband. Sie ist Schauspielerin, wieso wurde sie bei denen zum Thema? Vor allem: Diese Versammlung fand ja erst nach ihrer Verhaftung statt! Sie überfliegt Redepassagen, die rot unterstrichen sind. Durch Kusnezow? Die erste kommt von Ernst Ottwalt. Den hatte sie in Berlin bei Brecht kennengelernt, die beiden schrieben damals zusammen das Drehbuch für den proletarischen Film *Kuhle Wampe*.

Ich glaube, Helene Weigel ist es gewesen, die mir sagte, die Neher sei in die Partei eingetreten … Ich kenne die Neher wie gesagt gar nicht. Sie war die Frau von Scherchen, und wenn ich mich recht erinnere, war sie egalwegs schwanger mit Fehlgeburten …

Nicht zu fassen. Diese kleine Giftschleuder. Nächster markierter Eintrag. Wieder Ottwalt.

Ich habe in der ersten Zeit die Neher in den bittersten Verhältnissen gesehen. Sie schlief wirklich auf der Erde, wirklich unter den erbärmlichsten Verhältnissen, wie kaum ein Genosse es in der ersten Zeit hier gehabt hat …

Na also, kanntest du mich ja doch, schießt es ihr durch den Kopf, während ihre Augen weitersuchen. Da, von Wangenheim:

Dann der Fall Neher … Ich kann erklären, dass ich alles gesagt habe, an den Stellen, wo etwas zu sagen ist …

Ja, beim NKWD. Und das lange, bevor die mich verhafteten.

Zu meiner großen Überraschung hörte ich, sie ist Parteigenossin. Ich lernte sie hier kennen, ganz einfach, ganz schlicht, lernte Becker kennen. Er ist ein Spitzel, wie er aussieht …[20]

Er lernte mich in Moskau kennen? Lüge! Das war in Prag. Und da hatte er behauptet, sie seien sich schon in Berlin begegnet. Carola blättert in den Auszügen, fotografiert mit den Augen Einträge für ihr Gedächtnis ab. Eine Technik, die sie einst beim Einstudieren von Rollen aus Textbüchern perfektionierte. Sie registriert Bemerkungen von Genossen, die sie kaum kennt, und von solchen, die sie schätzte. Sie alle waren ihr in den Rücken gefallen. Ließen sich über Anatol aus, dem sie wegen seiner unablässigen Lobeshymnen auf Stalin und seinem Faible für elegante Kleidung nicht trauten. Gaben giftige Hinweise auf ihre »bürgerliche Vergangenheit« in Berlin. Aus der Mitschrift spricht Neid, Verachtung und darüber hinaus die Angst, in gefährliche Nähe zu der längst Stigmatisierten zu geraten. Sie riecht aus den Zeilen die Furcht, das Wegducken: Bloß nichts Falsches sagen.

Hastig blättert sie die Akte weiter durch. Die Anklageschrift gegen sie, das Urteil, das kennt sie alles. Halt: die Abschrift eines Briefes des KPD-Vorsitzenden Wilhelm Pieck an die Auslandsleitung der Partei. Vom August 1936. Da saßen Anatol und sie schon in Haft. Hier ist ebenfalls eine Stelle angestrichen, in der ihr Name auftaucht. Es geht um geplante Parteiverfahren:

---

20 Zitate nach Georg Lukács, Johannes R. Becher, Friedrich Wolf u. a.: Die Säuberung. Moskau 1936: Stenogramm einer geschlossenen Parteiversammlung. Herausgegeben von Reinhard Müller. Rowohlt Taschenbuch Verlag GmbH 1991. Seiten 289, 409 f.

Ferner muss ausgeschlossen werden: Anatol Becker, das ist der Mann von Carola Neher, der hier in einer Maschinenfabrik als Schlosser arbeitet und der feindliche Verbindungen, wahrscheinlich sogar zur Gestapo, unterhielt.

Anatol ein Gestapo-Agent? Ein ungeheuerlicher Vorwurf. Und sein Todesurteil. Gefällt von einem, der ihn nicht einmal kennt.

Carola Neher selbst hat uns mitgeteilt, dass sie uns wegen ihrer Parteizugehörigkeit beschwindelt hat, dass sie niemals die Parteimitgliedschaft erworben hat, und es ist sogar möglich, dass Becker selbst ebenfalls nicht Parteimitglied war.[21]

Sie gestattet sich nicht, darüber nachzudenken, kann sich doch jederzeit ein Vierkant im Schloss drehen. Es gilt, die Gelegenheit zu nutzen: Unter Umständen findet sie in der Akte ja einen Hinweis auf Georg. Hastig hebt sie ein Blatt nach dem anderen an, überfliegt Stichworte. Verhörprotokoll Lubjanka, Berichte aus den Zuchthäusern Butyrka und Wladimirow, die Liste der Strafen, die ihr in Jaroslawl wegen Vergehen gegen die Gefängnisordnung aufgebrummt wurden. Sieben Rügen in neun Monaten, die Anlässe fein säuberlich protokolliert: Gespräch mit einem Mithäftling auf der Latrine, lautes Sprechen in der Zelle, Aufsässigkeit gegenüber Wärtern … aber kein Hinweis auf Georg.

Plötzlich schrillt das Telefon. Dreimal. Dann Stille.

Über die Papiere gebeugt, ist sie für die Dauer des Klingelns zur Salzsäule erstarrt. Zehn Sekunden, die genügen,

---

21 Brief des KPD-Vorsitzenden Wilhelm Pieck an die Auslandsleitung der Partei. Zitiert nach: Georg Lukács, Johannes R. Becher, Friedrich Wolf u. a.: Die Säuberung. Moskau 1936: Stenogramm einer geschlossenen Parteiversammlung. Herausgegeben von Reinhard Müller. Rowohlt Taschenbuch Verlag GmbH 1991. Seite 569.

um ihr die Gefahr bewusst zu machen, in die sie sich mit ihrer Neugier begeben hat. Übertreib es nicht, Carola, leg alles wieder so hin, wie es der Leutnant verließ. Wer weiß, was da draußen los ist! Sie konzentriert sich, prüft die Lage der Blätter auf dem Schreibtisch, setzt sich zurück auf den Stuhl davor. Ihr Herzschlag beruhigt sich langsam, aber durch ihren Kopf jagen Fragen und Gedanken.

Als sich Minuten später der Schlüssel im Schloss der Zellentür dreht, hat sie sich wieder im Griff. Scheinbar gelangweilt sitzt sie auf ihrem Stuhl. Kusnezow tritt ein, läuft an ihr vorbei zum Schreibtisch, wirft achtlos seine Schirmmütze auf den Tisch. Sie landet auf der Akte, verschiebt die von Carola sorgsam positionierten Blätter. Der Leutnant lässt sich in seinen Schreibtischstuhl fallen. Er starrt wie geistesabwesend zur Tür, atmet tief ein und langsam aus. Nach einer Weile gibt er sich einen Ruck, bemerkt scheinbar erst jetzt die vor ihm sitzende Carola. Er hebt seine Mütze von der Akte, legt sie daneben, schaut auf das oberste Blatt. Das Protokoll des Verhörs mit Gustav von Wangenheim in der Lubjanka. Dann blickt er sie an: »Ach ja, die Gefangene Henschke.« Er nimmt die Mitschrift auf, hält sie unschlüssig in der Hand, lässt sie wieder fallen. »Ich hatte die Absicht, Ihnen die Vorbehalte zu nehmen, dem NKWD etwas über Bekannte und Kollegen zu berichten. Deshalb las ich vorhin aus dem Protokoll vor. Um zu zeigen, wie wenig Skrupel in Ihrem Fall andere hatten. Aber das müssen wir verschieben. Es gibt einiges zu klären. Dadurch erhalten Sie nochmals Gelegenheit, unseren Vorschlag zu überdenken. Leider wieder nach den Regeln von Sergejew. Es geht nicht anders.« Er wendet den Blick von ihr ab zur Tür und ruft laut die Wärterin, die dort offenbar wieder Platz genommen hat: »Deschurnaja!« Leise fügt er auf Deutsch hinzu: »Genug für heute.« Und Carola weiß nicht einmal, ob er das zu ihr sagt.

Das Aufschlagen des Vierkants am Koppel der jungen Wärterin mit dem Bauerngesicht klingt fast beschwingt. Als ob sie den Takt eines Liedes schlägt. Sie laufen nicht zurück zur Einzelzelle, sondern in Richtung Innenhof und Turm. Kusnezow hatte es ja angekündigt: Jetzt gelten wieder die Regeln Sergejews. Augenblick, hatte er das genau so gesagt? »Sergejew«? Nicht »des Genossen Sergejew« oder wenigstens »von Hauptmann Sergejew«? Das ist doch kein Lapsus. In der Sowjetunion sind Titel wichtiger als bei Hofe. Ist der Vorgesetzte in Ungnade gefallen? Aber warum folgt Kusnezow dann weiter seinem Befehl und schickt sie zurück in die Dunkelhaft?

Das Stoppen ihrer Aufseherin reißt sie aus den Grübeleien. Sie stehen vor der Hoftür. Das Mädchen schließt den obersten Knopf ihrer Uniformbluse und öffnet die Tür. Trockene Eiseskälte erfasst Wärterin und Gefangene, die sich beeilen, die andere Ecke des Hofes und dort den Turm zu erreichen. Als endlich dessen Tür hinter ihnen zuschlägt, bleiben sie kurz im Gang stehen, um zu verschnaufen. Die junge Aufseherin kreuzt die Arme vor die Brust und deutet ein Zittern an. Sie lächelt dabei. »Die ist noch nicht lange hier«, denkt Carola und nickt leicht. Dann folgt sie der Aufpasserin zur Zelle. Wenige Minuten später greifen erneut Finsternis und Kälte nach ihr.

Eine ganze Weile sitzt sie reglos, die Augen geschlossen. Sie versucht, das in der Akte Gelesene zu begreifen. Was sind das für Menschen, die sich Genossen nennen, doch alles andere als Gefährten sind? Fredi, Brecht, Scherchen, sie waren aus tiefstem Herzen links. Trotzdem wurden sie nie Mitglied bei den Kommunisten. Um ihre eigene Sicht der Welt nicht einer blinden Gehorsam verlangenden Führung zu opfern. Sie aber hatte sich anstecken lassen von der naiven Schwärmerei eines Idealisten und die scharfe Analyse ihrer Freunde in den Wind geschlagen. Wie hatte Walter Benjamin das bei einer der Debatten am Strand von Le Lavandou ausgedrückt? »Das Revolutionäre kommt der Jugend nicht als Erfahrung, sondern als Parole zu.«[22] Anatol war guten Willens Phrasen gefolgt und hatte das mit seinem Leben bezahlt. Und doch war er ein vielfach besserer Genosse als jene, die sich in geheimen Parteiversammlungen trafen, um Misstrauen zu säen, zu denunzieren oder sich aus Angst selbst zu kasteien.

Passagen aus dem Schriftsteller-Protokoll tauchen vor ihrem geistigen Auge auf, versehen mit roten Anstrichen.

Da war der Genosse Ottwalt, der sich darüber aufregt, dass ihn die Chefredakteurin der Deutschen Zentralzeitung warten ließ: »Wichtiger als ein Gespräch mit mir war der Vertreterin der DZZ die Unterhaltung über die Ehegeschichten mit der Carola Neher.« Verletzte männliche Eitelkeit. Julia Annenkowa hatte sich Zeit für sie genommen, als die Probleme mit Anatol eskalierten.

Der Genosse von Wangenheim, der geifert, sie habe sich ihm gegenüber ihrer Beziehungen zu dem Stalin-Vertrauten Michail Kolzow gerühmt: »Sie hat mir deutlich zu spüren gegeben, welches Gewicht sie eigentlich dadurch hat, durch diesen Verkehr.« Purer Neid.

Der Genosse Hay, der berichtet, dass Carola Neher mit ihm zusammen ein Stück schreiben und dann dafür sorgen wollte, dass der Kolzow es mit ihr in der Hauptrolle aufführen

22 Walter Benjamin: Moskauer Tagebuch. Suhrkamp Verlag, Frankfurt am Main 1980. S. 79.

lässt. Da habe er die Finger von gelassen. Weil der Kolzow doch gar kein Theater habe. Was für ein Wichtigtuer.[23]

Der Stalin-Vertraute und die Neher, das wurmte sie alle. Michail Kolzow, Reporter, Verleger, Funktionär entscheidet als Chef der Auslandsabteilung des Schriftstellerverbandes darüber, welcher Autor das Land für eine Dienstreise verlassen darf. Den Zugang zu einem so einflussreichen Mann neideten ihr die Genossen zutiefst. Dabei war sie gar nicht mit Michail befreundet, sondern mit dessen Geliebter, der deutschen Schriftstellerin Maria Osten. Der hatte sie einige ihrer Einkaufsgutscheine überlassen, die sie mit der aus Prag mitgebrachten Reichsmark erworben hatte. Beim gemeinsamen Einkaufsbummel im Ausländerwarenhaus Torgsin, am Smolensker Platz, kauften sie sich dafür Seife und Kleider. Maria hatte ihr in der Folge wichtige Kontakte verschafft – wie den zu Julia Annenkowa, Chefredakteurin der DZZ, für die sie einige Artikel über Theaterthemen schrieb. Man half sich eben. Aber von Wangenheim meinte, sie hätte was mit Kolzow. »Welches Gewicht sie hat, durch diesen Verkehr.« Doppeldeutige Giftschleuder.

Sie spürt, wie die Kälte unter ihre Kleidung kriecht. Beweg dich! Sie steht auf und läuft durch die Zelle. Sechzehn Schritte pro Runde. Dreimal, viermal, fünfmal …

Die Genossen Schriftsteller. Wie erbärmlich die sind. Bei denen bemisst sich der Wert des Einzelnen nicht nach dem, was er zu leisten vermag, sondern danach, wie er sich

---

23 Sinngemäße Zitate nach: Georg Lukács, Johannes R. Becher, Friedrich Wolf u. a.: Die Säuberung. Moskau 1936: Stenogramm einer geschlossenen Parteiversammlung. Herausgegeben von Reinhard Müller. Rowohlt Taschenbuch Verlag GmbH 1991. Seiten 420 (von Wangenheim), 288 (Ottwalt), 435 (Hay).

in den Mahlstrom ihrer Mittelmäßigkeit einfügt. Was ist falsch daran, über solche Leute dem NKWD zu berichten?

Beruhige dich. Los, Gymnastik! Zuerst in die Kniebeuge … acht, neun, zehn. Pause. Liegestütze … acht, neun, zehn. Aufstehen. Rechten Arm nach oben, an die linke Zehenspitze, zurück. Linken Arm nach oben, an die rechte Zehenspitze, zurück. Einmal, zweimal, dreimal. Pause.

Für den NKWD zu arbeiten brächte ebenso Vorteile. Sie könnte andere in gutem Licht erscheinen lassen. Zenzl zum Beispiel. So ließe sich vielleicht das Unrecht bereinigen, das sie ihr damals beim Verhör in der Lubjanka antat. Als sie dem Vernehmer aus Angst vor der Folter bestätigte, dass die Mühsam antisowjetisch eingestellt sei.

Sie wiederholt ihre Gymnastik-Übungen. Gerät außer Atem, lehnt sich mit dem Rücken an die Wand, rutscht an ihr herunter. Sitzt müde im Schneidersitz auf dem kalten Fußboden.

Als NKWD-Zuträger könnte sie mit ihren Berichten dafür sorgen, dass die Führung erfährt, was im Lande los ist. Weil die an der Partei vorbei direkt nach oben gelangten. Sie könnte zeigen, wie dem Sozialismus treu ergebene Menschen mit falschen Anschuldigungen verfolgt und in den Tod getrieben wurden. Warum eigentlich hatten das andere vor ihr nicht getan?

Hör auf zu grübeln, Carola! Versuch zu schlafen.

Sie dämmert vor sich hin, selbst zum Denken zu müde. Erinnerungen fliegen in Bildern an ihr vorbei. Das Lessingtheater in Berlin. Die Pension »Stolzenfels«. Das Gutshaus in Zeesen mit dem nackten Fredi. Mathilde an den Ufern der Oos. Jugend, Theater, Liebe, Beifall, Erfolg. Gehören dir und bleiben dir.

Sie hat ihr Gefühl für Zeit verloren. Ist es schon einen Tag her, dass man sie erneut hier einschloss? Oder nur ein paar Stunden? Wenn sie doch nur schlafen könnte, ganz tief und fest. Sie schließt trotz der Dunkelheit die Augen. Der Körper braucht das Signal, alles zurückzufahren. Sie gibt es ihm.

*

»Die Gefangene Henschke!« Kusnezow begrüßt sie wie immer. Sie aber wundert sich, dass er sie überhaupt bemerkt, denn sie schwankt in einem seltsamen Dämmerzustand körperlos vor seinem Schreibtisch, ohne zu wissen, wie sie hierher kam. »Setzen Sie sich. Haben Sie mir etwas zu sagen?«

Seine klare Anweisung und die konkrete Frage holen sie zurück in die Realität der Butyrka. Sie nimmt auf dem Stuhl Platz, konzentriert sich auf ihren Vernehmer, entscheidet, jetzt völlig offen zu sein. Ob sie ihm etwas zu sagen habe? »Ja. Die Wahrheit. Die schulde ich Ihnen, weil Sie mich letztes Mal aus der Dunkelzelle holten. Und als Mensch behandelten.«

»Ehrlich gesagt, hoffte ich eher auf eine Antwort auf das Angebot der Zusammenarbeit mit dem NKWD. Aber bitte, behandeln wir das später. Wovon konkret reden Sie?«

»Von dem wahren Grund, warum ich nicht in Prag blieb, sondern von dort in die Sowjetunion zurückkehrte.«

»Bitte. Überraschen Sie mich.«

Prag, Tschechoslowakei
Oktober 1934

Direkt neben dem Pulverturm, durch den man, von der Hybernska kommend, die Altstadt von Prag betritt, zieht das Obecní dům alle Blicke auf sich, das Gemeindehaus der Stadt. Ein prächtiger Jugendstilbau, kurz vor dem Krieg errichtet. Er besteht aus zwei zweistöckigen Flügeln, die in stumpfem Winkel aufeinander zu laufen und sich in einem gigantischen Kuppelbau treffen. In seinem linken Gebäudetrakt beherbergt das Obecní dům eines der bekanntesten und größten Cafés der Stadt. Ein beliebter Treffpunkt für Einheimische und Besucher, kaum zu verfehlen. Wenig verwunderlich, dass der Fremde am Fernsprecher dessen schwatzhaftes Ambiente für ein Treffen vorschlug. Der hatte sich als Herr Müller vorgestellt. Extra aus Berlin angereist, um etwas mit ihr zu besprechen.

Carola ist nicht zum ersten Mal in dem Kaffeehaus, aber von der weltstädtischen Eleganz des riesigen Saals erneut so beeindruckt, dass sie zunächst am Eingang stehen bleibt. Er wird beherrscht von langen Kronleuchtern, die in Doppelreihe von der Decke hängen. An den zwei Stockwerke hohen Fenstern links sowie im ganzen übrigen Saal stehen eng beieinander Kaffeehaustische mit jeweils zwei oder vier Stühlen. Das Café ist gut gefüllt, aber es gibt freie Plätze.

Suchend tritt sie in den Saal, da sieht sie schon, wie an einem der Zweiertische an der hinteren Wand ein Mann aufsteht und eine Zeitung in die Höhe hält. Sie nickt ihm bestätigend zu und macht sich auf den Weg zu seinem Platz.

»Herr Müller?«

»So ist es, gnädige Frau«, antwortet der. »Wobei die Namen Meier oder Schulze ihren Zweck ebenso erfüllt hätten. Bitte setzen Sie sich. Sie sind mein Gast. Was darf ich Ihnen bringen lassen?« Ein Kellner eilt herbei und nimmt Carola den Mantel ab. Überrascht fällt der Blick des Unbekannten auf ihr nicht zu übersehendes Bäuchlein. »Oh, Sie sind schwanger. Das war mir nicht bekannt, sonst hätte ich Ihnen eine Droschke geschickt.«

»Machen Sie sich deshalb keine Gedanken. Ich komme schon zurecht. Ein Pfefferminztee wäre mir angenehm.«

Während ihr Gastgeber bei dem mit dem Mantel über dem Arm wartenden Kellner den Tee und für sich einen Kaffee bestellt, betrachtet sie verstohlen den seltsamen Fremden. Sie schätzt ihn auf Anfang oder Mitte fünfzig. Sein Haar wird langsam grau. Der dunkle Straßenanzug wirkt elegant und auf Maß geschneidert. Das Gesicht ist hager, von ernstem Ausdruck, der durch einen kleinen Schnauzbart verstärkt wird. Die Haltung des Mannes ist stocksteif, der ganze Mensch strahlt Korrektheit bis in die Zehenspitzen aus. Militär, entscheidet Carola.

»Nun Herr Müller, ich denke, wir können bei diesem schlichten Namen bleiben, darf ich fragen, wie Sie mich gefunden haben?«

»Ich habe, wie soll ich sagen, den Auftrag, Ihren Lebensweg zu verfolgen. Nicht detailliert, nur die groben Stationen. Daher ist mir bekannt, dass Sie jetzt in Moskau leben. Kürzlich erfuhr ich durch Kontakte an der deutschen Botschaft hier in Prag, dass Sie vor einigen Wochen aus Sowjetrussland eingereist und in dieser Emigrantenpension am Stadtrand untergekommen sind.«

»Verraten Sie mir, wer Sie damit beauftragt hat, meinen Lebensweg zu verfolgen? Und warum wir uns treffen?«

»Lassen Sie mich vorausschicken, dass ich ein großer Verehrer Ihrer Kunst bin, doch ihre linken Ansichten nicht im

Geringsten teile. Insofern ist es mir privat eine Freude, dass ich von einer hochgestellten Persönlichkeit gebeten wurde, Sie aufzusuchen, während ich als politischer Mensch von dieser Kontaktaufnahme dringend abriet. Was ich Ihnen zu sagen habe, kann sowohl den Mann, dessen Auftrag ich hier ausführe, als auch mich in ernsthafte Schwierigkeiten bringen.«

»Klingt so, als hätte ich dann Ähnliches zu befürchten. Also werde ich über unsere Begegnung Stillschweigen bewahren.«

»Wir verstehen uns. Fein.« Müller lehnt sich zurück und wartet ab, bis der zurückgekehrte Kellner die Getränke abgestellt hat. Dann kommt er zur Sache. »Diese hochgestellte Persönlichkeit wurde aus gewissen Gründen vertraulich aus dem Reichsaußenministerium kontaktiert. Es ging dabei um eine Liste deutscher Staatsangehöriger, die demnächst ausgebürgert werden, weil sie ihre Pflicht zur Treue gegen Reich und Volk aufs Gröblichste missachten. Auf dieser Liste steht ein schillernder Vertreter des Standes meines Auftraggebers. Man wollte wohl vorfühlen, ob das ein Problem ist.«

Carola, die aufmerksam zuhört, nimmt einen Schluck von ihrem Tee. Womöglich ist er doch kein Militär, sondern Diplomat?

»Leider fand er auf der Liste, die man ihm zur Kenntnis gab, darüber hinaus Ihren Namen.«

Sie verschluckt sich fast. »Was? Ich soll ausgebürgert werden? Warum denn?«

»Es scheint, Sie haben die neuen Herren unseres Landes massiv verärgert. Mit einem Aufruf, in dem Sie die Saarländer dazu auffordern, nicht für die Rückkehr ins Deutsche Reich zu stimmen. Schauen Sie, ich habe Ihnen eine Zeitung mitgebracht. Sie werden sie nicht mögen, es ist der ›Angriff‹, das Organ der Berliner NSDAP, aber lesen

Sie diesen Artikel hier.« Müller reicht ihr das Blatt und tippt auf einen Beitrag mit der Überschrift »Die gedämpfte Saarkämpfer-Melone«. Sie überfliegt ihn.

»28 Emigranten haben das Manifest unterschrieben und damit die Sache nicht so aussieht, als ob … befindet sich auch ein ausgewachsener Prinz unter ihnen, Max Karl zu Hohenlohe-Langenburg, und Frau Carola Neher, die sich in ihrem Abscheu gegen Deutschland mit sex appeal gegen die Deutschen der Saar zu wenden versucht.«[24]

Sie lässt das Blatt sinken. »Schmierfinken«, meint sie verächtlich und legt die Zeitung vor Müller auf den Tisch. »Oh, behalten Sie die nur. Mir fehlt nichts, wenn sie hierbleibt. Doch zu meinem Auftrag: Die Persönlichkeit rät Ihnen dringend, die Koffer zu packen und sofort nach Moskau zurückzukehren, da Sie schon bald als Staatenlose keine Grenzen mehr überschreiten können. Lieber wäre es ihr, wenn Sie sich für ein westliches Land als künftigen Aufenthaltsort entschieden. Für diesen Fall bietet sie Ihnen Unterstützung in direkter Form oder durch einflussreiche Freunde an. Könnten Sie sich einen solchen Schritt vorstellen?«

Carola ist klar, dass sie außerhalb des deutschsprachigen Raums kaum ein Engagement bekommen würde. Schon gar nicht als Staatenlose. Nach Wien oder Zürich hingegen müsste sie umgehend abreisen, mit ungewissen Aussichten für die Geburt und den Beruf. Und abgesehen davon, wie Anatol eine solche Flucht aufnähme, die nachtragenden Bolschewiki würden ihm sicher auf Jahre die Ausreise zu seiner Familie verweigern.

---

24 »Die gedämpfte Saarkämpfer-Melone«. Der Angriff vom 28. September 1934. Zitiert nach Abb. in »Carola Neher – gefeiert auf der Bühne, gestorben im Gulag«, Lukas-Verlag Berlin 2016, S. 12.

»Wissen Sie, der Vater des Kindes durfte mich hierher nicht begleiten, er ist in Moskau. Ich denke daher, das ist keine Option.«

»Bedauerlich. Für diesen Fall wurde ich gebeten, ihnen dieses Kästlein zu übergeben. Zur moralischen Stütze.« Müller holt ein Päckchen, das in weißes Papier eingewickelt ist, aus der rechten Tasche seines Anzugs und legt es vor sie hin. »Damit ist mein Auftrag erfüllt. Ich hätte mich wahnsinnig gern mit Ihnen über Ihre wunderbare Kukuli oder die Eliza unterhalten, aber ich fürchte, es ist nicht opportun, wenn uns irgendjemand zufällig hier im vergnügten Gespräch sieht. Ich darf mich daher zurückziehen. Die Rechnung, wie gesagt, übernehme ich. Mein Auftraggeber wünscht Ihnen viel Glück, gnädige Frau.« Müller steht auf und verabschiedet sich von ihr mit einem ruckartigen Diener bei gleichzeitigem Zusammenschlagen der Hacken. Carola sieht ihm hinterher, wie er zahlt und das Lokal verlässt. Sie nimmt das vor ihr liegende Päckchen und wickelt es langsam aus. Es enthält eine schlichte samtblaue Schatulle. Carola entnimmt ihr einen goldenen Ring mit einem großen Diamanten darauf. Ihr Blick fällt auf das Innenfutter. Es ist mit dem preußischen Adler verziert.

*

»Der Prinz rettet die Schöne aus tiefster Not?« Kusnezow klingt spöttisch. »Ich glaube Ihnen diesen geheimnisvollen Besucher nicht. Wenn er der wahre Anlass für Ihre überstürzte Abreise aus Prag war, warum haben Sie mir erst heute von ihm berichtet?«

»Damit die Geschichte unter uns bleibt.«

Gefängnis Butyrka, Dunkelzelle
Januar 1940

Mit einem Mal wird es hell um sie herum. Sie versucht, die Augen zu öffnen, aber die wehren sich gegen das Licht. Ein Vierkant kreischt in der Tür, dann bellt eine Frauenstimme: »Na stenyj!« Gehorsam stellt sie sich an die Wand, hört, wie jemand Parascha und Essgeschirr auswechselt. Die Tür schlägt zu, das Licht verlischt. Vorsichtig tastet sie sich zu Holzteller und Trinknapf, tunkt das Brot in das Wasser, kaut darauf herum. Den Rest stellt sie von sich weg. Wer weiß, wann es wieder etwas gibt.

Wie glücklich Anatol war, als sie aus Prag zurückkehrte! Und wie dankbar, als ihre Reichsmark ihm den einen oder anderen kleinen Luxus brachte, den Anzug oder die neuen Schuhe. Gekauftes Glück, das nicht lange hielt.

Wilhelm hatte recht behalten mit seiner Warnung. Am 3. November, einen Tag nach ihrem 34. Geburtstag, veröffentlichte die Reichsregierung die Bekanntmachung über die Ausbürgerung von 28 Emigranten. Neben Piscator, von Wangenheim, Leonhard Frank enthielt die Liste den Namen einer einzigen Frau – ihren. Dennoch lächelte sie, als sie ihn in der Verlautbarung entdeckte:

Henschke, (Klabund), Carola, geborene Neher, geb. am 2. November 1905[25]

Die fünf Jahre, die ihr Fredi zum 25. Geburtstag schenkte, hatten selbst unter den Nationalsozialisten ihren Bestand.

Die Ausbürgerung bedeutete, dass sie in Moskau festsaß. Staatenlose bekamen keine Visa. Entrinnen ließe sich

25 Bekanntmachung Deutscher Reichsanzeiger und Preußischer Staatsanzeiger vom 3. November 1934.

dem höchstens, wenn sie Sowjetbürgerin würde, doch dieses Privileg kam meist nur Parteimitgliedern zu. Zunächst störte sie das nicht. Denn am zweiten Weihnachtstag des Jahres 1934 hatte sie Georg zur Welt gebracht. Gesund und kräftig. Nach all den Fehlgeburten endlich ein Kind, eine eigene Familie, ein neues Abenteuer!

Carola steht auf und zwingt sich zu einer Wanderung durch die Zelle. Sechzehn Schritte pro Runde. Linksherum, rechtsherum, in gemäßigtem Tempo. Der Körper braucht das: Lässt sie den Geist allein in Bewegung, dann wird sie verrückt in Stille und Dunkelheit.

Mutter, Vater, Kind, ein schönes Abenteuer war das. Sie waren weiter in ihrem Zimmer im Wohnheim des Stankosawod gefangen – jetzt aber zu dritt. Georg brüllte vor Hunger, die Mitbewohnerinnen zeterten, weil sie häufig Gemeinschaftsküche und Waschraum blockierte, sie stritt sich unentwegt mit Anatol, der blauäugig immer wieder auf die von den Genossen versprochene Wohnung verwies. Nichts mehr mit Liebe. Schon gar nicht im Bett. Genauso düster blieben die Aussichten auf eine Flucht aus dem Alltag in die Schauspielerei. Sie hatte die Nase voll von hochfliegenden Projekten, die sich immer wieder in Luft auflösten. Nationaltheater in Engels, deutscher Emigrantenfilm? Aufgerieben zwischen den Heeren der Bedenkenträger. Der Schauspielunterricht für die Laiendarsteller der »Kolonne Links« ließ sie Theater und Kino zusätzlich vermissen. Und nirgendwo Aussicht auf Besserung.

Da hielt im Frühjahr 1935 jäh ihr altes Leben Einzug. Wie um ihr zu zeigen, was sie alles verloren hatte. Brecht war in der Stadt.

Moskau
12. Mai 1935

Der Klub der ausländischen Arbeiter ist in einem schlichten zweistöckigen Haus in der Herzenstraße im Moskauer Nordwesten untergebracht, gleich beim pompösen Theater der Revolution. Ein beliebter Treffpunkt für die Spezialisten aus aller Welt, die bei der Industrialisierung Russlands helfen. Arbeiter und Ingenieure aus Deutschland, Österreich, der Tschechoslowakei und Amerika entfliehen hier der Enge ihrer Kommunalkazimmer. Sie kommen zwei- oder dreimal die Woche, um unter sich zu sein – bei Filmen, Konzerten, Lesungen. Russen sieht man eher selten.

An diesem Sonntag hat die deutsche Sektion ihre Mitglieder in den Klub geladen, um den proletarischen Dichter Bertolt Brecht zu ehren, der sich derzeit in Moskau persönlich von den Erfolgen der Sowjetunion beim sozialistischen Aufbau überzeugt. Der berühmte Gast wird einige seiner revolutionären Texte vortragen, Carola bat man, die Pausen mit dessen populärsten Liedern zu füllen: *Seeräuber-Jenny, Barbara-Lied, Surabaya-Johnny.*

Sie freut sich darauf, Brecht wiederzusehen. Er ist zwar schon seit März in der Stadt, doch seine russischen Gastgeber haben ihn mit einem umfangreichen Programm abgeschirmt. Erst ein einziges Mal traf sie ihn, im Haus der Sowjetschriftsteller, aber das war zufällig, und sie hatte Georg dabei. »Ein kräftiger Bursche«, lautete sein ganzer Kommentar zu dem sechs Monate alten Jungen.

Die Begegnung verlief deprimierend für Carola. Denn sie sah den Schrecken in seinem Blick, erkannte, was ihm durch den Kopf schoss: »Dick ist sie geworden.« Er hatte sich zwar gleich wieder im Griff, aber ihr war im selben Moment klar, dass er keinerlei körperliches Begehren mehr für sie empfand. Kein Wunder: Sie hat sich seit Georgs Geburt gehen lassen.

Heute wird es anders sein. Kontrollierend schaut sie in den Spiegel. Sie ist geschminkt und zurechtgemacht. Vorzeigbar.

Es klopft, dann wird die Tür geöffnet. Es ist Brecht, wie immer einen Zigarrenstummel im Mundwinkel kauend. Er trägt eine Gitarre in der Hand. Hinter ihm steht sein russischer Reisebegleiter, der Schriftsteller Sergej Tretjakow. Ein hagerer Mann Mitte vierzig mit hoher Stirn und runder Brille. Carola traf ihn erstmals 1931 bei Brecht. Die beiden diskutierten damals nächtelang über avantgardistische Kunst.

»Hallo Carola. Hast du nach der Vorstellung Zeit? Ich würde mich freuen, wenn du mir ein wenig von deinem Leben hier berichtest. Es muss doch wahnsinnig fesselnd sein, zu sehen, wie sich der neue Mensch entwickelt.« Brecht grinst schief.

»Na ja, Bert, ehrlich gesagt habe ich bisher genug mit den Leuten alten Schlags zu tun. Aber ich freue mich darauf, wieder mit dir zu plaudern. Selbstverständlich habe ich Zeit.«

»Und was ist mit deinem Jungen? Wie hieß er noch mal?«

»Georg wird die Nacht über bei Tante Elsa bleiben. Eine Deutsche, die sich lieb um ihn kümmert. Sie ist frisch geschieden und froh, jemanden zum Bemuttern zu haben.«

»Ach so? Fein.« Brecht interessiert das mäßig. »Wir treffen uns also nach der Veranstaltung.« Er schaut sich in dem kleinen Garderobenraum um. »Am besten hier, oder? Hier stört keiner.«

Der Abend ist ein voller Erfolg. An die 200Besucher, und fast alle von ihnen springen zum Schluss begeistert von ihren Stühlen auf und klatschen minutenlang Beifall. Maria Osten drängt sich zur Bühne und gratuliert Carola, ebenso Asja Lăcis, die lettische Schauspielerin, wegen der Walter Benjamin 1926 unglücklich verliebt nach Moskau fuhr. Aber das allgemeine Interesse gilt Brecht. Lächelnd genießt er den Ansturm von Leuten, die ihn von früher kennen und begierig darauf sind, ihm die Hand zu schütteln. Carola entdeckt in der Menschentraube Piscator, von Wangenheim, Ernst Ottwalt und den Regisseur Bernhard Reich.

Zeit wird sich der Mann des Abends aber nur für sie nehmen.

Eine halbe Stunde später ist er endlich da. Sie bietet ihm einen Stuhl an dem unscheinbaren kleinen Garderobentisch, auf den sie einen Aschbecher gestellt hat. Brecht registriert das erfreut und zündet sich eine Zigarre an. Er zieht genüsslich daran und stößt mit einem einzigen langen Ausatmen den Qualm aus. Ein wenig wie früher, denkt sie. Dann fällt ihr auf, dass Bert allein zu ihr gekommen ist. »Wo hast du denn deinen Aufpasser gelassen?«

»Sergej? Oh ich glaube nicht, dass Tretjakow auf mich aufpasst. Er ist ein kompetenter Reiseleiter, eine große Hilfe, um zu verstehen, was hier Großartiges geschieht. Die Begeisterung der Menschen ist faszinierend. Wir waren auf der Mai-Parade. Mit welcher Inbrunst die Proletarier ihrer Führung zujubeln! Stunde um Stunde begeisterte Arbeiter, Bauern und Ingenieure, die zurecht stolz sein können: Mittwoch sind wir bei der Eröffnung der neuen Metro. Ein Wunder der Industrialisierung! Es geht voran im Sowjetland. Die Welt staunt nur, was hier alles möglich ist.« Brecht bemerkt Carolas skeptischen Blick und unterbricht sich. »Tretjakow, ja. Er trifft sich im Augenblick mit Piscator und von Wangenheim. Wegen des Deutschen Theaters in Engels. Und wartet dann im Foyer, bis ich ins Hotel möchte. Ein taktvoller Mann.«

Carola vermag es nicht, das Stichwort zu ignorieren. »Das Nationaltheater der Wolgadeutschen Republik. Ich kann es nicht mehr hören, Bert. Seit ich hier bin, versprechen sie mir dort Rollen. Aber es geht nicht voran. Ich glaube manchmal, entscheidend für Pis und von Wangenheim ist nur, die Pläne des jeweils anderen zu verhindern. Und mich halten sie nur hin. Das einzige Engagement, das ich bis heute in Russland ergatterte, ist das einer Schauspiellehrerin für Laien. Bühne und Film bleiben mir verwehrt. Mir, der das deutsche Publikum zu Füßen lag!«

Brecht zieht nachdenklich an seiner Zigarre. »Ehrlich gesagt ist ein Ziel meines Besuches hier, Arbeitsmöglichkeiten zu prüfen. Die Weigel langweilt sich im dänischen Exil zu Tode. Aber nach deinen Worten käme ich hier nur vom Regen in die Traufe. Ergeht es denn anderen genauso? Was macht der Ernst Busch?«

»Ist ebenso unterbeschäftigt. Ich habe kaum Kontakt zu ihm, hier kapseln sich alle voreinander ab, weißt du. Aus Angst an den Falschen zu geraten. Politisch gesehen. Ab und zu treffen wir uns bei Radio Moskau, um einen Hörfunkbeitrag für das deutsche Programm einzusprechen, oder auf Matineen in Betrieben, wo wir Arbeiterlieder zum Besten geben. Unter Kampf für eine bessere Gesellschaft haben wir beide uns etwas anderes vorgestellt.«

»Du meinst, das wird nichts mit dem neuen Theater hier?«

»Ich weiß es nicht, Bert. Hier ist alles so zäh. Bei jeder Kleinigkeit sprechen irgendwelche anonymen Parteigremien mit, bei der Besetzung von Rollen ist nicht das Handwerk, sondern die politische Zuverlässigkeit entscheidend – und in dieser Frage herrscht tiefstes Misstrauen. Du kennst mich Bert, ich habe keine Ahnung von Parteipolitik und Fraktionen, aber dass alle vor Angst zittern, an einen verkappten Trotzkisten zu geraten, und sei es nur bei einer privaten Feier, das habe sogar ich kapiert. Die revolutionäre Wachsamkeit tötet die freie Kunst.«

Brecht hört ihr aufmerksam zu. Ab und zu zieht er an seiner Zigarre und stößt eine Wolke blauen Qualms aus. »Deshalb ziehst du dich ins Private zurück: Mann, Kind?«

Carola schaut nervös zur Tür. Sie redet für Moskauer Verhältnisse entschieden zu offen, aber zu Brecht hat sie unendliches Vertrauen. Er versteht ihre Nöte. »Ich ziehe mich nicht ins Private zurück, Bert, ich werde dorthin geprügelt. Es gibt keine Arbeitsmöglichkeit, nichts von Bedeutung. Die Bühnenkunst wird inzwischen scheel angesehen, du ahnst gar nicht, welche Probleme Meyerhold mit seinem Theater hat. Künstlerische Freiräume, die er ausschreitet, werden schnell als antisowjetische Propaganda ausgelegt. So ergeht es jedem, der herausragt. Der Einzelne ist nur so frei, wie es ihm das Kollektiv erlaubt. Und die Freiheit des Kollektivs endet an den Vorgaben der Partei. Die aber ist ein seelenloser bürokratischer Apparat. Lass dich nicht täuschen: Die Werktätigen am 1. Mai, das waren keine begeisterten Menschen, sondern jubelnde Kollektive. Glaub mir, die meisten kamen zum Roten Platz aus Angst, dass es womöglich jemandem auffällt, wenn sie nicht da sind.«

Carola zögert, weiter zu sprechen. Brecht wartet geduldig. »Mir ist inzwischen klar, Bert, dass Moskau ein furchtbarer

Fehler war. Als ich mit der Polly und der Marianne auf dem Höhepunkt meiner Karriere stand, da dachte ich naives Ding: Carola, es ist Zeit für neue Herausforderungen. Und wo bin ich gelandet?« Ihre Augen füllen sich mit Tränen. »Mein Mann ist völlig unfähig, den sowjetischen Alltag zu meistern. Er verkriecht sich in seiner Fabrik und lässt mich mit den Sorgen um Nahrung, Wohnung, Arbeit allein. Versprechungen, das ist das Einzige, was er mir gibt. Wir lebten zu dritt in einem Zimmer, das ich in Berlin nicht einmal meinem Hausmädchen angeboten hätte. Schrien uns an, gingen uns auf den Geist, waren mit der Situation völlig überfordert. Zum Glück ist wenigstens das inzwischen vorbei.«

Brecht ist überrascht. »Heißt?«

»Ich habe ihn verlassen. Vor ein paar Tagen erst. Maria Osten, eine gute Freundin von mir, lebt mit einem Bolschewiken, der hier immensen Einfluss hat. Michail Kolzow. Ein Journalist mit direktem Zugang zu Stalin. Der hat mir ein Zimmer im Ausländerhotel Savoy besorgt. Ich hätte es sonst nicht mehr ausgehalten. Georg bleibt vorerst bei Elsa Taubenberger, der frisch geschiedenen Kinderfrau, von der ich dir erzählte.«

Brecht schaut Carola aufmerksam ins Gesicht. Sie meint, sogar Mitgefühl bei ihm zu erkennen. Er legt die Zigarre auf den Aschbecher, rückt mit dem Stuhl etwas heran und nimmt beide Hände seiner einstigen Lieblingsschauspielerin. »Und warum gehst du dann nicht wieder fort, Carola?«

Ihr rinnt eine Träne über die Wange. Um sie wegzuwischen, müsste sie ihre Hände aus denen von Brecht lösen. »Weil ich nicht kann, Bert. Deutschland hat mich ausgebürgert. Ich bekomme nirgends Papiere, nicht einmal von der Sowjetunion. Und für Georg erst recht nicht, so lange sein Vater in Moskau lebt. Ich habe keine Chance, zu entfliehen. Das Paradies der Werktätigen, es ist meine Hölle. Und in der schmort man ewig.«

*

Carola öffnet die Augen, schließt sie aber gleich wieder. Es macht keinen Unterschied. Sie lehnt im Sitzen mit dem Rücken an der Wand. Ihr Hunger meldet sich. Sie legt ihre Hände auf den kalten Fußboden, kraucht auf allen Vieren in die der Parascha gegenüberliegende Ecke. Napf und Teller sind leer. Sie friert. Beweg dich! Mühevoll erhebt sie sich und nimmt ihre Runden durch die finstere Zelle auf. Das Frösteln bleibt. Doch was ihr zusätzlich eiskalt den Rücken herunterläuft, ist die Erinnerung daran, wie sie, Monate nach dem Gespräch mit Brecht, den ihr Schicksal endgültig besiegelnden Fehler beging. Und Anatol ein letztes Mal vertraute.

Moskau
20. März 1936

Georg ist endlich eingeschlafen. Geschafft sitzt Carola am Tisch in der Mitte des Zimmers. Sie schaut sich um, ihr Blick fällt auf die Möbel, die Anatol Kollegen aus dem Stankosawod abgekauft hat. Das Vertiko enthält Georgs Sachen und Geschirr, auf dem gepolsterten Sofa liegen Decken und Kissen. Die dicken samtenen Gardinen am Fenster halten die Kälte draußen und die Wärme drinnen, verbreiten aber Düsternis. Hinter einem quer durch den Raum gespannten Vorhang stehen das Bett, in dem auch Georg schläft, und der Schrank mit ihrer wenigen Kleidung. Das ganze Zimmer strahlt eine Enge und Muffigkeit aus, die ihr Beklemmungen verursacht. Wenn sie bedenkt, dass sie vor allem wegen dieser Wohnung zu Anatol zurückgekehrt ist … Ja, es ist ein Neubau. Fließend Wasser, ein Klo mit Spüle, elektrisches Licht, Zentralheizung. Ein Riesenfortschritt, aber wieder eine Kommunalka, eine Unterkunft, die sie sich mit anderen teilen. Sie kann sich an dieses Gemeinschaftsleben nicht gewöhnen. Wenigstens wohnen in dem Haus weitere Ausländer, darunter Deutsche. Mit einer von ihnen, Emma Lopper, hat sie sich sogar angefreundet. Den Kontakt stellte Georg im Treppenhaus her. »Na, das ist ja mal ein Süßer«, hatte sie ihn begrüßt. Carola schaut auf die Wanduhr. Halb acht. Jeden Abend wartet sie darauf, dass Anatol aus der Fabrik zurückkehrt. Meist kommt er später als erwartet. Überstunden wegen der hohen Normen. Manchmal versucht sie, Georg wachzuhalten. Es gelingt fast nie.

Endlich hört sie die Wohnungstür aufgehen. Abgeschlossen wird hier nicht. Lohnt sich nicht, bei einem Dutzend Bewohnern, die ständig ein und aus gehen. Dann tritt Anatol ein.

»Guten Abend. Georg schläft?«

»Ja. Elsa hat den Tag mit ihm draußen verbracht. Er gähnte schon, als ich ihn abholte. Zum Glück hat es in der Redaktion nicht lange gedauert.«

»Fein. Hör mal, Carola, ich habe mir da etwas überlegt: Wir beantragen die Aufnahme in die Allunionspartei.«

»Was? Ich bin nicht einmal Mitglied bei den deutschen Kommunisten, warum soll ich da Bolschewik werden?«

»Erstens, weil das eine Ehre ist, Carola. Zweitens erhöht das enorm die Chance auf die sowjetische Staatsbürgerschaft. Und drittens stellt uns das auf die richtige Seite. Die

Ermordung von Sergej Kirow hat alle alarmiert. Wenn es unseren Feinden schon gelingt, den Leningrader Parteisekretär umzubringen, ist die ganze Revolution in Gefahr. Es gilt, sich zu bekennen.« Anatol holt aus seiner Aktentasche ein paar Blätter. »Hier sind die Formulare. Und was deine KPD-Mitgliedschaft angeht, so erklärst du eben, du wärst in Berlin aufgenommen worden, bei der MASCH in Friedenau. Du hast gespendet, das ist genauso gut wie Beiträge zu bezahlen, und bist auf KPD-Veranstaltungen aufgetreten. Warum sollte irgendjemand deine Angaben bezweifeln?«

Sie hatte ihm vertraut. Und, wie so oft in ihrem Leben, die Wahrheit so verbogen, dass es passte. Dann eben KP-Eintritt in Friedenau. Wenn es hilft, einen Pass zu bekommen … Klar hatten sie die Angaben bezweifelt. Schon aus Prinzip, wegen der revolutionären Wachsamkeit. Und nicht nur ihre, sondern Anatols gleich mit. Seine Idee, die Aufnahme in die sowjetische KP zu beantragen, gab erst den Anlass für die Ermittlungen gegen sie.

Carola unterbricht ihren müden Kreisgang, lässt sich auf den Boden herunter, den Rücken wie gewohnt an der Wand. Wie lang wird sie dieses Mal im Dunkeln, in der Kälte ausharren müssen? Kusnezow war seltsam bei ihrer letzten Begegnung. Als hätte er Mitleid. Warum holt er sie dann nicht schnell wieder raus?

Ihr fällt das erste Verhör im Volkskommissariat für Innere Angelegenheiten ein. Damals, im Juli 1936, hatte man sie als Zeugin in die Lubjanka vorgeladen. Sie dachte, wegen Anatol. Der war knapp zwei Monate zuvor, am 11. Mai, direkt am Arbeitsplatz verhaftet worden. Man erfuhr nicht einmal, warum. Was hatte sie ihn in den folgenden Tagen und Wochen in den Gefängnissen der Stadt gesucht! Täglich fand sie sich mit Dutzenden anderer

Frauen vor Zuchthaustoren ein, um zu erfahren, wohin man ihre Männer gebracht hatte. Vergeblich. Das war die Zeit, in der die Kollegen beim Radio, der Zeitung, bei der »Kolonne Links« anfingen, sie zu meiden wie die Pest.

Sie hatte gehofft, man würde ihr in der Lubjanka endlich Auskunft zu Anatol erteilen. Aber dann drehte sich das Gespräch nur um sie. Dieser Leutnant Buraschnikow, diesen Namen wird sie nie vergessen, befragte sie nach ihren Verbindungen zum deutschen Kaiserhaus, zum Kronprinzen. Die wussten davon! Wann und von wem sie in die KPD aufgenommen wurde, sollte sie ihm ebenfalls erläutern. Eingeschüchtert hatte sie versucht, die Schwindelei zu rechtfertigen: Als man sie um Geldbeträge bat, habe sie angenommen, die seien für die Mitgliedschaft in der KPD. Wie lächerlich. Zu dieser Zeit hatte die Komintern längst den Täuschungsversuch mit der Parteimitgliedschaft zur Anzeige gebracht, von Wangenheim hatte bereitwillig gegen sie ausgesagt. Zwei Wochen später, in der Nacht zum 26. Juli, wurde sie in ihrer Wohnung in der Krasnoprudnaja 36 verhaftet. Georg bekam das zum Glück nicht mit, er war damals bei Tante Elsa. Und dann folgte ein Verhör nach dem anderen. Ihre Agententätigkeit sollte sie zugeben. Und dass sie dem gefährlichen Trotzkisten Wollenberg als Kurier diente. Das NKWD wisse, dass sie sich mit dem in Prag getroffen habe. Die Lüge, bei dem Brief an seine Mitverschwörer in Moskau habe es sich um eine Empfehlung zur Betreuung ihres Sohnes gehandelt, könne sie sich sparen. Namen sollte sie nennen von weiteren Mitgliedern des Netzwerks. Der Terrorist Anatol Becker hätte längst gestanden, dass er gemeinsam mit Wollenberg, Taubenberger und anderen ein Attentat auf den Genossen Stalin plante. Bei der Demonstration der Werktätigen am 1. Mai auf dem Roten Platz wollten sie ihn erschießen und Verteidigungsminister Woroschilow gleich mit.

Bei der qualvollen Erinnerung an diese endlosen Befragungen dreht Carola den Kopf an der Wand hin und her. Sie erinnert sich ihrer Verzweiflung damals. Gesteigert durch die perfiden Methoden, sie zu brechen. Stundenlanges Stehen, Hunger, Schlafentzug. Kein Wort zum Schicksal von Anatol, aber dafür die genüssliche Beschreibung, wie man bei der Verhaftung der Elsa Taubenberger den kleinen Georg in ihrer Wohnung fand, der dann zu seinem Wohl in ein staatliches Kinderheim eingewiesen wurde. Wenn sie alles gestehe, könne sie ihn vielleicht wiedersehen. Da hielt sie es nicht mehr aus. Schnitt sich am eingerissenen Blech vom Essnapf die Pulsadern auf. Doch man fand sie rechtzeitig.

Ein Jahr saß sie in Untersuchungshaft, ohne dass sie irgendetwas erfuhr. Nichts zu ihrem Fall, zu Anatol, zu Georg. Im Juli 1937 bekam sie dann ihre ins Deutsche übersetzte Anklageschrift zu lesen. Kurz nur, um zu unterschreiben, dass sie alles gelesen und verstanden hat. Und schon am nächsten Tag stellte man sie vor ein Tribunal. Ohne Verteidiger. Anklage, Prozess, Urteil: eine einzige Farce!

Carola schreckt hoch. Warum kommt keiner mehr? Hat man sie vergessen? Träum den Hunger weg. Und die Kälte. Schalt ab. Sie kauert sich zusammen, den Rücken an der Wand, die Hände um die Knie geschlungen, auf die sie ihren Kopf legt. Doch ihre Gedanken lassen sich nichts befehlen. Sie kreisen weiter um den kurzen Prozess, den man ihr damals machte.

Gefängnis Butyrka
16. Juli 1937

»Chenschke, Karoline Iosefowna.« Der Uniformierte, der soeben die Tür des Gerichtssaals geöffnet hat, ruft es in den Flur, obwohl doch nur Carola und ihre Bewacherin zu so später Stunde auf der Bank im Gang des Verwaltungstrakts sitzen. Sie steht auf und folgt auf ein Zeichen ihrer Aufseherin hin dem Rotarmisten in den Raum, in dem das Militärkollegium des Obersten Gerichts der UdSSR seine Urteile fällt.

Unter großen Fenstern sitzen an zusammengeschobenen Tischen mit einem roten Tuch darüber drei Männer in Uniform. Ihre Richter. Der Soldat, der sie aufgerufen hatte, nimmt an der rechten Stirnseite Platz, vor sich Akten und Papiere sowie Schreibzeug. Der Protokollant. Ihm gegenüber sitzt an der anderen Stirnseite ein Mann in Zivil. Carola begibt sich zögerlich in die Mitte des leeren Raumes und stellt sich vor die drei Offiziere. Eine Wanduhr über ihnen zeigt die Zeit: Viertel vor zehn.

Der Beisitzer rechts liest etwas vor. Er schaut sie nicht an – ob sie ihn versteht, ist ihm nicht wichtig. Es ist die Anklageschrift, die man ihr gestern zur Kenntnis gab. Dann legt er das Blatt weg, fragt, ob sie schuldig sei. Carola verneint. Der Zivilist links von ihm übersetzt. Stockend erklärt sie mit leiser Stimme, es treffe zu, dass sie in Prag den Wollenberg getroffen hat. Dass der ein konterrevolutionärer Agent ist, habe sie aber nicht gewusst. Ihre einzige Schuld sei es, gelogen zu haben, sie wäre Mitglied der Kommunistischen Partei Deutschlands. Sie schaut den drei Männern nacheinander offen in deren versteinerte Gesichter.

»Ich bin keine antisowjetische Person. Glauben Sie mir. Geben Sie mir die Möglichkeit, das zu beweisen.«[26]

Der Uniformierte in der Mitte erhebt sich, Beisitzer und Protokollant ebenfalls. Die Militärrichter verlassen den Raum.

Carola muss nicht lange warten. Nach kurzer Beratung kehrt die Troika zurück. Der Vorsitzende verliest das Urteil: Zehn Jahre Gefängnis, auf die die Untersuchungshaft angerechnet wird. Eine Berufung sei ausgeschlossen. Die Wanduhr zeigt ihr an, dass der Prozess nicht einmal 25 Minuten gedauert hat. Auf dem Weg zurück in die Zelle lächelt sie: nur zehn Jahre. Keine Todesstrafe.

*

Carola dämmert vor sich hin, versucht, die Erinnerung an ihre seltsame Reaktion damals zu verscheuchen. Diese Troika nahm ihr zehn Jahre ihres Lebens, nur weil sie einen Brief überbracht hatte und bei einer Zwecklüge erwischt wurde, die niemandem schadete – und sie hatte das mit einem Lächeln quittiert!

Über ein Drittel der Strafe ist inzwischen verbüßt, sechseinhalb weitere Jahre liegen vor ihr. Es sei denn, sie schieben sie ab. Nach Deutschland oder anderswo hin. Aber dafür müsste sie Stalins Mata Hari werden. Eine schillernde Künstlerin, die ihre Opfer durch Schönheit und Charme betört. Doch die Tänzerin wurde erschossen, und

---

26 Aussage Carola Neher vor dem Militärkollegium des Obersten Gerichts der UdSSR. Zitiert nach Reinhard Müller: Politische Inquisition und NKWD-Terror: Carola Neher und Zenzl Mühsam. In: »Carola Neher – gefeiert auf der Bühne, gestorben im Gulag«, Lukas-Verlag Berlin 2016, S. 284.

ihr droht das gleiche Schicksal. Drittes Reich oder Sibirien, im Grunde ist es egal. Ein Leben ist heutzutage nichts wert.

Du darfst aber nicht sterben, Carola. Der Junge braucht dich. Georg siehst du nie wieder. Seine Mutter ist jetzt die Partei.

Und dein Publikum? Du schuldest ihm überragende Rollen. Brechts Heilige Johanna, das bist du. Die schrieb er für dich, also spiel sie! Was macht es schon, wenn du ab und zu den Russen etwas erzählst. Lass Kommunisten und SA, Trotzkisten und Bolschewiki doch aufeinander einschlagen. Dir gehört die Bühne. Du schlüpfst in Rollen. Warum nicht in die einer Spionin?

Draußen quietscht eine Eisentür. Sie hört Schritte. Sie nähern sich. Dann wird ein Schalter umgelegt, und durch die Schwelle dringt ein heller Schimmer. Im Schloss dreht sich ein Vierkant. Gleißendes Licht flutet die Zelle. Eine Aufseherin steht in der Tür. Die junge mit dem Bauerngesicht. Sie lächelt. »Poidiomte!« Kommen Sie mit!

Sie haben sie nicht vergessen.

Gefängnis Butyrka
15. Januar 1940

Klack, klack, klack. Der Vierkant tanzt vergnügt auf dem Koppelschloss des Bauernmädchens. Sie scheint es gar nicht erwarten zu können, ihre Gefangene abzuliefern. Zufrieden stellt Carola fest, dass sie zu Kusnezows Verhörzelle geführt wird. In der ist es immer so schön warm.

Der NKWD-Offizier sitzt wie gewohnt hinter seinem Aktenstapel am Schreibtisch. Aber diesmal ruht sein Blick nicht auf irgendwelchen Papieren, sondern auf der jungen Wärterin. Die errötet, grüßt militärisch und geht hinaus.

Kusnezow schaut der Komsomolzin hinterher, bis sie die Tür schließt. Dann wendet er sich Carola zu. »Die Gefangene Henschke. Nach vier weiteren Tagen Dunkelhaft. Auf die können Sie inzwischen verzichten, oder? Ich werde ihre Akte heute schließen. Es bleibt nur die eine Frage.« Er setzt eine Pause, lässt den Satz bei Carola sacken. Wie zufällig fällt sein Blick dabei auf die beiden Stempel in dem Halter rechts vor ihm. Dann schaut er ihr wieder ins Gesicht. »Gerade heraus: Sind Sie bereit, das NKWD in seinem Kampf gegen den inneren und äußeren Feind zu unterstützen?«

Die Frage verlangt eine klare Antwort. Schluss mit dem Abwägen. Carola trifft in diesem Moment ihre Entscheidung.

»Nein, Herr Leutnant. Ich habe dreieinhalb Jahre Zuchthaus hinter mir, komme direkt aus der Dunkelhaft. Das NKWD nahm mir den Mann und den Sohn, die Freiheit und die Kunst. Glauben Sie mir, ich bin keine Feindin der Sowjetunion, doch ihr Kampf ist nicht der meine. Ich werde ihr nicht schaden und nicht nützen, will nur mit all dem nichts mehr zu tun haben.« Sie schaut auf die beiden Stempel. »Sie kennen meine Geschichte, wissen, dass ich nicht in Ihr Land gehöre. Bitte, Herr Leutnant: Lassen Sie mich gehen.«

Kusnezows Miene hatte sich, während sie sprach, verfinstert. Ruckartig beugt er sich nach vorn. »Herr Oberleutnant, Gefangene Henschke, Herr Oberleutnant. Man hat mich befördert. Und zum Nachfolger des als Trotzkisten entlarvten Bürgers Sergejew ernannt.« Er lehnt sich wieder zurück und lässt mechanisch einen Bleistift regelmäßig auf die Tischplatte klacken. »Schade. Ich halte Ihre Entscheidung für falsch. Für Sie, das NKWD, Ihren Sohn. Das war es dann mit uns.« Der Oberleutnant schaut zur Tür. »Deschurnaja!« Ein Stuhl scharrt auf dem Flur, die junge Aufseherin kommt herein. Kusnezow beachtet sie gar nicht, winkt sie und ihre Gefangene unwirsch hinaus. Bevor die Tür hinter ihr zufällt, hört Carola, wie er seinen Bleistift wütend auf den Tisch schleudert.

Das Lächeln der jungen Wärterin ist verschwunden. Sie ahnt, dass die Inhaftierte an Kusnezows Stimmungsumschwung schuldig ist. Im Eiltempo laufen sie durch die Butyrka-Gänge. Carola hält kaum Schritt. Wo geht es diesmal hin? Zurück in Zelle 31? Sie sind schon in dem richtigen Flur, da lässt ihre Aufseherin sie an dessen Anfang stoppen und zur Wand drehen. Sie öffnet eine Eisentür, befiehlt hineinzugehen und schließt hinter ihr ab.

Die Zelle ist ebenso groß, wie die für die Sonderhäftlinge, aber leer. Der Raum wird erwärmt von einem dicken Heizungsrohr an der Stirnseite, auf einigen Pritschen liegt Bettzeug. Carola lässt sich auf das erste Bett in der Reihe an der Wand sinken, nimmt eine Decke und zieht sie über sich. Dann weint sie bitterlich.

*

Ein lautes Geräusch lässt Carola auffahren. Es stammt von einem Vierkant, der sich im Schloss der Zellentür dreht. Sie schlägt die Decke zurück und erhebt sich. Eine Aufseherin kommt herein, schaut prüfend in den Saal, ohne sie eines längeren Blickes zu würdigen, und läuft wieder hinaus auf den Flur. Dort ertönt ein Befehl, Pantinen klappern. Dann ein Aufschrei: »Carola!« In der Tür steht Emma Lopper. Zu viel für die von den Entbehrungen der langen Dunkelhaft geschwächte Gefangene. Erschüttert sinkt sie zurück aufs Bett. Emma stürzt zu ihr und nimmt die hemmungslos heulende Freundin in die Arme. »Wat ist denn mit dir, meine Kleine? Die Wiedersehensfreude, stimmt's? Mann, wat hatte ick für eine Angst, dass sie dich weggebracht haben. Heim ins Reich. Oder nach Sibirien. Aber da biste ja. Guckt mal Kinder, das Mädel ist nicht totzukriegen!«

Carola hebt den Kopf und schaut hinter einem Tränenflor auf die anderen Frauen, die mit Emma die Zelle betreten haben: Zenzl Mühsam, Gretchen Buber-Neumann und Klara Vater. »Wo kommt ihr denn her?« Carola flüstert es kaum hörbar.

Aus der aufgeregten Emma sprudelt es nur so heraus: »Die haben uns vier heute früh rausgerufen und zu 'ner Verhörzelle gebracht. Da haben die uns einzeln vom Flur reingeholt, und drin waren der Wolgadeutsche, der Melnik, und so ein anderer Offizier und die haben uns seltsame Fragen gestellt: Wat für Verwandte wir im Reich haben. Wo die wohnen und was sie arbeiten. Keine Ahnung, warum.«

»Ich hätte da schon eine Idee.« Carola beruhigt sich langsam. Sie wischt sich die Tränen aus dem Gesicht und setzt sich aufrecht hin. Die anderen sehen sie gespannt an. »Die scheinen zu prüfen, ob ihr ihnen in Deutschland nützlich sein könntet. Sie suchen Leute, die für sie spionieren. Mich haben sie offen gefragt, ob ich nach der Ausweisung für das NKWD arbeiten würde. Weil ich Verbindungen in einflussreiche Kreise habe. Also nicht bei den Nazis, sondern zu Leuten, die Feinde Hitlers sind und womöglich in der Zeit nach ihm eine Rolle in Deutschland spielen. Bei denen sollte ich Türen öffnen und Kontakte knüpfen.«

»Scheint ja doch nicht so dicke mit der Freundschaft zwischen Stalin und dem Hitler.« Emma schüttelt verwundert den Kopf. Dann schaut sie Carola an. »Und? Wat hast du geantwortet?«

»Niemals, habe ich gesagt. Wo sie denn hindenken. Nachdem ich dreieinhalb Jahre in den Zuchthäusern des NKWD gesessen habe, soll ich ihm als Spionin dienen? Auf keinen Fall!«

»Und das haben die geschluckt?«

»Nein, haben sie nicht. Sie meinten, ich solle mir das gründlich überlegen. Meine Ausweisung stände auf dem Spiel. Und dann haben sie mich in eine Dunkelzelle gebracht. In der war die Heizung abgestellt, und es gab keine Decken und nur selten Wasser und Brot. Da war ich drauf und dran, zum Schein auf ihre Forderung einzugehen, nur damit ich rauskomme. Aber als sie heute wieder fragten, konnte ich nicht anders und habe endgültig abgelehnt.« Carola schaut Emma und die übrigen drei Frauen, die sich hinter ihr aufgebaut haben, traurig an. »Damit ist alles verloren. Seht ihr, die haben keinen Grund mehr, meine Ausweisung zu gestatten. Jetzt komme ich nach Sibirien.«

Emma schickt einen verzweifelten Blick zu den anderen drei Frauen. Gretchen Buber-Neumann kommt ihr zu Hilfe: »Ich weiß nicht, Carola. Man hat uns zu dir in diese Zelle hier gebracht. Also haben wir alle das gleiche Schicksal. Und das ist längst nicht entschieden, sonst hätten sie uns doch heute nicht befragt.« Carola löst sich von Emma, lächelt die anderen verzagt an. »Ja, sicher. So muss es sein. Noch ist alles offen.«

Den Rest des Tages verbringen die fünf Frauen in Decken eingehüllt auf ihren Pritschen. Die Zelle wird zwar geheizt, aber nicht wohlig warm – dafür ist sie schlicht zu groß. Carola fühlt langsam wieder ihre Lebensgeister zurückkehren. Vorsichtig, um ihren Magen nicht zu überreizen, hat sie von dem Gulasch gegessen, den man ihnen zu Mittag brachte. Auch frische Kleidung bekamen sie: die neue Uniform für weibliche Gefangene, die vorher nur Carola trug. Wie es scheint, sind sie weiterhin Sonderhäftlinge. Fragt sich, wie lange.

Gefängnis Butyrka
16. Januar 1940

Carola ist die Grübelei über ihre Zukunft leid. Sie braucht Ablenkung: »Kommt, wir machen einen Dauerlauf! Platz genug ist ja.« Zum Glück lassen sich die anderen von ihrem Tatendrang anstecken. Anfangs lachend, dann nach kurzer Zeit eher angestrengt, laufen sie zu viert um die Mittelreihe der Pritschen in der Zelle herum. Zenzl beobachtet das Treiben vom Bett aus.

Das Geräusch eines sich im Schloss drehenden Vierkants stoppt den Lauf. Zwei Aufseherinnen kommen herein, schauen irritiert auf die keuchenden Frauen. Sie befehlen den Gefangenen, sich in einer Reihe auf dem Flur aufzustellen. Kurz darauf macht sich die Kolonne auf den Weg durch die Butyrka. Im oberen Stockwerk des Verwaltungstrakts wird den Häftlingen befohlen, sich gegenüber einer Tür mit dem Gesicht zur Wand aufzustellen. Eine der beiden Aufseherinnen klopft, geht hinein, kommt gleich wieder heraus. »Bjuber Neimann!«, ruft sie. Gretchen Buber-Neumann dreht sich um und folgt ihr in den Raum. Die Tür knallt zu. Einige Minuten später kehrt sie zurück, stellt sich neben Carola. »Ausweisung!«, flüstert sie ihr zu. Zenzl ist die Nächste. Wieder in der Reihe murmelt sie kaum hörbar: »Mich behaltens.« Die Aufseherin ruft jetzt Emma auf, danach Klara Vater. Beide werden ausgewiesen. Zuletzt heißt es: »Chenschke, Karoline!«

Carola dreht sich um, geht zur Tür und tritt ein. Es ist wieder einer dieser typischen Versammlungsräume. Stalinbild an der Wand, zwei zusammengeschobene Tische unter rotem Tuch. Dahinter sitzen drei Uniformierte. Oberleutnant Kusnezow in der Mitte, rechts von ihm Leutnant Melnik und links, Carola registriert es überrascht, die junge Wärterin mit dem bäuerlich-rundlichen Gesicht. An der Stirnseite neben ihr spitzt ein Soldat in Gymnastjorka seinen Bleistift. Offenbar der Protokollant.

Kusnezow schlägt eine vor ihm liegende Akte zu, zieht den daneben stehenden Halter mit den beiden Stempeln näher zu sich. »Gefangene Karoline Henschke. Wegen terroristischer Handlungen verurteilt zu zehn Jahren Gefängnis«, eröffnet er die Urteilsverkündung. »Die hier zusammengetretene Kommission, bestehend aus ihrem Vorsitzenden, Oberleutnant Grigori Michailowitsch Kusnezow, Leutnant Pjotr Petrowitsch Melnik sowie der Genossin Natascha Stoljarowna, hatte zu entscheiden, ob Sie an die deutschen Behörden ausgeliefert werden oder ihre Strafe vollständig in der UdSSR verbüßen.« Der NKWD-Offizier macht eine Pause und sieht Carola scheinbar gleichgültig an. Die versucht, ein aufkommendes Zittern der Beine zu verhindern. »Sind Sie eine Feindin der Sowjetunion? Objektiv gesehen: ja. Sie haben einer terroristischen Organisation bei der Vorbereitung eines Mordanschlags auf unseren Führer, Genossen Stalin, geholfen. Subjektiv betrachtet: eher nicht. Sie sind ein unpolitischer Mensch, verführt und zu seinem Handlanger geformt von einem trotzkistischen Agenten, der Sie dazu brachte, ihn zu heiraten. Ihre Berühmtheit diente ihm zur Tarnung seiner finsteren Agententätigkeit. Er rechnete freilich nicht mit unserer Wachsamkeit. Er wurde entlarvt und liquidiert.« Wieder macht Kusnezow eine Pause. Er schaut sie an. An Carola fließen seine gestelzten Worte vorbei, sie will nur, dass er endlich seine Entscheidung verkündet. »Die Frage ist, was liegt eher im Interesse des sowjetischen Volkes? Dass Sie Ihre Strafe vollständig bei uns verbüßen? Oder dass wir Sie gegen einen Trotzkisten und Feind der Sowjetunion eintauschen, der sich im deutschen Exil vor uns sicher wähnte?« Kusnezows rechte Hand schnellt nach vorn, verharrt kurz vor den beiden Stempeln. Voller Angst und Hoffnung starrt Carola auf seinen ausgestreckten Arm. Entschlossen greift der Oberleutnant den fabrikneuen Stempel, lässt ihn auf ein Tintenkissen und dann auf den Deckel der Akte vor ihm sausen. Dort leuchtet jetzt »wujszujlka« in tiefem Blau. »Die Kommission hat entschieden, Sie auszutauschen.«

Gefängnis Butyrka

17. Januar 1940

Das Urteil der NKWD-Troika hat die Anspannung gelöst, die zuvor über den Frauen lag. Sicher sogar bei Zenzl, die ja immer sagte, sie wolle sich lieber vor einen Zug werfen, als in Hitlers Deutschland zurückzukehren. Carola hätte sich gern von ihr verabschiedet, aber sie war sofort von ihnen getrennt worden.

Zenzls Stelle nahm nur eine Stunde später Betty Olberg ein, eine Jüdin aus Berlin, die bis 1933 als Kindergärtnerin gearbeitet hat. Ihr Mann Valentin war in einem Schauprozess 1936 zum Tode verurteilt und erschossen worden. Ihre Strafe von zehn Jahren Arbeitslager hatte man ebenfalls in »Ausweisung« umgewandelt.

Carola steht von ihrer Pritsche auf. Zeit für Gymnastik. Das ungewohnte Essen und das Nichtstun sind gefährlich für die Figur. Und auf die hat eine Schauspielerin zu achten: Eine Frau mit üppigem Hintern wirkt auf der Bühne niemals tragisch. Sie nimmt eben ihre Ausgangsstellung ein, da dreht sich ein Vierkant im Schloss. Eine Wärterin tritt ein, befiehlt die Insassen auf den Gang. Dann führt sie die kleine Kolonne durch den langen Flur zu den Duschräumen. Wo eine Überraschung wartet: ein Frisör.

Das hat Carola in keinem sowjetischen Zuchthaus erlebt: Ihnen werden die Haare geschnitten! Die anderen schieben sie vor – sie ist die neue Zellenälteste, ihr steht der erste Schnitt zu. Der Frisör, ein Zivilist, den sie wohl extra holten, hat einen Stuhl vor eines der Waschbecken gestellt. Sie setzt sich darauf. Und dann sieht sie sich. Zum ersten Mal seit dreieinhalb Jahren – in einem Spiegel, den der Mann mitgebracht und an die Wand gehängt hat. Alt ist sie geworden. Und schmal. Pfirsichgesicht hatte Brecht ihr Antlitz genannt, aber von Pfirsich war da kaum noch etwas. Früher rundlich, ist es nun von den Wangenknochen beherrscht. Die einst gepflegten Augenbrauen haben ihre Kontur verloren, die Lippen sind längst nicht mehr einladend, die Augen ohne Glanz. Mit diesem Anblick wollte sie Kusnezow umgarnen?

Der Frisör versteht sein Handwerk. Routiniert verpasst er ihrem kurzen Haar einen Herrenschnitt, gibt ihr damit ein Stück verloren gegangener Weiblichkeit zurück. Die Nächste bitte.

Die wegen der Läuse bei Einlieferung fast kahl geschorene Betty Olberg erhält wie sie einen Kurzhaarschnitt, bei Emma, Margarete und Klara werden die Spitzen eingekürzt und die Frisuren in Form gebracht. Nachdem der Mann seine Arbeit beendet hat und alle auf dem Flur angetreten sind, wartet auf die fünf Frauen die nächste Aufregung: Es geht nicht zurück in ihre Gemeinschaftszelle. »Wat'n nu?«, flüstert Emma, als sie daran vorbeilaufen. Carola zuckt mit den Schultern. Die Kolonne macht erst vor einem Raum zwei Flure weiter halt. Die Wärterin klopft mit dem Vierkant an die Tür. Ein Mann in der Uniform der Aufseher öffnet. Mit einer Kopfbewegung fordert er die in der ersten Reihe stehende Zellenälteste auf, ihm zu folgen.

Der Raum ist eine große Kleiderkammer. Deren Verwalter taxiert Carola, als sei sie Kundin in einem Modehaus, dann eilt er mit ihr durch die Regalreihen. Reicht ihr Schuhe, Unterwäsche, Kleid, Handschuhe, eine Pelzmütze und einen Pelzmantel. Sie starrt fassungslos auf den Kleiderstapel. Sollen die Deutschen etwa glauben, dass man in Russlands Zuchthäusern Pelz trägt?

Frisch frisiert stehen die Sonderhäftlinge kurze Zeit später in ihrer Zelle, bepackt wie nach einem Einkaufsbummel. Als die Tür hinter der Wärterin zufällt, brechen sie in Gelächter aus. Emma Lopper wirft ihr Bündel auf die Pritsche, setzt sich eine Pelzmütze auf, schnappt sich ihren Mantel und stellt sich vergnügt in Mannequinpose vor die anderen. »Kinder, jetzt glaub sogar ick dran. Die lassen uns raus. Und wenn Detektiv Lopper seinen Pelz sieht und die Eisblumen am Fenster da oben, dann gibt es für ihn nur einen Schluss: Womöglich heute noch!« Darin freilich irrte sie.

Gefängnis Butyrka

30. Januar 1940

Schon zwei Wochen warten sie darauf, dass man sie fortbringt. Wohin, darüber ließ sich trefflich streiten. Emma und Betty tippen auf Schweden, im Transit durch

Königsberg. Klara Vater hofft auf Abschiebung ins deutschfreundliche Ungarn, Carola ist sich mit Gretchen einig, dass man in Berlin darauf bestehen wird, sie zunächst ins Reich zu schaffen. Dennoch wächst in ihr die Zuversicht, dass alles gut ausgeht. Warum sonst die Wartezeit? Wenn für sie das KZ vorgesehen ist, ließe sich das doch ohne große Umstände gleich erledigen. Sicher sucht man stattdessen ein Drittland für die Volksfeinde, die der nationalsozialistischen Zukunft des Reiches im Wege stehen.

Nach Schachspiel, Zellendienst oder Gymnastik sitzen die Frauen oft beieinander und sprechen von ihrem früheren Leben, ihren Träumen und was daraus wurde. Carola erzählt von Klabund, ihren Erfolgen in München, Breslau und Berlin und vom kleinen Georg. Über Anatol verliert sie kein Wort.

Dieser letzte Dienstag im Januar lässt sich nicht anders an. Sie haben das Frühstück beendet und sitzen am Tisch vorn am Eingang der Zelle, als das Drehen eines Vierkants im Schloss der Tür ihre Unterhaltung unterbricht. Eine ihnen unbekannte Wärterin kommt herein. »Aufstehen!«, bellt sie auf Russisch. Dann stellt sie sich neben die Tür, durch die ein hagerer Mann mit runder Nickelbrille tritt. Er trägt einen langen dunklen Ledermantel und einen braunen Hut. Unter der linken Achsel hält er, in die Armbeuge eingeklemmt, eine abgewetzte Aktentasche. Ihm folgt Leutnant Melnik.

»Heil Hitler, die Damen. Mein Name ist Schultz. Geheime Staatspolizei. Ich werde ihre Ausweisung durch die Sowjetrussen begleiten. Herr Melnik?« Jetzt tritt der NKWD-Offizier vor. Er hat ein Blatt Papier in der Hand. Als es umknickt sieht Carola, dass es sich um eine Liste mit Namen handelt. Der Leutnant ruft den ersten davon auf:

»Margarete Buber-Neumann!« Gretchen tritt vor. Melnik schaut auf den hageren Mann im Ledermantel, der öffnet die Aktentasche und holt eine Klemmmappe heraus, die er auf die jetzt mit seinem linken Arm wie eine Schreibunterlage gehaltene Ledertasche legt. Mit der Rechten öffnet er die Mappe und sucht das passende Dokument in seinen Papieren. »Bestätigt!«

Melnik nickt. »Nächste. Emma Lopper!« Die macht einen Schritt vor zu Gretchen Buber-Neumann. Der Gestapo-Mann blättert.

»Bestätigt.«

»Betty Olberg.«

»Bestätigt.«

»Klara Vater.«

»Und ebenfalls bestätigt.«

Der Gestapo-Mann schließt seine Mappe wieder und verstaut sie in der Aktentasche, woraufhin sich Leutnant Melnik an die vier vorgetretenen Frauen wendet: »Sie entledigen sich Ihrer Uniform und übergeben sie an die Aufseherin. Ziehen Sie die Zivilkleidung an, die Ihnen zugewiesen wurde. Sie haben drei Minuten.«

»Aber was ist mit mir?« Carola versucht gar nicht erst, das Zittern ihrer Stimme zu unterdrücken. »Name?« Der Hagere macht keine Anstalten, die Papiere wieder aus der Aktentasche zu holen.

»Karoline Henschke, Häftling Nummer 59783.«

»Ach, die Frau Neher.« Der Gestapo-Mann tritt an sie heran. »Sie dachten wohl, wir wissen nicht, wer Sie sind?« Schultz wendet sich an Leutnant Melnik: »Frau Carola Henschke, geborene Neher, wurde am 1. November 1934 vom Reichsinnenminister ausgebürgert. Wegen grober Pflichtverletzung gegenüber Reich und Volk. Sie fällt nicht mehr in unsere Verantwortung. Die werden Sie hierbehalten müssen.« Der Gestapo-Mann wendet sich zur Tür.

»Aber …« Carola versucht, ihn aufzuhalten. Schultz dreht sich zu ihr um: »Sie haben frech die Saarländer aufgerufen, gegen die Heimkehr ins Reich und somit ihre ureigensten Interessen zu stimmen. Ihr Künstler denkt, ihr könnt euch alles erlauben. Dann lebt mit den Folgen. Merken Sie sich: Die Freiheit des Narren endet da, wo ein großer Führer über das gesunde Empfinden seines Volkes wacht.« Mit Blick auf Leutnant Melnik ergänzt er: »Ich nehme an, das sieht der Herr Stalin genauso.« Dann geht er hinaus, der NKWD-Offizier folgt ihm wortlos. Die Wärterin schließt von innen hinter beiden die Tür.

Wie versteinert steht Carola da. Die anderen Frauen eilen zu ihren Pritschen, um sich umzuziehen. Zügig bringen sie, in Pelzmantel und -kappe gekleidet, ihre Uniformen nach vorn zur Aufseherin. Nicht ohne ihrer zurückbleibenden Leidensgefährtin ein letztes Mal die Hand zu drücken oder sie am Arm zu streicheln. Nur Emma lässt, trotz der drängelnden »Buistro«-Rufe der Wärterin, ihre Sachen fallen, um Carola zum Abschied fest zu umarmen. Der rinnen unablässig Tränen über die Wangen. Unter Schluchzen flüstert sie der Freundin einen letzten Satz ins Ohr: »Ich bin verloren!«

*

Eine halbe Stunde später klopft es an der Tür von Oberleutnant Kusnezows neuem Dienstzimmer. »Herein«, ruft er auf Deutsch, wohlwissend, wer da kommt. Leutnant Melnik schlendert ins Büro, sieht sich um. Er nimmt eine kleine

Statue vom Schreibtisch, betrachtet sie. Ein Rotarmist im Mantel, Gewehr über der Schulter, die typische Budjonny-Mütze auf dem Kopf. »Na, den hätte ich an deiner Stelle zuerst weggeworfen. Um nicht sentimentaler Gefühle für den Abweichler Sergejew bezichtigt zu werden und vor allem, weil das revolutionärer Kitsch ist. Gehörte sicher zu Sergejews Tarnung. Hast du nicht Angst, dass man eines Tages das Gleiche seinem Nachfolger unterstellt?«

Kusnezow legt den Bleistift in seiner Rechten auf die vor ihm liegende Akte. Verärgert kneift er leicht die Augen zusammen. »Vorsichtig, Peter. Ein kleiner Rat unter Freunden: Bedenke immer, wann du etwas sagst, wo du es sagst und wem du es sagst. Sergejew hatte das vergessen, und das tat ihm nicht gut.«

»Ja ja, ich weiß. Wie konnte er nur so dämlich sein und beim Tête-à-Tête mit einer Untergebenen über die angebliche Laschheit der neuen NKWD-Führung um Genossen Berija schwafeln. Gut, er war besoffen. Aber zugleich extrem dusselig.« Lauernd schaut Melnik auf Kusnezow. Doch der macht keine Anstalten, auf die Bemerkung einzugehen. Ermutigt plappert er weiter. »Ja, die Gefreite Feodorowna. Bei der kann sich ein Mann schon einmal vergessen. Wo ist die überhaupt abgeblieben? Ich dachte, sie wird für die Entlarvung des Hauptmanns belohnt?«

»Sie ist zu einem Unteroffizierslehrgang abkommandiert. Ihre Wachsamkeit zahlt sich somit aus. Stell die Statue wieder hin.«

Leutnant Melnik schaut auf die kleine Figur in seiner Hand, dann platziert er sie gleichgültig zurück auf den Schreibtisch.

»Ach deshalb.«

»Was deshalb?«

»Deshalb ist statt der Feodorowna diese kleine Komsomolzin vom Wachpersonal in der Troika gelandet, wie hieß sie doch?«

»Natascha Stoljarowna.«

»Genau. Eine schüchterne Verehrerin und ein alter Freund als Beisitzer. Da fällt dein Urteil wenigstens immer einstimmig aus.«

Jetzt wird es Kusnezow zu bunt. Er beugt sich ein wenig nach vorn, schaut Melnik eindringlich in die Augen. »Zum letzten Mal, Genosse Leutnant: Pass auf, was du wo zu wem sagst. Die kleine Statue meines Vorgängers soll mich daran erinnern, dass revolutionäre Wachsamkeit gegen alles und jeden erforderlich ist. Selbst in unseren eigenen Reihen.«

Zufrieden registriert er, dass Melnik angesichts der Drohung Vernunft und Haltung annimmt: »Jawohl, Genosse Oberleutnant!«

Kusnezow lehnt sich wieder zurück. Er lächelt leicht. »Gut. Wie lief es mit dem Herrn von der Gestapo?«

»Der hat seinen Auftritt ausgekostet. Jetzt begleitet er den Transport der Moskauer Häftlinge zum Weißrussischen Bahnhof. Unsere Leute fahren bis zur sowjetisch-deutschen Grenze mit. Da werden die Ausgewiesenen gesammelt. Mit denen aus dem Hohen Norden sind es an die 500. Wir übernehmen etwa die gleiche Zahl aus Deutschland kommend. Alles wie geplant.«

»Fein. Dann können die Akten ja zurück in die Lubjanka.«

»Ich fürchte, eine davon wirst du wieder öffnen müssen.«

Überrascht schaut Grigori Kusnezow hoch. »Wie meinst du das? Ist ein Informant aufgeflogen?«

»Nein, zum Glück nicht. Aber deine Freundin, die Henschke.«

»Was ist mit der?«

»Der Gestapo-Mann hat sich geweigert, sie uns abzunehmen. Er hat mir das erst unmittelbar vor der Zelle mitgeteilt. Sie haben entdeckt, dass die Henschke vom Reich ausgebürgert wurde, 1934 schon. Weil sie sich öffentlich gegen Hitler gewandt hatte. Jetzt heult sie in der Zelle und wartet, was passiert. Liegt bei dir.«

»Danke. Dann bereite bitte alles für die Ankunft der aus dem Reich abgeschobenen Häftlinge vor. Die Frauenzelle kannst du mit einplanen.«

Melnik springt vom Stuhl auf und hebt seine Hand zur Ehrenbezeigung an die Augenbraue: »Jawohl, Genosse Oberleutnant!« Dann verlässt er mit einer zackigen Kehrtwendung das Büro. Kusnezow muss grinsen. Peter ist und bleibt ein Kindskopf. Sein Blick fällt auf den an der Seite liegenden Aktenstapel. Mit der Linken zieht er das Dossier der Henschke hervor. Auf dem Deckel prangt blau das Wort »wujszujlka«. Ausweisung. Der NKWD-Offizier nimmt seinen Füllfederhalter und schraubt ihn bedächtig auf. Dann greift er nach einem Bleistift und legt ihn schräg über den Stempelabdruck. Er zieht die Feder des Füllers an der Bleistiftkante entlang, streicht so das Wort durch, bestätigt die Streichung mit dem Datum und seiner Unterschrift. Jetzt öffnet Kusnezow die mittlere Schreibtischschublade und nimmt ein Stempelkissen heraus. Er greift sich einen der beiden Stempel aus dem Stempelhalter, lässt ihn mit Schwung auf das Farbpolster knallen und anschließend in einer einzigen flüssigen Bewegung auf den Deckel der Akte der Henschke, Karoline. Leuchtend rot strahlt jetzt von dort das Wort »sakonscheno«.

Fall abgeschlossen.

Nachwort

Nach der gescheiterten Auslieferung brachte man Carola Neher in ein Gefängnis bei Orjol, 250 Kilometer südwestlich von Moskau. Wegen schwerer Angriffe durch die vorrückende Wehrmacht im Sommer 1941 sollten die Häftlinge von dort nach Sibirien verlegt werden. In monatelanger kriegsbedingter Irrfahrt gelangten sie aber nur bis Sol-Ilezk am Nordrand der kasachischen Steppe im Orenburger Gebiet. Auf dieser Odyssee immer an Carolas Seite war Hilde Dutý, die ebenfalls in der Butyrka vergeblich darauf gewartet hatte, ausgewiesen zu werden. Laut dieser Zeitzeugin waren die Bedingungen im hoffnungslos überbelegten Zuchthaus Sol-Ilezk selbst für sowjetische Gefängnisse verheerend. Fast alle Gefangenen erkrankten an Typhus, auch Carola Neher. Als sich ihr Zustand »mit tagelangem Fieber, 40–41 Grad, ohne etwas zu essen« drastisch verschlimmerte, wurde sie in der Einzelzelle einer provisorischen Krankenstation isoliert. Dort starb sie am 26. Juni 1942 nach nahezu sechs Jahren Haft. Die Leiche warf man in ein Massengrab und überstreute sie mit Kalk.

Die letzten Worte an die Mitgefangenen galten ihrem Sohn: »Wenn ihr rauskommt, kümmert euch um meinen Schorsch!«[27]

*

27 Peter Diezel: Gespräch mit Hilde Dutý. Veröffentlicht in: »Carola Neher – gefeiert auf der Bühne, gestorben im Gulag«, Lukas-Verlag Berlin 2016, S. 233–263.

Georg Becker verbringt seine Kindheit in speziellen Heimen für die Kinder von Verurteilten sowie Waisen der Hungersnot von 1932/33. Mit sechzehn Jahren muss er eine Forstwirtschaftslehre aufnehmen, obwohl er eine musische Ausbildung anstrebt. Danach leistet er seinen Militärdienst. Durch eine von ihm vorgetäuschte dienstliche Anfrage der Armee in einem der Waisenhäuser erfährt er, dass seine Mutter Karoline Henschke hieß. In den Folgejahren versucht Georg Becker, mehr über seine Eltern zu erfahren. 1967 erhält er nach erneuter Nachfrage bei dem Kinderheim ein Schreiben seiner Mutter: den im Roman erwähnten Brief (tatsächlich vom 10. März 1941), mit dem sich Carola Neher an den Leiter der Anstalt wandte. Kurze Zeit später bekommt er ein Haftfoto seiner Mutter aus deren NKWD-Akte. Becker, inzwischen Dozent an einem Musikinstitut in Odessa, stellt ab 1968 Anträge auf Ausreise in die Bundesrepublik Deutschland. Erich Wollenberg, der Stalin und Hitler im französischen und marokkanischen Exil überlebte, initiierte einen Appell an den sowjetischen Partei- und Staatschef Breschnew, dem Antrag stattzugeben. Dieser wird von bedeutenden Persönlichkeiten der BRD unterzeichnet – darunter Bundeskanzler Willy Brandt, Minister Hans-Dietrich Genscher, Carl Zuckmayer und Golo Mann. 1974 siedelt Georg Becker in die Bundesrepublik über. Hier hört er von einer Schallplatte zum ersten Mal die Stimme seiner Mutter, hier sieht er sie erstmals agieren – in ihrer Rolle der Polly Peachum im *Dreigroschenfilm* von 1930.

Georg Becker, der in den folgenden Jahrzehnten rastlos das Schicksal seiner Eltern erforscht, gelingt es, nach 1990 in Moskau Zugang zu deren NKWD-Akten zu erhalten. Er schrieb Berichte ab und übersetzte sie, sie werden zum Teil in diesem Buch zitiert. Schon zuvor erhielt er zwei wichtige Dokumente. Zum einen ist das die Sterbeurkunde seiner Mutter. Sie trägt den amtlichen Vermerk: »Todesursache unbekannt«. Zum anderen handelt es sich um einen Beschluss des Militärkollegiums des Obersten Gerichts der UdSSR aus dem Jahr 1959:

Die Angelegenheit der Henschke, Karoline, verhaftet am 25. Juni 1936, ist vom oben genannten Militärkollegium am 13. August 1959 erneut verhandelt worden. Das Urteil des Militärkollegiums vom 16. Juli 1937 ist nach neu entdeckten Umständen aufgehoben worden. Die Angelegenheit ist abgeschlossen wegen der Nicht-Existenz des Verbrechens.[28]

28 Zitiert nach Matthias Wegner: Klabund und Carola Neher. Eine Geschichte von Liebe und Tod. Reinbek 1998. S. 181. Das Verhaftungsdatum 25. Juni 1936 ist falsch. Carola Neher wurde am 7. Juli 1936 noch in die Lubjanka vorgeladen und am 15. Juli in der Kaderabteilung der Komintern vorstellig, beide Protokolle fanden sich in den Archiven des KGB. Siehe »Carola Neher – gefeiert auf der Bühne, gestorben im Gulag«, Lukas-Verlag Berlin 2016, S. 277–281. Im Urteil des Militärkollegiums von 1937 ist als Haftbeginn der 25. Juli 1936 genannt.

Anmerkungen des Autors

Das Leben der Carola Neher ist in seinem ersten Teil, der Karriere in Deutschland, hervorragend belegt. Das von mir gezeichnete Bild entspricht dabei weitgehend dem, was sie und ihr Mann Klabund in zahlreichen Artikeln, Interviews und Fotos der Öffentlichkeit boten. Die Sicht von außen ergänzten Theaterleute, Schriftsteller und prominente Weggefährten mit ihren Erinnerungen. Alle in dem Buch erwähnten Lebensstationen sind belegt, das gilt im Allgemeinen auch für die handelnden Personen.

Die Ausnahmen seien deshalb ausdrücklich erwähnt: Von einer französischen Lebedame, die ihr in Baden-Baden beibrachte, wie man sich in der mondänen Welt bewegt, berichtete die Neher zwar 1928 dem Berliner Tageblatt, deren Biografie sowie den weiteren Verlauf der Freundschaft habe ich mir jedoch ausgedacht. Des Weiteren stand ich vor der Aufgabe, den überstürzten Abbruch ihres Prag-Aufenthaltes 1934 nachvollziehbar zu machen. Dass sie ein Verehrer vor der drohenden Ausbürgerung aus Nazi-Deutschland warnte, schien mir eine durchaus mögliche Erklärung.

Für den zweiten Lebensabschnitt, das Exil, gibt es nur wenige Zeugnisse. Ein sehr wichtiges dabei war für mich die Autobiografie von Margarete Buber-Neumann, die zusammen mit Carola Neher in der Gemeinschaftszelle der Butyrka auf die Auslieferung an Hitler-Deutschland wartete. Sie erlaubte, das seltsame Leben dieser Sonderhäftlinge wirklichkeitsnah darzustellen, dank ihr werden hier die Schicksale tatsächlicher Opfer der Stalin'schen Säuberungen beschrieben. Lediglich Emma Lopper und Grete Michelsen sind fiktiv. Meiner Fantasie entspringen gleichfalls das gesamte NKWD-Personal sowie der gütige Portier, der mir erlaubte, die missliche Lage der Neher in Moskau zu schildern. Den von ihrem Sohn Georg beim KGB eingesehenen Dokumenten verdanken wir die Gewissheit, dass es die Lubjanka-Verhöre sowie Prügelfolter, Dunkel- und Einzelhaft tatsächlich gab – wie auch den Selbstmordversuch der Neher 1936 und das Ansinnen des NKWD von 1940, sie als Spionin anzuwerben.

Das Interesse an der fruchtbaren und zugleich furchtbaren Periode zwischen den zwei Weltkriegen weckte mein Vater, der mir behutsam die Schriftsteller jener Zeit nahe brachte. Ich hätte ihm wahnsinnig gern dieses Buch überreicht.

Meiner Frau verdanke ich viele Gespräche über Probleme, die mich beim Schreiben beschäftigten, viel Zeit, um das Buch entstehen zu lassen, und nicht zuletzt tatkräftige Hilfe, um es zu veröffentlichen. Ihr ist dieser Roman gewidmet.

Dankbar bin ich meinen Testlesern, insbesondere Brita, den beiden Sabines und auch Karoline, die mich dazu brachte, meine erste Fassung komplett zu löschen. Ein herzliches »Spassibo« gilt Marita für die Prüfung der russischen Einsprengsel.

Dem Osburg Verlag, insbesondere seinem Gründer Dr. Wolf-Rüdiger Osburg, danke ich dafür, dass er an dieses Buch glaubte und mir mit Dr. Ulrich Steinmetzger einen hervorragenden Lektor zur Seite stellte.